Dicionário de Porto-Alegrês

Edição ampliada e revista

Sobre o autor

Luís Augusto Fischer é professor de Literatura Brasileira desde 1980, na Universidade Federal do Rio Grande do Sul desde 1984. É autor de vários livros, entre os quais *Literatura brasileira: modos de usar* (L&PM, 2007), *Machado e Borges: e ouros ensaios sobre Machado de Assis* (Arquipélago, 2008), *Filosofia mínima: ler, escrever, ensinar, aprender* (Arquipélago, 2011) e *Duas formações, uma história: Das ideias fora do lugar ao perspectivismo ameríndio* (Arquipélago, 2021). Edita a revista digital *Parêntese* (parentese.com.br).

Livros do autor publicados pela **L&PM** EDITORES:

50 anos de Feira do Livro
Dicionário de palavras & expressões estrangeiras
Duas águas
Escuro, claro
Literatura brasileira: modos de usar (Coleção **L&PM** POCKET)
Quatro negros

Luís Augusto Fischer

Dicionário de Porto-Alegrês

Edição ampliada e revista

Texto de acordo com a nova ortografia

Este livro foi publicado, em 1999, pela editora Artes & Ofícios
Também disponível na Coleção L&PM POCKET (2007)
Esta edição: fevereiro de 2022
Esta reimpressão: agosto de 2025

Capa: Ivan Pinheiro Machado sobre ilustração de Moacir Knorr Gutterres (Moa)
Preparação: Jó Saldanha
Revisão: Nanashara Behle

CIP-Brasil. Catalogação na publicação
Sindicato Nacional dos Editores de Livros, RJ

F562d

Fischer, Luís Augusto, 1958-
　　Dicionário de porto-alegrês / Luís Augusto Fischer. – edição ampl. e rev. –
Porto Alegre [RS] : L&PM, 2025.
　　320 p. ; 21 cm.

　　ISBN 9786556662244

　　1. Língua portuguesa - Regionalismos - Dicionários - Rio Grande do Sul.
I. Título.

21-75259　　　　　　　　　　　　CDD: 469.798165
　　　　　　　　　　　　　　　　CDU: 811.134.3(816.5)(038)

Camila Donis Hartmann - Bibliotecária - CRB-7/6472

© Luís Augusto Fischer, 2007

Todos os direitos desta edição reservados a L&PM Editores
Rua Comendador Coruja, 314, loja 9 – Floresta – 90.220-180
Porto Alegre – RS – Brasil / Fone: 51.3225.5777
PEDIDOS & DEPTO. COMERCIAL: vendas@lpm.com.br
FALE CONOSCO: info@lpm.com.br
www.lpm.com.br

Impresso no Brasil
Inverno de 2025

O autor será muitíssimo grato a todos aqueles que colaborarem para o aprimoramento das próximas edições deste dicionário enviando suas sugestões para: Luís Augusto Fischer, a/c L&PM Editores, Rua Comendador Coruja, 314, loja 9 - 90.220-180, Porto Alegre/RS, info@lpm.com.br

Para a Julia, o Benjamim e a Dora, meu lugar no mundo

UMA PALAVRINHA
Prefácio para a edição de 2022

No momento em que faço esta revisão – a terceira –, este livro tem já a provecta idade de 22 anos, e para minha total alegria ainda vive. Respira por aparelhos? Ou segue firme no coração dos leitores? O certo é que a festa pelos 250 anos de organização oficial da capital gaúcha oferece uma ótima oportunidade para atualizar a conversa toda, acrescentando umas novas palavras, retificando alguma coisa, detalhando isso e aquilo. Porque é certo que, desde o lançamento, na Feira do Livro de 1999, o livro nunca deixou de ser motivo de algum contato de leitores comigo. E por isso ele requer atenção continuada. Talvez se destine a permanecer mais tempo ainda por aí.

Devo começar dizendo que da mesma idade deste *Dicionário* é o Sarau Elétrico, que continuo fazendo, sempre sob o comando da Katia Suman e agora com a parceria do Diego Grando. Sigo dando aulas como professor de literatura na UFRGS, e aliás merece menção o fato de que finalmente falei na minha universidade sobre este dicionário uma vez, convidado pelo colega Cleo Altenhofen, num evento da área da Dialetologia, uns anos atrás. Como novidade grande, registro que desde o final de 2019 participo da produção e da edição de uma revista digital semanal, a *Parêntese* (parêntese.com.br), e nela mais de uma vez o tema da linguagem porto-alegrense apareceu. Um salve para Ângelo Chemelo Pereira, José Falero e Filipe Speck, parceiros.

Continuei anotando palavras e expressões ouvidas e lidas que me pareceram merecer entrar nesse mundo aqui. Agora anoto tudo no bloco de notas do celular. Quando eu poderia imaginar algo parecido nos anos 1980 e 1990, quando acumulei papeizinhos avulsos numa caixa de sapato por tempos e tempos, até começar a redigir a forma final?

Nos últimos anos ficou muito mais claro para mim o momento histórico em que este *Dicionário* veio ao mundo. Nos anos 1990 ainda era bastante raro aparecer o porto-alegrês por escrito. Havia o

Nelson Coelho de Castro, alguma coisa no Cláudio Levitan, no Nei Lisboa, mas na literatura de livro era raríssimo. Aí veio a geração internética, com, por exemplo, o grupo Bidê ou Balde, e com a obra do Daniel Galera, do Paulo Scott e outros. Pois nos últimos dez anos muito mais gente publicou, cantou, falou em público neste dialeto. Se consolidou a dicção do Bairrista, por exemplo. Era uma brincadeira, agora é uma empresa de comunicação de inegável força. Dos autores de literatura, sem poder citar a todos, escolho um: o José Falero. Temos trabalhado juntos na revista *Parêntese*, tenho acompanhado sua produção narrativa, e fica tudo muito mais claro: este *Dicionário* estava desde sempre ligado a um esforço difuso mas forte pela validação desse jeito de falar, pensar e escrever.

Outra diretriz para a revisão feita agora tem a ver com a mudança de mentalidade trazida para o cotidiano de todos pelo debate identitário (para dizer com uma palavra simples e insuficiente). Eu também naturalizava muita coisa que agora é vista, com boas razões, como agressiva, abusiva, preconceituosa. As vítimas que não eram vistas como tal eram as mulheres, os negros, o povo LGBT etc., os índios, gente oprimida por tantas gerações que simplesmente nem apareciam, para gente como eu. Repassando agora os textos dos verbetes, eu vi que valia a pena mudar algumas das definições, na exemplaria, nas descrições.

Como na redação e nas duas revisões anteriores, procuro evitar incorporar aqui termos e expressões claramente nascidas em outras partes, mesmo que circulem aqui. Sei que essa definição é imprecisa – mas sempre lembro, em minha defesa, que este *Dicionário* recolhe palavras faladas, não necessariamente escritas, logo o processo de documentação depende do meu ouvido e da minha acurácia. Exemplo: atualmente, segundo semestre de 2021, a gente ouve a toda hora "resenha", sinônimo de conversa, discussão, "mil grau", elogio para pessoa ou coisa de altíssima qualidade no contexto, e "zerar a vida", significando atingir um objetivo longamente acalentado. Ou o "né" destes últimos anos, "Tá ligado?". Não constam aqui como verbetes, de todo modo.

No mais, vai um abraço ao leitor – e à leitora, é claro.

LAF, outubro de 2021

SEMPRE MAIS PALAVRAS
Prefácio para a edição revista de 2007

Oito anos depois da primeira edição, volta o *Dicionário de porto-alegrês*, em mais uma revisão. Oito anos já permitem uma certa distância, que proporciona serenidade maior na apreciação do fenômeno. Foram anos de ininterrupta circulação do dicionário, nos quais eu não parei de falar sobre ele em várias escolas, em Porto Alegre, na região metropolitana e noutras partes – até na USP eu fui falar sobre ele, por convite gentil do professor Heitor Megale, pesquisador sério da história da língua portuguesa que quis saber mais sobre a fala porto-alegrense e gaúcha.

Este dicionário foi, agora vejo com facilidade, contemporâneo de uma nova etapa na história cultural de Porto Alegre. Para a minha geração cronológica (nasci em 1958, entrei na universidade em 1976), transpor a linguagem falada – este porto-alegrês que tentei flagrar aqui – para a escrita foi uma ousadia, uma conquista, e que o diga o sujeito mais exemplar desse processo, meu caro amigo Nelson Coelho de Castro, cancionista genial; mas para a geração mais nova, esta que agora orça entre os vinte e os trinta, escrever no dialeto local passou a ser quase um desdobramento natural de viver mergulhado nessa linguagem oral.

Me dei conta disso, dessa mudança, um dia, não faz muito, quando ouvi uma canção da banda Bidê ou Balde. Creio que em seu disco de estreia está uma letra que assim diz: "Se tu quiser que eu te leve eu aprendo a dirigir". Perfeito, igual à fala diária: "se tu quiser", nunca "se tu quiseres". Como os rapazes e as moças dessa banda, tantos outros grupos de música e, o que é mais significativo, muitos jovens escritores passaram a valer-se do porto-alegrês livremente: Daniel Galera, Daniel "Mojo" Pellizzari, André "Cardoso" Czarnobai, Paulo Scott. Deles, de seus livros, eu tirei muita informação nova para esta revisão. E o que antes era, neste *Dicionário*, apenas registro de língua falada, passou a ser também registro de língua escrita. Um novo momento.

E há os blogs, agora, invenção recentíssima e de grande impacto na vida da linguagem. Eles, junto com os e-mails para amigos e familiares, ajudaram a deixar a língua escrita mais relaxada, mais à vontade, mais próxima da naturalidade expressiva da fala. Não sei se é melhor em si, mas tenho certeza de que é menos artificial a separação, de resto inevitável, entre fala e escrita. (Falar em blogs e e-mails: depois que terminei de escrever este *Dicionário* cometi a demência de escrever outro, que me deu grande prazer, o *Dicionário de palavras e expressões estrangeiras*, que saiu pela L&PM em 2004.)

Ao fundo dessa história está uma nova posição da província rio-grandense em relação aos centros, no Brasil e no mundo, fruto da nova etapa da mundialização dos mercados e das sensibilidades. Já havia o rádio, que desde os anos 1930 e 1940 havia feito uma primeira homogeneização significativa entre as linguagens faladas no país; na minha geração foi a televisão, que começou a funcionar em tempo real para a maior parte do território brasileiro em 1969 e nos informava diariamente do sotaque dominante (carioca), ao mesmo tempo que nos dava consciência maior da diferença – de tal forma que, no plano material da história, deve estar nessa revolução a matriz da minha percepção das diferenças entre a linguagem oral do *Jornal Nacional* e a que nós usamos por aqui; finalmente, a atual geração jovem, marcada mais do que a minha pela internet, com sua simplificação da vida, da pesquisa, da linguagem, com sua velocidade ainda mais acelerada que a do rádio e a da televisão, com suas insondáveis possibilidades de divulgação e circulação da informação.

Ocorreu também que, depois deste *Dicionário*, acabei fazendo um outro livro aparentado: é o *Gauderiadas – A sabedoria gaúcha em frases definitivas* (Artes e Ofícios, 2004). Foi assim: saiu o *Porto--Alegrês* e eu me reencontrei, por causa dele, com um ex-aluno, gente-fina, professor de inglês, Iuri Abreu, que me contou que tinha uma coleção de frases daquele tipo comparativo, tão ao gosto da fala popular gaúcha, feito "Curto como coice de porco", "Grosso como dedão destroncado", e por aí afora; e me perguntou o que poderia fazer com aquilo. Eu disse: vamos então juntar as nossas coleções e fazer um livro, porque eu também tinha uma coleção delas, acumuladas desde o tempo em que eu redigi a primeira versão deste *Porto-Alegrês*. Foi o que rolou, e o resultado me parece digno.

Agradecimentos novos, para esta edição revista: Pedro Hidaca; Olyr Zavaschi; Antônio Goulart; a lamentavelmente falecida revista *Eaí?*, com sua redação toda; Marcelo Carneiro da Cunha; Tânia Carvalho, sempre entusiasta deste *Dicionário*; Milene Leal, que me convidou gentilmente para escrever em sua linda revista, a *Estilo*; e ainda: Pedro Cortezia; Anízia Rosa; João Cesar Papaleo; Ana Lúcia Meinhardt; Ênio Kersting Corrêa; Alessandra Prates; alunos do Colégio La Salle São Paulo, de Canoas; da Escola Municipal Heitor Villa Lobos, de Porto Alegre; da Escola Prudente de Morais, de Osório; eles e vários outros alunos de dezenas de escolas que ao longo dos anos leram este *Dicionário* e em alguns casos me ofereceram coletâneas de palavras de sua região. Abraço para o Bataclã FC, praticante do porto-alegrês na linguagem e na forma, e para a garotada do seriado POARS, que vai mudar de nome e entrar para a história: Pedro Maron, Thiago Lázeri, Marcos "Sheila" Kligman, Manu "Laura" Menezes, Luísa "Júlia" Pacheco e Bruno "Beto" Bazzo. Abraço especial aos parceiros do Sarau Elétrico, a subcomandante Katia Suman, o parceiro e mestre Cláudio Moreno, o atualmente em férias Frank Jorge.

E eis aqui, então, uma nova edição do *Porto-alegrês* (desta vez tomando como dicionário de referência o novo e brilhante *Houaiss*). Espero que o leitor continue apreciando-se ao apreciar estas palavras.

Esta nova edição é a primeira que sai depois que meu querido irmão Sérgio faleceu. Nas anteriores, ele sempre estava por perto, e seu olhar querido, seu coração grande, sua sabedoria eram um conforto para mim, um alento, uma daquelas certezas que fazem a vida ser mais fácil. Vai então aqui uma lembrança por ele, e um desejo de que o Alfredinho (por extenso Alfredo Pasternak Kramm Fischer), meu queridíssimo afilhado, tão porto-alegrense quanto seu falecido pai, também goste deste livro.

MAIS UMAS PALAVRAS
Prefácio para a edição revista de outubro de 2000

Bá, tchê, não tem como eu contar a maravilha que foi ter vivido o lançamento e a circulação deste livro na Feira do Livro de Porto Alegre, em 1999, e depois, até hoje. Alguns milhares de exemplares foram lidos com alegria, e digo isso com orgulho e vaidade, por que não dizer – sabe lá o que é alguém que proporciona um momento de felicidade e mesmo de riso a seus conterrâneos? Que honra maior pode querer um fazedor de dicionário?

Por que fez bem o livro? Algumas hipóteses podem ser apontadas. O Paulo Coimbra Guedes, meu amigaço, comentou que o porto-alegrês calhou porque de certa forma os porto-alegrenses gostaram de se reconhecer como isso mesmo, porto-alegrenses, não como gaúchos em geral. Por outro lado, muita gente de cidades do interior, a começar por Novo Hamburgo, onde nasci e onde está a sede do jornal para o qual tenho escrito, o *ABC Domingo*, reclamou, com grande razão, pelo fato de que esta linguagem que aqui está radiografada pertence a praticamente todas as cidades do estado – e minha frágil defesa era uma só, a de que o nome, *Dicionário de porto-alegrês*, foi o que me ocorreu e me pareceu adequado, inclusive por ser palatável, mais interessante ao olho e ao ouvido, e nenhum mais me passou pela ideia. E é de notar que em algumas cidades do interior houve certo mal-estar por este mesmo fato, o nome ser alusivo à capital. Que fazer?

Se não me engano foi o Enéas de Sousa, outro grande amigo, quem falou que o *Dicionário* funcionou como uma espécie de liberação: as pessoas ficaram à vontade para falar a linguagem que já usavam. Claro que eu não estou sequer insinuando que o *Dicionário* foi o único responsável por uma revolução, se é que houve revolução, o que não é o caso. Mas é certo, me parece, que ele entrou em ressonância com uma vontade de viver mais livremente, ou menos envergonhadamente, a identidade local. (Que tenha surgido até uma campanha publicitária que utilizou termos da cidade, com orgulho e marca de distinção e de pertencimento, é mais um fenômeno da mesma questão.)

José Luiz Marques escreveu um artigo para o *Jornal do Comércio* em que postulou outra hipótese que me pareceu correta: disse ele, com outras palavras, que o *Dicionário* não teria sido escrito em outra época da cidade porque a cidade está se sentindo dona de seu destino, particularmente em função das administrações da Frente Popular – eu mesmo trabalhei numa das gestões, e de minha parte confirmo a impressão do Luiz.

Outra observação sobre o feliz destino deste livro desde seu lançamento foi feita por várias pessoas, mas em especial pelo Aníbal Damasceno. Se não traio sua intenção, parece que o Aníbal gostou do estilo da escrita, que se tornou uma espécie, disse ele, de ensaio, em forma de verbetes, a que não faltou certo humor. Daí outros amigos, Fabrício Carpinejar, poeta, e Giba Assis Brasil, cineasta, relacionaram este *Dicionário* com outro livro meu, de que muito me orgulho, *Para fazer diferença*, coleção de ensaios. Disseram eles (e também o Miguel Sanches Neto, de Curitiba) que um era o complemento do outro: aquelas teses sobre a identidade do Sul e as questões culturais envolvidas neste processo, inclusive naquilo que elas têm de contraste e confronto com a identidade brasileira como um todo, ganharam realização aqui no *Dicionário*. Pode ser, não tinha me ocorrido, e acho que fica bem assim.

Ao longo deste ano, tive várias oportunidades de ir a escolas conversar com alunos que tinham lido ou iam ler este livro. Também aprendi muito, compartilhei sensações, recolhi palpites. Em algumas delas, ocorreu um fenômeno sensacional: alunos se mobilizaram e fizeram pequenas encenações com o dialeto da terra. Muitas pessoas que não vou conseguir mencionar agora também manifestaram agrado e parceria. Enfim: foi e tem sido uma satisfação viver a vida do *Dicionário*. Então, o seguinte: obrigado, obrigado, obrigado, a todos.

Mais uma vez cabe dizer: esta coleção de palavras do porto--alegrês depende muito do critério subjetivo aqui utilizado. Sempre procurei confirmar com outros a inclusão de termos mais ou menos problemáticos, e quando a dúvida não encontrou solução deixei a palavra ou a expressão de lado. E outra coisa: as palavras aqui consignadas não são de uso exclusivo de Porto Alegre ou do Rio Grande do Sul. Não foi ideia do *Dicionário*, em tempo algum, sugerir que os termos são exclusividade daqui. Palavras, como sabemos, andam por aí, sem pedir muita licença. O que busquei foi uma espécie de fotografia do nosso jeito de falar em vocabulário e em manhas semânticas e prosódicas. Mas não imagino ter toda a razão nem na seleção, nem das definições. E a propósito: continuo aberto a sugestões, emendas, palpites, para quem sabe daqui a uns anos retomar tudo, rever, reinventar.

Muita gente colaborou para esta revisão, que agora ganha forma de livro; muita gente escreveu, mandou e-mail, telefonou, palpitou – e os nomes que eu consegui coletar estão mencionados aqui, em ordem alfabética: Alexandre Grigoletti, Alfredo José da Veiga-Neto, Alice Araújo, Ana Maria Cardoso, Annelise Hachmann, Arnaldo Pereira Ribeiro, Bruna Rache, Carlos Bier Gerdau Johannpeter, Cátia Silane Rosa Dias, professora que fez seu estágio na Escola Jardim Planalto, de Esteio, com uma atividade legal: seus alunos fizeram um dicionário de gírias de uso comum; Dalton Lahirihoy, Daniela Kern, grande observadora da língua, Danielle Miranda Lopes, Dedé Ribeiro, Deliamaris Acunha, Deonísio da Silva, gaúcho honorário e dicionarista, ele mais que eu; Eduardo Gaiger Keunecke, Ernani Camargo Porcello, Fabrício Carpinejar, parceiro; Fernanda Graeff, Fernando Fabrício de Faria Corrêa, Fernando Livi, Flávio Wolf de Aguiar, que fez um magnífico tratado de saudade; Francimar Torres Maia, G.W. Chaves, Gennaro Anesi, Geraldo Brenner, Geraldo Zanini Louzada, Giana Maia Monteggia, Giba Assis Brasil, grande parceiro; Gioconda Dourado, Glauco Lisboa Melo Júnior, Guaracy Fraga, uma peça que anda fazendo falta na cidade; Guilherme S. Ribeiro, Guilherme Socias Villela, ex-prefeito e leitor; Henrique Schneider, Horácio Madureira, Íris Carneiro, Ivan Mattos, o Conde Evan MacBush; Jeferson Barros, lá no céu onde ele merece e deve estar falando em árabe; Jerônimo Terra, João José de Oliveira Freitas, que propôs uma enormidade de sugestões; Jorge Appel Soirefman, que mandou nada menos que 647 palpites, vários deles dos mais interessantes; Jorge Brown Segui, Júlio Conte, Karen Martins Zíngano, Leandro Miranda, Leandro Paulsen, Liane Spolidoro González, Lourenço

Busa, Luiz Antonio de Assis Brasil, outro parceiro querido; Luís Peazê, enlouquecido e criativo, Marcelo Xavier, Márcio Pinheiro, informante das coisas do futebol e colorado de fé; Marcos Melamed Barqui, Mário César Bath, Moacir Rahel, Nildo Machado da Silva Júnior, Otávio Peixoto de Melo, que deveria fazer todo um dicionário, pelo detalhe das colaborações campeiras; Paula Juchen, Paulo Roberto Lontra, Pitágoras Bourscheid, outro com um grande senso de observação da língua, apesar de ter emigrado há tempos; Reginaldo Castra, Reginaldo Schiavini, Roberto Nygaard, Rosângela Spannenberg Farinha, Rubem Penz e Márcia Lima e Silva, Sérgio A. Leão, Simone Werlang Guardiola, Teresinha Lora Posch, Tiago Masotti Uriart; uma certa Gabriela, gaúcha que mora em São Paulo há anos e não disse o sobrenome; Valdir Ramos, Virgínia Trem e Willi Bruschi Júnior.

    Na primeira edição, esqueci de mencionar duas pessoas decisivas para a minha dedicação à linguagem. A primeira sem dúvida foi meu pai, Bruno, professor de latim e de português, figura que me enche de orgulho, professor nato que nos ensinou – pelo menos a mim e a meu irmão, Sérgio "Prego" – o gosto pela profissão e, mais que isso, um certo modo afetuoso de tratar a língua. Desde criança pequena lembro de viver a linguagem de um modo agradável, que certamente foi algo excepcionalmente importante para meu futuro, incluindo este livro. Outra é minha mãe, Zélia, que igualmente nos ensinou uma relação amistosa com a língua, por causa de seu tino para a linguagem e de sua queridice.

    Outra figura é o professor Mário Klassmann, meu professor de Filologia Românica na faculdade, que certamente não tem responsabilidade pelos erros que aqui vão mas me ensinou muito da rara arte de lidar com as palavras e sua história. Também não registrei a contento a figura de outro amigo, Nelson Coelho de Castro, que para mim é uma espécie de profeta do porto-alegrês. Lembro nitidamente que o começo de sua carreira, lá nos anos 1970, colidiu com certo conservadorismo linguístico (para não falar de outros níveis), que considerava suas letras algo estranhas pelo fato de ele usar o dialeto abertamente. E eu vibrava à distância, como ouvinte de suas músicas e seu discurso. Também outro esquecimento: quando relatei o começo das minhas anotações, não consignei que o local em que tudo começou foi o bar do Antônio, o bar da faculdade onde trabalho. Pois foi, e o Antônio merece esta lembrança.

Nesta revisão, direta ou indiretamente, colaboraram meus alunos Janaína Baladão, Melissa Mello, Andréia Scheeren, Ana Paula Soares, Luiz Francisco Wasilewski, Odi Alexander e Fábio Pinto. O Cláudio Moreno palpitou sério, inclusive apontando algumas inconsistências filológicas, com toda a razão. Outros colegas de faculdade que ajudaram e incentivaram foram Ana Zilles, Pedro Garcez e Jussara Zilles. Outra grande força veio dos parceiros e amigos do Sarau Elétrico, aquela brincadeira que a gente faz com tanto gosto nas terças-feiras do Ocidente, a Katia Suman e o Frank Jorge, mais os frequentadores todos, mais o Fonso e o João de Deus nos bastidores. O velho colega de bancos escolares Silvio Marques também, com sua tentativa de fazer o *Dicionário* entrar noutras frequências.

Ainda Zé Adão Barbosa e Renato Campão, que me convidaram pra conversar com a assistência da peça deles. E muita gente mais, gente de jornal, rádio, tevê, da cidade e do estado e mesmo de fora, como o Sérgio Nogueira Duarte, que me levou a São Paulo pra dar entrevista.

UMAS PALAVRAS
Prefácio da primeira edição, outubro de 1999

Este *Dicionário de porto-alegrês* é impreciso, precário, perecível, incompleto e várias vezes arbitrário. É que é um dicionário, e portanto é igual a todos. Só que este aqui está dizendo isso tudo de cara, na primeira linha, meio como defesa do material que aqui vai, meio como constatação, e outro impossível meio para explicar o inexplicável: Porto Alegre não tem turistas, e os habitantes de Porto Alegre não têm maior problema de falar a língua portuguesa à sua maneira. Então para que raios pode servir um *Dicionário de porto--alegrês*, se nem para fora nem para dentro ele será um dicionário, isto é, um livro a que se recorre para sanar dúvidas de significados ou grafias corretas ou consagradas? Eu não sei.

E tem mais uma mentira: este dicionário não é de Porto--Alegrês, mas de porto-alegrês. Certo que não é um dicionário de gauchês, que é outra língua, aquela falada originalmente na Campanha e nas Missões, que passou para a literatura com a obra de gente como Simões Lopes Neto e hoje em dia vive no imenso campo do Tradicionalismo, nos CTGs e em inúmeras manifestações. Mas de todo modo é mentira que o dialeto (e é um dialeto?) aqui registrado seja exclusividade de Porto Alegre, aquela cidade, esta cidade. A rigor, pelo menos em todas as cidades da região metropolitana uns mais ou menos quatro milhões de bocas falam esta língua.

E tem mais outra: os termos que compõem este *Dicionário* não são, em larga medida, exclusividade sequer do Rio Grande do Sul. Muitos frequentam a linguagem de várias outras paragens do país, e outros locais de fora do país, nesse caso pertencentes a outro grande país, este que Angel Rama alguma vez chamou de Comarca do Pampa – cujos epicentros maiores são Buenos Aires e Montevidéu e que tem como centro menor, mas importante, a "mui leal e valerosa" cidade de Porto Alegre. De forma que o consulente (esse é o nome de quem consulta) encontrará aqui muita coisa já dicionarizada, e eu tentei registrar essa circunstância sempre que possível.

Convivo com estas palavras, agora transformadas em dicionário, há quase quinze anos. Quero dizer: eu tenho recolhido essas palavras há vários anos. Acho que tudo começou uma vez, em Buenos Aires, onde estava com meu amigo Antônio Aladrén, lá na altura de 1982, quando eu comprei um dicionário de lunfardo, aquela gíria de que o tango tradicional fez uso. Trata-se do *Mataburro Lunfa,* de María Rosa Vaccaro, quinta edição em 1981. (Buenos Aires conhece um monte de dicionários do lunfardo; tem, ou teve, até uma Academia Porteña del Lunfardo.) O que aconteceu foi uma observação minha pra Toninho, isto é, o Aladrén, sobre a hipótese de a gente fazer um dicionário com a nossa linguagem corrente em Porto Alegre, com os ditos, com as singularidades. Claro que, como desterrados provisórios, ficamos horas a rir, num daqueles cafés civilizados da capital portenha, a lembrar modos de falar daqui, a bravata, o exagero, as comparações com o mundo animal para comportamentos humanos, os platinismos, as formas de tratamento e cortesia.

Depois, na altura de 1986, uma professora portuguesa passou um tempo por aqui (e eu não lembro sequer o nome dela), dando um curso no lugar em que trabalho, o Instituto de Letras da UFRGS. Estávamos almoçando, com outros colegas, e ela me perguntou, como turista, o que devia fazer para sair de seu hotel (acho que o Everest) e ir até não lembro onde. Eu então comecei a explicar: "Olha, tu desce, pega à esquerda, e pela mesma calçada caminha duas quadras e aí tem uma parada".

Precisei parar em função da expressão do rosto dela. "Calçada é passeio, quadra é quarteirão, tudo bem; mas parada eu não imagino o que seja", ela disse. Aí expliquei: ponto de ônibus. Claro que todos da mesa, orgulhosos indisfarçáveis dessa diferença linguística, começaram a brincar com outras palavras: que ela precisava então subir a lomba; que devia comer um negrinho; comprar um cacetinho. E assim foi. Aí, justamente nesta hora, eu lembro de ter pegado um papel, talvez um guardanapo, e começado a anotar as palavras: parada, lomba, negrinho, cacetinho. E não parei mais, até hoje. (Para dar uma ideia: em 7 de junho de 1990, quando já me passava pela cabeça editar isto aqui, eu fiz uma primeira organização escrita do material e registrei: eram então 693 verbetes a serem escritos.) Agora, para redigir definitivamente os verbetes, eu voltei a me encontrar com muito pedaço de papel, canhoto de cheque, bandeja de salgadinho capturada em algum aniversário infantil, nota fiscal, guardanapo, verso de ofício do departamento, uma literal caixa de espantos acumulados nesse tempo todo. Tudo com palavras anotadas no calor da hora de uma conversa. Quando pensei em fazer este *Dicionário*, portanto, estava agindo meio por instinto. Claro que tem outros motivos, porque qualquer um de nós, daqui do Sul, já teve alguma oportunidade de sentir na pele da língua as diferenças de falar no Brasil, ao entrar em contato com alguém que não seja daqui, mesmo que seja um catarina amigo. Naquela altura, 1984, eu estava começando a trabalhar no Instituto de Letras, e tinha a honra sem tamanho de ser colega de meu ex-professor Celso Pedro Luft, um consagradíssimo filólogo e professor. Logo contei pra ele da ideia, e ele foi, como costumava ser, de uma gentileza total. Me apoiou, perguntou como era o meu método de coleta, como estava escrevendo os verbetes. Ele, um dicionarista provado e comprovado, me deu uma força que agradeço aqui, à distância enorme que separa a vida em que estou da morte que o levou. (Para registro: quando Olívio Dutra começou a trabalhar no comando da Prefeitura de Porto Alegre, 1989, cheguei a apresentar a ideia de fazer o dicionário de forma partilhada, participativa, para o pessoal da Secretaria Municipal de Cultura. O professor Luft, consultado por mim, dispôs-se a ministrar um curso para quem quisesse participar. Por motivos engraçados, se vistos à distância, o projeto acabou não saindo, e eu segui anotando. Ainda para registro: assim como falei com Luft, conversei com dois outros ex-professores meus, na época já meus colegas, e um deles fez questão de botar areia na ideia, dizendo que era uma besteira, que daria muito trabalho, que tinha que ter toda a ciência filológica para fazer isso, etc. O nome deste colega é melhor que não passe para o futuro, pelo menos aqui, muito embora a minha memória o retenha, para uso nenhum.)

Daí que precisei decidir de que modo faria o dicionário. Poderia fazer um trabalho digamos assim para turista: coletar e apresentar apenas os termos que os outros, os de fora, consideram exóticos e, muitas vezes, engraçados. Tri, bá, bagual, tchê, barbaridade, deu pra ti, batida, torrada, coisas assim. Assim funcionam alguns dicionários locais no Brasil, por exemplo o *Dicionário de baianês*, de Nivaldo Lariú, de 1991, e o *Dicionário da Ilha – Falar e falares da Ilha de Santa Catarina*, de Fernando Alexandre, de 1994. Resultaria um formato pequeno, como é o caso desses dois, com mais graça do que o meu, este aqui. No entanto, o que aconteceu foi diferente: talvez por vício de formação (sou formado em Letras, dei aulas de redação vários anos, sou professor de Literatura), talvez pela minha fissura em dicionário (não é pra me gabar, mas tenho uma coleção razoável), talvez ainda por um influxo tardio de um tio-bisavô, Luiz Carlos de Moraes, autor de um dicionário gauchesco (*Vocabulário sul-rio-grandense*, de 1935), parente remoto com quem não privei (ele morreu em 1969, eu nasci em 1958), enfim, por tudo isso e mais outras coisas, minha opção foi outra. Pensei em fazer não uma coletânea de pequenas curiosidades, mas uma fotografia em movimento, uma fotografia do modo como se fala aqui, um flagrante da linguagem que usamos. Se é que isso faz sentido.

De forma que precisei inventar uma distância para coletar os termos. A linguagem que a gente fala na rotina dos dias é muito próxima, tão próxima que nós não a vemos. Precisei, em suma, me comportar como um marciano que houvesse baixado aqui, de forma a estranhar aquilo que era e é familiar. Então foi assim, coletei, pensei, cogitei; e tudo o que está registrado aqui eu ouvi, falei ou li, em algum momento da minha vida. Tem coisas que são de uso bastante restrito, sei, mas sempre procurei conversar com amigos e outras pessoas para conferir. Da mesma forma, algumas sugestões recebidas eu não incluí, ou por julgar que eram muito, muitíssimo restritas quanto à circulação, outras por perceber que fazem parte da gíria brasileira em geral. Alguns desses amigos merecem menção especial aqui: Paulo Coimbra Guedes, Carlos Alberto Gianotti, Homero Araújo, Aníbal Damasceno Ferreira, meu irmão Sérgio Luis Fischer, meu cunhado e amigo Cícero Gomes Dias. Alguns termos eu conferia também com minha falecida avó materna, Alzira de Moraes Loch, porto-alegrense nascida nos comecinhos do século, que gostava de ler e tinha tino para a observação da linguagem.

Em todo o caso, não tive um procedimento científico, que poderia e deveria ter se este fosse um dicionário com pretensões de tal ordem. Não procurei abonar os termos com textos publicados, como é de uso e correção. Este *Dicionário*, quase ao contrário, é abertamente autoral, ao contrário dos outros dicionários, que por motivos óbvios escondem a autoria ou a atenuam com o abonamento em autores dignos. Por isso ficou um ar meio cronístico, que acho que não lhe vai mal. Nem preciso dizer que eu acredito que a língua é a gente que vai fazendo, na vida real e conforme calha. E um dicionário pode servir para ir registrando o modo de ser dessa linguagem, dessas manhas.

O critério de organização é um pouco complicado de entender, para mim inclusive. Por exemplo: todos os verbos que a gente usa com o pronome "se" regularmente eu localizei na letra *s*, e não na letra inicial do verbo mesmo. Por um motivo simples: na vida real do porto-alegrês a gente nunca bota o pronome no fim do verbo, nem que todo o rebanho vacum do estado tussa simultaneamente. O nosso equivalente para "dar-se conta", "se fragar", vai lá na letra *s*, porque é assim que é. Por outro lado, o critério geral de inclusão de termos aqui obedeceu à minha sensibilidade, que espero não seja muito ruim, para a vida da língua falada. Procurei sempre pensar ou lembrar: os caras das novelas da Globo dizem como? Como é que se fala nos jornais nacionais das emissoras paulistas e cariocas? Daí, por contraste, eu ia selecionando. Tem o caso do palavrão, que registrei sempre, sem pudor. Se tiver criança na sala, cuidado, porque minha ideia foi apresentar o que a gente fala mesmo.

Fiquei imaginando, nos dias finais de redação, por sinal um período de muita angústia para mim (sempre me passava pela cabeça: "Será que não tô esquecendo nada de essencial?"), quanta coisa eu gostaria de fazer com esse material que aqui está. Deixo como sugestão para diversão da gurizada: por exemplo, analisar a quantidade de apócopes (reduções) que o dialeto tem: reúna, purfa, adeva, profe, refri, xis, churra, profi, ceva etc. Outra: a quantidade de termos que têm origem em palavrões. Ou a quantidade de termos que envolvem, de alguma maneira, figuras animais – se encorujar, eminhocar, garanhão, bagual, tosse de cachorro, jaburu. As manhas de derivação, as terminações curiosas, os sufixos produtivos. Um monte de coisas. Quem quiser divirta-se.

O mais famoso e competente dicionário do português no Brasil, o de Aurélio Buarque de Hollanda Ferreira, em sua versão para computador, serviu como critério geral, embora às vezes ele seja menos completo que outros (o de Laudelino Freire, por exemplo). Consultei irregularmente outros dicionários também: o de Antônio de Moraes Silva, edição de 1844; o de Francisco Solano Constâncio, edição de 1845; o de Caldas Aulete, edição de 1884 – isso entre os mais compulsados (no fim desta apresentação vai uma lista completa dos que foram em algum momento utilizados).

Isso significa dizer que não houve preocupação em fazer pesquisa exaustiva para saber o que estava ou não dicionarizado ou para detectar totalmente a etimologia dos termos (o nome original deste *Dicionário*, desde o primeiro momento, era justamente *Dicionário impreciso de porto-alegrês*). Ao contrário: palpitei bastante, imaginei explicações, de forma que este dicionário, desculpada a presunção, é uma fonte para, quem sabe, outros dicionários.

Porque um trabalho como esse só em parte é dirigido aos leitores do presente, que o lerão talvez como curiosidade; no futuro, supondo que ainda haja aí gente interessada em dicionários, em etimologia, em história da linguagem da vida real, talvez ele sirva de alguma coisa. Por isso mesmo, meu caro leitor, fica aqui um pedido: mete bronca, se te interessar, e manda palpites, observações, restrições e o que mais seja para o endereço da editora. Se sair outra edição, em algum futuro, vou fazer questão de levar em conta.

Meu forte agradecimento a vários amigos, conhecidos e desconhecidos que deram força: Arthur de Faria, Juarez Fonseca, Luiz Sérgio Jacaré Metz (lá no Assento Etéreo onde subiu), Débora Finnochiaro, Simone Assumpção, Gerson Almeida, Totonho Villeroy (que devia escrever um outro dicionário inteiro), Bebeto Alves, Geraldo Flach, Arnaldo Campos, Zeca Poli, Renato Rosa, Tânia Carvalho (que deu uma baita lista de sugestões), Luiz Antonio de Assis Brasil, Valesca de Assis, Rosa Hessel Silveira, Tatata Pimentel. Nei Lisboa, que deu a primeira forma em computador para o *Dicionário*, Cida Simões, Simoney Tarasconi, Airton Tomazoni, Márcia Xu Santos, Alfredo Engers e todo o pessoal da Coordenação do Livro daquele tempo. Nando Dávila, lá no Céu, o Rui Felten e a Ivana, do *ABC*. Os amigos que viram nascer e crescer este livro: Bira Faccini, Alceu Nascimento, Sérgio Menuzzi, Luciene Simões, Fernando Seffner, Paulo Seben, Fátima Ali. Luciano Alabarse e

Carlos Villalba, parceiro e coautor do *Dicionário da boa-vontade*. Luciane Coccaro. Maria Lúcia Sampaio, José Marcos Sobral, Marcelo Pires e Charles Pilger. Amarildo Keller, Guilherme Jardim, Tito Montenegro, Gustavo Ioschpe, Marcelo Beck, Dioclécio Luz, Anelise Brauch. Cláudio Moreno, pela lista de apócopes. Viviane Possamai, que ajudou na reta final.

Homenagem penhorada: ao "Sala de Redação", da Rádio Gaúcha, ao "Cafezinho", da Poprock, ao "Folharada", da Ipanema, ao Paulão, repórter policial, aos jogadores de futebol dando entrevistas, ao Eduardo Peninha Bueno, todos eles fontes maravilhosas de termos do porto-alegrês. Ao Luis Fernando Verissimo, que ajuda muito a fazer viver a língua da gente.

Antes de existir como livro, o *Dicionário* circulou bastante. No jornal *ABC Domingo* eu publiquei a maior parte dele, na coluna que mantenho lá. Saiu a letra *a* no "Não 61" (www.nao-til.com.br); logo, abraço pra Giba Assis Brasil, Carlos Gerbase (o editor do 61), Jorge Furtado. Quando comecei a publicar o *Dicionário* no *ABC*, dei entrevista para uma pá de gente bacana: Katia Suman na Ipanema FM, Lúcia Mattos e Cristiane Ostermann na FM Cultura, Walter Galvani na Rádio Guaíba, o pessoal da Rádio Unisinos, Tânia Carvalho na TVCOM, Clóvis Duarte no "Câmera 2", o pessoal do "College" na TV Band e o da "Estação Cultura" da TVE, Luciana Kramer na RBS, que botou em cadeia nacional. O *Jornal do Comércio* publicou uma rica matéria sobre o trabalho.

Este *Dicionário* é dedicado ao pessoal da "Mesa das Quintas", amigos que para mim são uma espécie de Porto Alegre em forma concentrada: Luiz Osvaldo Leite, Ecléa Fernandes, Enéas de Souza, Juarez Fonseca, Décio Freitas, Leandro Sarmatz, Sérgius Gonzaga, Voltaire Schilling, Gustavo de Mello, Tau Golin, Haydée Porto, Flavinho Azevedo, Sylvia Moreira, Cláudio Moreno, Carlos Augusto Bissón, José Hildebrando Dacanal, Flávio Loureiro Chaves, o Flávio garçom onde quer que esteja, Kika e o ausente e sempre presente Joaquim Felizardo, inventor do grupo e figuraça desta cidade.

A

A COISA É FEIA E VEM SE DEBRUÇANDO
Frase com que meu falecido amigo Sérgio Jacaré descrevia uma situação ruim tendendo a pior. Como aquela hora em que a gente vê uma nuvem medonha tomando conta do céu, sabe? Ver "Tá feia a mão".

A DAR COM PAU
Em grande quantidade, muito, fartamente. O mesmo que "a três por dois" (v.). "Tinha gente a dar com pau", por exemplo.

A FACÃO
Diz-se de algo que foi mal feito, ou feito às pressas, que foi feito a facão, isto é, sem o instrumento adequado, sem o refinamento exigido. Parecido com "à moda miguelão".

A FAZER
O que é "a fazer" é algo que sem dúvida está sendo levado a sério; no futebol, por exemplo, se o beque entra a fazer entra para o que der e vier, para quebrar, para, exagerando um pouco, matar ou morrer; também se diz "a morrer", no mesmo sentido; sinônimo: "às ganhas"; ver o oposto, "a não fazer".

A FU
Forma contraída da expressão "a fuder" (v.). Mas tem também outra forma que talvez tenha tido algum papel, se não na origem, pelo menos na consolidação do uso da expressão: em espanhol platino popular, há a forma "a full", que pelo jeito mistura uma palavra inglesa, *full*, que significa cheio, inteiro, pleno, numa sintaxe espanhola, significando "com muita gente", "com tudo", "com toda a intensidade", "com toda a força", que é bem parecido com o que a expressão "a fu" indica. O nosso a fu bem que pode ter nascido ou ao menos se consolidado no uso com esse reforço. Apareceu um cartaz escrito a mão, num dos domínios das redes sociais, anunciando dois padrões de almoço: Simples, 9,90; A fu, 13,90. Entendeu?

A FUDER
Pela ortografia brasileira deveria grafar-se "a foder", mas é "a fuder" a expressão, que tem uma forma contrata, "a fu", que também se diz, malandramente segundo o critério popular, "a fuzel"; designa aquilo que é muito bom, de alta qualidade, tanto uma situação ("Tava uma festa a fuder") quanto um sujeito ("Bá, esse cara é a fuder"); também quer dizer "a fazer" (v.). Bem diferente de "de fuder" (v.). Aparece muitas vezes grafado como uma só palavra, "afudê".

A FUZEL
Ver "a fuder". Numa certa época havia uma borracharia na Bento Gonçalves com este singelo nome.

A GRITO
Tem gente que é criada "a grito", isto é, abaixo de grito. Refere-se a ambientes em que costuma haver muito grito, propriamente dito.

A LA LOUCA
Expressão adverbial que descreve o modo alucinado com que alguém faz alguma coisa. "O cara veio a toda e entrou a la louca aqui na esquina", por exemplo. Aquele "la" deve ser platinismo, e se usa em outras expressões, como "a la merda", "a la putcha", "a la fresca".

A LA MERDA!
Não sei se a grafia é a melhor. O *a* inicial é continuado, dito com ênfase, e o "la" terá nascido do espanhol. O conjunto da expressão é uma interjeição de desagrado, de desabafo, de alívio. Comporta variações, como "O la merda", "U la merda" e outras. Igual, em significado, à exclamação "Puta que o pariu", também dita abreviadamente como "Uta", seguida de "merda" ou não. Também ocorre "a la putcha", "a la fresca", que são mais sociais.

A LA PUCHA
Interjeição de espanto, que alterna na fala como uma pronúncia espanholada, "a la putcha". É claro que essa palavra "pucha", ou "puxa", é uma forma delicada, uma versão de salão para "puta".

A MIL
Expressão de valor adverbial, de uso brasileiro geral, parece. Aqui também se usa, para exagero, o milhão. Em Porto Alegre há uma avenida importante na Zona Norte que é a Assis Brasil, por onde se pode correr com o auto, de forma que acontece a frase rimada "A mil pela Assis Brasil".

À MODA MIGUELÃO
Sei lá eu por que raios, mas o certo é que algum Miguel (terá sido o anjo?) deu origem a dois termos do porto-alegrês, o "migué" (v.) e este agora. "À moda miguelão" qualifica procedimento estabanado, impreciso, apressado, de que resulta um serviço malfeito.

A NÃO FAZER
No mundo da sinuca, do também chamado isnuque, uma jogada possível é esconder a bola, isto é, fazer uma jogada defensiva que tem como objetivo não meter alguma bola na caçapa. É a jogada "a não fazer". Daí terá passado para o mundo, com o mesmo sentido e eventualmente com uma insinuação de cagaço, medo, ou má intenção: a gente vê o cara não conseguir o objetivo a que aparentemente se propunha e descobre que ele tinha na verdade a intenção de apenas ludibriar a patuleia, porque era "a não fazer".

A PAU E CORDA
Com muita dificuldade: "A pau e corda conseguimos essa grana"; "O carro saiu do lamaçal a pau e corda". Uma versão para a origem da expressão: que no século 19 se faziam carregamentos de grandes

volumes, como os antigos baús de viagem, com auxílio de paus e cordas, porque de outro jeito (só com as mãos) não dava. Há a versão campeira: "A porrete e a rebenque" (no lombo do animal de carga).

A PÉ
Ficar a pé pode significar simplesmente ficar sem o auto, sem condução, mas também quer dizer ficar sem algo imprescindível: "Fiquei a pé de grana", por exemplo. Ver "de a pé".

A PERIGO
Estar a perigo é o mesmo que estar "na unha" (v.): em situação-limite, nas últimas, matando cachorro a grito. Usado especificamente com relação à mulher, do ponto de vista do homem: cara que está a perigo é principalmente o cara que não transa "há horas" (v.). Pode também acontecer em relação a grana.

A PIOR VIAGEM
Expressão que se usa para dizer que certa coisa é a pior que poderia acontecer nas circunstâncias. Não precisa se referir a uma viagem em si. Por exemplo: pegar ônibus em dia de chuva na "hora do pique" (v.) é "a pior viagem", real e metaforicamente, mas também deixar o carro num mecânico "garganta" (v.) e incompetente é "a pior viagem". Nada a ver com a voz moderna que diz "viagem" querendo dizer delírio, demasia, fantasia ou "chapação" (v.).

A PONTA DE FACA
Expressão que designa a atitude espiritual de alguém que leva as coisas duramente, sem concessões, sem meios-tons, sempre buscando o confronto; esta criatura leva tudo a ponta de faca, sem qualquer tolerância.

À REVIRIA
Em grande quantidade, a rodo, "a dar com pau" (v.). De onde terá vindo isso? Talvez da mesma fonte que deu em *rêverie*, francês para sonho, devaneio? Pode até ser. Ou uma corruptela de "à revelia", expressão com a qual aliás a nossa não tem nada a ver, semanticamente? "Tinha gente à reviria", por exemplo.

A RODO
O mesmo que "a varrer" (v.): em grande quantidade. Rodo é aquele instrumento que movimenta grande quantidade de água? Rodo também era o nome de uma enxada para ajuntar grãos na eira, o terreno onde se depositavam os grãos que iam ser descascados e secados.

A TODA
Rapidamente, velozmente, no maior "pique" (v.) possível. Tem tudo pra ser uma redução da expressão "a toda velocidade".

A TODAS ESSAS
Versão para a expressão narrativa "Enquanto isso". "A todas essas eu nem sabia o que se passava com ele." Uma bela expressão para uso em narrativas, quando se vai introduzir uma cena paralela.

A TODO O PANO
Segundo o *Aurélio*, a expressão significa "com toda a velocidade", tendo origem nos panos que servem de vela para os barcos. Por aqui na cidade significa outra coisa: se alguém quer "a todo o pano" alguma coisa, ele a quer com toda a ênfase, com toda a vontade possível, não importando os obstáculos, sem nada a ver diretamente com velocidade.

A TOQUE DE CAIXA
Rapidamente, velozmente. Deve ter vindo de um âmbito semântico militar antigo, do tempo das batalhas de infantaria em campo aberto: tocar a caixa de guerra devia significar alerta, motivar para o combate, dar ritmo ao ataque. O Moreno agrega outra informação: parece que, em algum momento, em Portugal, "o toque de caixa" era uma pena infamante contra ladrão ou algo que o valha: o sujeito era corrido da cidade com um taroleiro atrás dele, rufando.

A TRÊS POR DOIS
Também dito "a três por quatro", no mesmo sentido: abundantemente, fortemente, continuadamente, em grandes proporções, etc. O mesmo que "a dar com pau" (v.). No espanhol platino, se diz ao contrário a ordem dos números, mas no mesmo sentido: a dois por três.

A TROCO?
O mesmo sentido de "por quê?", "para quê?", "por causa de quê?". Derivou, por encolhimento, da expressão "a troco de que santo". É usada assim mesmo, a seco: "Tu quer que eu vá lá? Mas a troco?".

A VARRER
Em grande quantidade, em abundância, "a dar com pau" (v.). O verbo varrer dá uma ideia de grande volume, de grande alcance.

ABAIXO DE PORRADA
Expressão de largo uso, refere a circunstância de alguém ter apanhado (real ou metaforicamente) muito. Outras expressões começam do mesmo jeito: "abaixo de grito"; "abaixo de pau" (surra); "abaixo de chuva".

ABAIXO DO CU DO CACHORRO
Também "abaixo do cu da cobra", que é menos comum mas também existe. A expressão designa a posição mais que humilhada, absolutamente subordinada de algo ou alguém. Quem foi insultado, quem foi desprezado, quem está deprimido se sente assim, nesse lugar metafórico.

ABANAR
Tem um certo uso particular do verbo aqui entre nós: "abanar" já significa despedir-se de alguém, dar adeus. Este significado existe nos dicionários, mas parece que em Porto Alegre o uso é mais regular. Quem me contou foi o Marcelo Carneiro da Cunha, que teve um texto seu revisado, em editora no Rio, exatamente nisso: ele escreveu "abanou" e a revisora trocou para "acenou".

ABANAR AS TRANÇAS

Costuma-se usar a expressão em referência a gente jovem, em especial moças, que saem por aí, "abanando as tranças", isto é, correndo à toa, fazendo coisas livremente, irresponsavelmente. Claro que não precisa ter trança mesmo para dar origem ao uso.

ABATUMADO

Diz-se do pão ou da massa que ficou pesada, parece que por falta de fermento em quantidade adequada. Eventualmente se usa para situações que resultaram igualmente pesadas, confusas, malparadas. Se usa o verbo "abatumar" também.

ABICHAR

Levar medo, acovardar-se diante de alguma dificuldade, desistir. Deve ser algo como ficar medroso como um bicho, e portanto não reagir como homem. Ou então ficar medroso como uma bicha, segundo o conceito machista corrente. Outra hipótese: que o termo tenha derivado de "bichar", que se usa para animais na campanha, quando estão com alguma doença (carrapato, por exemplo), e também se usa para frutas, quando estão apodrecendo e "criam" bicho.

ABICHORNADO

Nada a ver com "abichar": "abichornado" é o cara que está sem graça, ou que perdeu a graça. Gente doente fica "abichornada", por exemplo. Terá algo a ver com o espanhol *abochornado*, que significa algo parecido? (*Bochornoso* ou *abochornado* é o sujeito que está meio mole, meio caído, pelo calor ou por algum outro motivo.)

ABOBADO

Trata-se de um insulto muito usado contra os "xaropes" (v.) em geral; comporta variações: "abobado da enchente", alguns dizem que devido à famosa enchente de 1941, quando Porto Alegre submergiu, numa inundação famosa que deu origem a várias providências contra futuras enchentes, entre as quais figurou o esquisito Muro da Mauá, aquele que separou visualmente o Centro e o rio, ali naquela altura; "abobado da tiriça" (ver "na tiriça"), expressão que tem cara de ser derivada de "ictericia". Tem também "abobado da punheta", insinuação de que, conforme a velha ideia, o exercício reiterado da masturbação deixa o cara meio louco da cabeça.

ABOSTAR

Verbo de largo uso que significa aplastar-se, deixar-se ficar, afrouxar, relaxar, descansar, e não tem necessariamente sentido de reprovação; é, porém, insultuoso chamar alguém de abostado, que equivale a burro, matusco, bocó, "mocorongo" (v.); já a palavra abostamento (estado de quem fica abostado) me parece ser usada com sentido positivo, de relaxamento. Terá surgido por analogia com a situação da bosta, que quando expelida do corpo de um animal vacum fica ali, daquele jeito?

ABRAÇAR
Encarar a tarefa, assumir a bronca, tudo isso é "abraçar" (às vezes "abraçar o lado", lado como questão, tarefa).

ABRAÇO
Além de significar o abraço propriamente dito, significa outra coisa: costuma dizer-se que, se a tarefa estiver parecendo de fácil execução, "vai ser um abraço".

ABRÃO
O Geraldo Flach – que veio a falecer em 2011 – disse que se usa a palavra para designar o sortudo, o rabudo, que tem o orifício anal (metaforicamente, por certo) muito aberto, por isso abrão. Deve ter surgido como derivação do uso de cu como sinônimo de rabo, quer dizer, sorte.

ABRIGO
No universo do futebol e dos esportes, "abrigo" é aquele agasalho, composto de calça e blusa (não é bem blusa, é um casaco, mas dá pra entender, né?), que se usa para o frio ou para bonito, como hoje em dia. É a vestimenta de esporte para além dos calções e da camiseta. Também se usa generalizadamente para qualquer agasalho, especificamente para a blusa (geralmente de tecido mais grosso), para o frio. No Brasil central, isso se chama de "agasalho", não de abrigo. Acho que quando os paulistas e cariocas nos ouvem falando de "abrigo" pensam em construções de guerra, coisa assim. Não é tanto.

ABRIR
Sair fora, cair fora; comum no convite que se faz, quando parece estar na hora de sair do lugar, "Vamo abrir?". Mais raramente, fugir. "Abrir o tarro" significa chorar, berrar, reclamar. "Abrir a goela" ou "os peitos" quer dizer cantar. "Abrir o jogo" é sinônimo de falar às claras, desvendar implícitos; neste caso também se diz simplesmente "abrir". Diferente de "se abrir" (v.).

ABRIR A GRAXEIRA
Voz popular para descrever a resolução de começar a falar tudo o que se sabe, ou para gritar. É voz popular. "Graxeira" é aquela caixa de gordura que fica debaixo da pia da cozinha, e abri-la para limpar sempre foi uma coisa por demais de medonha, tal a sujeira que ali se acumula.

ABRIR O AÇOUGUE
Na gíria futebolística, quando acontece o primeiro lance meio criminoso (contra o nosso time, em especial), com dano ou expectativa de dano físico, se diz que "abriram o açougue".

ABRIR O TARRO
Desandar a chorar desbragadamente.

ACABAR
Atingir o orgasmo. Acho que é mais usado pronominalmente, "se acabar".

ACABAR COM A RAÇA
Diz-se, em tom de ameaça a sério (raras vezes em tom de blague),

"Vou acabar com a tua raça", significando que vai "estrachinar" (v.) o cara, que enfim se fosse possível o sujeito mataria fisicamente o cara e sua família.

ACENDER
Como notou o Flávio Aguiar, parece que aqui sobreviveu um uso para o verbo (e para seu correlato "apagar") em referência a aparelhos eletrodomésticos, coisa que vem do tempo do rádio a válvula. Aqui ainda se diz "Acende a tevê", "Apaga o rádio".

AÇO
Se algo "está que é um aço", é porque está na melhor de sua forma, está "na ponta dos cascos" (v.). Por outro lado, -aço é um sufixo muito produtivo na língua do local, significando a designação do ato ou efeito daquilo que a palavra-matriz indica, como "cagaço" (v.), guampaço, "braguetaço" (v.), relhaço, fundaço, ou um simples aumentativo, como em mulheraço, tranquilaço, inteiraço, bonitaço etc.

ACOAR
Ladrar, latir (o cão). E o resultado é o "acoo", mais uma palavra da língua que tinha o lindo circunflexo que foi abolido na mais recente reforma ortográfica, como "voo".

ACOCAR
Levar medo, se cagar, mijar pra trás, fazer papel de mulherzinha – tudo isso considerado desde o ponto de vista do universo masculino e machista. "Acocar" alude ao modo feminino de fazer xixi, que implica justamente acocar, fisicamente. Também, no mesmo sentido, se usa "acocorar".

AÇUCRINHA
Pequena quantidade de açúcar, bastante para adoçar o café: "Bota um açucrinha no meu". É voz popular, mas de brincadeira todo mundo diz.

ADEUS, TIA CHICA
Forma de declarar que "deu pra bolinha" (v.) do que quer que seja, definitivamente, para nunca mais. "Se a gente conseguir a grana, aí 'adeus, tia chica'", por exemplo. Pode ser usada como comentário tanto de horrores como de maravilhas. Quem seria a tia Chica original?

ADEVA
Advogado, em forma apocopada. Coisa aliás típica do porto-alegrês: ver "refri", por exemplo.

ADIANTAR O LADO
"Bá, adianta o meu lado aí" é um pedido de auxílio, de favor, ou mesmo de cumprimento de um acordo que estava por ser traído pelo outro. O oposto de "atrasar o lado" (v.).

ADIANTO
Uma coisa ou um gesto é um "adianto" se serve para abreviar o caminho que se precisa percorrer até o objetivo final; se o cara precisa de cinco mil e ganha mil, já é um "adianto"; tem a ver com "se adiantar" (v.).

AÊ
Forma que começou a ser usada por escrito no mundo da internet,

nos blogs e tal. É o velho "Aí" (v.), só que usado imitando a pronúncia porto-alegrense, em que de fato a gente aumenta o *i* para *e*, por exemplo nas saudações, "E aí?", querendo significar "Como anda tudo contigo?". Ver "Foi mal aê".

A-FIM
Não confundir com afim, que significa ter afinidade com. "Estar a-fim", que estou grafando com hífen, quer dizer estar disposto a, seja lá o que for que esteja em causa: "As guria tão tri a-fim", como diz a famosa canção "Deu pra ti", do Kleiton e do Kledir.

AFOFAR
Fazer carinhos. Muito usada a respeito de crianças pequenas ou de namorados e namoradas.

AFOGAR OS COLORADOS
Expressão racista para defecar, soltar um barro, cortar o rabo do macaco. Isso porque há uma ligação antiga e sólida entre o Inter e a população negra.

AFROUXAR O GARRÃO
Levar medo, desistir da empreitada, "tremer na base" (v.) ou "a perna" (v.); origem óbvia no campo, do animal que, ao "afrouxar o garrão", perde o impulso, a base, a força ou a posição; aliás, "garrão" designa pejorativamente o pé humano, mais propriamente o calcanhar, especialmente de homens. Muitas vezes acontece como "aflouxar" ou "afloxar" o dito garrão.

AGÁ
Ver H.

AGARRAR
O humorista André Damasceno cunhou um bordão familiar aos nossos ouvidos que ficou conhecido no país: "Não me faz te agarrar nojo", significando "Não me dê motivos para eu ter nojo de ti". Esse uso do verbo é bastante largo aqui: "agarrar" substitui muitas vezes o "pegar" brasileiro. Assim como alguém "pega e vai lá", isto é, delibera e vai lá, aqui a gente "agarra e vai lá". Também se diz, mais popularmente, "garrar", no mesmo sentido. Frase familiar, de mãe braba para filho reinoso, num prenúncio de sova, de "sumanta de laço" (v.): "Tanto tu me incomoda que eu cobiço agarrar e te dar em ti".

AGONIADO
Se usa dizer por aqui que uma pessoa angustiada, inquieta (ou desinquieta, que é o mesmo que inquieta), está agoniada. É meio que um exagero, como tantos outros.

ÁGUA
Bebedeira, porre. Diz-se que o sujeito que bebeu muito "está numa água" medonha.

AGUAÇAL
Uma chuvarada terrível, como acontece de vez em quando. O sufixo "-al" (v.) tem bastante força entre nós.

AGUACEIRO
Grande quantidade de água, especialmente em chuvas fortes e

parelhas. Também dito "aguaçal", no mesmo sentido.

AGUENTAR
Esperar. Diz-se "Aguenta um pouco aí que eu já volto". Mais popularmente, "Guenta aí". Tinha a expressão de mesmo sentido, pouco usada, "aguentar a mão", que também significava sustentar uma posição, uma situação.

AGUENTAR O TIRÃO
Do vocabulário gauchesco, significa "aguentar o tranco", se é que dá pra entender. O "tirão" aí tanto pode ser a tarefa quanto a responsabilidade, qualquer que seja, que esteja em causa. Originalmente, "tirão" pode ser um golpe, feito aqueles que o laço dá no animal, quando o alcança. O mesmo que "aguentar o golpe".

AGUENTAR O TRANCO
O mesmo que "aguentar o tirão".

AH, PARA
Expressão muito usada em diálogos, para manifestar certa estupefação com a informação dada pelo interlocutor. "E tem mais: o cara é ladrão", ao que se pode responder, incrédulo, "Ah, para!", frase dita, aliás, com uma mistura de interrogação com exclamação. É de uso bem parecido com "capaz" (v.), e diferente de "te para" (v.). Ver também "se parar".

AÍ
Saudação corrente: o cara enxerga o conhecido e simplesmente diz "Aí", com o *i* bem espichado e ligeiramente anasalado, eventualmente com leve entonação interrogativa, algo como "Aíiiããn". Pode acontecer também a saudação muito mais formal, "E aí?", significando "Como é que vão as coisas contigo, tudo bem?". Pode ser também usado em composição, "E aí? Valeu?" (v.). Tem sentido tanto de saudação como de agradecimento. Ver "Firme?" e "No mais, tudo bem". Ver "Aê".

AÍ A JURUPOCA VAI PIAR
Expressão que vaticina que, digamos, "a cobra vai fumar", como se diz noutras partes do país. Ou seja: a coisa vai mudar de rumo, alguma providência vai ser tomada, alguém que esteja envolvido vai partir pra ignorância. De onde saiu, não faço ideia. Jurupoca é, conforme o Aurélio, um peixe teleósteo, siluriforme, da família dos pimelodídeos, seja lá o que isto tudo signifique (e, sendo peixe, como é que piaria?). Também já ouvi "a jiripoca vai piar".

AÍ É BRABO
Frase que resume um juízo sobre a impossibilidade ou a inviabilidade ou ainda a indisposição a respeito de certa pretensão. Te pedem para tu ir de carro até não sei onde, buscar não sei o que e ainda pagar as despesas, e tu responde: "Mas aí é brabo".

AIPIM
Aquilo que no Brasil se chama mandioca ou macaxeira.

-AL
Sufixo dos mais produtivos no porto-alegrês, para designar grande

quantidade de algo: "mulheral", "dinheiral" (mais comumente dito dinheirama), "barral", "caralhal" (grande quantidade de coisas é um "caralhal" de coisas) etc. Analogia, provável, com palavras de uso corrente na vida interiorana, como milharal, lamaçal. Ver "sacal".

ALAÚZA
Palavra dicionarizada que significa confusão, desordem. Tem a forma "laúza", mas aqui não, é só "alaúza" – e parece hoje meio desusada, parece coisa de Porto Alegre de até 1970.

ALCANÇAR
No português existe "alcançar" como sinônimo de obter, por exemplo uma grana. Aqui, inverteu-se a ordem entre quem precisa e quem dá (a grana): diz-se "Alcancei uma grana para ele" no sentido de "Emprestei uma grana para ele". Ficaram invertidas as posições de agente e paciente. Outro uso, que alguns estrangeiros estranham, é à mesa: se tu tá perto da tigela do feijão, alguém pode te pedir "Fulano, me alcança o feijão?", querendo dizer "Me passa o feijão", em certo sentido do verbo passar, é claro.

ALÇAR
No jogo de cartas, a gente "alça" o baralho, muito menos vezes "corta" o dito baralho. Ver "se alçar".

ALEGÃO
Assim como tem o "cagão", aquele que metaforicamente se caga, o "respondão", aquele que responde malcriadamente, o "chorão", aquele que chora, tem o alegão, o cara que vive alegando coisas para fazer (ou deixar de fazer) as coisas. Trata-se de um sujeito aborrecido, em suma, porque vive se queixando.

ALEMÃO
Pessoal suburbano e/ou afrodescendente assim se refere aos brancos em geral, a qualquer indivíduo de classe confortável.

ALEMOA
Mulher de ascendência germânica, ou mulher de cabelo claro, é alemoa, não alemã. Tanto que tem uma volta do Guaíba que se chama Saco da Alemoa. É sério.

ALEMOÍCE
Coisa típica de alemão, isto é, de descendente de alemão, tipo encontradiço aqui na região. Tem a ver com a dureza de comportamento, com falta de jogo de cintura, real e metaforicamente, com rigidez moral, de vez em quando com caretice, etc., coisas tidas como típicas dos caras esses. Tem a mesma formação de "negrice" e "gringuice" (v.).

ALERTAR OS GANSOS
Expressão que designa o despertar da consciência de alguém para algo que se desejaria que se mantivesse incógnito. Por exemplo: "Cuida pra não alertar os gansos" pode ser dita por alguém para um amigo que estava a ponto de dar pista sobre algo de muito bom que está pintando mas que deve ser de conhecimento de poucos. A expressão tem tudo a ver com o sentido literal:

gansos são ótimos vigias, porque a qualquer movimento ou ruído eles, como direi?, grasnam. (Fui conferir no *Houaiss*, que tem um serviço específico para encontrar as vozes dos animais, e constatei, não sem certo estarrecimento, que não há registro da voz do ganso. Que coisa. Grasnar, por exemplo, é prerrogativa dos seguintes animais: abetarda, abutre, açor, águia, airo, arara, ave, avestruz, biguá, cegonha, coruja, corvo, ema, gaio, gaivota, garça, gralha, jacu, jandaia, milhafre, pato, perereca, rã, sapo. Ganso, que é bom, nada. Impressionante.)

ALGARIADO
Cara que esteja em estado de excitação, em confusão, por exemplo um adolescente que não sabe onde pôr as mãos ou o que fazer com sua energia, esse cara está "algariado". Tenho a impressão de que é mais usado para referir mulheres do que para homens. Tem registro em dicionários só daqui do Sul. Origem muito provável: a palavra "algaravia", grafia portuguesa para uma expressão árabe que significava "referente ao Algarve", que entrou para o português de Portugal como sinônimo de fala de árabe, isto é, fala confusa, aparentando não ter sentido (para quem não fala o árabe, evidentemente). Existe "algaraviado", no mesmo sentido do nosso "algariado". Mais raramente se usa o verbo (se) "algariar", no mesmo sentido.

ALI
Há uma expressão de ênfase para designar a difícil e custosa obtenção de certo resultado: alguém te relata que precisava comprar certo remédio e pagar alguma conta e ainda pagar o táxi, tudo feito rapidamente e ainda por cima com pouca grana; daí tu pergunta se deu tudo certo, se o dinheiro alcançou as despesas, e o cara te responde "Deu ali", significando "Foi o exato suficiente, quase não deu". Ver "até por ali".

ALTO
Adjetivação para coisas muito boas: "alto lance", quando o lance (a jogada, a coisa, a empreitada) é bom; o mesmo que excelente, muito bom, fora de série (esta expressão última, salvo engano, foi popularizada pelo finado Flávio Cavalcânti, que tinha um quadro em seu programa televisivo que se chamava assim, "Fora de série", para atrações extravagantes, fora de qualquer série conhecida). Assim também se usa dizer: "alta figura", "alto papo", etc., sempre com o adjetivo antes do substantivo.

ALZIRA
Modo brincalhão de dizer "Azar!", como quem diz "Dane-se", "Foda-se", "Piça". A Martha Medeiros consignou em crônica a forma "aziras" para a mesma situação. Ver "grande áfrica".

-AMA
Sufixo produtivo na língua geral da cidade, para designar com certo nojo algum coletivo: "gentama", "mosquitama".

AMANHÊ
Forma de pronúncia muito nossa para "amanhã". Pode observar.

AMARELAR
Levar medo, isto é, ter medo, demonstrá-lo. Nos dicionários do português, se dá o verbo como sinônimo, entre outras coisas, de empalidecer. Vai ver é daí que vem o nosso uso, nesta terra bravateira e às vezes corajosa, em que os medrosos sofrem um total desprestígio.

AMARRADO
O cara lento, que faz as coisas sem pressa, é um amarrado. Usa-se o verbo "se amarrar" (v.), no mesmo sentido.

AMEAÇO
Sinônimo para "pico", num certo sentido: alguém estima a idade de uma mulher; digamos, em "vinte e um ameaço", como poderia dizer "vinte e pico", querendo dizer que é um pouco, indefinido, acima dos vinte. No mundo do futebol, o Colorado pode ganhar uma partida por três a zero, digamos, e ainda ter perdido um monte de gols. Essa situação pode ser descrita como: "Foi três a zero, fora os ameaços".

AMIGO
Qualificativo de uso geral para descrever coisas ou situações tranquilas, razoáveis, agradáveis, afetuosas: um rango amigo, uma carona amiga, um joguinho amigo.

AMIGO SECRETO
Aquela atividade que no Rio de Janeiro se chama de "amigo oculto", que consiste em trocar presentes entre certo grupo (de amigos, de colegas, de familiares) mediante sorteio.

AMOR DE PICA
Tem a frase "Amor de pica, quando bate, fica", que resume toda uma filosofia a respeito. A expressão se opõe a outro amor; amor de coração, digamos. A propósito, tem outra frase da sabedoria popular; pertencente ao mesmo universo semântico: "Pau duro, juízo no cu", que quer dizer, bom, dá pra entender.

AMORCEGAR
Retardar (o jogo, o serviço) deliberadamente, para ganhar tempo ou para irritar o adversário: "Contratei o cara para ele fazer a calçada mas ele ficava amorcegando tanto que eu resolvi fazer eu mesmo o serviço". Morcego, o bicho, é lento, por acaso? Ou é porque ele se enrola nas asas e fica ali, por assim dizer amorcegando?

ANARQUIZAR
Como no resto do país, significa fazer desordem. Mas acho que a regência aqui é peculiar: se usa dizer "anarquizar com" certa coisa ou certa pessoa. De largo uso é a frase "anarquizar com tudo".

ANDAÇO
Sequência de alguma coisa, ocorrência repetida de algo. "Deu um andaço de sarampo" é o mesmo que

epidemia de sarampo. Por extensão se aplica a qualquer coisa: "Deu um andaço de casamento" significa que muita gente resolveu se casar num curto espaço de tempo. No genial *Grande sertão: veredas* tem registro, o que significa que se trata de palavra rural, não exclusivamente sulina.

ANTES DE CASAR, SARA

"Sara" do verbo sarar; bem entendido, nada a ver com alguma Sara. Expressão levemente brincalhona com que se procura consolar a criança (ou outra criatura qualquer) que se machucou, que se pisou (ver "pisar"), significando ironicamente que a dor não vai durar tanto tempo assim.

-ÃO

Sufixo altamente produtivo no porto-alegrês. Aplicado em final de verbo, tem a mesma função que o -eiro em português, o -er do inglês etc: forma nome a partir de verbo. Então tem: "cagão" (o que se caga de medo); "mandão" (o que manda); "regulão" (o que regula a vida dos outros); "mijão" (o que se mija); "furão" (o que fura, isto é, o que entra sem ser convidado); "mirão" (o que fica mirando, isto é, coringando os outros); e outras.

AONDE

É um lugar hipotético, um lugar imaterial, ou melhor, um ponto, uma referência no tempo. "Foi aonde eu resolvi que tinha que ir embora." A versão mais canônica deveria ser "Foi quando eu resolvi" etc. Esse *a* antes do "onde" não tem razão funcional – se usa "aonde" com verbo de movimento, como o prezado leitor sabe desde que passou pelo colégio: "Vou aonde a estrada me levar". Exemplo vivo: no clássico "Amigo punk", do Frank Jorge, uma estrofe diz assim: "Aonde eu ouço a voz da cordeona / já escuto o gaiteiro puxando o fole / vai animando a gauderiada no bolicho / enquanto eu sigo detonando o hardcore". Um conjunto de imagens vivas que misturam um tanto do mundo gauchesco com um outro tanto do mundo do rock. Uma tradução em português: "Assim que eu ouço a voz do acordeão / escuto o acordeonista manejando seu instrumento / [e ele] vai animando os gaúchos no salão de baile / enquanto eu pratico enfaticamente o estilo hardcore". Toda uma blague, todo um deboche frankjórgico.

AOS PANDARECOS

Expressão que a Tânia Carvalho adora, significando o mesmo que muito mal, aos pedaços, todo arrebentado, etc.

APAGAR

Ver "acender".

APATIFAR

Termo dicionarizado, já significa estragar; fazer desandar; esculhambar; malbaratar algo (ou, mais raramente, alguém).

APÁ-VORADO

Claro que não se escreve assim, é apenas "apavorado", mas a pronúncia é que é: se diz bem como tá escrito, com total ênfase no "pá" e o resto tudo átono: "Quando veio a noite eu fiquei apá-vorado".

APÊ
Termo corrente para apartamento. Mais uma redução de palavra, como gostamos de fazer.

APERTAMENTO
Brincadeira para referir apartamento pequeno. Ver "ovo".

APERTAR OS OSSOS
Fórmula usada para saudar enfaticamente alguém, para cumprimentá-lo por algum feito, por solidariedade, etc., num aperto de mãos. Tinha uma rima bravateira que se usava, de brincadeira, entre meninos: um dizia "Aperta os ossos", e o outro respondia "Teu cu é nosso", e o primeiro tornava "Não te como agora porque não posso". Tinha uma longa sequência ainda: "Isso não é resposta, baixa as calça e vem de costa"; e o outro: "Essa tu me ganhou, mas aqui tu já sentou", apontando para o próprio membro por assim dizer viril (tanto quanto possa ser viril aos oito ou dez anos de idade); "Essa eu não sabia, mas se não fosse o meu pau tu não nascia". Era bem bagaceira, mas era divertido o som e a bravata. Ver "Só toco em merda por descuido", que é uma desafeição que se opõe à cerimônia de apertar os ossos da mão.

APERTAR
Usa-se dizer que alguém "apertou" quando teve sensação de medo, e por isso contraiu os esfíncteres (se é que eles são mais de um; são?). Em forma chula, "apertar o cu"; também se usa dizer "cortar prego", no mesmo sentido mas com mais ênfase – dá pra imaginar quão apertado deveria ficar o rabo do sujeito a ponto de conseguir cortar um prego. Ver "fechar a rosca". Também há aqui o uso de "apertar" para fechar o cigarro de maconha, como em várias partes do país.

APITAR
Sinônimo de mandar; ser ouvido, fazer-se ouvir; o uso mais comum é pra designar o sujeito que quer demonstrar importância sem ter nenhuma, dele se podendo dizer que "não apita nada".

APLICAR
Ver "apresentar".

APLIQUE
Golpe, malandragem, enganação: "O cara quis me dar um aplique".

APORRINHAÇÃO
Irritação, incomodação, encheção de saco. Está dicionarizada, mas parece que em outras partes do país se prefere usar "apoquentar", no mesmo sentido. Terá parentesco de uso com o "aporrear" da expressão platina *porque te quiero te aporreo*, uma conversa mole de quem quer justificar sua chatice ou mesmo seu abuso.

APRESENTAR
Se usa esse verbo, sem complemento específico (às vezes só um pro-

nome), para designar a sacanagem, a armação: "O cara me apresentou uma" ou "O cara deu uma apresentada", querendo dizer que ele sacaneou, traiu a confiança. Também se usa, no mesmo sentido, "aplicar" e "aplicada" (ou "aplique").

APURADO
Apressado, e só isso. (Aqui não se usa o sentido de tornar mais puro.) A gente se sente, às vezes, "apurado" para ir ao banheiro, especificamente, mas também para atender a algum compromisso. Como no espanhol platino de uso popular; "apuro" é sinônimo de pressa. Também se passa por apuros aqui, claro, mas aí é outra coisa. Ver "se apurar".

AQUELE
Este é um termo que é difícil de registrar aqui. Trata-se do seguinte: nós temos a mania de botar um pronome desses (aquele, aquela) no fim da frase ou depois do substantivo, na posição portanto de um adjetivo, como forma de ênfase. Por exemplo: "Aí o cara aquele veio com tudo"; "A guria aquela tava linda, na festa". Em vez de "aquele cara" e "aquela guria", a gente faz essa inversão. Tem também com o pronome "esse": "Aí a guria essa me pediu pra ver". Vá entender. (Ouvi um palpite, não lembro de quem, que relacionava isso à língua alemã, de que sou quase inocente, de forma que não digo nada. Parece que tem uso semelhante na linguagem platina castelhana.) E tem uma sofisticação: "Não, tô falando no cara aquele um", "A guria aquela uma". Tem mesmo. Tem registro literário desde Simões Lopes Neto.

ARARA
"Ficar uma arara" é o mesmo que "envaretar" (v.).

ARIGÓ
O mais desqualificado trabalhador da construção civil, aquele que senta tijolo, ou menos que isso, que carrega cimento, que traz a pá, qualquer coisa. Dito, por extenso, "arigó de obra".

ARMEI E ME DEI MAL
Frase usada como comentário levemente lamentativo após um evento no qual o sujeito havia depositado certa esperança e não rolou como se desejava. Uma abordagem a mulher; por exemplo, quando resulta em fracasso, ou uma mentira que é descoberta, ou ainda uma reversão de expectativas qualquer.

ARRASTAR
Levar junto, especialmente levar alguém junto para algum lugar: "Pode deixar que eu arrasto ela pra festa". Ver "de arrasto".

ARRASTAR ASA
Diz-se que quem está interessado por alguém, em estado de paixão, está "arrastando (a) asa pra fulano(a)". Explicação que me foi passada pelo grande cartunista Santiago: o galo, quando faz a corte à galinha, arrasta mesmo uma das asas em torno da penosa, fica meio pendido para um lado – como os

homens em relação às mulheres, falando nisso, porque também nós ficamos com a cara pendida para um lado, com aquele sorriso meio bobo.

ARREGANHO

Tem o verbo (se) arreganhar; que aqui significa, como no Brasil em geral, mostrar os dentes, "se abrir" (v.) todo, e aqui é muito usado, inclusive familiarmente. Mas o termo "arreganho", por aqui, ganhou o sentido de atividades lúdico-sexuais, atitudes libidinosas, "arreto" (v.). De dois adolescentes que estejam brincando as brincadeiras do sexo inicial, se diz que "estão de arreganho" ou, ainda, "estão se arreganhando". Mas também se diz o mesmo de crianças, pré-adolescentes como se diz hoje em dia, que estejam de brincadeira no limite da tolerância e do bom comportamento. E este sentido não é único: há o caso de pais que, para fazerem sossegar um filho ou filha pequenos e inquietos que, por exemplo, estão incomodando para ganhar certo presente, rindo à toa numa antecipação da vitória sobre a resistência dos pais em comprar-lhes o presente, há o caso de pais que dizem a este filho: "Tu não fica te arreganhando que não vai levar". Mesma coisa: "Para com esse arreganho".

ARREGAR

Veio de arreglar; que significa arranjar uma solução, improvisar um arranjo, mas passou a significar ceder: "Eu entesei e o cara arregou pra mim". Certamente como no espanhol platino, o arreglar.

ARREGO

Veio de arreglo, arranjo, e perdeu o *l*. Ainda significa arranjo, acomodação de interesses, facilitação, mas passou a incorporar também o sentido de chance: "Pô, me dá um arrego pra eu entrar aí", pode alguém pedir ao porteiro. O cara que ganha um arrego é um arregado: "Ele era arregado com o velho".

ARREMANGAR

Arregaçar as mangas, termo vindo direto do espanhol. Há um dito bravateiro, "Te arremanga e vem", pronunciado como provocação a um interlocutor que hesita em entrar na briga ou na tarefa.

ARREPIAR

Levar medo, a ponto de fugir de responsabilidade ou de briga.

ARRETO

É, ou era, mais que arreganho, no sentido de atitudes libidinosas; é já um prenúncio de ato sexual, envolvendo esfregação e tal. Talvez hoje em dia, com a novidade do "ficar" (no sentido de ter passageiras relações de ordem erótica, sem os finalmentes), o termo esteja perdendo seu uso, porque ele envolvia uma certa maldade, uma certa transgressão. Mais raramente, se diz pejorativamente que é "um arreto" uma situação que não se define, que não é "às ganhas" (v.), que não é "a fu" (v.). O verbo correspondente é arretar, que existe com esse sentido em outras partes do mundo da língua portuguesa, sendo de origem antiga: Houaiss diz que vem da composição latina *ad rectare*, significando "tornar reto", no sentido de levantar o membro viril (mas "arreto" é com *e* fechado que se pronuncia). Parecido com "retoço" (v.).

ARRIADO
Dois sentidos: ou é um cara que se arria (ver "se arriar") nos outros, ou é um sujeito que está circunstancialmente frouxo, esgotado, cansado (ver "arriar").

ARRIAR
Uso derivado do uso geral da palavra, quer dizer baixar; diminuir; desfazer(-se). Usa-se dizer "arriar as calças" para "abaixar as calças". Também se usa o verbo num outro contexto, em sentido aproximado: quando a gente chega em casa muito cansado, esgotado, "arria" na cama. Ver "se arriar", que é diferente.

ARRODEAR
Aquela dança, mais simbólica que real, que alguém faz em roda de alguém, com vistas a ganhar alguma coisa. Por exemplo, criança em volta do pai ou da mãe, querendo que o adulto a leve a passear: esta criança está "arrodeando" o pai ou a mãe. Também pode ser o mesmo que fazer rodeios retóricos, sem ter coragem de entrar no assunto.

ARROIO
Não é de uso exclusivo no sul, mas parece ter preferência, aqui, a similares como "córrego", mais encontrável no universo caipira. No "Rugrandsul", este estado meridional, tem uma penca de cidades com o termo – Arroio do Meio, do Padre, do Sal, do Tigre, dos Ratos, Grande, Teixeira.

ARROLHAR
Diz-se arroiar, sempre (é voz popular), intransitivamente, e sempre querendo dizer levar medo, isto é, ter medo, acovardar-se, fugir da briga ou do enfrentamento, pedir penico, dar pra trás. Curioso que em algum ponto do passado o verbo "arrolhar" significava ativamente derrotar o inimigo (mediante entupir-lhe como se fosse com rolhas), mas ficou hoje como quase o contrário, ser derrotado.

ARROZ DE PUTA
É como se chama a espécie de arroz de carreteiro feita com linguiça em vez de charque. Também dito "arroz de puta pobre", para acentuar.

APURAR
Exatamente como no espanhol platino, aqui na redondeza "apurar" quer dizer "se apressar". Tem outro sentido no português, que aqui também se usa, tipo "apurar as responsabilidades", quer dizer, descobrir o responsável, etc.

ÀS BRINCA
O contrário de "às ganha" (pelo certo, seria "às brincas"): trata-se de qualidade de um jogo em que as apostas não serão consumadas, em que ninguém vai cobrar do perdedor, em que ninguém será derrotado de verdade etc. É do universo da bo-

linha de "gude" (v.), em primeiro lugar, mas também das primeiras tentativas de futebol e todos os outros jogos. Aprendi que a gurizada na França diz "às brinca" dizendo *pari faux*, aposta falsa.

ÀS GANHA

O contrário de "às brinca" (v.); designa a aceitação de que as regras combinadas ou tácitas são pra valer mesmo, e se alguém perder no jogo algumas bolinhas de gude elas serão de fato transferidas de dono (pelo certo gramatical culto, seria "às ganhas", naturalmente); o uso da expressão, no universo infantil, em geral vem acompanhado de uma seriedade inaudita, e todos se compenetram da responsabilidade em causa. Também se diz, no mesmo contexto, "à vera" ou "às veras" e "às deva", isto é, que precisarão ser pagas as dívidas do jogo.

ASA

Mau cheiro das axilas, ditos sovacos. Também se usa dizer, meio pudicamente, "cecê", que o *Aurélio* dá como "cê-cê" (hipótese: as iniciais de "cheiro de corpo"). "O cara tá numa asa federal."

ASPAS

A cabeça, genericamente. Levar um trompaço no meio das "aspas" quer dizer bater com a cabeça. As "aspas" são as guampas do boi e de sua família.

ASSIM, Ó

Expressão que preludia a explicação de algo: "Assim, ó: tu pega aqui na tua direita, segue duas quadras e tu vai sair bem lá perto". Também usada apenas como ameaço: sujeita que queira demonstrar seu desapreço, seu desacorçoo com algo que lhe foi dito, comenta apenas "Assim, ó", podendo acrescentar "tô de cara com essa pinta". A Milene Leal, editora da revista *Estilo* aqui de Porto Alegre, assim batizou a coluna que assino lá. Perfeito.

ASSO NO DEDO

Curiosa expressão usada em situações de desafio: quando alguém garante a veracidade de alguma afirmação ou duvida radicalmente da veracidade de alguma (este o caso mais comum), proclama: "asso no dedo", quer dizer, sou capaz de assar meu dedo no fogo para atestar como isso é verdade, ou como isso é mentira, ou se isso for verdade. Pode ter nascido em analogia bravateira com o churrasco: como se o cara que fala a expressão estivesse disposto a fazer seu próprio dedo servir de espeto para assar a carne da afirmativa. É de uso bem antigo: o velho Morais, o primeiro dicionarista brasileiro da língua portuguesa (não é pra me gabar, mas eu tenho a edição de 1844, que estou consultando agora mesmo), já anota, no verbete "assar", lá pelas tantas – "Assar na ponta, ou no bico do dedo: locação proverbial para indicar que uma cousa não se efetuará, não se conseguirá, por impossível".

ARRODIÃO

Também dito "rodião", parece ter sido reabilitado na crônica esportiva neste novo século, mas é gíria antiga para designar o que também é chamado de "baile" em futebolês: levar um arrodião ou levar o baile quer dizer a mesma coisa, ter sido derrotado fragorosamente pelo adversário, ter perdido na contagem dos gols e ainda ter sido meio humilhado com dribles, com franca dominação do adversário.

ATACAÇÃO
Estado alterado da mente e/ou do sentimento. Mães, por exemplo, ficam numa total "atacação" quando tentam impor certa ordem e não conseguem sucesso.

ATACADO DAS BICHAS
Forma parecida com a "atacação" (v.). Também se usava dizer "atacado da fefa", sei lá por quê. As ditas bichas se referem àquelas que habitam o aparelho digestivo, a lombriga e outras espécies, verdadeiras ou pertencentes à inocente mitologia da infância.

ATACAR
No futebol, nesta peculiar parte do globo, a gente "ataca no gol", isto é, ataca a bola que é endereçada ao gol. Sim, é o contrário do que se espera, já que atacar é, no Brasil, jogar no ataque. Com origem castelhana platina: lá se diz *atajar*, por exemplo "atajar um penal", traduzido em porto-alegrês como "atacar um pênalti" e em português como "defender um pênalti". Guri mandado para o gol ouve o pedido: "Bá, ataca no gol pra nós". O motivo: *atajar*, em espanhol, tem a ver com *atajo*, atalho, e por aí se diz *atajar* para interromper o curso de algum processo, incluindo a trajetória da bola. Se pode ouvir, aqui na cidade, alguém dizer que vai "atacar um táxi", quer dizer, fazer sinal para um táxi que passe – bem, ao menos antes da invenção do Uber e similares. Detalhe fonético: o *j* do espanhol, que se pronuncia como um sopro de garganta, é próximo do som de *q* ou de *k* (se duvida de mim, experimenta pronunciar). Daí que uma forma de escrever, em português, o verbo *atajar* seria mesmo "atacar".

ATAQUE DE BICHICE
Diz-se, segundo o ponto de vista masculino ou machista, que alguém teve um "ataque de bichice" (inclusive as bichas) quando tem um faniquito, uma coisa, um frenesi. Não precisa ser uma demonstração muito efeminada ou qualquer clichê semelhante, basta que seja algo relacionado com covardia, bobagens em geral, frescuras.

ATÉ DIZER CHEGA
Até o limite imaginável: "Beberam ontem até dizer chega".

ATÉ O CHICO CHEGAR DE BAIXO
Dito gracioso (pelo som repetido do "ch") para dizer a mesma coisa que "até o cu fazer bico" e "até dizer chega". Provavelmente tem relação com a chegada da menstruação, que atende pelo popular nome de "chico".

ATÉ O CU FAZER BICO
De origem corporal, significa até um limite inimaginável, até o limite do

suportável, até o fim; para as crianças, há quem diga um trocadilho, "até o bi fazer cuco". O Cláudio Moreno explicou a origem fisiológica da coisa, que teria a ver com a prisão de ventre extrema, quando o dito orifício anal chegaria (mesmo?) a fazer um bico.

ATÉ OS GARGUMILHOS
Até o limite possível, até encher; o mesmo que "até dizer chega" (v.). Gorgomilos, segundo o *Aurélio*, é palavra que designa a goela, o começo do esôfago. Também já ouvi "Até os gorgomilho", mais uma vez sem o *s* de plural.

ATÉ POR ALI
Expressão que se usa para concordar em parte com o que vai sendo dito, ou para discordar delicadamente. Alguém te diz que Fulano é ótimo, e tu sabe que não é bem assim; então, ao ouvir o elogio a ele tu comenta a tua discordância, iniciando a fala assim: "Fulano é bom até por ali, porque eu sei de coisas dele".

ATILHO
O nome daquela borrachinha que se usa para envolver especialmente papéis, por exemplo dinheiro, nos bancos.

ATIMBORA
Pronúncia real (com "ó", aberto) de uma frase inteira, que desdobrada seria "Ah, vai-te embora", como quem diz "Nem vem com essa", "Não atocha", ou "Cai fora com essa conversa". Tem todo um ritmo na pronúncia, com uma pequena pausa entre o *a* e o "timbora", porque na real são duas sílabas tônicas, a primeira e a penúltima.

ATIRA ROLANDO!
Era a resposta de guri para quem o mandasse tomar no cu com o gesto conhecido aquele, de juntar ponta com ponta o polegar e o indicador, formando um círculo.

ATOCHAR
Mentir. No português, quer dizer entulhar; encher; e daí deve ter vindo o sentido esse nosso: encher de mentira, encher de conversa. Usa-se "atochada" correntemente para mentira.

ATORAR
Verbo dicionarizado, que aqui se usa em sentido derivado do original: quer dizer cortar, simplesmente. Pode-se atorar um dedo, o que significa apenas cortar, mas dito com ênfase (sempre a nossa volúpia bravateira); "atorar" é fazer um corte, qualquer corte de profundidade razoável (e não necessariamente cortar fora o dedo). Também se pode atorar caminho, atalhar.

ATRAQUE
"Dar um atraque" equivale a fazer uma abordagem, desfechar uma ação, especificamente a abordagem ou a ação amorosa e sexual: "Dei um atraque na mina". Tem também o atraque de policiais em gente na noite, com cara suspeita. Certamente veio do verbo atracar, no sentido naval. Mas há outros usos, bem mais raros, como o caso daquela piada: o

sujeito (na versão de Pelotas, o sujeito é um rio-grandino) ia registrar uma filha, cujo nome, escolhido pela mãe, era pra ser, digamos, Ardósia. Ocorre que o pai esqueceu o nome durante o caminho e chegando ao cartório disse ao escrivão, quando este perguntou pelo nome da guria: "Ah, atraca-lhe Ana". E ficou Atracaliana. Neste caso, "atracar" significa botar, atirar, jogar sem qualquer cuidado. Parece, neste caso, que "atracar" está em lugar de "tacar", quer dizer, meter, botar de qualquer jeito.

ATRASAR O LADO
É o contrário exato de "adiantar o lado", ou seja, significa fazer perder, dispersar as forças, deixar o cara na mão, tudo isso atrasa o lado do cara que achava que ia dar certo, que ia se dar bem.

ATRASO
Quem está "num atraso" (sempre com este "um") está carente, especialmente no sentido sexual. Há outros sentidos, mas este é que é. Daí se usa dizer "tirar o atraso" para designar o encontro sexual.

ATRAVESSADO
Digamos que tu esteja com raiva de alguém, por causa de alguma que este alguém te apresentou. Nesse caso o cara está atravessado (na tua garganta). Se usa dizer a palavra e acompanhá-la de um gesto com os dedos em pala na altura da garganta.

ATROLHADO
Logo abaixo reside o substantivo "atrolho" como sinônimo de excesso. Pois bem: se diz atrolhado um sujeito que está, por exemplo, com serviço que não termina mais: "Bá, tô atrolhado de coisa pra fazer".

ATROLHO
Situação resultante de atrolhar-se: confusão, excesso, balbúrdia indesejável. Uma festa muito cheia de gente é um atrolho.

ATUCANAÇÃO
Preocupação, aborrecimento, sobrecarga de trabalho ou encargo. O sujeito vítima deste mal é um atucanado. O verbo também se usa: "se atucanar". Tem algo que ver com o tucano, o bicho? Só Deus sabe. Apolinário Porto Alegre, no seu sensacional *Popularium*, diz que o termo "atucanar" se deve ao fato de o tucano ser um bicho que destrói outros, faz maldade etc. (E quem inventou de atribuir o tucano como símbolo do PSDB sabia disso?)

AULA
Tanto a sala em que ocorrem as aulas quanto a turma de aula – sim, senhor, uma metonímia de conteúdo por continente, diria um professor de português –, grupo de gente que noutras partes do país se chama de "classe" – enquanto que classe, para nós, é o que no Brasil se chama a carteira, o móvel de sentar pra estudar, na aula. Essas diferenças.

AUTO
Termo corrente para designar o deus do século 20, o automóvel, também dito carro. Aqui e na região da Grandíssima Porto Alegre (que

compreende Montevidéu e Buenos Aires) é assim que se diz. Se falava em "auto de praça", antes de ficar popular o termo "táxi".

AVIÃO
Parece que significava apenas a mulher bonita, mas se usa elogiar alguém, homem mais que mulher, por alguma habilidade particularmente desenvolvida, dizendo-o "avião" em algum metiê: um aluno pode ser um avião em matemática, um mecânico pode ser um avião em acertar um motor; etc.

AVOADO
Diz-se do sujeito despreocupado até o limite da irresponsabilidade, aquele que faz coisas sem pensar nas consequências, que não presta atenção. Quase o mesmo que "estabanado" (v.) e "destrambelhado" (v.).

AVON
Expressão que veio da redução de "à vontade" e quer dizer isso mesmo. Tem valor de adjetivo ou advérbio, e é claro que brinca com a marca de produtos de beleza para mulher.

AZAR DO GOLEIRO
Sim, todos sabemos que o azar é do goleiro, mas a expressão é usada fora do futebol, quando alguém quer dizer que se dane quem tiver que se danar; equivalente, neste sentido, a "piça" (v.); há também o dito: "Todo bom goleiro precisa ter um pouco de sorte", que talvez não tenha nada a ver com a expressão, a não ser o protagonista.

AZAR FRESQUINHO
Expressão de descompromisso ou de regozijo pela má sorte de algo ou de alguém; equivale a dizer "Bem feito" sobre alguém que está sendo penalizado; o mesmo que "piça" (v.), num certo sentido, é claro. Coisa antiga, da altura da infância anterior à hegemonia da televisão.

AZARAR
Fazer a festa, ou, no caso de atividades sexuais, levar até o fim. O resultado disso é a "azaração".

AZEITE
O mesmo que "azar fresquinho", é dito com o mesmo gosto pela penúria de quem está sofrendo.

AZUL
Para exagerar a descrição do escuro da pele de algum negro, se ouve dizer que é "azul de tão negro". Bravata, mais uma vez. Ver "cores".

AZULAR
Como no português em geral, quer dizer fugir. Mas tem ou tinha outro uso, que era o de, no jogo de bolita, acertar a "joga" (v.) do adversário, mandando-a longe.

AZULZINHO
Nome moderno para uma função moderna: o fiscal de trânsito em Porto Alegre. Criado quando essa tarefa passou para os municípios, nos anos 1990. Tem algo a ver com algum personagem de tevê, que eu não alcanço.

B

BÁ
Muitas vezes escrito "bah", significa tanto aprovação quanto desaprovação; já se disse que é uma redução de "barbaridade", palavra com a qual o resto do Brasil nos identifica, em vários sentidos, mas essa hipótese não faz muito sentido – basta olhar para o *pá,* português, que tem parentesco com o nosso "bá". Muito usado como fala de aprovação enfática a algo feito ou dito: "Mas bá" (que pode ser "Mas bááááááááááá") quer dizer: "tu tem toda a razão", "pode crer", é isso aí". Se o prezado leitor afinar bem o ouvido, perceberá que na verdade o singelo "bá" tem várias, incontáveis variações, sutis mas enfáticas: pode ser um "bé", curto e quase um balido, para expressar um curto espanto; pode ser um "pé" ou "pá", para espantos maiores; e pode ser um "bã", seco ou prolongado na forma "bãããããããããã", para casos mais graves, terríveis, ameaçadores. A expressão "Bá, tchê" equivale, nos termos paulistanos, ao "Orra, meu": tem função mais ou menos apenas retórica, de saudação, de dizer nada pronunciando alguma coisa. Ver "barbaridade".

BABABÁ
Ver "parará".

BABAÇÃO
Ver "babar".

BABAR
"Marcar bobeira" (v.), dar mancada, deixar furo, tudo isso equivale a "babar". Mais usado na forma composta de "dar uma babada": "Bá, foi babada minha", diz o cara que reconhece a babagem que fez, a babada que deu. "Babada" é o mesmo que "marcação" e "rateação" (v.). Diferente de "babação", que é o que acontece quando a gente fica paparicando uma criança, por exemplo. "Puxar saco" se transforma, aqui, em "babar ovo", o que gera outro sentido de "babação", agora como puxação de saco. O multiartista Cláudio Levitan escreveu uma canção que se chama "Marcou bobeira", inesquecível, coisa lá do fim dos anos 1970. Ela começa com duas expressões do mais legítimo, do mais escocês dos porto-alegreses: "Marcou bobeira, já era".

BABAR OVO
Puxar o saco, bajular, com uma imagem um pouco mais agressiva, se levarmos em conta que o ovo em questão pertence à genitália do bajulado.

BABEIRO
Nome local que alterna com "babador" (que em português elevado se deveria grafar babadouro, mas cá pra nós): aquele pedaço de pano que a gente bota no peito dos nenês, pre-

so por trás do pescoço, para acolher, ora, a baba deles. Parece que babeiro é mais usado, aqui.

BACURI
Criança, em sentido geral e amplo. "Pois é, eu vou no churra da firma mas vou ter que levar os bacuri", diz um pai de filhos. Parece que é redução de "bacorinho", que no Brasil em geral é criança também. (Bácoro é porco novo.)

BADANHA
Talvez se devesse escrever Badagna para este personagem que tem cara de lenda urbana, mas que parece ter sido um sujeito real, jogador do Grêmio em tempos idos; ouvi uma história de que ele teria sido um dos primeiros profissionais do futebol, e que, muito novo, sua mãe teria entesado (ver "entesar") na hora de assinar o contrato pelo filho, querendo mais dinheiro do que estavam oferecendo; daí a expressão "mãe do badanha", que virou referência em Porto Alegre. "Quem foi que fez isso?", pergunta o pai; e o guri desaforado responde "A mãe do badanha". Se usa também dizer a "vó do badanha" e mesmo a "casa do badanha". Não quer dizer nada de específico, mas serve para jogo de palavras. Já a "casa do badanha" designa um lugar longínquo, equivalente à "casa do caralho", à "casa do cachorro", à "puta que o pariu" (dentro dumas, claro), à "caixa-prego" (v.), que já vi escrito como "cachaprego". O professor Luiz Osvaldo Leite, cultor das coisas da cidade, afirma ter visto Badanha jogar no extinto Renner, o time de futebol, nos anos 1940. E se o Leite diz é porque foi, pode crer. No *site* do Esporte Clube São José, o glorioso Zequinha (consultado em agosto de 2021), consta um relato que afirma ser o nome verdadeiro dele bem outra coisa, Sílvio Gomes Luz. Centromédio, que veio do Porto Alegre e que depois teria de fato passado pelo Grêmio e outros clubes, e ainda pela Seleção Gaúcha de 1941. E a mãe dele seria mesmo uma presença marcante – o site menciona que Cláudio Dienstmann, grande conhecedor das coisas do futebol, ouviu que a mãe dele invadia redações de jornal para reclamar do tratamento dado ao filho. Mas se não se chamava Badanha, de onde veio a palavra? Um dos mistérios da cidade.

BAFO
Termo muito usado no verão porto-alegrense para descrever o estado da temperatura e, simultaneamente, da umidade do ar, as duas muito altas. Diz que se deve ao fato de ter o Guaíba ali do lado, aquela quantidade infinita (ainda bem!) de água que nos cerca. Nos casos extremos, o bafo vira "gosma" (v.).

BAFO DE TIGRE MORTO
Não sei por quê, mas em certa época se dizia que um cara de mau hálito ou um cara que tivesse bebido muito tinha o tal bafo esse. De brincadeira se dizia enigmaticamente BTM. Parece que há mais tempo era "Bafo de

tigre louco", que dava a sigla BTL. Eu ouvi uma vez o Rafael Malenotti, músico, dizendo que ele tinha ou frequentava um estúdio de gravação apelidado de "Bafo de bira", quer dizer, bafo de cachaça, ou ceva, ou vinho. Aquele azedume.

BAGACEIRA
Coisa, gesto, pessoa ou o que seja tida como baixa, deselegante, desprestigiosa, desprezível, podre, mal feita, brega, etc.; há quem a flexione quanto a gênero, há quem a use invariável, dizendo "homem bagaceira" e mulher idem; tenho a impressão de que havia um certo toque "posudo" (v.) em quem pronuncia a termo, mas de uns vinte anos pra cá passou a uso generalizado, na boa, até mesmo chegando a ser usado como elogio às avessas, da mesma forma que saudar um amigão do peito chamando-o de filha da puta. Correlato de largo uso: "bagaceirada", que é coisa de bagaceiro ou o conjunto de gente bagaceira. Nunca ouvi chamar cachaça assim, coisa que acontece noutras partes por bom motivo: é do bagaço da cana que se faz a pinga. Há também "bagaça", por redução. Tenho a impressão de que nos anos 2010, mais ou menos, o termo "bagaça" começou a ser usado por paulistas, em sentido parecido, mas sem o traço de juízo negativo: "Vamos ver como anda essa bagaça", por exemplo, sendo a "bagaça" a reunião dos amigos, o lugar em que vão se ver etc.

BAGO
Dois sentidos: é o nome vulgar do testículo e a forma como a gente nomeia um chute futebolístico dado com toda a força. Quando é demais mesmo, tipo fazia o Nelinho ou o Adavilson, aquele jogador (o Giba Assis Brasil me lembrou que o cara era sul-mato-grossense) que o Colorado contratou e acabou morrendo não lembro como, o "bago" passa à categoria do "bagualhaço". Sinônimo desse segundo bago: "ticho" (v.)

BAGUAL
Ultimamente ficou comum usar o termo para designar uma coisa ou pessoa especial, muito boa. A origem é obviamente campeira, o "bagual" sendo o cavalo não capado e/ou o cavalo arisco. Mauro Moraes tem uma música que diz, com regozijo, "Mas bá, que troço bagual montar e sair a cavalo à toa por aí". Por ênfase se pode dizer, depois de um churrasco ignorante (ver "ignorar"): "Bá, comi como um bagual". Se usa também para saudar amigo homem: "E aí, bagual?".

BAIA
Sinônimo de casa, mesmo da própria casa de quem usa o termo. Embora seja originalmente a designação dos aposentos (!) do cavalo, não tem sentido depreciativo. Como a seguinte fala, de amigo para amigo: "Bá, cara, os coroa foram pra praia, a baia tá 'de banda' (v.), vamo aproveitar". Também se diz "baiúca", mesmo sentido.

BAILAR NA CURVA

Tem o sentido genérico de perder o rumo, ser posto pra fora de algo, por aí; o mesmo que "tomar um baile" (v.). O Júlio Conte escreveu e dirigiu uma peça que fez muito sucesso, a começar de 1983 mas em cartaz por muitíssimos anos, chamada justamente "Bailei na curva", nome que expressava fortemente a vigência do termo entre nós e ajudou a perpetuá-lo. Também se diz "sobrar na curva", aqui em analogia com um carro que saia da pista numa curva.

BAITA

Grande, avantajado, de tamanho ótimo. Diz-se para ênfase, porque não se trata de nenhuma medida muito óbvia. De largo uso aqui, sempre com a mesma forma, sem variar a concordância: "Uma baita duma confusão", "Um baita (dum) cachorro", "Um baita (dum) show", "O cara é um baita 'facha' (v.) meu", "O cara me deu uma baita 'mão na roda' (v.)". Mas também pode ser "um baita fiadaputa" (v.). Nos anos 2000, talvez depois de 2010, o termo começou a ser usado solo, como elogio a uma pessoa: alguém elogia determinada pessoa, e alguém presente confirma – "Baita". Só isso, tudo isso.

BAIXAR

Acontece de alguém "baixar" em outro, não no sentido de alma de outro mundo, mas de "pegar no pé" (v.).

BAIXAR A CRISTA

O mesmo que "se apianar" (v.), ficar quieto após ter tentado impor-se. Toda analogia com o galo, claro.

BAIXO

Se diz que alguém é "baixo" quando ele é mau, age maldosamente, covardemente. Há também o uso aristocrático preconceituoso. Mulheres, tenho a impressão, dizem "baixa" à mulher que usa expedientes vis para conquistar posições. Forma branda de reprovação.

BALA

Voz contemporânea para elogiar alguma coisa ou pessoa. Sinônimo de ótimo, excelente. Antônimo perfeito, contemporâneo também: "palha" (v.).

BALACA

Onda, banca, conversa mole, pose. Quando se quer dizer que um sujeito é muito conversador, que fala mais do que é capaz de realizar, se diz "É muita balaca", e "o cara é balaqueiro". "Cheio de balaca" é também o sujeito cheio de manhas, de "nove-horas" (v.), um cara manhoso, arrumado em excesso, enfeitado, etc. Palpite irresponsável sobre a origem: antigamente tinha dois tipos de bicicleta, a torpedo e a catraca (esta tinha o recurso de freios na mão, aquela só no pedal mesmo); e os freios da bicicleta de catraca tinham balacas, aquelas fatias de borracha que atacam o aro da roda quando acionadas e fazem parar o movimento (cruz, que explicação!

Era mais fácil dizer "borracha de freio"). Então me pareceu uma vez que "balaca", no porto-alegrês, nasceu em homenagem a essa novidade, a essa relativa frescura que era a balaca do freio, ao contrário da dureza e da simplicidade do freio da bicicleta torpedo. Faz sentido? Faz, mas não é verdade: meu tio-bisavô, Luiz Carlos de Moraes, que escreveu um *Vocabulário sul-rio-grandense*, já consigna a palavra com este mesmo sentido, "mentira, peta, gabolice", e dá ainda a vida de termos correlatos, "balaquear", "balaqueação", "balaquice". Por onde se vê que a minha teoria não se sustenta, embora seja bem bacaninha. Usa-se também o verbo balaquear. No espanhol platino se usa também a palavra "balaquero", no mesmo sentido; fui ver no *Diccionario de la Real Academia Española* e lá consta "balaca" como designação de um diadema para sujeitar o cabelo – quer dizer, um enfeite, talvez uma frescura, por isso a "balaca", a nossa.

BALAÇO
Qualificativo para mulher muito boa, muito gostosa, muito linda: "Bá, mas é um balaço essa guria". Que analogia, convenhamos. Também se descreve com essa palavra o porre, em sentido muito diverso do primeiro: "O cara tomou um balaço federal".

BALAIO
Grande quantidade de alguma coisa, até mesmo de pessoas: "Tinha um balaio de gente na festa". Goleada, no futebol, é um "balaio de gol".

BALÃO
Aqui, balão é aquilo que noutras partes se chama bola de gás ou bexiga: o negocinho de plástico que a gente enche para os aniversários de criança. Outro sentido: balão é um "desdobre" (v.), uma explicação furada, uma embromação que se faz para sair duma enrascada, ou para postergar um problema etc.

BALÃOZINHO
No Brasil se diz "fazer embaixada" com a bola, mas aqui é "fazer balãozinho": aquela atividade em que os guris se esmeram, quando estão aprendendo a controlar a bola de futebol, também chamada antigamente de peronha, chutando levemente para o alto para mais uma vez chutá-la, controlando o movimento apenas com o peito do pé. Também se chama assim aquele drible dito "chapéu" ou, mais comum no Brasil, "lençol" (se bem que há diferença entre estes dois: o chapéu é mais justo, com a bola passando rente sobre o adversário, enquanto o lençol significa a bola passando bem pelo alto dele). Esse drible se descreve como "dar um balãozinho".

BALDOSO
Se diz da criança ou do jovem criado com muita manha, por parte dos pais ou dos avós, que ela ou ele fica "baldoso", porque é cheio de balda. O *Houaiss* dá "balda" como defeito arraigado, o que é o caso (e ainda se usa muito para animais, como o cavalo mal adestrado, ou manhoso),

mas dá "baldoso" em outro sentido: como aquele que age baldadamente, age em vão, o que não é o nosso caso aqui.

BALEADO
O que está estragado, em sentido amplo. Um carro velho, comido de ferrugem, está "baleado". Um sujeito velho e/ou doente também. Assim por diante. Também se usa para designar o estado de extremo cansaço físico.

BALEIRO
Apelido antigo dos alunos do Colégio Militar de Porto Alegre, que o repeliam agressivamente, pela (também antiga) semelhança entre seu uniforme e a roupa dos baleiros de cinema – que eu nunca vi fardados, e igual hoje nem mais baleiro andante tem (nem cinema de rua tem mais, falando nisso). Não havia o baleiro uniformizado no cinema na minha infância, mas o termo era bastante regular. O Pitágoras Bourscheid especifica melhor a história: diz ele que a antiga fábrica Neugebauer, de chocolates, tinha baleiros para a venda de seus produtos, que usavam uniforme cáqui com detalhes vermelhos, semelhantes aos dos alunos do CMPA. Daí que nos cinemas, quando os baleiros-alunos passavam, a tigrada gozava da cara deles chamando de "baleiros", pedindo balas e tal.

BAMBO
O cara que está meio bêbado (mas não completamente) fica meio bambo, isto é, meio guenzo, meio frouxo, trocando as pernas e engrolando a língua. Ver "guenzo".

BANANA
Em primeiro lugar quer dizer dinheiro, grana ("O cara ganhou uma banana"); mas também, quase ao contrário, designa problema: quem está "numa banana" ou "numa bananosa" ou "num pepino" (v.) está em apuros, em palpos de aranha, numa pior. E tem nomes diferentes das qualidades de banana aqui (ou lá é que é diferente?): para nós, banana caturra, lá é d'água (mas também nanica, parece que por causa do pé dela, que é baixo); a nossa catarina (na real é dos catarinas) é prata ou maçã; e a nossa "da terra" é a banana-ouro (mas também prata ou maçã, conforme a região).

BANDA
"Dar uma banda" é fazer um passeio, caminhar a esmo, dar uma "pernada" (v.). Raramente se diz "bandear" para "dar uma banda". Tem a expressão "bandas", em referência a lugar, imprecisamente designado: "Lá pra aquelas bandas", por exemplo, refere a região aproximada que se quer mencionar. Da mesma forma é possível ouvir: "Eu sou lá das bandas de Capivari", sendo o autor da frase de uma cidadezinha próxima de Capivari. Isso tudo sem falar que o que na minha juventude se chamava "conjunto", a agrupação que toca junto em bailes e festas, hoje em dia é só "banda", que na minha meninice era apenas a banda marcial. Ver também "de banda".

BANGORNADA
O mesmo que porrada, golpe forte, tropeção (na língua local, trupicão), dedada em pedra, por aí. Origem para mim totalmente desconhecida.

BANGU
Termo dos anos 2000 para bobeira, falta do que fazer; por aí. "Estar de bangu" ou "a bangu" (talvez "à bangu") é estar à toa, sem nada pra fazer. Terá alguma relação com o alvirrubro carioca? Parece que com o bairro sim, não com o clube. Se usa a expressão em outras partes, em particular no Rio de Janeiro, para falar de coisa mal feita, feita de qualquer jeito.

BANHA
Além de ser o nome vulgar de gordura, inclusive humana, é também apelido para gordo. Ver "mandar pra banha".

BANHEIRA
Carro grande, tipo o velho Galaxie, ou às vezes carro velho.

BANHO DE GATO
Diz-se do arremedo de banho, da limpeza rápida que se faz em acampamentos, em pias de banheiro de hotel, etc., quando só se lavam os sovacos e a cara, e pouca coisa mais. Claro que se refere ao gato, que não toma banho de fato, não mergulha na água, apenas se lambe.

BANHO TCHECO
O nome do bidê, aquele aparelho sanitário que tinha nos banheiros antigos, em que as mães botavam roupa íntima de molho e as crianças adoravam brincar acionando aquela espécie de fonte que havia. "Banho tcheco" é uma piada a respeito da hipótese de que as moças usassem o bidê para lavar as partes pudendas, a xeca (xexeca, xereca), abrindo as pernas sobre o aparelho, e jogando alguma água ali na zona do agrião, de que resultaria um barulho como "tcheco, tcheco".

BANZO
O mesmo que ônibus, "busum", "humilhante" (v.), banzai também. Provável brincadeira com *bus*, do inglês, pronunciado "bâs". Voz recente, anos 1990 eu acho.

BAQUEAR
Em geral usado na passiva, ficar ou ser baqueado significa ter tomado um baque, isto é, ter sofrido um golpe, em geral figuradamente; algo como uma má notícia, por exemplo, baqueia quem a recebe.

BARANGA
Palavra dos anos 2000 para designar mulher feia. Em algum tempo passado, anos 1970, era nome de cigarro de maconha, pode acreditar: alternava entre "baranga" e "paranga", como na clássica música dos Replicantes, não por acaso banda porto-alegrense: "Rack na caranga muito louca pra dar banda, / Cheque na carteira recheada de paranga, / Prancha importada assombrando a meninada, / Corpo de atleta e rosto de Baby Johnson. // É, mas quando entra na água. /

É, na primeira braçada. / É, ele não vale uma naba. / Ele não surfa nada, ele não surfa nada!'".

BARÃO
Unidade para mil, no mundo do dinheiro. Vem do tempo em que aparecia uma estampa do Barão do Rio Branco nas cédulas de mil alguma coisa (cruzados? Cruzados novos? Cruzeiros?). Permaneceu para muito além do tempo de vida da dita cédula.

BARBADO
O homem crescido, mesmo que seja apenas um jovem ou adolescente. Se usa a palavra para fazer restrições contra tal homem: numa festa para crianças, se um jovem quiser participar de certa atividade, aparece alguém que alerta: "Isto aqui não é pra barbado". Detalhe: não precisa ter barba para ser barbado, nesse sentido.

BARBARIDADE
Termo pelo qual o Brasil identifica o Rio Grande do Sul. Alguém que queira nos arremedar diz "bá", "tchê", "barbaridade", ou então tudo junto, "bá, tchê, barbaridade" e "tri". A palavra é usada aqui como exclamação genérica, para aplaudir ou reprovar uma situação, para concordar com algo que foi dito, para enfatizar; etc. Tenho a impressão de que o que mais chama a atenção dos estrangeiros é a entoação da palavra, e não sua semântica (se bem que a civilização gaúcha é meio bárbara mesmo, aos olhos da antiga Corte brasileira, mesmo quando se trata de pensar em gente que ajudou a modernizar o país, como Getúlio – aquela onda de amarrar cavalos no obelisco, coisa abarbarada). Nós pronunciamos a palavra sempre com acento fortíssimo, enfático, na primeira sílaba, "bárbaridade", e uma subtônica na penúltima sílaba. (Seria uma pré-anteproparoxítona?) Se queremos dizer que alguém é mal-educado, dizemos que ele é "grosso uma bárbaridade"; se uma mulher é bonita, é bonita "uma bárbaridade", sempre com aquele acento. Também se pode dizer que uma coisa especial – muito bonita, muito cara, muito alguma coisa – é uma coisa bárbara, para expressar um intenso sentimento em relação a ela.

BARBOSINHA
Nada a ver com nenhum Barbosa; é apenas uma variante para a exclamação "barbaridade" (v.).

BARRAL
Barro extenso e/ou intenso. "Ficou um barral a entrada da minha casa, depois da chuva."

BARRIGA-FRIA
"Ser barriga-fria" significa revelar um segredo que era pra ser isso mesmo, um segredo. "Eu não devia te contar, mas como eu sou barriga-fria mesmo...", por exemplo.

BARRO
Merda, a própria. Diz-se aqui, como noutras partes do país, "soltar" ou "largar um barro" como sinônimo

de defecar. No vulgar indelicado, também homens gays são referidos como "barro" ou "barrão".

BASEADO
Além de designar o cigarro de maconha, aliás, antes disso, muito antes, se usava e usa como adjetivo de reprovação a atitude indolente de criança ou adolescente: "Olha, que tu tá muito baseado", querendo dizer que o sujeito fica se baseando em que não vai acontecer nada com ele, mas não perde por esperar. Mais raramente, se usa a palavra "baldoso" (v.), nesse mesmo contexto.

BASQUETE
O mesmo que trampo: emprego, trabalho, tarefa, ocupação. Usa-se dizer "arrumar" ou "descolar um basquete". Por derivação, "basquetear" significa trabalhar. Aparece bastante a frase "Esse aí não quer nada com o basquete".

BATALHAR
Lutar por algo ou por alguém: "Batalhei a mina toda a festa", "Esta mina eu batalhei pra namorar". Muito usado para significar a luta pelo emprego ou por uma ocupação ou por desempenhar adequadamente a tarefa. Correlatamente se diz "a batalha": um cara que esteja trabalhando duro, se esforçando muito, diz que está "na batalha". Terá algo que ver com o passado militarista desta terra?

BATEÇÃO
Ato repetido de bater alguma coisa. Mãe, irritada com entra e sai da criançada reclamando: "Vamo parar com essa bateção de porta!". Pode também ser uma bateção de cabeça, quando todo mundo se mexe e ninguém se entende.

BATER
Usar muito, até gastar. Mães dizem que certa roupa convém comprar porque "é boa pra bater", isto é, para usar cotidiana e infinitamente. Ver "batido".

BATER A PASSARINHA
Ocorrer uma intuição, que desvenda o sentido obscuro de algo; intuir; bispar; sacar. Aurélio dá como regionalismo nordestino, mas se ouve por aqui e está registrado em dicionários locais antigos, por exemplo o *Moraes* gaúcho.

BATER AS BOTAS
Morrer. Ver "esticar as canelas". Mais raro: bater a caçuleta.

BATER FIGURINHA
Aquilo que em outras partes do país se chama de bafo, ou jogar bafo, e que consiste em disputar no tapa (mas dado sobre a figurinha, dessas que se colecionam em álbuns) as figurinhas que são casadas (apostadas) numa superfície qualquer. Ainda se joga isso?

BATER O BRIM
Surrar alguém é "bater o brim" desse alguém.

BATER O HORROR
Expressão de largo uso para designar situações em que, bem, "bateu

o horror": deu confusão, deu briga, deu merda em geral, as esperanças foram perdidas inapelavelmente. Também se diz "tocar o horror", no mesmo sentido.

BATER UM FIO
O mesmo que telefonar. Claro que a expressão nasceu antes do celular, que não tem fio. Exemplo: "Tchê, me bate um fio lá em casa pra gente marcar uma ponte". Atenção para a regência: "lá em casa".

BATIDA
Aquilo que no Brasil se chama de vitamina: uma fruta (abacate, mamão, banana) liquidificada com leite junto. Alguma confusão surge quando um dos nossos vai lá e pede uma batida, e quando vê recebe uma cachaça com algum aditivo. Automóveis também podem sofrer uma batida, mas aí é uma "pechada" (v.).

BATIDO
Diz-se de algo que está desgastado, pelo uso. Em conversa de gente ocupada em criar alguma coisa, "batido" é uma objeção comum contra propostas que não inovam.

BATOM
Apelido já desusado, mas que tinha algum curso nos anos 1970, para designar o cara que andava em tudo que era boca, isto é, em tudo que era lugar. Tive um amigo de adolescência assim apelidado, por esse motivo.

BATUQUEIRO
Palavra que designa o sujeito que é adepto de religião afro-brasileira, em geral. O uso da palavra pode conter algo de depreciativo. Consta que em Porto Alegre há mais clareza, mais nitidez na opção por tais religiões do que em outras partes do país, a ponto de em algum momento haver sido feito um recenseamento e se "constatar" que na capital gaúcha havia mais terreiros de macumba do que em Salvador, Bahia. Talvez não haja mais, em termos absolutos, apenas haja explicitude.

BAURA
Termo antigo para cigarro de maconha. Os Mutantes já falavam em "baurete".

BAURU
Espécie de sanduíche, feito com pão cervejinha, ou "bundinha" (v.), bife de contrafilé, queijo frito sobre o bife, alface e tomate, acompanhado de ovo frito ou não, e só. O melhor por décadas foi o do Trianon, sem questão, um clássico da cidade. (O dicionário *Michaelis* dá "sanduíche quente, preparado com pão, presunto, queijo e tomate", o que não é o nosso caso; o *Houaiss* fala em "pão francês, rosbife, queijo, ovo frito, tomate e alface".) Tem a ver com a cidade paulista de Bauru, dizem. Não me contem.

BEBAÇO
Aumentativo de "bêbado", com o sufixo -aço, que tanto apreciamos aqui no sul.

BEBUM
Ver *goleado*.

BECA
Roupa boa ou nova. Diz-se "botar uma beca" mas também "embecar--se". Do cara bem vestido se diz que está "bem becado". Frase comum, em tom de comentário: "Bá, o cara veio numa beca (que vou te contar)". Na origem é uso irônico, porque beca é a roupa de advogados e gente assim elevada, antigamente.

BEIRA
Primeiro sentido: se o cara leva uma parte em algum espólio, em alguma divisão, ele "pega uma beira". Segundo: às vezes se usa "beira" ou "beirada" como sinônimo irônico de muita, muita quantidade: "E quanto é que o cara ganhou nessa?". "Bá, levou uma beirada de grana."

BELISCAR
Comer pouco (sentido que há também em outras partes do país). Mas também designa o comer coisas como tira-gosto, como aperitivo, como acompanhamento à espera da refeição principal: "O churra vai demorar; tu não quer beliscar alguma coisa enquanto isso?".

BEM CAPAZ!
Ver "capaz".

BEM CERTINHO
Expressão dos anos 2010, talvez mais para o fim da década do que para o começo. É todo um comentário de concordância ("Vamo junto?" – "Â-hã, bem certinho"), de ajustamento ("E a guria?" – "Bem certinho").

BEM DE...
Expressão de comentário sobre a situação de alguém: se um cara passa com uma gata sensacional, diz-se (ou pensa-se, com inveja) "Tamo bem de mulher, hem?". Assim também para qualquer bem, propriedade, objeto em usufruto: bem de carro, bem de grana. Pode ter uso irônico, invertido: um cara com um carro horrível pode ouvir, em tom de blague, "Tamo bem de carro, hem?". Da mesma forma, com ironia ou sem, se usa "mal de" algo.

BEM LOUCO
Sujeito que tenha ficado em estado de excitação, por motivos bons ou maus, diz que ficou "bem louco", mas sem pronunciar o *u*: "Fiquei bem lôco com a mina". Se usa bem antes de "louco" como excitado por drogas, creio. Ver "louco de cara" e "de cara".

BEM NESSAS
Expressão de concordância com os termos anteriormente mencionados. Alguém diz: "Quer dizer então que além de tudo tu ainda perdeu o dinheiro?". E a gente responde: "Bem nessas", algo como "Exatamente nesses termos", por aí.

BEM-BELO
Expressão de comentário para designar suplementarmente um estado de satisfação, de regozijo, de folgança: "Os caras lá se matando e eu lá, bem-belo, nem aí na confusão". Ver "sim-senhor".

BEM-DIZER
Expressão que deve ter nascido por encolhimento de "a bem dizer". Uso semelhante: o cara está relatando uma situação de dificuldade por que passou, quando estava com pouca roupa e fez um frio repentino, e diz, por exemplo, para exagerar, "Bem-dizer eu tava pelado". Usa-se para qualquer coisa: "Bem-dizer, nós somos vizinhos", quando moram relativamente perto um do outro; "Bem-dizer fica no Centro", quando fica apenas perto do Centro. No uso geral, parece que a expressão vem logo após o verbo: "Eu tava bem-dizer pelado".

BEQUE
Cigarro de maconha, em linguagem anos 1990, talvez 80, mas ainda ativa.

BERGA
Apócope de "bergamota".

BERGAMOTA
Aquilo que no restante do país se chama de tangerina ou mexerica. Por esses processos modernos, até aqui está se perdendo o uso, em favor da tal tangerina. Alterna com "vergamota", na língua do povo. O Flávio Aguiar lembrou que as mães alertavam pra não se dizer assim, com "v", porque "verga", com *e* fechado, podia significar outra coisa.

BIABA
O mesmo que tapa. Vem direto do lunfardo, a gíria portenha.

BIBOCA
Local pequeno, cidadezinha, vila, distrito; também designa locais de difícil acesso, bairros afastados, ou locais de má fama. Sempre é longe pra burro. No português em geral, "biboca" é dado ou como ravina, aquele buraco feito pela erosão, ou como cova natural, ou ainda como habitação precária, de barro. Aqui, só tem o sentido ali de cima. Uma "biboca", para nós, sempre fica lá na casa do caralho, ou na puta que o pariu, ou na casa do cachorro, por ali.

BIBOQUÊ
Pelo dicionário, seria "bilboquê", aquele brinquedo de encaixar uma cabeça de madeira em forma de sino ou de esfera, numa haste também de madeira, sendo os dois unidos por um barbante. Também se ouve "bibloquê", noutra variação fonética.

BICHA
Pessoas mais velhas ainda usam a palavra como sinônimo de fila, essa instituição abominável mas democrática. É gíria dos anos 1930 a 1950, me parece. Pouco usada hoje. A palavra, quero dizer. Sobrevive como designação para gay.

BICHADO
Estragado, mal composto, esbagaçado. Certamente o uso veio por associação com a noção de doença do gado e dos animais em geral: quando uma vaca está bichada, é porque está com carrapato, com verminose, etc. Usa-se o termo para qualquer coisa – carro, por exemplo – e para pessoas doentes. Ver "bicheira".

BICHEIRA

Originalmente era a ferida causada por vermes (se é que são vermes aqueles bichos) no gado (se usa dizer, na campanha, "curar bicheira", medicar). Aqui na cidade designa qualquer objeto (bem raramente pessoa) ruim, feio, estragado. Carros velhos, em particular, são bicheiras.

BICHINHO DA GOIABA

Diz-se do sujeito feio, mirrado, cara de fuinha. Eu ia dar uns exemplos, mas deixo pra lá.

BICHO

Ainda tem gente que usa chamar os outros de "bicho", no sentido de cara, meu, "tchê" (v.) etc., como nos anos 1970. Outro sentido se observa na pergunta "Que bicho que te deu?", significando "O que é que está havendo contigo, que estás tão diferente do teu normal?". Outra ainda: um juízo sumário e negativo sobre uma pessoa ou uma situação pode vir formulado assim: "Não é o bicho".

BICHO BOBO

Expressão usada para ofender ligeira e levemente alguém, um insulto de salão, digamos – se é que ainda faz sentido o qualificativo "de salão". Também pode ser usada para ironizar a alegria meio descomedida de alguém: "Mas é um bicho bobo", por exemplo, pode-se dizer de alguém que acabou de ganhar um presente ansiado e ficou bem faceiro.

BICHO CARPINTEIRO

Reprimenda comum a guri (especialmente guri, muito mais que guria) é perguntar se ele está com "bicho carpinteiro", que, se existe mesmo na natureza, deve ser um endemoniado que não para nunca, como o guri. (Não, não faz sentido aquela teoria de que a expressão seria uma forma derivada de outra, como circulou na internet: seria "tá com o bicho no corpo inteiro" e não "tá com o bicho carpinteiro". Então tá.)

BICO

Sinônimo muito nosso para a chupeta dos nenês: os nenês aqui chupam bico. Por outro lado, também designa o bico do pé ou da chuteira: no futebol espontâneo, não profissional, "dar de bico" significa "ignorar" (v.), "isolar" (v.) a bola, mediante um chute de nenhum refinamento. Tem também o bico do pão, que é o canto do pão francês. Como no Brasil, ademais, "fazer um bico" significa desempenhar um trabalho eventual, mas "fazer bico" equivale a "fazer beicinho", mostrar-se contrafeito, levemente irritado, mas discretamente. Neste sentido, equivale o "embeiçar" (v.). Há ainda a expressão "estar de bico seco", querendo dizer que se está com vontade de beber; especialmente bebida alcoólica. Memória pessoal: minha vó Ziloca (porto-alegrense nascida no comecinho do século 20) dizia, quando a gente era criança, uma cantilena ritmada, que era acompanhada com suaves beliscões na pele da mão da gente: "Bico, bico, surubico, / quem te deu tamanho bico? / Foi a velha chacareira (ou chocarreira), / que andou pela ribeira, / atrás de ovinhos de perdiz, / para o filho do juiz", com variações. Tenho a impressão de que era pra ser uma daquelas estratégias de criança para escolher alguém, de um grupo, e esse alguém era aquele cuja mão fosse beliscada no fim da cantilena. (Tinha mais, mas a memória falha nesta hora.) Mais um sentido: o bocal em que se atarraxa a lâmpada também se chama bico, o bico de luz; da mesma família é o antigo dispositivo para ligar a lâmpada, que pendia do teto por um fio que acabava numa espécie de bico mesmo, com um botão na ponta. Ver "Te liga, bico de luz". Ver também "no bico", que é outra coisa, outro bico.

BICO-DOCE
Assim são chamadas aquelas pessoas que pronunciam o som de "s" com a língua no meio dos dentes. Mas de preferência não na frente dos próprios, que podem se chatear. Em linguagem correta do mundo da fonética, esse vezo se chama "ceceio".

BIDÊ
Além de ser aquele aparelho dos banheiros (que aqui de vez em quando ainda se chama "quarto-de-banho", ou mais propriamente "quartibanho"), para nós – e parece que para certas partes do Nordeste também – é também aquela mesinha de cabeceira, ao lado da cama, chamada formalmente de criado-mudo. Mas depois, anos 2000, surgiu a banda Bidê ou Balde, que revalorizou a palavra, com um ótimo senso de deboche *nonsense*.

BIDU
Termo irônico para o cara metido a adivinhão, o suposto profeta, o pseudossabedor de tudo.

BIFEAR
Dar uns bifes, isto é, uns tapas, uns "culepes" (v.) em alguém.

BIRA
Bebida alcoólica, birita. O estúdio de gravação do Rafael Malenotti, da banda Acústicos & Valvulados, se chama ou chamava "Bafo de bira", provavelmente em função do cheiro de bebida que fica em ambientes fechados.

BIROLHO
Zarolho, que tem olhos descompensados.

BIROSCA
Termo depreciativo para bar ou venda qualquer de mau aspecto ou de pobre sortimento.

BISCA
Se usa como despectivo contra mulheres e, mais raramente, homens. Indica mais sobre quem pronuncia a palavra do que sobre quem se fala: "É uma boa bisca aquela tua amiga" expressa o ponto de vista amargo e enojado de quem fala sobre a tal amiga. Curiosamente, em espanhol "bizco" é vesgo. Alguma relação?

Meu amigo Luciano Alabarse usou "bisca" por anos como genérico para designar pessoas, quaisquer, mas mantém uma ponta de juízo sumário sobre os maus bofes da criatura assim chamada.

BISOLHAR

Usa-se muito dizer "dar uma bisolhada" no sentido de dar uma peruada, ver meio que sem compromisso certa cena ou coisa.

BISPAR

O mesmo que sacar, "pescar" (v.); terá algo a ver com algum bispo, nem que seja o do jogo? Tem em português, acho que desusado, o sentido de entrever, lobrigar (ui!), bem próximo.

BIXO

Palavra que estranhamente permaneceu entre nós, desde os anos 1960, quando começou a ser usada para designar os calouros da universidade – isso no tempo em que era um feito raro entrar para a universidade, coisa apenas das classes superiores. Aconteceu que, talvez por aquele estilo brincalhão, contestador, ligeiramente subversivo que a gente tinha durante a ditadura militar, alguém começou a grafar "bixo", com esse estranho "x", em lugar de "bicho", que era a designação original dos calouros, como uma ofensa (do ponto de vista dos veteranos, os ingressantes não eram, não chegavam a ser seres humanos). Em Porto Alegre existiu um curso pré--vestibular com esse nome.

BOA NOITE, AMOR

Expressão de caráter conclusivo: "Se além de o nosso ataque fazer um gol ainda por cima o jogador deles for expulso, aí boa noite, amor". Às vezes vem precedida de um *e*, "E boa noite, amor". Não é gíria local, originalmente; sua possível origem está em um programa que Francisco Alves, o Rei da Voz, manteve por muito tempo na antiga Rádio Nacional, no Rio de Janeiro, ao meio-dia, que era reproduzido Brasil afora e ouvido por todo mundo. Ocorre que o tal programa, contrariando a sugestão lógica da hora em que acontecia, começava e acabava com Chico Alves (1898-1952) metendo bronca na valsa "Boa noite, amor", de Francisco Matoso e José Maria de Abreu. (Consta que os shows do grande cantor também tinham a canção como cortina musical.) De tanto martelar o ouvido nacional, vai ver, ficou a expressão. Eu acho, ao menos.

BOA-GENTE

Adjetivo que designa qualidade positiva de alguém: se determinada pessoa nos pareceu legal, correta, afetuosa (ou qualquer outra coisa tida como positiva no contexto), ela tem cara de boa-gente.

BOBAJADA

Conjunto de bobagens, de frases sem sentido (do ângulo de quem diz a palavra, claro).

BOBEAR

Marcar bobeira, fazer papel de bobo, dormir de touca, por aí. Tem até uma música (do Cláudio Levitan) que diz "Marcou bobeira, já era".

BOBO
Tem uma expressão de largo uso, com sentido altamente positivo: "Esse aí não é bobo", que quer dizer que o sujeito é esperto, ligado, antenado. Faz algumas décadas já que comentaristas de futebol, querendo dar um ar de estarem entendendo a nova situação, dizem "Não tem mais bobo no futebol", querendo assinalar com isso o fim de uma era de ingenuidade. Também se diz "bobo", ou "bobinho", aquele jogo de bola, parente do futebol, usado em aquecimentos ou em recreios de colégio, em que um pateta, um bobo, fica tentando interceptar a bola que fica sendo passada sucessivamente por vários caras que ficam ali em roda, tirando o outro pra bobo. Uso antigo e fenecido: chamava-se o relógio de "bobo", porque, dizia-se, trabalhava de graça, só precisando da corda (isso no tempo da corda dos relógios – aliás, no tempo dos relógios, cada vez menos usados, dada a onipresença do celular).

BOCA-ABERTA
Ainda se usa, mas muito mais raramente do que décadas atrás, chamar de "boca-aberta" um sujeito desatento, apatetado, que acaba de fazer uma bobagem: "Ô, boca-aberta! Não viu meu pé aqui embaixo?". A imagem meio que explica o sentido.

BOCA BRABA
Designa um lugar de mau aspecto, perigoso, mas também uma situação complicada qualquer: "Se eu tiver que convencer a sogra, aí é boca braba". Em sentido geral, "boca" é lugar. Pior que a "boca braba" é a "boca entaipada". Ver "cair da boca".

BOCA FALOU, CU PAGOU
Dito pouco elegante mas bastante usado para situações em que o sujeito dá uma de boca-grande, fala mais do que devia e acaba armando uma situação complicada para si ou para outros. Daí que ele fala e depois será cobrado por isso, e alguma parte de seu corpo vai metaforicamente pagar tal dívida. Tem o dito associado, semanticamente: "Passarinho que come pedra sabe o cu que tem".

BOCA-GRANDE
Falastrão, cara que fala demais, fala o que não devia, que dá com a língua nos dentes. E tem o dito que se usa quando o boca-grande se dá mal justamente por ser como é: "Boca falou, cu pagou" (v.).

BOCA-MOLE
Diz-se de quem é um sujeito desprezível, ou por ser covarde, ou por trair a palavra empenhada, ou por não ter a compostura esperada no contexto.

BOCADA
Lugar, localidade, rua, situação. O termo é usado quase sempre com certo ar de ênfase para sublinhar que o tal lugar era ruim, feio, desagradável, por aí: "Bá, fui cair numa bocada que vou te contar".

BOCHA
"Dar (ou levar) uma bocha" designa surrar (ou ser surrado), dar/levar um pau ou um laço. Também se usa o verbo correlato, "bochar" (raro "bochear"). Por que, não sei, mas lembro que se dizia das olheiras fundas e/ou roxas que eram "bochas".

BOCHINCHO
Termo de origem campeira, com forma aparentada em "bochinche", parece. Designa confusão, fofocalhada, briga, cu-de-boi, mas antes era o modo de designar o baile popular, onde por sinal ocorrem brigas mesmo. Um famoso poema narrativo de Jayme Caetano Braun se chama assim, e começa com a seguinte estrofe: "A um bochincho – certa feita, / Fui chegando – de curioso, / Que o vício – é que nem sarnoso, / nunca para – nem se ajeita. / Baile de gente direita / Vi, de pronto, que não era, / Na noite de primavera / Gaguejava a voz dum tango / E eu sou louco por fandango / Que nem pinto por quirera".

BOCO
O buraco de certo jogo de bolita (de gude), que deve ser atingido pela "joga" (v.). Se falava "jogar boco", que era diferente, e mais sofisticado, que jogar no "gude" (v.), sendo este mais comum. "Boco", dito "bôco", parece que é o mesmo que no Rio se chama de "búlica". Ver "imba".

BODEAR
Descansar, dormir ou pelo menos cair fora do combate: "O cara bebeu um monte e bodeou". Deriva certamente da expressão popularizada pelo *Pasquim* "amarrar um bode", que aqui ficou. Acho eu.

BODEGA
Bar ou armazém, em geral de pouca envergadura. Diz-se, de fato, "budega", sendo o seu dono o "bodegueiro", ou melhor, "budegueiro". De uso comum, por certo por influência do espanhol. Na origem está a palavra grega que se escreveria em português como *apotheke*, mais ou menos, que veio para o português em variadas encarnações: botica (a farmácia antiga), butique (a loja de roupas ou produtos especiais, refinados) e a nossa bodega.

BODOSO
Diz-se do sujeito nojento, "posudo" (v.), que quer aparentar distinção mas não faz jus a ela, ou não a tem. Em geral se usa dizer, preconceituosamente, em relação aos negros, "nego bodoso", mas também se usa para mulheres em geral, "bodosa". A palavra está associada com "bodum", que vem de bode, sendo "bodum" o cheiro forte do bode não castrado. Registro histórico: o poeta mulato e abolicionista Luís Gama, de história trágica (era filho de branco português fidalgo com negra africana, mas foi vendido pelo próprio pai, um canalha cujo nome a história não guardou), na altura da metade do século 20 editou poemas satíricos, especificamente um, conhecido como "A bodarrada", em que se

registra que o negro era chamado como "bode", num sinal de que talvez houvesse tal denominação popular (e estigmatizante, é claro) para os negros. Daí o "bodum" e o "bodoso", creio. Deve ser correta a hipótese, tanto que a palavra "cabrocha", a mulher do samba antigo, vem mesmo de "cabra". Por causa do andar sacolejante da cabra?

BOI-CORNETA

O cara que é do contra, que é negativo, negativista, que destoa do entusiasmo geral é um boi-corneta. Possível origem: numa tropa de bois, aquele que não tem um corno (e portanto é corneta), não tem uma das guampas ou mesmo as duas, costuma ser arredio, segundo consta. Por isso. Aparece em espanhol platino igualmente.

BOINHA

Quando a tarefa se afigura fácil ou é mesmo fácil, diz-se que é boinha, diminutivo de "boia", sempre com o *o* dito ó, sendo boia um termo já antigo para comida (será porque havia, originalmente, alguma coisa boiando na comida? Como num, argh, mocotó?). Tarefas fáceis também se dizia serem "boia dada".

BOLA CHEIA

"Estar de bola cheia" significa estar sendo bem visto aos olhos dos outros, estar desempenhando perfeitamente alguma atividade; ver "encher a bola". Oposto de "bola murcha" e de "bolinha curta" (v.).

BOLA NAS COSTAS

Traição, armação, sacanagem, coisa de "traíra" (v.). Vem do universo futebolístico, em que uma bola nas costas do defensor é um pavor, enquanto que nas costas do atacante não adianta nada.

BOLACHA

Tem três sentidos distintos e igualmente usados: por um lado, é o nome geral daquilo que no Brasil se chama de biscoito, qualquer um; por outro, designa as bochechas do cidadão (que quando as tem grandes é chamado de "bolachudo"); por outra ainda, é sinônimo de tapa na cara. E tinha um quarto, que não deve mais ser usado: bolacha era aquele suporte de papelão, quase sempre com alguma propaganda impressa (a marca do produto), que o garçom trazia junto com o copo de chope. Tinha até um jogo que se fazia com as bolachas (ditas "de chope"), postadas sobre a borda do copo ou na beira da mesa: o jogador ia empilhando uma, duas, três, n bolachas, sucessivamente, e a destreza consistia em tapear as bolachas por baixo, para que rodassem 180 graus, e depois apanhá-las na mesma pilha.

BOLAÇO

Expressão de aprovação: "Esse cara é um bolaço!", equivalente a dizer que é demais, que é genial. Será que proveio do bolaço da boleadeira – golpe certeiro no alvo? Ou terá vindo do futebol?

BOLÉU
Tombo, queda. "Levar um boléu" (dito na verdade "buléu") é cair, depois de, talvez, "tropicar" (v.). Origem espanhola, parente da palavra gaúcha "boleadeira", de bola etc.? Sei lá. Mas olha que no romance *Til*, do Alencar, aparece esta palavra.

BOLICHO
O bar ou o armazém comum. Vem do uso gauchês, compartilhado entre o Rio Grande e os países do Prata (eu ia escrever "e os demais países do Prata", mas me contive a tempo). Dito "bulicho", sendo seu dono o "bulicheiro".

BOLINHA CURTA
Diz-se do cara que não tá com nada, que não tem competência para a tarefa em vista, que não joga nada. Oposto de "bola cheia" (curioso que "curta" é dado como antônimo de "cheia"). Também ocorre "bola murcha", como igual a "bolinha curta", mas parece ser mais raro.

BOLINHO
Uso número um: se alguém diz que certa figura "não é bolinho", quer dizer que a pinta não é fácil, é complicada. Uso antigo, número dois: quando eu era criança, nos recreios de colégio se costumava jogar bolita no pátio (de areião, fácil de ralar joelho). Aí, quando batia (a sineta, depois a sirene) para voltar pra aula, sempre aparecia algum patife, geralmente mais velho, que gritava "Bolinho!" e dava de mão nas bolitas dos contendores. Roubava, simplesmente. Era horrível, pode crer.

BOLINHO DE CHUVA
Aquele bolinho frito que as mães, na infância (e depois nunca mais, para azar nosso), faziam nas tardes de chuva, e particularmente nas tardes de chuva do inverno. Tem uma massa banalzinha, farinha e leite e sei lá mais o quê; depois de frito (aquela forma redondinha, com uma aba casual de pingo de massa endurecido), ele ganha uma coberturinha de açúcar com canela. E nós éramos felizes então – e melhor ainda se não tivéssemos ido à aula em função da mesmíssima chuva.

BOLITA
A bolinha de vidro e o próprio jogo, pronunciado "bulita". As bolitas são de várias qualidades: tinha a "buzuca", também chamada de "bocha", que era a maior, de tamanho avantajado em relação às demais; tinha a "agda" ou "águeda", proveniente de "ágata", bolinha opaca com detalhes que a faziam ser chamada também de "olho de gato"; e tinha o "aço", "acinho" ou "aça", assim mesmo no feminino, aquela esfera tirada de rolamento de carro (a rolimã, para os íntimos). O Mário César Both lembrou frase trocadilhesca e bravateira dita em circunstâncias de jogo: se alguém casava no gude uma "aça", alguém dizia: "Casou aço? Asso meu pau a peido". Que frase, vamos convir. Ver "gude" e "boco".

BOLO
Vários sentidos, alguns compartilhados com o Brasil. "Dar um bolo" ou "dar bolo" significa deixar de comparecer a um encontro marcado. Mas também significa acontecer confusão: "Deu o maior bolo aquela história". Noutra acepção, é equivalente a um dos significados de "rolo" (v.): um "bolo" é uma armação, uma festa, uma "ponte" (v.). Tinha uma música, acho que do antigo Taranatiriça, regravada pela Bandaliera (de autoria de Paulo Mello), chamada "Fazê um bolo", que convidava uma moça a fazer um bolo com o carinha, isto é, a se encontrar com ele e deixar rolar um lance. Ver "bolo-vivo", que não tem nada a ver com isso.

BOLOR
Em sentido geral, confusão, situação mal resolvida, ou multidão: "Tava um bolor aquilo lá". Também acontece, mas menos, dizer "fazer um bolor" no sentido de "fazer um bolo" (v.).

BOLO-VIVO
Espécie de dança ritual que se fazia nos aniversários de quinze anos das moças. Eram arrebanhados quinze pares, cada qual segurando uma vela, e a debutante circulava por entre uma forma meio de ferradura, formada pelos pares. Era ligeiramente ridículo.

BOMBACHA
Claro que literalmente é aquela calça larga (tem uma variação mais justa) com a boca da perna apertada no tornozelo, às vezes com detalhes no lado (os favos). Mas tem um dito em que a palavra comparece: "Vê se eu tô de bombacha". É uma declaração de esperteza: alguém quer te enrolar e tu diz a frase, sugerindo que tu não é "grosso" (v.). Naturalmente a frase insinua que gaúcho interiorano, que usa bombacha, é bobo. Tenho a impressão de que é termo mais antigo, de pouco uso corrente, depois que o tradicionalismo ganhou fôlego e entrou no repertório comum das cidades.

BONDE
Aqui passo a palavra ao Flávio Aguiar, porto-alegrense exilado, nostálgico e cheio de razão: "Entidade mitológica em porto-alegrês. Embora não exista mais, ainda se fala nele de vez em quando. Ainda há quem diga 'o abrigo dos bondes' para aquele ajuntamento de lancherias ao lado do Chalé da Praça XV, porque ali era o terminal de bondes do Centro da cidade. E ainda se usa a expressão 'pegar o bonde andando', para quem entra numa conversa que já começou, ou num negócio, em geral não sabendo muito bem do que se trata. E lembremos que, como bonde que se prezasse não tinha portas, só estribos, 'pegar o bonde andando' ou 'descer' eram rituais obrigatórios para piá que quisesse crescer e virar gente. Sobretudo o 'bonde gaiola', que sacudia como o diabo." Nada que ver com o sentido recente de bonde como sinônimo de bando,

agrupamento, turma, que tem alguma vigência por aqui.

BONECO
Um sujeito, um indivíduo qualquer. O Nelson Coelho de Castro tem aquela música do começo de carreira em que determinado verso diz "Vai tremer os boneco daqui", neste sentido. Ou então: "Cheguei lá no bar e tinha uns boneco ali, parado, e tal".

BONECRINHA
Uma voz popular diz "bonecrinha", e não bonequinha, para uma menina bem arrumadinha, coisa mais querida. Diminutivo de "bonecra", que é muito mais sonoro que o trivial "boneca", seu equivalente semântico.

BONITAÇO
Adjetivo para uso positivo ou negativo, acho que mais este que aquele: "Me fudi bonitaço". Também se usa "lindaço", no mesmo contexto.

BOQUINHA
"Fazer uma boquinha" equivale a comer um pouco, nunca o suficiente para matar totalmente a fome. O mesmo que "fazer um lastro". Por exemplo: antes de ir ao baile, tu passa na casa do amigo, eles estão comendo mesmo, então te convidam para uma boquinha.

BORBOLETEAR
Em analogia com o voo da borboleta, "borboletear" significa esvoaçar, figuradamente. O cara pode ter uma namorada, mas mesmo assim fica borboleteando em volta das moças, quando está só. Pode também significar uma coisa mais inocente, como ficar andando sem rumo num shopping, vendo o movimento e as vitrines. Termo correlato: "borboleteio".

BORDAR A ORELHA
Manter uma conversa ao pé da orelha, para convencer o ouvinte. Também se usa para designar pejorativamente uma conversa desagradável que alguém insistiu em manter: "O cara ficou me bordando a orelha pra me convencer". Frequentemente se diz "bordar a orelhinha". No século 21, tende a desaparecer.

BORRA-BOSTA
Fórmula local e popular para "borra-botas", isto é, um sujeito desqualificado, sem valor, que se borra ao precisar fazer uma tarefa importante. É legal que dá pra entender literalmente alguém que borre as botas, mas não alguém que borre bosta, o que é redundante (seria o mesmo que cagar merda, digamos).

BORRACHO
Bêbado, gambá. O cara que bebeu muito. Direto do espanhol. Uma grande bebedeira é uma "borracheira". Ver "foguete".

BOSTICA
Diminutivo de bosta (também dita "bostiqueta"). Coisa irrelevante, menor, quase imperceptível; diz-se uma "bostica" para coisas que se quer depreciar, igualmente.

BOTA UMA MANGUINHA

Isso é frase de mãe para filho – tenha ele sete ou setenta anos – na despedida, quando ele vai sair de casa. Significa levar um casaquinho, um abrigo para a eventual intempérie, para o frio, que como sabemos pode mesmo ser traiçoeiro aqui no paralelo 30 Sul. Ver "manguinha".

BOTÃO

Ao mesmo tempo o jogador (o que de fato está em campo, e não o cara que maneja a ficha) e o jogo de futebol de mesa, que se joga com jogadores que alguma vez podem ter sido botões mesmo, de usar em roupa (nos casacões das mães, por exemplo), e depois passaram a ser industrializados especificamente. Os botões se subdividem em duas grandes categorias: panelinhas, que são mais leves e por isso menos precisos no manejo da bola (que aqui no Rio Grande, ao contrário do Rio de Janeiro e de São Paulo, não é esférica, mas discoidal), e puxadores, mais pesados; estes eram de galalite (hoje raridade) ou de outro material plástico, e são feitos com uma ou mais camadas. O panelinha era assim chamado por sua forma: emborcado, parecia mesmo uma pequena panela, côncava; o puxador há quem diga que se chama assim por ter sido derivado de puxadores de gaveta ou de porta de roupeiro. Há diversas regras de jogo: o mais primitivo é o toque-toque, que permite ao jogador continuar jogando enquanto conseguir manter seus botões tocando a bola; depois tem várias regras de um toque apenas para cada jogador.

BOTAR NA PAREDE

Intimar a dizer a verdade, intimidar, confrontar alguém com seu destino. "Botei o cara na parede pra saber se ele ia pagar ou não."

BOTAR NA RODA

Gíria originada nos círculos de fumadores de maconha, creio. Designa a atitude de compartilhar com os demais componentes da roda (do círculo, literal ou figurado) o objeto. Origem remota possível: a roda de chimarrão. Mas passou a ser usada para designar qualquer ato de tornar público, para divulgar ou para compartilhar, o que quer que seja. Um amigo de um compositor jovem pode dizer para o candidato a artista que sua arte está tão boa que ele deve "botar na roda". Assim também se usa "botar na mesa", mas nesse caso com um componente de desvendamento, de revelação de algo que estava escondido ou abafado.

BOTAR NO CHINELO

Derrotar completamente, definitivamente, sem perdão. "O professor quis me "enfuneirar" (v.) e eu botei ele no chinelo."

BOTAR O PAU NA MESA

Equivalente à expressão de jogo "pagar pra ver"; designa evidentemente o gesto referido como atestado de virilidade; também quer dizer simplesmente falar mais alto, fazer o desafeto calar a boca, impor autoridade; também se diz "bater o pau na mesa", o que, pensando bem, além de grotesco, deve doer. Mais simplesmente, se diz "botar na mesa", querendo significar botar em pratos limpos, esclarecer as intenções.

BOTAR O SARAMPO PRA FORA

Quando alguém, neste nosso estranho clima, está de roupa de lã e a temperatura já é alta, se diz isso: "Ué, tás botando o sarampo pra fora?", insinuando que o cara tá fazendo uma sauna particular. Se ouve muito no começo da primavera, quando esquenta rápido (e de noite esfria também rápido) e a gente vive aquela síndrome de cebola – se sai de casa de manhã cedo com umas quatro camadas de roupa, as quais vão sendo despidas conforme aumenta a temperatura e vai chegando o meio-dia.

BOTAR OS CACHORROS

Expressão que significa brigar, insultar, enfrentar. Tu brigou com a namorada e aí resolveu procurá-la; passado o fato, tu conta pra um amigo o resultado da investida: "Fui falar com ela mas ela nem quis papo, me botou os cachorros em mim". Também se diz "soltar os cachorros".

BOTAR PILHA

Diz-se da atitude de incentivar alguém ostensivamente a fazer algo "botar pilha no fulano". É uso recente, de uns dez anos para cá. Tem uma variação para mim engraçada que é "empilhar", no mesmo sentido. Mas dá um pequeno rebu com o verbo de sentido já conhecido. Também já ouvi "pilhar", ainda no mesmo sentido, o que também pode dar confusão com o sentido antigo deste verbo. Em 2006 eu ouvi uma guria perguntando para outra "Tu te pilha?" significando "Tu te dispõe a fazer isso?", "Tu tá a fim de fazer isso?" De então em diante, ficou cada vez mais comum este uso, "se pilhar" para fazer alguma coisa, querendo dizer ter vontade de fazer a dita coisa.

BOTAR PORTO ALEGRE DENTRO DE VIAMÃO

Expressão acho que desusada, raramente presente, para designar a pretensão de fazer caber no menor o maior.

BRABEIRA

Quando tá tudo "brabo" (v.), está uma brabeira: uma coisa confusa, indefinida, perigosa, correndo o risco de dar a maior merda. Não é o estado da brabeza, mas o conjunto de coisas brabas, no sentido esse de confusas.

BRABO

Diz-se que algo está brabo quando está feio, sujo, malparado ou estragado: "Tá brabo o negócio" é um juízo sumário sabre a situação lamentável em que se encontra a coisa ou a situação. Há também a expressão "é brabo", um comentário que significa "com mil demônios", "que saco", "que desagradável", por aí. Outro sentido: aqui no Sul, "brabo" é brabo, mas "bravo" é valente, heroico. Parece que no Brasil em geral, São Paulo em particular, "bravo" é igual ao nosso "brabo".

BRAÇO
Elogio para bom motorista: "Esse aí é braço".

BRAGUETAÇO
Diz-se do casamento que um homem sem dinheiro faz com uma mulher de posses, quando o sujeito então se terá valido da prerrogativa de, por assim dizer, usar a bragueta (esta originalmente a abertura da "braga", antiga roupa íntima ou "de baixo"), quer dizer, comer para casar, para falar claramente. Esclareço que quase não se usa dizer "braguilha", por aqui, mas sim "bragueta".

BRANCURA RINSO
Por influência da propaganda e da televisão, se tornou popular, em certa época, falar em "brancura rinso" para designar a brancura da pele de alguém (aqui no Sul, ir para a praia, no verão, implica sempre uma contingência de precisar a todo pano ficar bronzeado, para ficar mais parecido com o modelo carioca de ser). "Rinso" era uma marca de sabão em pó, e havia uma propaganda que falava em "brancura Rinso". O processo foi parecido com o da expressão "sorriso Colgate", também por causa de uma marca de dentifrício, mais conhecido como pasta de dente.

BRANQUINHO
Ver "negrinho", o oposto.

BREGUETE
Tralhas em geral. Pode-se sugerir que alguém recolha suas coisas dizendo "Pega os teus breguetes que nós vamos embora". Alguma relação com o brega? Houaiss dá como variante de "bregueço", equivalente a cacareco, quinquilharia, traste, quer dizer, o mesmo sentido do nosso "breguete".

BRIGA DE CACHORRO GRANDE
Diz-se de embates que não são para o nosso bico, mas para outros, os maiores: "Não te mete nisso que é briga de cachorro grande". Em 1999 apareceu uma banda de rock'n'roll, mais Stones que Beatles, que se chamou, adequadamente pelo som que fazem, de Cachorro Grande. Fez sucesso.

BRIGAÇADA
Aumentativo, ou melhor, coletivo de briga, confusão. Também tem "brigalhada".

BRIGADIANO
O nome genérico do policial militar aqui no Rio Grande do Sul, porque trabalha na Brigada Militar, herdeira de uma brigada do tempo da Guerra dos Farrapos (1835-45). Ver "Pedro e paulo" e "Mulher de brigadiano".

BRINCADEIRA
Palavra de uso muito expressivo e largo entre nós. Deve ser dita com ênfase correta: a tônica, na elocução,

cai na primeira sílaba, "*Brin*cadeira", e ainda com certa separação entra a primeira e as demais; em geral, quando se usa para comentário solo, vem na forma "É *brin*cadeira", com "brin" forte e expressivo. Usa-se para comentário, no sentido de dizer "Estão brincando com a minha cara", "Tão querendo me gozar", "Não pode ser verdade". Também aparece em forma de pergunta: "Tu tá de brincadeira?" O Lauro Quadros, antigo radialista, se notabilizou por ser um usuário contumaz do termo, inclusive com um requinte, "Brincadeira, brincadeiraço o que tão fazendo lá no Beira-Rio".

BRIQUE
Estabilizou-se em Porto Alegre esta palavra para designar, primeiro, as antigas lojas de bricabraque (palavra nascida da expressão francesa *bric-à-brac*, um jogo de palavras em que aparece esse "bric", que retorna em "bricolagem", por exemplo), lojas de coisas velhas e usadas. Depois, a palavra, já na sua forma breve, passou a designar um fenômeno de sucesso popular na cidade que é o Brique da Redenção, uma feira de artesanato que vizinha com uma feira de antiguidades e desses materiais velhos, desemparceirados, esquecidos. Importante dizer que nada tem a ver com a palavra inglesa *brick*, tijolo, que de vez em quando é evocada e mesmo tomada como forma escrita correta para o Brique. Teoria minha: o Brique da Redenção deu certo o tanto que deu porque Porto Alegre é (era mais ainda) uma cidade com escassos lugares em que as pessoas podem ver umas às outras, porque não tem (não soube preservar, melhor dizendo) praia ou outra dessas felicidades urbanas e porque é uma cidade que, dos anos 1970 em diante, foi submetida ao imperialismo da televisão via satélite, especificamente a Rede Globo. Bem recentemente está sendo repaginada a beira do Guaíba, mas, talvez por obra de algum publicitário espertinho, mesmo a tradicional palavra "beira" – do Beira-Rio, por exemplo – foi substituída por "orla". Bá.

BRONHA
Masturbação, punheta. Há uma história, referida pelo Flávio Aguiar, que distingue: "Bronha era um biscoito doce em forma de rosca. Caiu em desuso, provavelmente por ser palavra usada também como sinônimo de punheta. No antigo Colégio Anchieta, quando ele ficava na rua Duque de Caxias e era só pra macho, sem isso de ser misto, havia uma distinção entre os muito iniciados: 'punheta' era de punho fechado, com todos os dedos, o que lembrava, ainda que toscamente, a bainha feminina que a mãe natureza destinou ao sexo; 'bronha' era só com o indicador e o dedão em forma de rosca, o que lembrava o dito biscoito, o que lembrava, hum, bem, deu pra sacar, né?".

BUCHA
Tem dois sentidos, ou dois usos: um refere-se ao gol bem feito, que

é chamado de "bucha" (talvez tenha uma remota ligação este uso com a bucha do canhão, termo este, aliás, "canhão", que também se usa para falar da potência de um chute ou de um chute realizado com força e destreza). Usa-se "meter uma bucha" ou "fazer uma bucha". Outro uso: a expressão "É bucha" é um comentário que carrega certo fatalismo, certa inevitabilidade de algo. Por exemplo: "Se além de ter que pagar o estacionamento ainda os caras quiserem me cobrar mais coisas, aí é bucha". Ou então: "Eu cheguei na festa e a mina me olhou dentro do olho, e eu digo, é bucha, cara". Nesse sentido, é equivalente a "deu pra bola" (v.). Nada a ver com "se embuchar" nem com "embuchar" (v.).

BUENO

Substitui o "bem" no início da frase da retórica brasileira, claro que por contaminação do Prata, na linguagem gauchesca. Usa-se em geral para demarcar uma mudança de assunto ou o começo da conclusão: "Bueno, sai ou não sai este churras?". No mesmo lugar e sentido se diz também, mas com menor frequência, "Buenas", que neste caso deve vir da mesma origem, mas aqui com certa manha a mais. No mundo tradicionalista se usa "Buenas" como saudação, como seria em "Buenas tardes" do espanhol platino. O "bueno" também ocorre, um pouco em tom de brincadeira na cidade, para substituir o adjetivo "bom": "Mas tá bem buena esta carne", por exemplo, em elogio ao churrasco.

BUGIO

Além de ser o nome de um gênero musical (alguns dizem que é o único nascido realmente no estado), era termo comum para designar pessoa considerada feia – os dois casos em analogia com o bicho, um pelo ronco (a música), outro pelas feições.

BUGRE

Termo genérico para os índios daqui do Sul. Antigo e com viés preconceituoso, mas de uso até hoje. A origem é remota: vem de "búlgaro", designação dos cristãos para aquela gente tida como selvagem, porque não tinha aderido à religião. A transposição para o Novo Mundo carregou o sentido estigmatizador.

BUNDA-MOLE

Covarde, em geral. Parece que deste sentido original é que derivaram outros, associados. O que me pergunto é o seguinte: o ideal seria ter bunda dura, literalmente? E por quê? Também se diz, ou por poucas letras ou por brincadeira, "bunda-mol" (como também se diz para o doce conhecido como "ovos moles", "ovos-mol").

BUNDÃO

O mesmo que "bunda-mole", o covarde, mas também qualquer coisa associada com negatividade. O bundão pode ser um sujeito "metido" (v.), um arrogante, um demasiado, um esnobe, etc. Se diz assim, a respeito desse cara: "Bá, mas é um bundão mesmo".

BUNDEAR
Ficar fazendo hora, perdendo tempo, esperando alguma coisa ou nada, fazer nada. Nada que ver com qualquer outra coisa da linha sexual. Ver "horas bunda-cadeira".

BUNDINHA
Aquele pão pequeno que tem duas saliências, parecendo mesmo uma bundinha. O nome social é "pão cervejinha", sei lá por quê. Tenho a impressão de que este pão não é mais chamado de bundinha.

BUQUIMEQUE
Nome da atividade em que várias pessoas apostam no resultado de certo jogo ou campeonato. É derivada de *bookmaker*, que por sua vez veio pra cá com o turfe, parece.

BURRO
Termo que se usa para referir o grande tamanho de algo: "Tinha um burro dum troço no meio da praça", por exemplo. Também no feminino: "uma burra duma fila". Parece que veio por parecença com "bruto", de mesmo sentido no contexto. Sim, tem também o outro sentido, de ignorante e outras coisas associadas.

BUSUM
Ver "banzo".

BUZINA
Qualidade de quem está puto da cara, irado, a fim de matar alguém. "Fiquei buzina com o cara", por exemplo.

C

CABEÇA DE OSSO PRA SOPA
Um cabeça vazia, um sujeito que diz bobagem ou faz merda, que não vale nada, na opinião de quem está dizendo a expressão, é claro.

CABEÇA DE PORONGO
Cabeça oca, cabeça vazia; insulto muito usado por adultos contra crianças. Como o "cabeça de osso pra sopa", aí de cima.

CABEÇUDO
Não quer dizer que o sujeito tenha cabeça grande: quer dizer que ele é teimoso, cabeça de mula, que não muda de ideia, que não é sensível aos apelos da mãe para mudar de vida, para ser mais cordato, mais educado.

CABELINHO DE SAPO
Termo para designar uma pequeníssima, uma ínfima distância. Se uma bola passou raspando a trave, ela deixou de entrar por um cabelinho de sapo. Claro, porque sapo, como se sabe, não tem cabelo.

CABREIRO
Desconfiado. Também se usa dizer que quem fica cabreiro fica "meio daqui" (v.). De uso brasileiro em geral. Deve ter vindo da designação do pastor de cabras, que deve ser um alerta total por causa da qualidade arisca do bicho.

CABRITO
Serviço eventual, bico. Se diz "fazer um cabrito".

CABULOSO
Dicionarizado como azarento ou aborrecível, aqui quer dizer complicado, encrencado. Por exemplo: "Bá, o cara me convidou prum negócio meio cabuloso". No mesmo sentido se usa dizer "cabeludo".

CACARIA
Coisarada, juntação de coisas sem valor, cacos de coisas. Mães determinam que seus filhos se desfaçam de cacarias. Mas também pode ser que a mãe diga "cacaredo" e até mesmo "caquedo", para o mesmo conjunto de cacos. Uma amiga, ao ver a escalação do ministério do Temer – tudo branco e mais para terceira idade –, se referiu ao conjunto como "um caquedo".

CACETINHO
Tem gente de fora daqui que estranha, mas nós nem te ligo: nós chamamos aquele pãozinho pequeno, de fazer cachorro-quente, de cacetinho. Por quê, só Deus pode saber. (Tem explicação trivial: havia o "pão cacete", a bengala, que tem mesmo a forma de um cacete.) Em Portugal também se diz assim.

CACHAÇA
Diz-se da atividade que se está acostumado a fazer e que dá gosto,

numa referência afetuosa. Sujeito que gosta de jogar botão, por exemplo, explica que não para de jogar nunca porque "é uma cachaça", com o sentido analógico de ser algo tão bom quanto, ou tão viciante quanto.

CACHO
O namoro ou a namorada; se diz "estar de cacho" com alguém, ou "ter um cacho".

CACHORREIRA
Aquela parte dos carros que fica atrás, para carga, e que em caso de desespero serve para carregar cachorros ou, em dia de festa da família no interior, as crianças.

CACHORRO MAGRO
Entidade mítica, arquetípica, invocada na expressão "fazer papel de cachorro magro", que significa comer e cair fora imediatamente, sem ficar nem pra sobremesa, para bater papo, pra tomar café.

CADÊ O PUTO DO RESPEITO?
Pergunta retórica muito usada, mas com leve tom brincalhão, para situações em que alguém transgrediu a ordem ou a hierarquia. Mesmo familiarmente: um filho guri de repente conta em público que o pai peida dormindo, por exemplo, e o pai reage na mesma hora, entre brabo e irônico, perguntando isso. A ironia está, naturalmente, em usar-se o "puto" numa exortação à ordem e à hierarquia.

CADEIRA PREGUIÇOSA
No Brasil, a cadeira se chama "espreguiçadeira", mas aqui nós a chamamos de "preguiçosa".

CADÊ-LE?
Ver "quedê-le?".

CAFÉ COLONIAL
Não se trata de variedade de café, o fruto, mas de um tipo de refeição, originário das cidades de colonização alemã no estado. É uma comilança medonha, composta de vários tipos de bebida não alcoólica, vários salgados e vários doces, que é servida no meio da tarde mas dá pra alimentar o cidadão por uns três dias, se ele levar a sério a tarefa. Uma perfeita demasia, que emparelha em sugestão de glutonice com o "espeto corrido" (v.), ambos parecendo ser uma vingança dos descendentes de colonos contra a fome ancestral, dos começos da vida nas colônias, quando certamente ninguém podia ter tanta fartura. Hoje em dia é mesa típica de Canela e Gramado, coisa feita pra turista.

CAGAÇO
Medo, susto; origem mais que óbvia. De larguíssimo uso.

CAGADO DAS MOSCAS
Diz-se que o sujeito ficou cagado das moscas quando ficou com medo ou quando foi ridicularizado. Mais raramente, também se diz "cagado das baratas".

CAGALHÃO
Dois sentidos: um, designa cada uma das (grandes) unidades que se

formam quando o bolo fecal sai do corpo humano. Outro: é ofensa para qualificar alguém como medroso. Faz feminino em "cagalhona". Há o caso mais grave e raro de "cagalhão de tropeiro", que talvez seja mesmo mais complexo, pelo fato de o tropeiro andar o dia inteiro sentado no cavalo, essas coisas.

CAGAR
O mesmo que sujar ou tapar (ver "tapado".): "Bá, guri, mas tu me cagou tudo de areia neste chão!". Há vários ditos associados a cagar, como se pode ver adiante, e mais outros: "Com azar, o cara vai cagar e se descadéra", sendo este último verbo o descadeirar, ter um problema nas cadeiras, na região que antigamente se chamava de bacia, a pelve. Tem um dito para qualificar a extrema amizade, a total intimidade entre duas pessoas: "Ele é meu amigo de cagar de porta aberta". Ver "fazer merda". Outro dito, quando se quer que o sujeito decida: "Ou caga ou desocupa a moita".

CAGAR A PAU
O ato de dar uma "camaçada de pau" (v.); há quem diga "cagar de pau" ou "cagar de laço". Também aparece uma forma acastelhanada, "cagar-lhe a pau", mas dita "cagale a pau". Não confundir com "cagar no pau" (v.).

CAGAR E ANDAR
Expressão que já foi de largo uso, sobretudo na forma "cagando e andando", significa atitude de pouco-caso, de desprezo pelas consequências de certo ato: "Se ele se der mal, tô cagando e andando pra ele". "Eu cago e ando pro que vai acontecer se eu sair com ela." Ainda se usa uma forma simplificada: "Caguei pra ti", significando "Não tô nem aí pra ti". No tempo da delicadeza tinha uma forma de salão, "candar e agar".

CAGA-REGRA
O mandão, como também se usa dizer em outras partes do país. O nome é óbvio: o cara tanto manda que chega a cagar regras. Claro que o termo é usado como crítica.

CAGAR FORA DO PENICO
Fazer besteira, bobagem, dar um fora.

CAGAR NA CABEÇA
Expressão que se usa para designar o ato ou o efeito de tripudiar de alguém, vencendo-o de forma total e irremediável, seja por palavras, seja por ações; também para designar o ato de insultar alguém. Se tu ganha um debate insofismavelmente, pode dizer que cagaste na cabeça do oponente. Tá certo que é das coisas mais grosseiras, mas quem disse que o dialeto porto-alegrês é bem educado? Tenho a impressão de que a força expressiva da grosseria tem alguma conexão com a bravata, marca da cultura sulina. Assim, quem caga na cabeça de outro está, metaforicamente, sendo o último vencedor possível, numa sucessão de bravatas.

CAGAR NO PATÊ
Igual a "cagar no pau", com o detalhe de que o "pau" aqui tem outro nome.

CAGAR NO PAU
De origem claramente escatológica (imagine-se a cena literal), a expressão significa ter medo (ou "levar medo", mais comum), demonstrar medo; não cumprir a contento determinada tarefa.

CAGAROLA
Forma atenuada, para uso quase familiar de "cagão", hoje em desuso.

CAIEIRA
O mesmo que "bicheira" (v.). Por que, eu não sei.

CAIPA
Redução da palavra "caipirinha".

CAIR A BUNDA
O mesmo que deslumbrar-se: "Me caiu a bunda de ver o guri jogando bola". Talvez tenha provindo de "desbundar", essa palavra que ficou popular nos anos 1970, mas com outro sentido então: a esquerda ortodoxa usava para menosprezar o comportamento deslumbrado ou, no limite, adesista ao que então se chamava Sistema. Depois passou a significar apenas deslumbrar-se. Também se usa o "cair a bunda" no sentido de "ficar de cara" (ver "de cara"), isto é, ficar estarrecido, talvez indignado: "Me caiu a bunda o Fulano estar andando com aquela gente". Sinônimos menos usados: cair os cadernos, cair os revólveres ("os revólver", na pronúncia real), cair os butiá do bolso. Mais recentemente, aí por 2015, mais ou menos, apareceu uma variante da imagem, para o cara dizer que ficou absolutamente estarrecido com alguma coisa: "Me caiu o cu da bunda quando eu soube disso".

CAIR DA BOCA
Expressão sinônimo de cair fora, dar no pé, pular fora, saltar, abrir. Meu falecido amigo Luiz Sérgio "Jacaré" Metz, quando trabalhávamos juntos, perguntava, ao fim do expediente, "Vamos erguer o arado?", em alusão à cena do camponês que tira o arado do sulco, quando para de trabalhar. Igual a "cair de banda".

CAIR DANDO
O mesmo que "cair da boca", mas correndo, rapidamente, dando no pé. Também pode ser empregado para afastar chatos, explicitamente: ouve-se dizer, contra a presença deles (e também de crianças indesejáveis), "Cai dando". Já ouvi também em outro sentido, mais literal: a polícia chegou e caiu dando (pau). Ver "sair dando".

CAIR DE BANDA
Ver "cair da boca".

CAIXA-PREGO
Lugar remoto e metafórico. Usa-se para designar justamente isso, mas com acento depreciativo: "lá na caixa-prego" quer dizer que é longe pra burro e inacessível e nem vale a pena. Já vi escrito "cacha-prego", o que talvez faça sentido se tomarmos

o verbo (desusado) "cachar" (no francês ainda tem em uso o verbo *cacher*), com o sentido de ocultar, esconder. Vai ver, a expressão veio daí, e "cacha-prego" queria uma vez dizer algo como "lugar em que se esconde o prego". Faz sentido? Há uma localidade na ilha de Itaparica com esse nome, Cachaprego. Houaiss registra "caixa-pregos". Ver "na casa do caralho" e "do cachorro".

CALÇA-FROUXA
O sujeito covarde, que não honra as calças masculinas que usa, na opinião dos violentos.

CALÇADO
Se diz do sujeito que está com alguma arma que ele está calçado. Também em espanhol platino, *calzado*.

CALÇO
"Dar um calço" significa impor a alguém um obstáculo físico tal que faça o sujeito ou cair, ou pelo menos balançar; em geral isso é feito com o próprio pé ou perna. Há outro uso: o "calço" é um ajuste (um papelzinho, algo assim) para fazer com que uma mesa deixe de renguear, não fique mais "guenza" (v.).

CALIBRAR
Beber, por analogia com o que se faz nos pneus do auto, metendo ar pra dentro até atingir o estado desejável.

CAMAÇADA DE PAU
Uma verdadeira surra; o som do coletivo "camaçada" sugere sabe-se lá que quantidade absurda de golpes; a mera pronúncia da expressão pelas mães e pais ou inimigos quaisquer, na infância, nos fazia "tremer a perninha" (v.). Para dar uma ideia de quão antigo é o uso, já Apolinário Porto Alegre o usa, num conto de seu livro *Paisagens*.

CAMANGA
Bem que eu gostaria de saber de onde veio a palavra, mas à falta da origem fica o sentido: trata-se de um embuste a tal camanga, uma tramoia, ou uma sacanagem preparada contra alguém, ou uma trampa qualquer, ou ainda um segredo. "Tu não fica aí com as tuas camangas, que eu te manjo". "Um cara cheio de camanga." É quase o mesmo que "esquema" (v.).

CAMBA
"Dar um camba", também dito "dar um cambão", por vezes "dar um tombo" igualmente, quer dizer enrolar, passar a perna, passar na conversa, iludir, ludibriar; também há "dar uma volta", "dar uma curva". O termo deve ter origem compartilhada com "cambalacho", sinônimo ainda corrente para mutreta, arranjo suspeito, armação; no espanhol há, no mesmo sentido, *cambalache*, nome de tango famoso, aliás. Dicionários de lunfardo dão como vesre (isto é, "revés" ao contrário, alteração na ordem das sílabas para criar palavras novas em gíria) de "bacán", de sentido idêntico ao "bacana" da gíria brasileira, carioca, do samba dos anos 1930 e 1940. Na gíria portenha, gambetear, parecido com "dar um camba", quer

dizer esquivar-se, safar-se, iludir o antagonista. Terá algo a ver com "cambão" (do gauchês), aquele pedaço de pau que une os bois numa parelha? Ver "cambito".

CAMBITO
Perna, especificamente perna fina. Certamente veio da mesma origem latina que deu o italiano gamba, perna. Também se diz "gambito", no mesmo sentido. Dessa origem pode ter provindo o mencionado camba: "dar um camba" equivaleria a "passar a perna", o que faz sentido. Esse caminho é plausível, convenhamos. Ver "cambota".

CAMBOTA
Diz-se que o sujeito que tem pernas tortas, com os joelhos para fora, é cambota. Dizem que vem do fato de que cada uma das partes que formam a roda de carreta (roda de madeira) se chama assim, "cambota". Atrás da palavra, tem o latim que vai ao italiano *gamba*, mas mais atrás tem uma raiz céltica, que deve ser a mais antiga (o *Aurélio* dá uma presumida forma *kambos*, equivalente a curva, mas o *Houaiss* diz que não se sustenta, que o que tem aí é um termo grego, algo como *kampe*, significando curvatura – eu não me meto em briga tão elevada assim). Aqui também se usa "cambota" para a "cambalhota", como noutras partes do país. Ver "camba" e "cambito".

CAMINHÃO
Termo que designa uma grande quantidade de algo, seja o que for: um caminhão de problemas, um caminhão de gols, outro de grana, outro de gente, etc. Ver "a dar com pau" e "a três por dois".

CAMINHO DE RATO
Aquele trilho que fica no cabelo da gente quando ele é mal cortado ou mal penteado. Se bem que esses tempos apareceu uma moda de pentear os cabelos femininos que consistia em fazer, deliberadamente, caminhos de rato pela cabeça afora. Pode?

CAMPEIRA
Este é um uso claramente platino, em que se diz "campêra", como nós também dizemos, sempre sem aquele *i* do ditongo. É o nome de uma jaqueta de lã grossa que se usa por cima de outras roupas, mas uma jaqueta que tem cara de camisa, com botões na frente e no punho, mais aquele bolsinho sobre o coração.

CAMPEIRO
No sentido geral, tudo aquilo relativo ao campo, o que no caso gaúcho significa relativo ao mundo das lides com o gado (e não relativo ao mundo colonial das pequenas propriedades de descendentes de alemães ou italianos). Por isso mesmo o termo se refere ao mundo da Campanha e das Missões, regiões inventadas pela economia ganadeira. Em sentido restrito, é um elogio a homens, porque o termo insinua que o sujeito tem intimidade com a matriz da formação gauchesca, é destro, é hábil, etc.

CAMUECA
Manha, mistério, segredo. Pai diz pra filho que está com mistérios: "E tu fica aí com essas camuecas, que eu te pego, guri de merda". Pouco usado. Diz o *Houaiss* que em Portugal se diz "camueca" para bebedeira ou depressão, mas aqui na cidade parece que é mais genérico. Aparece escrito em textos como "camoeca". Pode ter a ver com o espanhol *mueca*, careta.

CANAL
Elogio para qualquer coisa ou pessoa considerada boa, correta, adequada. Uma boa praia pode ser um (ou "o") canal, um programa idem, uma pessoa ou uma sua atitude.

CANCHA
"Ter cancha" quer dizer ter habilidade, ter destreza em alguma coisa, um ofício, uma atividade. Talvez venha do campo semântico da corrida de cavalos, em uma cancha: o cavalo que tem cancha tem experiência, frequência na cancha. Daí falar-se em um sujeito "cancheiro", palavra esta de largo uso popular no Uruguai e na Argentina, no mesmíssimo sentido.

CANCHEIRO
Ver "cancha".

CANETAÇO
Ato de autoridade, ligado originalmente à ideia de resolver a questão com um golpe de caneta, por exemplo, para nomear alguém. Quando se usa o termo, quase sempre se envolve alguma ideia de alteração da situação ou até de virada de mesa.

CANETAS
As pernas, especialmente quando se trata de narração de jogo de futebol. A "janelinha", espécie de drible, consiste em passar a bola pelo meio das canetas do adversário. Hoje em dia parece que se fixou no jargão futebolístico chamar a antiga janelinha de "caneta", simplesmente.

CANGALHA
Os óculos, em designação parece que desusada, dada por analogia com as cangalhas usadas para sujeitar bois na carreta. Ver "luna".

CANGOTE
O pescoço, incluindo o alto das costas, pelo menos na minha opinião. Torcicolo pode ser dito como "cangote duro". Aurélio dá como variação de "cogote", com influência de "canga", tudo isso em referência ao gado. Mas a gente aqui usa para pessoas, todas. Não tem sentido pejorativo, e mesmo tem sentido positivo quando queremos referir o cangote da namorada, aquele ali que a gente cheira e fica enlevado.

CANHA
Cachaça, numa forma que vem diretamente do espanhol platino, *caña* (é a nossa popular cana, caninha na generalidade do Brasil). Pode também ser ouvida, a palavra, em referência a bebidas outras, especialmente as destiladas.

CANHÃO
Mulher feia. Ela também pode ser chamada, mais raramente, de "dra-

gão" (e daí a brincadeira: quando chega uma mulher feia no pedaço sempre aparece um palhaço para dizer "Chama o São Jorge"). Há ainda: jacu (nesse caso se ele for também meio caipira), bucho, droga, bonde, bagulho.

CANJA
Qualidade de algo que é fácil, é moleza, é de simples e óbvia realização; analogia com as carnes moles que são cozidas na canja, ela mesma? Quando torcidas escolares queriam dizer que seu time ganharia fácil do adversário, gritavam, ritmadamente: "É canja, é canja,/ é canja de galinha,/ arruma outro time pra bater com a nossa linha". Isso no tempo em que "linha" significava o ataque, ou mais genericamente todos os jogadores no futebol, com exceção do goleiro.

CANTAR MARRA
Assim como tem a expressão "na marra" no Brasil em geral, tem também, pelo menos aqui, o "cantar marra", que significa arrotar grandeza, atribuir-se valor superior ao merecido. No Rio se chama "marrento" o cara que é cheio de marra, de pose, de arrogância.

CANTINHO
Entidade ou instituição simbólica de grande presença, quando se trata de falar de situações constrangedoras, que necessitam discrição. Fala-se em uma situação "de chorar no cantinho" (v.), mas também se fala em "beber de cantinho", quer dizer, na moita, na sua, sem alarde, ou ainda "ficar de cantinho", espreitando.

CAPA-PRETA
A chefia, o chefe, os poderosos. Também chamado de cuiudos (os que têm cuião, isto é, colhão) e de pica-grossa, os dois termos sendo evidentemente ligados à potência e ao membro viril.

CAPAZ
Resposta negativa sintética, de alta expressão e de grande uso. Usado, não sei por quê, especialmente por mulheres (acho eu). "Tu vai lá?" Responde a moça, entre o espantado com a pergunta e o indignado com a mesma coisa: "Capaz". E depois, na fala, não tem nem ponto de exclamação, é ponto final mesmo. Deve ter-se originado de uma pergunta de resposta a uma pergunta; no caso aí de cima, a resposta da moça, por extenso, seria algo como "Então tu achas que eu seria capaz de ir lá?". A estrutura sintática do "capaz" é semelhante a uma manha de linguagem bem mais recente, o "pior" (v.). Tem muitas entonações, correspondendo a várias possibilidades semânticas, ainda mais acompanhado por algum acessório para ênfase, como "Bem capaz", "Mas capaz!". "Capaz que sim" quer dizer sim; "capaz", sozinho, quer dizer não; "bem capaz" quer dizer não com uma sublinha de ênfase; "mas bem capaz", nem fudendo; "capaz!?", com exclamação e interrogação ao mesmo tempo, equivale a "Sério!?".

CAPOTAR
Dormir imediata e pesadamente, em geral após uma jornada estafante.

CAQUEIRADA
Quantidade imprecisa de coisas. Tem o mesmo sentido de "lá vai fumaça": "Quantas pessoas estavam lá?". "Tinha duas mil e caqueirada."

CÁQUI
Aqui a gente chama a fruta assim, acento na primeira sílaba, e não como no Brasil em geral, "caqui", com tônica na última. Tanto é forte essa pronúncia que nas escolas é difícil convencer os alunos de que a cor, pelo menos ela, é oxítona, segundo o português culto.

CARA
Sujeito, indivíduo de qualquer sexo. Usa-se às vezes com qualificativo: cara de pau, cara de "tamanco" (v.), cara de "boa gente" (v.), cara de "lua cheia" (v.). Tem também "cara de cu" ou "cara de bunda", para designar a cara de alguém que ficou sem jeito, ou que foi ridicularizado, ou algo assim.

CARA DE TACHO
Quando a gente é surpreendido nas suas intenções ocultas, ou quando é passado pra trás, fica com cara de tacho, isto é, cara de quem ficou constrangido.

CARALHADA
Em português tem "carrada", isto é, a carga de um carro; aqui tem "caralhada", que é a mesma coisa: um monte, uma grande quantidade, muitas vezes composta de coisas desagradáveis ou por algum motivo reprováveis. Tipo assim: "O cara tinha uma caralhada de cachorro em casa, fiquei louco de medo". Mas também se usa para outros elementos: uma caralhada de carro, uma caralhada de vassoura, qualquer negócio. Claro que tem origem ligeiramente bagaceira e escatológica.

CARALHAL
Parecido com "caralhada", uma grande quantidade: "Tinha um caralhal de gente no jogo".

CARALHO A QUATRO
Expressão equivalente a "etc.", etcétera, mas com um certo tom de blague ou de indignação. Por exemplo: "Daí o 'porco' (v.) me pediu mais um documento, mais outro, o caralho a quatro". Porque a quatro e não a cinco ou a dois? Jamais saberemos. (Para atenuar o choque do eventual leitor-consulente, devo dizer, a bem da filologia, que a palavra "caralho" tem origem relativamente inofensiva: vem do latim *characulu*, que por sua vez vem do grego *kharax*, que segundo Silveira Bueno quer dizer estaca, pau.)

CARALHO!
Usa-se dizer a palavra assim, exclamativamente, para expressar desgosto, contrariedade, fúria. Como no espanhol *carajo*. Também se diz "porra do (ou "dum") caralho!", no mesmo sentido. Nos últimos anos, coisa de nem dez anos, em função de uma telenovela (creio), a gurizada local passou a usar uma atenuação,

uma forma amena dessa exclamação, "caraca".

CARÃO
"Levar um carão" equivale a levar uma descompostura, uma mijada.

CARBURAR
Fumar, especialmente cigarro de maconha. Antigo.

CAREIRO
Comerciante que cobra regularmente muito caro, acima do preço esperável, é um "careiro". "Eu não compro mais no seu Elias, ele é muito careiro."

CARETEAR
Ficar careta, de algum modo. Cara que fuma maconha e para careteia. No Rio, conforme li no *Jornal do Brasil*, usa-se "encaretar", no mesmo sentido. Mais amplamente, "caretear" significa levar medo de fazer algo arriscado.

CARGOSO
Adjetivo para o sujeito chato, pesado, aborrecido, incomodativo, ou arrogante, ou inoportuno, que faz carga (o termo pode ter provindo do mundo guerreiro, de "carga" como ataque) ou que se configura como uma carga para os demais ("carga", então, no sentido de volume a ser carregado – como o famoso mala, ou o mala sem alça). O famoso murrinha. É igual ao espanhol platino.

CARINHA
Pode significar cara de pau ("Mas é carinha essa pinta!"), mas também outra coisa, de certa forma associada com a cara de pau: "fazer uma carinha" (ou "uma cara") é comer um pouco, filar uma boia, também dito "fazer um lastro" ou um "calço". Falando nisso, ver "pinta". E há uma expressão, "na carinha", "na cara dura" (v.), querendo dizer "na cara de pau".

CARNE DE GADO
Embora impreciso no aspecto, já que gado pode ser bovino, suíno, caprino e sei lá mais o quê, a expressão designa a carne de vaca e boi (e touro, quando este também morre), nada mais, não de outro tipo de gado. Também se diz, no mesmo sentido, "carne de rês", expressão que até gente próxima de Porto Alegre às vezes estranha.

CARNE DE PESCOÇO
Por causa da dureza da carne de pescoço, de sua pouca nobreza e alta resistência a ser mastigada, se usa dizer que uma tarefa dura é carne de pescoço. Um time difícil de enfrentar é também.

CARNE DE RÊS
Ver "carne de gado".

CARPANO
Um dos nomes do membro viril. Não sei ao certo a origem, mas havia uma brincadeira de usar "carpano" em lugar de "caralho" ("Vai chupar um carpano", por exemplo). Daí alguém inocente perguntava o que era "carpano", e o sujeito respondia: "Um caralho enrolado num pano".

CARPETA
Designa tanto a mesa de jogo de cartas (originalmente o pano que cobre a mesa) quanto o próprio jogo de cartas, em geral pôquer, pontinho ou canastra; daí o verbo "carpetear".

CARPIM
A meia masculina. Parece que só aqui no Sul acontece a forma, que deriva de "escarpim", por sua vez o nome de um sapato antigo (não o "escarpã" moderno). Diz Romaguera Correa que vem do espanhol, mas não encontrei registro nos dicionários, nem no *Houaiss*, o mais completo dos atuais dicionários.

CARRINHOS
"Os carrinho", dito sem o "s", eis aí uma expressão popular de largo curso: designa a mandíbula inferior, designa a queixada, o queixo, que a gente chama no plural, os queixo(s). Se usa dizer que rir muito faz doer os carrinho(s) e que um doce muito doce chega a trancar os carrinho(s); nesses dois casos, não é bem nos carrinhos que dá a dor, mas nos músculos que os prendem. Por que plural, tanto em "os carrinho" quanto em "os queixo", não sei, nem imagino.

CARTEIRA
Em geral, é a de motorista, aquela que em São Paulo eles chamam de "carta".

CARTEIRAÇO
Costume autoritário que consiste em, por exemplo, livrar a própria cara numa batida policial mediante apresentação de certa carteira prestigiosa. Mas também levar vantagem por estar desempenhando algum cargo importante, ou por ter parente em alguma instância relevante de poder, etc. Por extensão, se usa o termo para qualquer situação análoga: quem ganha uma discussão citando autor que ninguém conhece mas parece importante está dando um carteiraço. Parecido com "ganhar no grito" (v.). No Brasil, é mais comum a forma "carteirada".

CASA DA MÃE JOANA
Expressão que ocorre também noutras partes, designa a qualidade de algum lugar que seja considerado ou esteja sendo tomado como tolerante, em um sentido, ou remoto, noutro. "Tu tá achando que isso aqui é a casa da mãe Joana?", por exemplo, é uma forma de reclamar de alguém que esteja sendo deselegante, inoportuno ou mal educado. Tem também o sentido de lugar longínquo: "Isso é lá na casa da mãe Joana", lugar metafórico próximo da casa do caralho, da puta que o pariu e outros (ver "na casa do caralho").

CASAMATA
Sabe o abrigo para o banco de reservas, em campo de futebol, onde ficam o técnico e o pessoal do apoio? Aqui ele é chamado, muitas vezes, de casamata, termo que veio direto do vocabulário militar, em que significa uma fortificação baixa, uma construção destinada a defender uma posição. Futebol é guerra,

nas metáforas escondidas no nosso vocabulário. Ver "fardamento" e "abrigo".

CASAR
Realizar a aposta combinada, no jogo de bolita como em qualquer outro jogo (de cartas, etc.). Quando, no jogo de bolita, se define "a quantas vai" (ser aquela mão), se a uma, a duas, a três (isto é, se cada jogador colocará uma, duas ou três bolitas como aposta do jogo), cada competidor "casa" as suas no "gude" (v.). Outro uso: quando um sujeito vai a um baile e arranja parceira fixa, nem que seja por aquela única noite, se diz que ele "casou na festa".

CASINHA
Tem várias. Uma é aquela brincadeira de criança, especialmente de meninas, que brincam de casinha, isto é, simulam a vida de uma casa, eventualmente com comida, filhos e até marido. Imagino que hoje em dia já se brinque de casinha levando em conta o tempo que as crianças-bonecas podem permanecer diante do computador. Tem também a casinha fora da qual está o sujeito que demonstra comportamento estranho ou inadequado. Ver "fora da casinha".

CASTILHANO
Modo de pronunciar efetivamente a palavra "castelhano", isto é, o habitante da grande província do Sul (incluindo Uruguai e Argentina) que fala espanhol. É mais comum na fronteira Sul, lá perto do Uruguai, do que aqui, mas também há aqui.

CATARINA
O nativo de Santa Catarina, aqui do lado. Se usa regularmente isso, mais que o clássico "barriga-verde". Parece que só para homem é que se usa, com aquela certa maldade de o nome ser feminino.

CATEGA
Apócope de "categoria", em sentido elogioso: pode-se comentar o bom desempenho de alguém dizendo "Que catega". Como também se pode referir certa destreza futebolística assim: "O cara levou o zagueiro na catega", querendo dizer que o driblou elegantemente, sem uso da força.

CATIFUNDA, NEGA-PRETA
Fórmula de esconjuro que se diz (ou dizia) nas situações adequadas, inclusive familiarmente, de brincadeira. Podia ser também "catifunga".

CATREFA
Coletivo para gente que não presta, gentalha. Bando de gente sem graça ou desqualificada. Claro que se usa de maneira irônica também, para designar um grupo de gente legal, a turma da gente mesmo. Pode ter origem em "caterva", com algumas modificações (alteração da ordem entre *e* e *r* e passagem de *v* para *f*) comuns na língua portuguesa.

CAVALA
Diz-se da mulher gostosa – isto é, certos homens dizem. Mas também

aparece o termo sendo usado por mulheres contra mulheres mal-educadas.

CAVALICE
A qualidade, isto é, a falta de qualidade, de homens, vistas as coisas do ângulo da mulher, quando considera que o sujeito é mal-educado.

CAVALO
Termo depreciativo usado por mulheres para qualificar homens mal-educados. Simultaneamente, é usado, mas pouco, por homens para elogiar desempenho de homens: "Bá, mas esse cara é um cavalo" pode-se dizer para um sujeito que acabou de demonstrar extrema força.

CAVERNOSO
Diz-se de uma situação muito malparada, terrível, muito ruim, que se prenuncia como a véspera duma merda geral, que ela é "cavernosa".

CB
Nome informal do bairro Cidade Baixa, dito cebê, no uso da gente mais jovem neste século 21.

CEMITÉRIO
Prato extra que se põe nas mesas em que se está comendo churrasco (de qualquer carne) para servir de lugar para pôr os ossos e demais rejeitos. Verdadeira instituição dos churrascos familiares.

CENTRAR
Na linguagem do futebol, "centrar" é alçar a bola na área adversária, aquela tarefa que o Waldomiro fazia nos bons tempos do meu time, mandando a bola para a testa iluminada do Escurinho, do Flávio, do Dario... Ah, tempos.

CERTO ELE
Expressão de aprovação à atitude de alguém (se for mulher, faz-se a concordância, "Certa ela"), especialmente quando a tal atitude tinha algo de controverso segundo a opinião corrente. O uso da expressão manifesta adesão de quem a pronuncia ao sujeito que desempenhou a ação.

CERTO, MÉRI?
Durante algum tempo, Teixeirinha, o popularíssimo cantor, ator e compositor gaúcho, por extenso Vítor Mateus Teixeira (1927-1985), usava um bordão (creio que numa propaganda) que virou gíria. Ele afirmava certas coisas sobre o produto e perguntava para a Mary Terezinha, cantora e gaiteira que o acompanhava: "Certo, Méri?". E ela: "Certo, Teixeirinha". O uso popular era para qualquer situação em que se pedia para o interlocutor a confirmação de algo, ou a concordância para algum propósito.

CERVEJINHA
Tipo de pão para sanduíche, ingrediente indispensável para o "bauru" (v.). É pão d'água, com a singularidade de vir com uma pequena rachadura na face, detalhe que se pode facilmente associar (mesmo sem ser tarado) a uma bunda. Aliás, o pão é ou era mencionado, entre a gurizada, como "pão bundinha".

Mas não na frente do padeiro, muito menos da filha dele – que por sinal tinha apelido, nos anos 1960: Maria Semolina.

CEVA
Cerveja, qualquer uma. Mais raramente, "cerva". A razão é aquela mesma que faz a gente dizer "refri" para refrigerante, "profe" para professor, "chima" para chimarrão, "edifa" para edifício, "churra" para churrasco, etc. É tendência da língua, especialmente, parece, entre nós, aqui no Sul.

CHÁ DE BANCO
Expressão irônica para a longa espera de alguém para uma audiência ou uma consulta: "Tomei o maior chá de banco ontem esperando o médico me atender".

CHÁ DE EXPLICAÇÃO
Enfiada de explicações. Se costuma dizer "Bá, o cara me deu um chá de explicação" querendo ironizar as razões, ou a validade das razões apresentadas. Tem um dito conexo: quando não cabe explicar nada e alguém insiste em explicar, se diz "Explicação é pra porteiro (de boate)", querendo dizer que não adianta nada o esforço.

CHÁ DE PERA
É o qualificativo da pessoa que ficou acompanhando duas outras que estão namorando. Irmãozinho que a mãe obriga a acompanhar a irmã adolescente que foi a um parque de diversões, por exemplo. Mas pode também ser uma amiga que ficou só, quando a outra se emparceirou. De onde veio? Sei lá. Mas tem uma suspeita de que poderá haver associação remota com o termo francês *chaperon*, capuz, porque a pessoa acompanhante disfarçaria sua presença escondendo a cabeça sob um grande capuz. Há a versão "doce de pera", no mesmo contexto. Ver "segurar vela".

CHÁ DE SIMANCOL
De brincadeira se dizia que a pessoa que não se fraga (ver "se fragar") não tomou chá de simancol ou mesmo de sifragol. Não é chá nenhum, se deu pra entender.

CHÁ DE SUMIÇO
Expressão também irônica para situações em que algo desaparece como que por mistério, sem que se consiga encontrar. "Quedê-le (v.) os meus chinelos?" "Sei lá, tomou chá de sumiço."

CHALAÇA
Nos últimos anos 1990 reapareceu a palavra "chalaça" no uso da gurizada, mas agora com novos sentidos agregados sobre a antiga base ("chalaça" era um dito espirituoso, uma piada): agora alcança também o que antes se chamava de "galinhagem" (v.), brincadeira etc.

CHALALÁ
Palavra recente no porto-alegrês, usada para designar a conversinha mole que o rapaz joga sobre a moça com a finalidade de ganhar uns carinhos e, quem sabe, tudo que pode se seguir depois disso.

CHAMAR CHUVA
Quando os cabelos das crianças estão inusitadamente encaracolados (claro que estamos falando de crianças de cabelo habitualmente liso ou apenas ondulado), sempre tem alguém que diz "Tu tá chamando chuva". E é mesmo, pode-se confirmar empiricamente isso: encaracolou cabelo de criança (acho que especialmente na região das têmporas), em seguida chove. A sabedoria popular tem caminhos inauditos.

CHAMAR NA CHINCHA
Quando a gente chama a atenção de alguém, no sentido de alertar ou de deixar clara a responsabilidade do sujeito em relação a certo fato, a gente está "chamando na chincha", ou "na cincha", sendo "cincha" o nome da cinta que aperta os arreios sobre o cavalo. A expressão certamente é do gauchês, e toma como referência o gesto de apertar a cincha no animal para mostrar quem é que manda, figuradamente, ou simplesmente para ajustar o arreio de forma a poder em seguida montar o cavalo. Tem uma expressão equivalente em "chamar no apito" (v.).

CHAMAR NO APITO
Equivale a "chamar na chincha" mas aqui em alusão ao apito do juiz ou do guarda, que quando apita está chamando a atenção do freguês, para fazê-lo ver quem é que manda.

CHAMAR O HUGO
O mesmo que "porquear" (v.), isto é, vomitar, nomeação dada por analogia entre o som que sai da garganta de quem vomita e o nome "Hugo".

CHAMECHUNGA
Sei lá como se deveria escrever isso, que é a forma popular para "sanguessuga" e passou a designar, na voz popularzona, um sujeito xarope, que não larga o pé da gente.

CHANGA
Nascida no mundo gauchesco, essa palavra designa, genericamente, um trabalho qualquer, um trabalho eventual e simples. ("Changador" é o cara que faz esses servicinhos.) Mas começou a aparecer como designação para a mulher, uma mulher qualquer, aquela que no gauchês se diz "china", "chinoca". Juro que eu vi escrita a forma "tianga", que meio que reproduz a pronúncia castelhana de "changa".

CHAPAÇÃO
Primeiro, indica o estado do cara que se drogou; segundo, por derivação, designa um estado alterado, inclusive o amoroso ("Bá, daí ficamo eu e a mina naquela chapação, beijinho, bararâ").

CHAPEAÇÃO
Aquilo que no centro do país se chama lanternagem: o serviço de arrumar as partes externas do automóvel que levou uma "pechada" (v.) ou que estava com ferrugem. As oficinas dedicadas a esse mister se fazem conhecer como oficinas de chapeação e pintura. O cara que faz o serviço é o chapeador. Vem de "chapa", a chapa de ferro,

obviamente. Nada a ver com "chapação" (v.).

CHAPÉU
Aqui se prefere sempre esta palavra a "lençol" para designar o drible no futebol, em que o driblador passa a bola por cima do adversário. Parece que aqui o "lençol" é o "chapéu" (também chapeuzinho) sem tanta habilidade, com a bola passando muito por cima do adversário.

CHARQUEAR
Sim, todo mundo sabe que "charquear", literalmente, é cortar a carne de gado (v.), salgá-la e deixá-la parada para ressecar totalmente, para preservação. Mas tem um uso estranho, outro: quando a mosquitama ataca, no verão, pode alguém referir a cena assim: "Esses mosquito tão me charqueando as perna". Com evidente exagero, convenhamos. O Zé Adão Barbosa tinha uma fala assim, numa peça dele com o Renato Campão.

CHARUTO SEM SELO
Antigo e desusado sinônimo para o membro viril.

CHAVEAR
Fechar com chave, trancar a porta com a chave. Óbvio pra burro, mas o Brasil resiste em adotar.

CHAVEIRINHO
É a mulher pequena, tamanho (metafórico) de um chaveirinho. Também pode ser o homem de tamanho pouco.

CHEGA DE CAFÉ DE CHALEIRA
O folclorista Paixão Côrtes protagonizou uma das primeiras propagandas de gaúcho, acho que no começo dos anos 1970, em que ele, pilchado a rigor, metia o pé num fogo que aquecia uma chaleira para o preparo do tal "café de chaleira", um café primitivo que se usava fazer na campanha (água fervente, sobre a qual se largava o pó de café e uma brasa, propriamente dita, que fazia o pó ir depositar-se no fundo) e então dizia a frase, para em seguida anunciar um café solúvel, moderníssimo. A partir dessa aparição, de fulminante sucesso por aqui, se usava, de brincadeira, falar a frase sempre que se queria expressar desejo de mudança de rumos, real ou figuradamente. O que vale a pena ressaltar é que Paixão Côrtes foi um dos inventores do tradicionalismo gauchesco, nascido depois da Segunda Guerra, de maneira que sua rejeição ao café de chaleira soava como algo realmente marcante. Ver também "Certo, Méri?".

CHEGADO
Como em outras partes do Brasil, aqui também se qualifica como "chegado" um sujeito que é próximo, é das relações estreitas de alguém. "O cara é um chegado meu", por exemplo. É uma pessoa que merece mais do que a designação de "conhecido", mas não chega a ser "amigo".

CHEGAR
Paradoxalmente, é sinônimo de sair; cair fora. Alguém que esteja se despedindo avisa: "Bom, pessoal, vou chegar".

CHEGO
Ver "Dar um chego".

CHEIA
Diz-se da mulher presumida, que ostenta um ar de quem está por cima da carne seca. Também usado no diminutivo, "cheinha". Salvo engano, não é o mesmo uso de "cheio de razão" (v.). Usa-se também a forma substantiva correspondente, "cheiúra", para designar a característica da cheia, da cheinha. (Detalhe: o termo "cheinha" não se usa, ao menos não neste sentido aqui, para descrever a mulher cheia de carnes, rechonchuda ou gordota.)

CHEIO DE COISA
Qualificativo depreciativo para gente meio afetada: uma guria cheia de coisa é uma guria cheia de nove-horas, meio fresca, bobalhona.

CHEIO DE NOVE-HORAS
Diz-se do sujeito cheio de manhas, de manias, em suma, do balaqueiro (ver "balaca"). Também se diz de gente muito mimada, que não aceita qualquer comida, qualquer companhia, etc.

CHEIO DE RAZÃO
Não significa que alguém de quem se diz isso esteja de fato com a razão toda, e quase pelo contrário significa que o sujeito apenas ostenta um ar de quem está cheio de razão; diz-se do sujeito que demonstra confiança total em si mesmo, que demonstra estar em absoluta segurança. Ver "grau".

CHIADEIRA
Reclamação contumaz, em que o sujeito chia, quer dizer, reclama. Também descreve aquela medonheira que é o barulho de um asmático, que tem chiadeira no peito.

CHIAR
Reclamar; bater boca para reivindicar algo que se considera justo. E tem também o caso que pertence ao universo do mate, do chimarrão: para fazer direito, deve-se tomar a água mal quando o chaleira chia, no fogo. Tem aquela canção, do Lupicínio Rodrigues, "Cevando o amargo": "Enquanto a chaleira chia, o amargo vou cevando". Nota: o Lupicínio, quando frequentou (raramente) o tema gauchesco, era leve no modo e pesado na abordagem – nesta canção, como nos tangos mais rasgados, a mulher é uma traidora que fugiu de casa, deixando o pobre do gaúcho a ver vacas. A propósito: "amargo" é sinônimo para o chimarrão, mas não se usa correntemente, a não ser para fazer pose e impressionar visitantes.

CHICLÉ
Além de ser a goma de mascar (quase nunca "chiclete", como se diz noutras partes), é também o nome do sujeito que gruda na gente, que pega no pé, que não sai fora ainda que seja explicitamente indesejado.

CHIMA
Apelido afetuoso de "chimarrão" (v.), assim chamado na intimidade. Tomar um chima equivale a "matear" (v.). Também dito "chimas".

CHIMARRÃO
A bebida aquela, pela qual os gaúchos são conhecidos no Brasil. Parece que o termo "chimarrão" é preferido na metade norte do estado, ao passo que o pessoal da metade sul, por influência do espanhol, prefere o termo "mate". Em certas partes, se faz distinção entre "chimarrão", o amargo, e "mate", usado para quando se adiciona açúcar na água (coisa que aprazia crianças e senhoras).

CHIMIA
Do alemão *schmier* (Schmier é graxa, lubrificante), designa aqueles doces maravilhosos de passar sobre fatias de pão. Em outras partes só se chama "geleia" a esses produtos, mas aqui a chimia é diferente da geleia: esta é uma espécie de caldo, de calda concentrada, enquanto aquela tem pedaços de fruta. Também tem o verbo *schimieren*, que, pelo que sei, designa o ato de passar algo pastoso em uma superfície lisa, como manteiga no pão. O *Houaiss* dá "chimíer".

CHINA
Termo gauchesco e bastante antigo para mulher; de uso menos positivo que negativo: "Vou sair com aquela china lá" pode se referir a uma mulher qualquer; mas pode ser um juízo negativo sobre ela (ela é comum, é sem graça, sem maior atrativo). Ainda se usa, mas raramente. De primeiro se usava apenas para mulheres índias ou pelo menos morenas (e mestiças). O coletivo é "chinaredo" (que também é o nome do puteiro, especialmente para os interioranos) ou, mais raro, "chinedo". Há certas mulheres, aí sim as índias ou mestiças de índio, que pelo seu aspecto são chamadas de "china de campanha": a morena rude, cabelo liso, quieta, talvez pintada desgraciosamente – e "campanha", aqui, significando a região sul do Rio Grande do Sul. Compartilhamos o uso com Argentina e Uruguai. Ninguém diz a sério nem "chininha" nem "chinoca" (como na canção do Lupicínio, "Chinoca fugiu de casa / com meu amigo João. / Bem diz que mulher tem asa / na ponta do coração"). Há quem diga que a palavra começou a ser usada por semelhança entre a mulher simples da campanha e a mulher oriental. Será?

CHINCHA
Ver "chamar na chincha".

CHINELAGEM
Coisa de "chinelão" (v.) ou conjunto de gente chinelona.

CHINELÃO
Termo altamente depreciativo, um xingamento forte, em sua origem, creio que nos anos 1970. Chamar alguém de chinelão equivalia a dizer que o insultado é bagaceiro, pobre, mal arrumado, descomposto, mal

educado, ou tudo isso junto. Também se usa, mais contemporaneamente, dizer "chinelo", no mesmo sentido, mas agora, dos anos 1990 em diante, o termo virou uma espécie de elogio: ao dizer que alguém é chinelo pode-se estar querendo dizer que ele é legal, é *cool*, é igual a nós, etc. Usa-se a forma feminina, também, "chinelona", e também "chinela", sem aumentativo. Por que nasceu, de onde nasceu o termo? Uma hipótese seria a de aproximar seu uso do chinelo, no sentido em que são simples, os chinelos e os chinelões. Mas me ocorre que "chinelão" pode estar associado, de alguma maneira, a "china", como forma masculina. É uma hipótese.

CHINELEAR

Seguindo a tendência de tomar "chinelão" como termo positivo, apareceu o verbo "chinelear", significando primeiro algo como relaxar, ficar com os amigos (chinelos também), vagabundear, sair pra beber e fazer alguma farra, por aí. Mas agora se usa apenas para significar a crítica a uma pessoa qualquer, o gesto de desfazer da importância de algo ou alguém ("Ficou chineleando o cara", por exemplo).

CHINELO DE DEDO

Parece que só aqui se diz isso para designar sobretudo as sandálias havaianas, aquelas que, segundo a propaganda antiga, não têm cheiro, não soltam as tiras etc., sandália que por sinal ganhou o mundo hoje em dia. Também se usa para outros chinelos que apresentam a mesma marca anatômica: prender o calçado ao pé por meio de um engate, uma tira, que separa o dedão dos demais artelhos.

CHIQUEIRO

O estádio deles, do time adversário. Para gremistas, é o Beira-Rio; para nós, colorados, o Chiqueirão é o deles, que era o Olímpico e agora é a Arena. Mais genericamente, qualquer estádio pequeno, ruim, mal equipado. Também se chama "chiqueiro" o gradeado em que se botam as crianças pequenas para elas não aborrecerem. Aliás, na segunda década do século 21 arrefeceu um pouco essa parada, mas não foi raro que, nos anos recentes, os gremistas se referissem ao Beira-Rio como "remendão", por ser um estádio reformado, ao contrário da Arena, que foi toda construída nova – mas os colorados retrucavam lembrando que a Arena nunca foi do Grêmio propriamente, num enredo que até este momento ainda se arrasta.

CHIRIPA

Do espanhol, exatamente assim, no sentido de sorte inesperada, acaso. Se diz que um cara faz um gol de chiripa se a bola quase não entrou, ou se ele mal e mal tocou na bola, ou se ele tocou nela meio sem querer, antes de entrar. Tem em português dicionarizado também: Aurélio dá como sinônimo "bambúrrio", sorte casual, como o "bamburrar" que se ouvia no tempo do garimpo de Serra Pelada designando o encontro de uma grande pepita de ouro. Ver "com as calças na mão".

CHISPAR
Sair imediatamente. Mães irritadas com seus filhos incomodativos dizem pra eles: "Chispa já daqui". Quando se quer anunciar que se vai sair do lugar rapidamente e em alta velocidade, se diz "Vou sair chispando". Para registro histórico: em meados dos anos 1970, quando se estava construindo o Parcão (Moinhos de Vento), havia uma brincadeira entre os adolescentes e jovens motorizados da cidade que se chamava "fazer chispa", atividade que consistia em passar por ali, num ponto que concentrava muita gente para fazer nada, para bundear, com o carro a alta velocidade, e o ocupante do banco do carona botar a bunda pra fora, pelada, toda a cena sendo acompanhada de gritos pelos protagonistas, como se quisesse mesmo chocar, chamar a atenção. Pode querer dizer algo sobre a psicologia profunda do porto-alegrense, mas não me arrisco. Depoimentos outros dão conta de que "fazer chispa" ou "chispa-chispa" mesmo, no duro, era correr pelado, totalmente, por ali, imitando certa moda norte-americana. Mesmo nesse caso, "chispar" significa passar correndo.

CHORAR
Pedir insistentemente, desesperadamente, torrando a paciência do outro.

CHORAR AS PITANGAS
Se queixar, se lamentar.

CHORO
Além de ser o ato de quem chora (v.), é também a quantidade extra de bebida que o garçom generoso bota no copo da gente, quando se trata de bebida servida em doses. (Falando nisso, aqui também se chama garçom de moço, como no Prata.)

CHULÉ
Além de ser o mau cheiro dos pés (e o cara que o tem é chulepento), é adjetivo para coisas de baixo nível, de mau gosto, desgraciosas, de má feitura ou qualidade: um carro chulé, uma roupa chulé.

CHULEAR
No português está dicionarizado como designação daquele serviço que costureiras fazem para arrematar a borda do tecido, mas aqui tem outro e mais corrente sentido: "chulear" é ficar na espera, ficar na expectativa, na torcida de que algo aconteça conforme se espera, ou então só como sinônimo de observar. "Fica só chuleando", diz alguém que pede para ser observado a respeito de uma proeza que vai fazer. A forma flexionada do verbo pode aparecer com ou sem o *e*: "Chuleia só" ou "Chúlia só". Aurélio não dá este sentido, mas Laudelino Freire sim. Moraes, o gaúcho, também, e diz que vem da forma portuguesa *cholear*.

CHULETA
Aquele corte de carne que no Brasil se chama costeleta ou bisteca (ou

mesmo em inglês, *t-bone* – quer dizer, "osso t" –, porque o osso parece uma espécie de *t* minúsculo): pedaço de carne da região lombar aderido a um pedaço do osso.

CHUMBREGA
Ver "xumbrega".

CHUPÃO
Sinônimo corrente para beijo na boca, mas num registro vulgar, isto é, que não dá pra usar na frente da namorada, mas sim em relato desse beijo para os amigos.

CHUPAR BALA
O mesmo que dormir nas palhas, marcar bobeira, perder a oportunidade.

CHUPAR CANA E ASSOBIAR
Expressão irônica para a tentativa de desempenhar simultaneamente duas atividades de execução excludente. Uma variação possível, para situação parecida, é "Namorar a girafa", que significa fazer mesmo duas coisas, não ao mesmo tempo mas sucessivamente, num ritmo que exige que o sujeito faça uma coisa e tenha que correr pra fazer a outra, feito o suposto namorado da girafa (que não o girafo), porque o cara tem de estar bem embaixo, para as lides penetrativas, e bem em cima, para beijar e dizer palavras suaves ao ouvido da querida.

CHURRA
Designação íntima para o churrasco, por apócope. Como há "chima" e "chimas", há "churra" e "churras", em alternância livre na fala diária. Ver "diretoria".

CHURRIO
Nome mais ou menos elegante da caganeira, da diarreia, vinda diretamente do espanhol *chorrillo*, palavra que aparece também reconfigurada naquele doce chamado de "churro", porque no miolo daquela massa frita vai um jorro de algum recheio pastoso.

CHUTAR
Além de significar o que todo mundo sabe, significa duas outras coisas: uma, arriscar um palpite. Aluno que não sabe uma resposta, chuta; numa conversa, pode acontecer de um estar contando alguma coisa e no meio disso mencionar que ganhou uma grana; "Quanto foi?", pergunta o outro; e o primeiro responde, em forma de desafio: "Chuta". Outro sentido: "chutar" quer dizer roubar. Usado por guri: "Chutei uma bergamota da venda do seu Elias". Tem outro significado ainda: se um carro vem muito rápido, ele vem chutado.

CIDRÓ
Ou "capim-cidró", o nome local da erva-cidreira.

CINCO CONTRA UM
Masturbação masculina: cinco (dedos) contra apenas um. Se dizia também, de brincadeira, que a punheta era, por esse motivo, uma "covardia". Tem também uma frase alusiva ao movimento da mão, para

designar a mesma masturbação: "Pedir carona pro céu".

CINCO-MARIAS
Jogo que conta com cinco saquinhos de pano, cheios de arroz (mas também areia grossa, ou feijão), em cuja primeira parte – em geral o limite para os aprendizes – o jogador deve sucessivamente lançar as cinco marias e a cada vez recolher uma a uma, duas a duas, três e uma e finalmente as quatro (e ainda o lambisco), sempre com uma delas no ar, e em cuja segunda parte se procura fazer passar os saquinhos (de novo um a um, dois a dois, etc.) por debaixo de um arco feito com a outra mão (a ponte). Há uma última parte, impossível para crianças de mão pequena, em que todas as cinco marias são lançadas ao ar a partir do dorso da mão e devem ser recolhidas na palma; as que ficarem são os pontos. Em outras partes do país se chama "cinco pedrinhas" ou "jogo das pedrinhas". Consta que é um dos jogos mais velhos do Ocidente, que soldados gregos teriam aprendido na legendária Guerra de Troia, quando se jogava com ossinhos de carneiro, os astrágalos.

CLASSE
Aquela coisa que no Brasil se chama de "carteira", isto é, o banco escolar. Aqui, carteira é a de dinheiro e a de motorista (esta, em vários lugares do país, se chama "carta" de motorista – mas o certo é "carteira", naturalmente).

CLIMA
Sinônimo de astral, aquilo que antigamente se chamaria de humor; segundo o clima de alguém é possível conversar ou não. Também pode significar a intenção: "O clima daquela pinta é o seguinte (ver "o seguinte")". Por outro lado, designa o estado de uma relação entre pessoas: se "pintou um clima" entre duas criaturas, pode ter certeza de que as coisas ou estão muito bem ou muito mal. Ocorre também "climão", no mesmo sentido, mas mais intenso.

COALHADO
Um estádio cheio de gente está coalhado de gente.

COBERTOR DE ORELHA
Designação sutil para a companhia humana nas noites de frio, ou seja, a companheira – acho que só ouvi até hoje homens usarem a expressão para referir mulher, e jamais o contrário. Aparece na famosa canção dos Kleiton e Kledir, "Deu pra ti".

COBIÇAR
Como no português, significa desejar fortemente, mas aqui se usa para expressar desejo de coisas outras: "Eu cobiço te dar em ti", diz uma mãe para seu filho malvado, expressando uma ameaça de surra.

COBRADOR
Aquele cara que em partes do Brasil se chama de "trocador", isto é, o cara que cobra a passagem no ônibus de linha. Tinha uma paródia da mar-

chinha "Se a canoa não virar", que se cantava em excursões escolares: "Se essa porra não virar, / olê, olê, olá, eu chego lá / Rema, rema, rema, remador, / Vou comer o cu do cobrador / E se o cobrador for vigarista / Vou comer o cu do motorista". Meu Deus, de que bagaceirices é capaz a adolescência. A profissão está em franca extinção, com a digitalização dos pagamentos.

COCÔ-BOY
Gíria já em desuso, vinda lá dos anos 1970, que designava o guri ou mais propriamente o adolescente metido a besta, mais ainda o filhinho de papai. Isso porque na época se chamava de *boy*, do inglês, o garotão descolado, e o "cocô-boy" era um caso derivado. Também se usava o termo para o *boy* suburbano, que não alcançava o mesmo desempenho dos de classe-média e era meio ridículo.

COLA
Sinônimo gauchesco para o rabo, o do animal, mas por extensão qualquer rabo, o metafórico rabo humano inclusive. Usa-se pouco na cidade, mas se usa. Há o dito para descrever a morte de alguém como "dar (ou bater) com a cola na cerca", sei lá por quê. Outro que se usa é "crescer como cola de cavalo", quer dizer, para baixo – expressão que se usa, de modo debochado, para dizer que alguém ou alguma coisa, atividade, etc., não cresceu ou decresceu.

COLAR
Ir junto, se juntar com, se agregar a um grupo. "Cola comigo que tu vai ver", por exemplo.

COLÔNIA
Aqui na cidade e no estado, se usa este termo muito mais para designar as regiões onde foram alocados os colonos europeus que vieram a partir de 1824 (primeiro os germânicos, depois italianos e polacos, etc.) do que para referir os habitantes do tempo do Brasil Colônia. Ver abaixo, "colono".

COLONO
Genericamente é o sujeito da colônia, quer dizer, nascido ou oriundo do universo dos pequenos proprietários alemães, italianos, polacos etc. Mas no uso da cidade, é um insulto a alguém pouco educado, "grosso" (v.). Certamente veio do preconceito que os citadinos natos tinham dos colonos alemães e italianos que povoaram grande parte do estado. Ainda se usa. Originalmente designa apenas aquela pessoa ligada à colônia (v.), no sentido local.

COMPLETO
Aquilo que nos restaurantes populares do Brasil se chama de prato-feito, ou PF. É o também chamado "almoço comercial". Falando nisso, o Carlinhos Carneiro tem uma canção chamada "À la minuta" – bife, arroz, batata frita, dois ovos fritos, saladinha – , em que ele diferencia este prato do prato comercial, porque este tem feijão.

COXÃO DE DENTRO
Aquela parte relativamente nobre da carne bovina que noutras partes do Brasil se chama "chã de dentro". O mesmo com o "coxão de fora", a "chã de fora", menos nobre que a de dentro.

COCURUTO
Montinho no terreno, e também qualquer elevaçãozinha, também dito "cacuruto". Serve também para designar a tampa da cabeça.

COISA DE GURI
Expressão que encerra todo um juízo negativo sobre a atitude de alguém que não é mais guri, piá, porque já cresceu, mas não evoluiu, segundo o critério de quem o está reprovando.

COISA MAIS QUERIDA
Tem gente de fora do estado que estranha a quantidade de vezes que nós usamos a expressão, para referir coisas as mais variadas. Pode ser um nenê, um bibelô, um artefato qualquer, uma situação, desde que apresente a qualidade de ser querida, quer dizer, agradável, jeitosa, amável etc.

COISARADA
Mistura insensata de coisas, ou conjunto muito vasto de coisas, ainda que homogêneas.

COLORADO
Sujeito de alto discernimento espiritual, que prefere torcer por um time de elevados méritos, o Sport Club Internacional, ainda quando perdedor. Diferente do gremista, que é um sujeito melancólico, raivoso, de baixa espiritualidade. (Tá certo, tá certo, é brincadeira: admito que há muitos gremistas que não são assim.) A palavra "colorado" tem associação direta com a forma da língua espanhola, em que tem sentido de "da cor vermelha", que aliás é linda, sem nenhum preconceito. O Colorado, com maiúscula, é o próprio Internacional, o Inter, como dizemos. Clube e torcedor descritos numa mesma palavra, que beleza.

COM AS CALÇAS NA MÃO
Sinônimo de "ali-ali", isto é, de quase não, de por pouco, primo de "por uma teta que não era uma vaca" (v.). Explicando melhor: se alguém diz que seu time ganhou com as calças na mão, está dizendo que quase não ganhou, que ganhou de "chiripa" (v.). Por que as calças estão justamente na mão do sujeito? Hipótese fantasiosa: em jogo apostado, o sujeito perde tudo e já está com as calças na mão, pronto para dar o último bem de que dispõe, e então vence uma mão. Pode ser uma bobagem, mas é uma possibilidade.

COM O PÉ QUE É UM LEQUE
Ver "Tá com o pé que é um leque".

COM TERRA E TUDO
Quando se quer dizer que certa coisa foi feita em condições ruins, ou que foi feita do jeito que deu, sem delicadeza e sem preparação, se diz

que ela foi feita "com terra e tudo". Sei lá de onde veio. Parecido com outro dito, "com casca e tudo", mais raro ainda.

COM UMA MÃO NAS COSTAS

Diz-se em situações de fácil resolução, pelo menos do ponto de vista de quem está dizendo isso, "Isso aí eu faço com uma mão nas costas", significando que será tão barbada que até com uma mão atada nas costas ele resolve a parada.

COME E TRANCA

Já li, em algum dicionário de gíria, "come em tranca", mas acho que aqui na cidade se diz mais como está escrito. Significa uma advertência a alguém para quem se contou uma informação que deve permanecer como segredo: "Olha, mas come e tranca", como quem diz "Fica entre nós".

COMER

Como em todo o Brasil, também por aqui quer dizer manter relações sexuais. Creio que de primeiro só homens é que comiam, mas depois da popularização do feminismo as mulheres também comem. E tem um dito espirituoso a partir do termo: quando tem dois namorados em ostensiva atividade, como direi?, física, em público, quando estão de "arreto" (v.) na cara de todos, num shopping, por exemplo, comenta-se entre duas pessoas (sem que se dirija a palavra aos enamorados), "Vai comer agora ou quer que embrulhe?".

COMER DAQUI

Uso dos mais expressivos. Assim, ó: um cara vai te explicar como fazer alguma coisa (em geral coisa que requer manejo em sentido estrito, habilidade manual), e aí ele diz, mostrando com o corpo, com a mão, com o braço, "Daí tu come daqui e torce a rebimboca da parafuseta". De onde terá vindo? O verbo parece estar sendo usado aí como sinônimo de "fazer", "operar", algo pelo estilo.

COMER E VIRAR O COCHO

Cara mal-agradecido é um que come e vira o cocho, o recipiente em que se deposita a comida de animais. Parece que tem a ver com a atitude do porco, o suíno. Noutras partes do país é mais comum, para a mesma coisa, dizer "cuspir no prato em que comeu".

COMER MOSCA

Bobear. Ver "mosquear".

COMER NA MÃO

Se alguém é subordinado a outrem, especificamente se depende deste outrem, ele come na (ou da, ou pela) mão do outro. Claro que faz menção ao animal adestrado, que realiza esta cena.

COMER POR UMA PERNA

Quando alguém está explorando uma pessoa, diz-se que a está "comendo por uma perna". O mesmo para uma dívida insolúvel, que come o sujeito por uma perna.

COMÍCIO
Não tem nenhum outro sentido, que eu conheça, mas tem três símiles associados: "ansiado como anão em comício", "pescoço (comprido) de assistir comício" e, a pior de todas, referente a orelhas grandes, "orelha de bater palma em comício".

CONCORDINO
O cara que sempre concorda. De uso antigo, já fenecido.

CONFIAR NO TACO
Cara que se garante "confia no (próprio) taco", isto é, tem certeza de que pode dar conta da tarefa.

CONHEÇO O MEU ELEITORADO
Frase invariável, só pronunciada assim mesmo, em primeira pessoa do singular, em situações em que quem a fala quer afirmar que sabe o que está fazendo, especialmente em relação às pessoas que de alguma maneira estão ou estarão envolvidas no processo. Um pai acerta um programa com um amigo ou parente, programa que envolve seus filhos; o outro insinua uma dúvida, "Será que eles vão querer ir junto?". E o pai, sereno, garante que sim e comenta "Conheço o meu eleitorado".

CONTAR COM O OVO NO CU DA GALINHA
Precipitar-se, superestimar o desfecho de certa situação. O ditado insinua ser melhor esperar para ver se o ovo vem mesmo ou não.

CONVENCIDA
A guria exibida, bobalhona, em geral também "posuda" (v.); mas se usa a seco: fulana é convencida, e estamos conversados, sem precisar qualquer explicação. Hoje em dia parece que este termo perdeu para o "fazida" e para o "tássi" (v.).

CONVERSAR
Passar a conversa, engambelar. "Não vem me conversar", diz alguém que percebe que está sendo enganado.

COQUEAR
Carregar na cabeça, por exemplo carregar saco de batata. Vem de coco como sinônimo de cabeça, claro.

COR DE BURRO QUANDO FOGE
Aquela cor indefinida, ou que não se sabe definir, ou aquela cor cujo nome escapa à pessoa no momento. Mais tipicamente se usa para desqualificar a cor. Acho que nasceu mesmo da cor do burro, aquela coisa sem definição clara, meio cinza, meio amarronzada, suja.

CORAJUDO
A mesmíssima coisa que corajoso, só que no dialeto dominante na região da Grandíssima Porto Alegre, isto é, o espanhol platino.

CORDA
Onde se prende a roupa para secar. Aqui a gente pendura roupa na corda, mesmo que seja no varal. Parece que o termo, nesta acepção, tem dado lugar a "secador", porque nos

apartamentos não tem corda, como havia nos quintais.

CORDÃO
Aqui, "cordão" é o da calçada, isto é, aquilo que no Brasil se chama de "meio-fio" e em São Paulo se chama de "guia".

COREIA
Não sei por que cargas d'água assim se chama o espaço que existia no glorioso Estádio José Pinheiro Borba, popularmente conhecido como Gigante da Beira-Rio, destinado aos torcedores com menos dinheiro, que por isso mesmo ficam de pé o tempo todo, e que foi desativado no começo deste novo milênio. No Rio, no Mário Filho, vulgo Maracanã, se chamava a isso de "geral". No começo da vida do Maracanã, conforme depoimento de João Máximo, se chamava "coreia" uma parte dessa geral, atrás das goleiras (em alusão à Guerra da Coreia mesmo). O Jeferson Barros reforçou a hipótese de que a "coreia" do Beira-Rio tenha relação com a Guerra da Coreia, a que soldados brasileiros foram ameaçados de ir, e que teria virado uma espécie de maldição, "ir para a coreia". Um detalhe cronológico talvez desminta a teoria do falecido Jeferson: o Beira-Rio foi inaugurado em 1969, quando a guerra lá já tinha acabado, e a bomba estava com o Vietnã. Outra hipótese: que a palavra tenha algo a ver com "coro", porque são os caras que ficam ali pertinho fazendo, justamente, coro. De todo modo, em certas partes do nordeste brasileiro a palavra "coreia" designa a zona da prostituição.

CORES
Há algumas cores na linguagem da redondeza porto-alegrense. Pode alguém ser "azul" de tão negro; quem toma muito mate metaforicamente fica, e se diz, "verde" – "Tô verde de mate"; fica-se "roxo" de fome; quem é medroso "amarela" diante das situações adversas.

CORINGAR
Ficar à espreita, à espera de alguma novidade; peruar.

CORNETEAR
Fazer o que o Velho do Restelo fez com os bravos marinheiros portugueses, segundo o relato de Camões: vaticinar horrores, agourar, prever futuro negro, "secar" (v.); de largo uso no universo do futebol, por analogia com "tocar corneta" ou, mais ainda, com a atitude do "boi--corneta" (v.). Em São Paulo se diz "cornetar", "dar uma cornetada", mas aqui é "cornetear".

COROA
Pai ou mãe, quase nunca outros adultos. Manteve-se aqui, a partir da gíria creio que carioca, popularizada pelo *Pasquim*.

CORONEL
O cara que banca as despesas dos outros, das outras principalmente, e portanto age como um coronel antigo, daqueles que sustentavam várias amantes, com seus respectivos parentes.

CORRER
Tem um uso bastante vasto a expressão "correr com" alguém, significando expulsar, mandar embora energicamente: "Corri com o vendedor lá de casa".

CORTAR AS ASINHAS
O mesmo que "cortar os naipes" (v.).

CORTAR OS NAIPES
Acabar com a festa de alguém, cortar-lhe as pretensões: "O cara veio bem-belo e eu cortei os naipes dele", relata uma moça a uma amiga a respeito de um cara passado que queria meter a mão nela sem ela permitir. Também se usa "cortar o embalo".

CORTAR PREGO
Ver "apertar".

CORTE
O efeito de cortar os naipes. De largo uso. Designa situações normais da vida em que as pretensões são frustradas explicitamente. "A mina me deu um corte", ou "A mina me cortou". Ver "esquinaço" e "podaço".

COSQUENTO
O sujeito que sente muito as cócegas que lhe fazem. Seria "coceguento", mas né.

COSQUINHA
As cócegas, em tratamento familiar. Se diz "fazer cosquinha". Tem uso metafórico: quando algum esperado golpe acabou por não se realizar como se previa, pode-se dizer que ele "não fez nem cosquinha", quando do se imaginava que ia destroçar tudo, que ia detonar.

COSTAS QUENTES
Cara que tem as "costas quentes" é o cara apadrinhado, que tem amigos influentes, que está calçado. Literalmente significa que terá cobertura para fazer coisas proibidas a outros.

COSTEAR
Passar ao largo. Por exemplo: costear o Gigante da Beira-Rio, honra e glória do estado e do país, significa passar por fora dele, mas perto dele. Muito usado para cercas: costear a cerca. O falecido Brizola usava, quando queria elogiar alguém, dizer que esse alguém "não costeava o alambrado", significando que o cara ia direto ao ponto, sem rodeios, sem temer o enfrentamento.

COTÓ
Diz-se sobretudo do cachorro de rabo cortado, mas também de qualquer situação análoga, mesmo que se exija aí uma metáfora.

COURINHO
Aquele que é feito de trouxa pelos outros, ou aquele de quem todo mundo se serve, se aproveita; também significa "pai de cascudo" (v.). Possível origem: há um dito popular, baixo, baixíssimo, usado para reclamação, pronunciado por quem está sendo explorado em direção a seu explorador: "Tu tá achando que eu sou courinho de piça, pra ficar indo e voltando?". Nesse caso, o tal "courinho" designa, bom, deu pra

entender. Também se usa a palavra para aquela pecinha que faz um papel importantíssimo nas torneiras e que os pais trocavam quando era o caso.

COXUDA
De primeiro era só a mulher com coxas apetecíveis, mas na gíria masculina ficou como adjetivo para coisas muito boas, apetitosas: uma oportunidade coxuda, um lance coxudo. Gíria dos anos 1970.

CRANIAR
O mesmo que bolar, inventar, pôr a inteligência a funcionar. Está dicionarizada a palavra, como de uso familiar.

CRAVAÇO
Quanto tu perde dinheiro subitamente, ou por uma dívida inesperada (pechada de carro, por exemplo), ou por uma doença, ou por qualquer coisa (multa, digamos), tu tomou um cravaço. Sempre envolve dinheiro o uso do termo: "Tomei um cravaço de 150 pila". Também se diz "cravada".

CREPE
Se "deu crepe", deu confusão, houve alguma coisa de errado. Não sei se terá relação com a comida aqui chamada de crepe (do *crêpe suzette*, francês), uma espécie de panqueca de recheio doce ou salgado feita com massa parecida com a de *waffle*, salvo engano meu. Esta comida, por sua vez, terá algo a ver com o tecido chamado de crepe, que tem umas ondinhas e coisa e tal.

CRESCER NA PARADA
Fazer papel bonito, ganhar prestígio, fazer a coisa que se espera que seja feita com qualidade. Um cara que faz essas coisas "cresceu na parada".

CRIA
Criança. Tem toda analogia com filhote de animais, em geral. Costuma-se dizer, sem intenção pejorativa, que se precisa levar as crias no médico, por exemplo, em referência aos próprios filhos.

CRIADO A TÓDI
Expressão que se usa para designar as crianças ou as pessoas em geral que têm boa compleição, são fortes, foram bem alimentadas, têm enfim saúde de ferro. Claro que veio do Toddy, aquele pó achocolatado que embalou o gosto de nossa infância.

CRIANÇÃO
Insulto contra adolescentes e rapazes que acham que estão já crescidos, mas que, na opinião do insultante, ainda mostram-se muito imaturos, por alguma atitude, como comportar-se mal diante de meninas e moças, etc.

CRIANCICE
Insulto genérico e relativamente leve, contra alguma ação que pareça coisa de criança, quando não se espera do sujeito uma atitude de piá, sendo ele já um adolescente ou um jovem.

CRIAR
Verbo de vários usos. Um: quando a mulher (antiga ou lá de fora) teve

oito filhos mas dois morreram ainda nenês, diz que estes dois "não se criaram". Outro: digamos que alguém faz uma proposta meio esquisita, inexequível, pelo menos muito difícil, que enfrentará obviamente obstáculos, alguém pode observar – "Essa (hipótese) não se cria". Ver também "filho de criação".

CRIATURA
Usa-se dizer, no meio de uma frase, como vocativo, para dar ênfase, para lamentar, para se solidarizar: "Mas tu, criatura, logo tu te meter nessa medonheira!", por exemplo.

CRIVO
Cigarro, em designação já velha. Quando a maconha começou a se tornar popular, "crivo" passou a ser apenas o cigarro comum, contra o cigarro de maconha, que ganhou nomes específicos: charo, baseado, beque (escrito "beck" pela geração 1990), etc. Pelos maconheiros, o velho "crivo" passou a ser chamado de "trouxa". Ver "pega".

CRUZ!
Forma a que ficou reduzida a expressão "Cruzes!" e/ou a outra aparentada, "Cruz em credo!".

CRUZAR
O mesmo que passar: "Me espera aí na tua casa porque eu vou cruzar por aí". Também acontece de a gente dizer: "Ainda hoje cruzei com ele na rua". Além disso, usa-se dizer "estar de cruzada" para designar uma passagem claramente rápida, que não implica parada por mais tempo que o estritamente necessário: "Tu vai 'pousar' (v.) aqui ou tá só de cruzada?".

CU
Sorte, rabo. Diz-se correntemente "Que cu!", com espanto e certa inveja, a respeito do sujeito rabudo. Ver "abrão". Há outro sentido: uma localidade muito pequena é um cu e mesmo um "cuzinho", de tão pequena. Ver também "tirar do cu com pauzinho".

CU DA MÃE
Insulto pesado. Digamos que alguém chama o sujeito de cagão, de babaca, algo pelo estilo; o ofendido pode replicar dizendo "Babaca é o cu da mãe", ou "Babaca é o cu da mãe de quem chamou". Como em várias outras línguas, meter a mãe no meio é grave. (A propósito, há uma resposta trocadilhesca ofensiva, de guri que tem a sua genitora trazida à baila: "Não mete a minha mãe no meio que eu meto no meio da tua".)

CU E ASPA
Descrição sumaríssima do estado de magreza de uma rês, de vez em quando usada para falar da magreza de um ser humano também. Expressiva, não é? "O tourinho tava que era cu e aspa, de tão magro", por exemplo. Aspa é guampa, se o senhor ainda não tinha bispado.

CU E CALÇA
O mesmo que o dito brasileiro "unha e carne", só que numa forma bagaceira. Diz-se de pessoas que entre si

são muito amigas, muito próximas, que não têm segredos uma para a outra: "Eles são cu e calça". Tem o dito associado, que talvez tenha a ver com a origem da expressão: "Não tem nada a ver o cu com as calças".

CUCA
Aquele pão doce com cobertura de açúcar e/ou frutos (uva, laranja, coco, etc.), que os alemães nos legaram. Já cansou de acontecer um gaúcho pedir cuca em padaria de São Paulo ou Rio e não ser compreendido. Sei lá se tem outro nome. Vem direto da língua alemã mesmo, *Kuchen*, bolo, torta, pastel.

CU-CAGADO
Depreciativo para o sujeito medroso, cagão: "Mas é um cu-cagado esse guri".

CU-DE-BOI
Briga, confusão, "rolo" (v.).

CU-DE-CANA
Beberrão, bebedor contumaz.

CU-DE-GALINHA
Um dos "inhaques" (v.), o mais simplinho.

CU-DOCE
Expressão das mais interessantes, que não imagino como terá nascido. Quer dizer o seguinte: um sujeito que fica fazendo onda para aceitar um presente, ou um sujeito que fica se fresqueando (ver "se fresquear") para dar cabo da tarefa, ou fica se fazendo difícil, é um cara que está fazendo cu-doce. Foram criados derivativos, mais amenos, como "ânus glicosado", por exemplo, que é pra poder usar o termo em família. Também se diz, mais polidamente, que fulano "faz doce", apenas, no mesmo sentido.

CU-DO-MUNDO
Lugar remotíssimo, perto da casa do "badanha" (v.). Pode ter algo a ver com outra expressão, o oco do mundo.

CUECA VIRADA
Aquela fritura doce que se chamava "calça virada", e não sei por que passou a isso.

CUIDA SÓ
Expressão de largo uso. Quer dizer apenas um pedido de atenção especial para algo que vai ser dito ou visto ou presenciado: "Tu cuida só como ela vai passar e nem vai nos cumprimentar", por exemplo.

CUIUDO
Originalmente, "colhudo", isto é, que tem colhões. A origem do termo é da designação do cavalo não castrado, que é mais viril que o castrado, obviamente. É um grande elogio a um homem. Também dito "cuiudo veio" (ver "velho").

CULEPE
Em geral usado no plural, "culepes": "Te cuida se não eu te dou uns culepes, guri". Quer dizer o mesmo que "uns tapas", por aí. Direto do espanhol, *julepe*, que quer dizer a mesma coisa, castigo ou reprimenda.

CUNHA
Apócope de "conhaque", muito usado em bares. Também se diz para "cunhado".

CURVA
Ver camba.

CUSCO
Sinônimo de cachorro, largamente usado na Campanha mas também por aqui. Tenho a impressão de que, na cidade, o termo é usado para falar mal do cachorro, como se "cusco" fosse quase um insulto. Afinando o ouvido dá pra ouvir xingar cachorro de "cusco de merda". Está claro que cachorro bem tratado, de raça, etc., não se chama de cusco. Ver "de renguear cusco".

CUSPIR GROSSO
O mesmo que "falar grosso": impor-se arrogantemente, tomar ares de mandão.

CUTUCO
Usa-se muito "sentir o cutuco", significando "perceber/aquilatar a gravidade da situação". Há gente, em geral metida a grande coisa, que relata algum feito grandioso seu e arremata o relato com a pergunta: "Sentiu o cutuco?". Há também outro uso: o sujeito se dá conta de algo interessante, intui a importância disso, e ao contar para alguém sua descoberta diz: "Aí me deu um cutuco", significando "Tive um *insight*", digamos.

CUZÃO
O que também se chama de "cu de ferro", o caxias, o sujeito muito certinho; mas também o sujeito medroso.

D

DA ANTIGA
O mesmo que "de antigamente". É voz jovem. Pode ser usado como elogio: "Bá, esse cara é da antiga", significando que ele é experiente, que sabe muito.

DADA
Também se usa a forma masculina, "dado", mas menos, para descrever o modo disponível, amistoso de uma criança: "Essa aí é muito dada", por exemplo, é a descrição de uma menina que não é arredia. É um elogio. Parente do verbo "se dar" (v.). Eventualmente pode ser usado ironicamente para a guria (e nesse caso só para mulheres) que é meio galinha, meio fácil.

DALE
Expressão vinda direto do espanhol platino, exatamente assim, que se usa para encerrar uma combinação com aprovação: "Então tu traz?", "Levo sim", "Dale", encerrando a conversa. Para os colorados como eu, Dale também era o apelido do Andrés D'Alessandro, um craque que fez a glória vermelha por anos a fio. Bem recentemente, anos 2010 e depois, apareceu uma derivação: "Vamo dale pra não tomale". É uma piada com o "dale" original, que recupera o verbo "dar" que está ali dentro. Essa derivação lembra a oposição entre dar e tomar, numa série de sentidos: quem diz "vamo dale pra não tomale" está dizendo algo como "vamos tomar a iniciativa", "vamos tomar a frente", para não tomar um prejuízo.

DALI UM POUCO
Expressão usada em relatos, equivalente a "em seguida": "Eu tava lá parado e dali um pouco chegou a pinta". Canonicamente deveria ter uma preposição no meio, "dali a um pouco".

DAONDE?
Pergunta que se usa em duas situações: uma, ao telefone, quando a gente chama e o outro lado atende, dizendo "Alô" ou "Pronto", a gente diz, singelamente, "Daonde?", querendo dizer "De onde fala?", "De que lugar fala?", "Que número é esse aí?". A outra é uma pergunta ligeiramente indignada: alguém vem e te diz que andam falando que tu é um cara sacana, porque tal e tal coisa, e tu responde a isso dizendo "Daonde?", no sentido de "De onde foi que tiraram essa informação absurda?".

DAR (N)O PIRÉLI
Pequena homenagem à Pirelli, a indústria de pneus, em forma de expressão popular: significa dar no pé, só que com essa variação engraçadinha. Se diz tanto "dar o piréli" quanto "no piréli". Tempos

atrás se dizia, no mesmo sentido, dar "o pira" ou "no pira".

DAR A BARBADA
Equivale a um dos sentidos de "dar a real", só que aqui usando a expressão "barbada" segundo sua origem turfística: equivale a desvendar o sentido oculto de certa circunstância ou certa ação.

DAR A MORTA
Expressão acho que bem recente, anos 2010 em diante, para falar a verdade, quer dizer, dar a real – como logo abaixo fica explicado. Agora, por que "a morta"? Uma realidade tão real que chega a estar morta?

DAR A REAL
Diz-se "dar a real" como sinônimo de falar francamente e/ou indicar qual é a real situação, qual é o verdadeiro sentido de algo que se apresenta (neste sentido parecido com "dar a barbada") (v.). "Vou te dar a real, ó: o cara tá a fim de ti", por exemplo. Não confundir com "na real" (v.).

DAR ÁGUA DE CU LAVADO
De pouco uso, acho que por ser remota (e desbocada, além disso), significa encantar, enfeitiçar: "Ela pra ti trabalha bem mas é porque tu deve ter dado água de cu lavado pra ela".

DAR AS CARAS
Parecer, mostrar-se. "Faz horas que o Fulano não dá as caras aqui."

DAR COICE
Por analogia óbvia com os animais de fato coiceadores, "dar coice" significa reagir mal-educadamente, estupidamente, sem gentileza: "Ah, mãe, eu não falo mais com ela, ela fica dando coice", diz uma irmã sobre outra, ou uma filha sobre uma amiga.

DAR COM A COLA NA CERCA
Morrer. Uso campeiro, gauchesco, mas presente na cidade. "Cola" é o rabo do animal.

DAR COM A LÍNGUA NOS DENTES
Entregar o jogo, abrir o jogo inoportunamente, falar demais, sobretudo para quem não devia. Ver "boca grande" e "come e tranca".

DAR COM UM GATO MORTO NA CABEÇA
Expressão irônica que se usa para dizer que certa pessoa não tem conserto, não tem jeito, não vai melhorar. Digamos que alguém te faz uma besteira, e isso é repetido, e o cara não muda nunca, é cabeçudo; nesse caso, alguém pode comentar "Esse aí nem dando com um gato morto na cabeça" (ou "pela cabeça"), ou então "Só dando com um gato morto na cabeça". Tem o exagero: "até miar".

DAR CORDA
Quase o mesmo que dar trela, mas parece ter um significado mais abrangente: enquanto "dar trela" significa dar conversa, apenas, "dar

corda" significa ceder, ou quase isso. Mães preocupadas dizem para os filhos: "Tu fica dando corda pra ele pra ver o que que ele te faz" – isso dito contra indesejados pretendentes a namoro, por exemplo.

DAR DE MÃO
Roubar, levar consigo deliberadamente objeto que não pertença a quem leva. Por exemplo: "Bom, o troço tava ali, de banda, e eu dei de mão".

DAR DE RELHO
Vencer inequivocamente uma parada qualquer, uma disputa, uma partida de futebol. Vencer com autoridade incontestável, e de preferência vencer e ainda deixar o oponente meio no chinelo, constrangido pela surra metafórica. Mais raramente, se usa também "dar de pelego", no mesmo sentido.

DAR EM CIMA
Significa batalhar alguém para namorar, o que antigamente se chamava de fazer a corte, cortejar.

DAR FORÇA
Apoiar, prestigiar, animar. "Fui lá dar uma força pra ele", por exemplo, pode ser um relato de uma visita a um doente.

DAR GOSTO
"De dar gosto" é uma expressão equivalente a "admirável", podendo ser dita a sério ou de brincadeira: fulano pode "estar numa merda (ver "na merda") de dar gosto", diz-se ironicamente, ou fulano "come que dá gosto", diz-se a sério para aprovar o apetite de alguém; por outro lado, "dar um gostinho" é oferecer, real ou imaginariamente, uma breve antecipação, um trêiler de algo que se pode presumir maravilhoso.

DAR NA TELHA
O mesmo que passar pela ideia, cogitar: "Me deu na telha ir no cinema hoje, que que tu acha?".

DAR NO COURO
Me parece que se usa mais ou talvez apenas na forma negativa: não dá no couro o cara que não funciona, que não faz o esperado, não cumpre com as exigências e expectativas, entre elas as sexuais. "Esse aí não dá no couro", por exemplo.

DAR NOS DEDOS
Vencer gloriosamente o oponente, tanto faz se num debate ou num confronto qualquer – se bem que dá a impressão de ser usado mais regularmente em casos de debate, de discussão, de altercação verbal, no máximo em casos de disputa artística. Se o sujeito ganha com garbo, com graça, com esperteza, com malícia, com competência indiscutível, de calar a boca do outro e de todo mundo, se diz que ele "deu nos dedos", sem outro complemento.

DAR O BEIÇO
Como noutras partes do país, "dar o beiço" é não pagar a conta devida.

DAR O PREFIXO
Quando alguém está incomodando, já passou da conta, ouve-se algum

gaiato dizer "Dá o prefixo e sai do ar". Claramente inspirada na antiga forma de as rádios se apresentarem ou se despedirem dos ouvintes, dando seu prefixo, com letras e números.

DAR PAPO
Significa mais que dar conversa, manter conversação: significa dar trela, dar uma chance, abrir a possibilidade. Se alguém reclama de que determinada pessoa foi traiçoeira, por exemplo, outro pode retrucar "Também, tu fica dando papo".

DAR PRA TRÁS
Desistir, "pedir penico" (v.), "arrolhar" (v.). Por que terá nascido a expressão? Terá algo a ver com o gesto último, na opinião heterossexual masculina e/ou machista, de disponibilizar o próprio rabo?

DAR RABO
Talvez melhor fosse anotar "dar um rabo". Nada a ver com "dar o rabo", também corrente para designar o gesto de quem mantém relações sexuais anais (também usado, nesse sentido, como imagem: quando alguém está muito íntimo de outrem, suspeitamente íntimo, se diz "Deve estar dando o rabo pra ele"). "Dar (um) rabo" significa acontecer uma grande confusão: "Quando o cara falou que a mina tava de onda com outra, deu um rabo que vou te contar"; "Tu faz isso direito que senão vai dar rabo". Ver "rabo".

DAR TRELA
Dar confiança para alguém; originalmente parece simplesmente designar o gesto de deixar falar. Originalmente, "trela" era o nome da correia com que se prendiam cachorros. Por isso? Ver "dar corda".

DAR UM BAILE
Quando o nenê incomodou durante a noite, no dia seguinte o pai ou a mãe declara que o nenê deu um baile neles. Também se usa no sentido brasileiro em geral, como no futebol, com o sentido de aplicar uma vitória tranquila sobre o adversário.

DAR UM BICO
Chutar a bola com o bico do pé, numa atividade que pode custar caro ao próprio pé; de um certo momento do aprendizado do guri em diante, isso fica sem graça, porque se aprende a bater de lado de pé para "tornear" (v.) a bola; também se diz "dar uma bicanca", no mesmíssimo sentido, qual seja, o de defender a nossa zaga.

DAR UM BORDEJO
O mesmo que dar uma volta, passear aleatoriamente, sem destino ou objetivo claro. Deve provir de "borda", andar pelas bordas.

DAR UM CALDO
Tem dois sentidos. Um é banal e se refere àquela atividade ligeiramente troglodita que crianças e jovens fazem na piscina, afogando parcialmente alguém. Também se diz "dar um caldinho", nesse sentido. O outro é uma forma de avaliar mulher madura: quando ela é interessante, embora já tenha perdido muito do antigo viço, o comentário

masculino é que ela "ainda dá um caldo", significando que ainda vale a pena – talvez com a palavra "caldo" se referindo à mulher como a uma galinha em cozimento.

DAR UM CALOR
Na linguagem futebolística, significa marcar de perto, sob pressão, fungar no cangote do adversário. Parece oriunda de gíria de bandido. Também acontece "dar um bafo", no mesmo sentido.

DAR UM CAMBÃO
Dar um golpe. Cambão é, originalmente, o pau que une a junta de bois ao corpo da carroça, da carreta. Usa-se dizer também "dar um camba". Mais raro dizer-se "dar um tombo" no mesmo sentido. Talvez tenha outra origem: por apócope de *cambalacho*, termo espanhol, também usado aqui, para embromação, golpe. Ver camba.

DAR UM CHEGO
Digamos que o sujeito vai passar por determinado lugar, apenas passar, para falar rápido com alguém ou para pegar uma encomenda; nesse caso, ele vai "dar um chego", uma chegada.

DAR UM CORTE
Cortar os naipes de alguém, cortar o embalo ou o barato, tirar da jogada.

DAR UM DEDO
Se usa dizer a expressão para situações em que a gente está louco para ver acontecer determinada coisa que mal se prenuncia, ou que se antecipa: "Eu dava um dedo para ver se ele tinha coragem pra ir até lá".

DAR UM FORA
Antônimo imperfeito de "dar uma dentro" (v.). Mas também se usa dizer "dar um fora" para designar a atitude de alguém que briga com o namorado: "Fulana deu o maior fora nele".

DAR UM GODÔ
Não aparecer, não pintar. É de uso restrito aos letrados, que têm noção do *Esperando Godot*, de Samuel Beckett. Também há o caso exagerado, "dar um godofredo", só pra aumentar a palavra e dizer isso com um som legal.

DAR UM LIGEIRÃO
Ver "ligeirão".

DAR UM PEZINHO
Usada sem variação, a expressão descreve o auxílio que se dá para alguém subir num muro, por exemplo. O curioso é que não se dá propriamente um pezinho, mas uma mão (as duas mãos, entrelaçadas, em cujo bojo o pidão mete o pé para subir) ou um joelho (flexionado) ou ainda um ombro (onde o cara se pendura para trepar no muro).

DAR UM PIQUE
Correr uma distância relativamente pequena, ou então apressar-se na tarefa que está sendo executada. Ver "pique".

DAR UM QUILO
Expressão usada em uma precisa circunstância: quando alguém pres-

sente que certa empreitada, certa intenção, não vai ser bem sucedida, diz "Isso não vai dar um quilo", querendo dizer que vai dar merda.

DAR UM TEMPO
Significa parar, temporária ou finalmente, com algo que se está fazendo. Tu encontra um grande amigo, beberrão notório, no bar, e ele está tomando água mineral; pergunta para ele se ele parou de beber, e ele: "Não, tô só dando um tempo". Muito usado para designar aquelas separações de casal que pretendem ser provisórias, mas que muitas vezes são definitivas. Outro uso: quando um chato está te aborrecendo, ou teu pai está pegando no teu pé, tu pode perfeitamente te defender dizendo "Bá, cara, dá um tempo", significando "Cai fora, larga do meu pé" etc.

DAR UM TRANCO
É um sinônimo para apertar, botar na parede, cobrar dívida, mas com certa brutalidade, verbal ou física.

DAR UM TRATO
O mesmo que "dar uma guaribada": ajeitar, arrumar, embelezar. Também significa, no contexto do namoro, dar um amasso, ter contato físico, transar.

DAR UMA CURVA
O mesmo que "enrolar" (v.).

DAR UMA DENTRO
Expressão que refere o acerto de determinada ação, sobretudo quando o autor dela não costuma acertar: "Agora tu deu uma dentro", como se dissesse "Afinal acertou dentro do alvo". "Dar um (e não uma) fora" (v.) não é antônimo perfeito, mas quase.

DAR UMA GANHADA
Vencer, em episódio solidamente observável, um opositor. Uma bravata bem sucedida é uma ganhada.

DAR UMA LETRA
Ver "letra".

DAR UMA LUZ
A expressão vem do mundo das corridas de cavalo, em que luz significa a distância entre um cavalo parelheiro e outro. Assim, "dar uma luz" significa conceder uma vantagem. Guris brincando apostam corrida, e o maior "dá uma luz" ao menor.

DAR UMA MÁQUINA
O mesmo que dar um ligeirão, isto é, apressar a conclusão da tarefa. Nada a ver com nenhuma máquina propriamente dita.

DAR UMA PRENSA
Ato de constranger alguém a fazer algo que se deseja. Pode-se dar uma prensa em alguém para que ele defina se vai ou não vai, ou para cobrar uma dívida. Também se diz, no mesmo sentido, mas menos, "imprensar". Ainda: "botar" ou "encostar" o cara na parede, mesmo sentido.

DAR UMA VOLTA
O mesmo que "dar uma curva", enrolar (v.).

DAS VEZ
Em boca de pessoa sem estudo a expressão "às vezes" se transforma em "das vez". Aquele "d" ali é perfeitamente cabível na sintaxe do contexto: em lugar de um *a* preposição, a preposição "de".

DATA
Longo tempo. "Faz uma data que eu não vejo a pinta aquela". Ver "há horas".

DE A PÉ
Uso regional, talvez por influência do espanhol, significando "a pé": "Não, deixa, eu vou de a pé mesmo". No mesmo sentido se usa "de a cavalo". Uso parecido com "de em pé" (v.).

DE ARRASTO
Diz-se, por exemplo, levar alguém de arrasto para algum lugar, sem que isso signifique literalmente o que diz a expressão, mas apenas obrigar o tal alguém a ir. Crianças quando estão mais crescidas, já pela puberdade, só vão junto com os pais a uma visita assim, de arrasto.

DE BANDA
Diz-se que algo está de banda quando está ocioso ou sem o dono por perto. Pode-se usar para gente também: "Cheguei na festa e a mina tava de banda", como quem diz que estava disponível, sem companhia. Creio que há um uso gauchesco (sem registro nos dicionários da matéria) que significa algo parecido: diz-se, por exemplo, que algo que esteja ao lado do lugar em questão está "de banda". Parecido com "de bobeira" (v.). Usa-se também "dar uma banda", no sentido de passear ao acaso.

DE BARRACA ARMADA
Expressão que descreve a excitação física dos homens: quando o membro viril fica duro, especialmente se a calça que o cara está usando é meio folgada (uma bombacha, por exemplo), levanta-se um volume ali na região. Então, como maneira discreta de referir a situação, se diz que o cara ficou de barraca armada.

DE BOBEIRA
Alguém que esteja de bobeira está sem fazer nada, vadiando, esperando o que fazer. Não quer dizer que o cara este esteja fazendo papel de bobo, não.

DE BRINKS
Forma reduzida para "de brincadeira".

DE BUTUCA
De vigia, de olhos atentos, prestando muita atenção.

DE CARA
Quem fica "de cara" fica estupefato, sem palavras, indignado, estarrecido, perplexo. "Bá, fiquei de cara com a mina." Há também outro sentido, com a expressão sendo usada intransitivamente, sem complemento: quem está "de cara" está de cara limpa, isto é, não bebeu nem fez uso de drogas. Se usava, entre os gente-fina e/ou entre os usuários de maconha ou outras drogas, uma

expressão conexa, "loucos de cara" – por sinal imortalizada numa canção do Vitor Ramil –, que designa os sujeitos legais, bem vistos, "loucos" no sentido positivo de ousados, solidários, parceiros, e que eram assim apesar de não usarem nenhum artifício para atingirem o estado ideal apontado no termo "louco". Em algum momento tinha uma pichação em Porto Alegre: "Viva a loucura / Porque de cara / Ninguém atura".

DE CANTO
Ou de cantinho, ou de cantoneira: ficar nessa condição significa ficar fora do fluxo, numa posição de observação, mas também de espera, de expectativa, numa condição que o cara mais esperto prefere – meio como diz aquela célebre crônica do Luis Fernando Verissimo sobre "o popular": tu acha que o popular é o cara entrevistado pela reportagem que está ali acompanhando o caso, mas o verdadeiro popular é o cara que tá de cantinho, observando o suposto popular.

DE CASO PENSADO
Diz-se de algo feito premeditadamente que foi feito "de caso pensado".

DE CHORAR NO CANTINHO
Expressão usada para comentar alguma cena ou atitude ridícula, profundamente constrangedora.

DE COM TUDO
O mesmo que "a fu", "a fuzel" (v.).

DE CORNO AZEDO
Sujeito que esteja de corno azedo, melhor sair de perto: ele está azedo, com a cabeça (o corno, nesse caso) quente. Muito comum o uso. Ocorre de a gente acordar de corno azedo, algo que pode ser referido também como "dormir com os pés de fora" (v.).

DE CRAVAR
Situação ou pessoa ruim, desagradável: "Porra, mas tu é de cravar, hem?", por exemplo, é uma frase de reclamação contra um tipo arriado (v.), explorador, inconveniente. No mesmo sentido se diz "de fuder" – mas não confundir com "a fuder" (v.).

DE CU TROCADO
Quem "está" ou "ficou de cu trocado" com alguém está brigado ou de cara feia com ele. Por que terá nascido a expressão? Conheço um dito popular para dizer que pequenas bobagens podem levar a desfechos graves: "Brincadeira de mão, rompimento de cu". E tem a piada a respeito da razão de os cachorros se cheirarem ali, na região anal: houve uma festa no céu, para os cachorros, e São Pedro, indignado com a vista do cu dos cuscos que andavam de rabo em pé, mandou todos tirarem o seu e pendurarem por ali; na saída, houve confusão, troca de cus. Daí que até hoje eles andam por aí, se cheirando, nessa atividade tão pouco polida.

DE EM PÉ
Assim como se anda "de a pé", no ônibus se vai "de em pé", com essa redundância de preposição.

DE FACA NA BOTA
Disposto a comprar briga, pronto para a batalha, valente. Costuma-se usar o termo para designar característica típica de alguém: o sujeito não é eventualmente faca na bota, mas sempre. Tem raiz, parece, na situação literal, de quem carregava faca na bota como último recurso. Há quem diga que mulheres valentes andavam com uma faca escondida na bota, para último recurso.

DE FAROL BAIXO
Amuado, entristecido, "desasado" (v.). Analogia com os faróis do auto, deve ser.

DE FORA
Quem é ou vem "de fora" é ou vem do interior do estado, portanto não é da capital ou não é da cidade; em geral se refere a quem vem do campo (o pampa), mas também se aplica a quem vem da colônia. Tem aquela cantiga tradicional, "Adeus, priminha, / que eu vou-me embora, / não sou daqui, / sou lá de fora".

DE FORA A FORA
Totalmente, absolutamente. Usado para qualificar, para enfatizar o gesto de ter cumprido com a tarefa de maneira completa, sendo que a tarefa em causa deve envolver alguma ideia de cortar, separar, seccionar. E nem é exatamente uma tarefa, é mais um acidente: "Arranharam o carro de fora a fora", "Cortou o dedo de fora a fora" etc. Possível origem, que arrisco aqui, entre nós: a degola de gente, quando o pescoço do infeliz era de fato seccionado de fora a fora, de orelha a orelha.

DE FREIO DE MÃO PUXADO
Diz-se de algo ou alguém que freia as ações ou bloqueia as investidas, eventual ou sistematicamente. Um cara pode ser de natureza um sujeito de freio de mão puxado, mas uma guria que não queira se entender circunstancialmente com um interessado por apenas estar de freio de mão puxado.

DE FUDER
Pela ortografia seria "de foder", mas enfim. O mesmo que "de cravar" (v.). Tem uma forma atenuada, para uso na frente de crianças e outras gentes: "de fuçar". Não misturar com "a fuder" (v.).

DE FUNDAMENTO
Essa expressão integrou-se acho que recentemente ao repertório do porto-alegrês, oriunda que é do mundo gauchesco. Designa algo que realmente vale a pena, por ser coisa, bem, fundamental, que responde aos fundamentos, às fundações, às raízes do que está em causa.

DE GRAÇA, ATÉ INJEÇÃO NA TESTA
Frase exagerada, como é de uso, que se usa para confirmar a aceitação de alguma coisa que esteja sendo oferecida de graça, só porque é de graça.

DE HISTÓRIA
"Estar de história" com alguém equivale a estar namorando (ou

em vias de) esse alguém, e mais raramente estar de combinação, de trama com alguém. "Fulano tá de história com a fulana". Sinônimo de "estar de onda" com alguém. Ver "história".

DE JÁ HOJE
Uso popular e raro (e antigo, com registro lá em 1930): "De já hoje de manhã eu fui lá e não encontrei ninguém". O "de" é quase inútil; a frase citada poderia ser "Já hoje eu fui lá".

DE JUNTAR CACHORRO
Expressão de ênfase, usada quase sempre para definir o tamanho exagerado de uma bebedeira: "porre de juntar cachorro", querendo significar que o bebum ficou atirado na sarjeta até que os cachorros vadios o viessem cheirar.

DE LAVADA
"Ganhar de lavada" é ganhar com facilidade e/ou com autoridade. No futebol, quase sempre implica goleada; nos demais casos da vida, simplesmente ganhar bem, sem margem a dúvida. Não confundir com "lavado" (v.).

DE LAVAR A ÉGUA
Digamos que o meu time, o Colorado, ganhe bem um Grenal, ganhe com belos gols, com muitos gols. Então a gente comenta: "Foi de lavar a égua", isto é, foi maravilhoso, foi sensacional. Agora, por que a égua, e não o cavalo?

DE MALA E CUIA
Bom, essa todo mundo conhece e sabe que circula por outras bandas também. Mas aqui no estado "cuia" tem um sentido específico e mesmo transcendental, porque designa aquele porongo, como nos ensinaram os indígenas que aqui estavam muito antes de nós, preparado para o mate, essa linda cerimônia, hábito, vício que nos caracteriza.

DE MAL
Quem está "de mal" com alguém está com as relações cortadas com esse alguém. Não confundir com "do mal" (v.).

DE MARCA MAIOR
Expressão curiosa, usada para realçar a qualidade de alguém ou de algo (este mais raro que aquele). Por exemplo: "Esse cara é um gozador de marca maior", querendo significar que o tipo é um gozador como há poucos. Por que terá nascido? Porque há marcas maiores e outras menores?

DE MARCAÇÃO
Estar "de marcação" com alguém quer dizer estar observando com ênfase e detalhe este alguém. Quase sempre implica estar com intenções de censura ou perseguição com o tal alguém. Por exemplo, um aluno pode alegar que certo professor está "de marcação" com ele pelo fato de o professor estar observando atentamente o desempenho do tal aluno, que, vai ver, já aprontou alguma antes. Não confundir com "marcão" (v.).

DE MOMENTO
Expressão usada por balconistas quando vão nos comunicar que não tem o produto que a gente pediu: "Olha, de momento nós não temos". Ver "quêra mais".

DE MONTE
Em grande quantidade. Usado para qualquer coisa que possa ser quantificada: gente de monte, comida de monte, carro de monte. Claro que tem origem em comparação: a coisa que há em quantidade chega a acumular-se num monte. O mesmo que "paca", "pra caralho", "pra cacete" etc.

DE ONDA
Tem dois sentidos. Um: estar de onda com alguém é estar enamorado ou em vias de namorar de fato esse alguém. Dois: se alguém reclama de outro dizendo "Tu tá de onda comigo", está querendo dizer que desconfia seriamente da veracidade do que essa criatura está propondo; então "de onda" é sinônimo de "de mentira". Num tempo atrás, anos 1970, havia uma frase expressiva, meio interrogação meio exclamação, para registrar dúvida sobre o que alguém estava dizendo: "Ah, de onda!?", querendo dizer "Ah, para, não vai querer me convencer que isso que tu tá dizendo é verdade!".

DE ORELHA EM PÉ
A gente fica de orelha em pé quando desconfia de algo, quando fica atenta com ênfase a alguma coisa. E o mesmo uso que em gauchês existe para cavalo, que se põe de orelha em pé quando percebe alguma coisa diferente na paisagem sonora ou visual.

DE ORELHA VERMELHA
Digamos que tu estava com umas pessoas falando de Fulano. Depois, tu encontra com o Fulano e pergunta pra ele: "Escuta, tu não tava de orelha vermelha?", querendo dizer que estavam falando dele.

DE ORELHADA
Quando se conhece alguma coisa só de ouvir falar, sem conhecimento experiencial direto, sem maiores evidências, superficialmente, conhece-se a tal coisa "de orelhada", isto é, pela mera ação da orelha.

DE PEDRA E CAL
Expressão usada para sacramentar uma afirmativa ou, mais ainda, um trato que se acaba de fechar. "Então tu vai mesmo lá?" E o cara responde: "De pedra e cal". Deve ter a ver com a construção bem feita, com os elementos mencionados, pedra e cal, e não com barro ou madeira.

DE PRIMA
De primeira, isto é, imediatamente, sem rodeios. Acho que se originou no futebol, em que se usa ainda hoje ("dar de prima" significa passar imediatamente a bola assim que ela é recebida).

DE PRIMEIRO
Originalmente, antigamente, na forma primitiva, nos tempos de antanho. "De primeiro o ônibus passava por aqui, depois é que mudou o itinerário", por exemplo. Uso igual

na boca do Riobaldo, personagem do Guimarães Rosa: "De primeiro, eu fazia e mexia, não possuía os prazos", se não me engana a memória.

DE REFILÃO
Ver "de revesgueio". O item, quero dizer.

DE RENGUEAR CUSCO
Expressão gauchesca, recuperada para o uso na cidade. É um qualificativo para o frio forte, tal que chegaria a deixar o "cusco" (v.) rengo. O mesmo que "frio de lascar", sabe-se lá por quais lascas.

DE REPENTE
Termo que ganhou uso moderno interessante: é uma forma de concordar com o interlocutor ou de introduzir a expressão de um desejo, mas com certa reserva: "De repente eu vou lá falar com ele" significa "Numa dessas (v.) eu vou lá", isto é, "Talvez eu vá lá". Ou então, para concordar: o cara te propõe vocês irem beber hoje à noite, e tu diz "De repente é uma", querendo dizer "Talvez seja uma boa hipótese". Parecido com uma voz nova, anos 2000, que é o "tipo": "Eu vou tipo ficar em casa", "Ela queria tipo namorar o cara". Esse "tipo" é de uso nacional, creio.

DE REPENTELHO
O mesmo que "de repente", só que com um som melhor.

DE REVESGUEIO
Outra que eu queria muito saber de onde saiu (a partir de "revés", acho, mas também há a hipótese de provir de "esguelha", ou quem sabe de uma mistura das duas coisas, um "revés de esguelha"); por vezes é dito "de revesguelho", e sempre com *e* fechado; significa de refilão, derivadamente do linguajar guerreiro que dizia de um tiro que mal e mal tinha acertado o alvo, que era um tiro de revesgueio ou de refilão; por analogia, se usa para designar algo que quase ou por pouco acertou o alvo, atingiu a intenção, qualquer que seja.

DE SAIR LASCA
Expressão enfática para descrever quão bom, forte ou impressionante é ou foi algo: uma festa pode ter sido boa "de sair lasca". Terá origem onde, em quê? Nas lascas que saem das machadadas na lenha que está sendo cortada?

DE SALTO ALTO
Entrar em campo de salto alto, na linguagem do futebol, é ter-se na conta de imbatível, achar que já está ganha a parada; ver "posudo" e "mascarado".

DE SANGUE DOCE
Expressão que descreve a condição fria de alguém que esteja envolvido em problema, ou de alguém sem nenhuma má intenção. "Cheguei de sangue doce e o cara veio pra cima de mim, me encheu de osso", por exemplo.

DE SOCO
O que acontece de soco acontece abrupta, inesperadamente, de inopino; a origem está evidente.

DE ÚLTIMA

Expressão de grande uso, que significa "de última qualidade", horrorosa, péssima. Tanto pode se referir a objetos como a atitudes. Uma amiga que te sacaneia é "de última". É o exato oposto de "especial de primeira" (v.). Também acontece dizer "de quinta", deixando implícita a palavra "categoria".

DECALCO

Aqueles adesivos de plástico promocionais que se grudam nos vidros dos carros, em designação dos anos 1970. Aliás, na minha meninice isso se chamava apenas de "plástico": tipo "Eu tenho um plástico da Ford".

DÉCIMO

Na fala popular; o décimo terceiro salário, assim dito por economia, naturalmente: "Pra comprar essa calça eu vou esperar o décimo".

DEDÃO

O cara que deda (com *e* aberto). Ver "dedar".

DEDAR

Verbo de uso corrente, sinônimo de dedurar, denunciar. Também ocorrem as formas "endedar" e "dedear" – se bem que este último se usasse mais para pegar carona, isto é, usar o dedo para pedir carona.

DEDOBOL

Nome daquele joguinho que se joga com o dedo indicador (em geral), que impulsiona uma bolita (aço, mais comumente) em direção a um gol, tendo como obstáculos alguns pregos que fazem as vezes de jogadores. Na minha infância ouvi chamá-lo de finguerbol, de *finger*, que significa dedo, em inglês.

DEGAVAR

Forma popular de "devagar". Também acontece "degavarinho" e "degavarzinho".

DEIXA QUIETO

Frase que resume toda uma sabedoria de cautela, de aviso, de esperteza: numa situação conflitiva, tensa, alguém diz "Deixa quieto" significando baixar a bola, deixar pra lá ou pra depois. Mas também pode carregar um aviso de vingança, uma ameaça silenciosa: "Deixa quieto que depois tem a volta".

DEITADO

O cara que é um deitado é um folgado, um vagal (v.) que não quer nada com o basquete (v.): "Bá, mas é um deitado". Também se usa o verbo correspondente, "se deitar", para a ação que dá origem ao adjetivo: "Tu não fica te deitando (que eu não vou fazer isso por ti)". Dito mais antigo e mais desusado: quando alguém quer se deitar em outro, este outro reage dizendo "Vai te encostar no feijão que tu comeu".

DEITAR O CABELO

Expressão com certo traço descritivo visual que refere a ação de sair correndo e por isso fazer o cabelo metaforicamente deitar sobre a cabeça. Significa isto mesmo: cair fora, cair da boca, abrir fora, com pressa.

DEIXAR BARATO
Antônimo de "levar à ponta de faca". É um comentário sobre o desfecho não agressivo de alguma situação de conflito: "Te dá por satisfeito, que o cara deixou barato". Ver "levar livre".

DEIXAR PLANTADO
A moça combina com o cara que ele deve esperá-la às sete em ponto, na frente do cinema; só que ela não vai, ou chega eras depois. Então ela deixou o cara plantado ali. Claro, a expressão também é usada fora de encontros de namorados.

DÊ-LE QUE TE DÊ-LE
Trata-se de uma pequena maravilha do porto-alegrês. A expressão, assim mesmo, no todo e não em partes, é usada para descrever o esforço empreendido numa tarefa: "E nós lá, dê-le que te dê-le, pra terminar o serviço". Em espanhol platino tem uma assemelhada, *dale que dale*, usada na torcida de futebol; a nossa, além de introduzir aquele pronome oblíquo de segunda pessoa, mantém a marca do "le" espanholado. Ver também "vá". E aproveita e vê o verbete "dale".

DENTRO DUMAS
Expressão muito usada por aqui. Ela quer dizer muita coisa, mas essencialmente significa certa reserva quanto a uma ideia ou proposta apresentada. Um cara me faz a análise de certa situação e pergunta se eu concordo, e eu, que não concordo totalmente, respondo "Dentro dumas", isto é, sob certo aspecto sim, concordo, mas não totalmente. Também se diz, no mesmo lugar discursivo, mais simplesmente, "Numas". Certa vez ouvi, há muitos anos, a seguinte pergunta, feita por um sujeito para outro, com o perguntador querendo saber qual era a do cara, que coisas ele esperava: "Bá, cara, em qual que tu tá numas?". Ver "numas".

DEPOIS NÃO É
Expressão que se usa em diálogos para concordar com o que foi dito, acrescentando algum outro dado que confirma o juízo que já foi expresso. Alguém te diz que o Grêmio é um time nojento (um amigo teu, colorado como tu), e tu toma a palavra: "Depois não é, passou uma pá de tempo lá antes de eles aceitarem negros no time".

DESASADO
Diz-se de alguém que ficou triste, sem asas metafóricas, por exemplo, quando seu brinquedo quebrou, quando a namorada deu no pé, quando "mixou" (v.) a "ponte" (v.).

DESBEIÇAR
Material que esteja se decompondo (por exemplo, uma roupa, um caderno escolar) está se desbeiçando. Também se diz, a respeito do efeito disso, que certo material está "todo desbeiçado". A origem óbvia tem a ver com beiço caído, descomposto.

DESCORNADO
Estado de quem ficou "desasado" (v.), e não necessariamente na posição do corno, do traído. Fica-se

descornado por uma frustração e/ou uma fragilização, de média para grande. A origem mais remota pode estar associada com a perda de uma guampa, por parte de um bovino, coisa que o deixa literalmente descornado e, por isso, mais frágil. Ver "boi corneta".

DESCULPA DE PEIDORREIRO
Peidorreiro é o cara que peida muito, esclareçamos logo. A expressão "desculpa de peidorreiro" significa o mesmo que desculpa esfarrapada, desculpa sem consistência. Tinha um dito: "Desculpa de peidorreiro é a barriga cheia", querendo dizer que para o peidorreiro qualquer coisa é desculpa para seu torpe costume.

DESDOBRE
Explicação com vistas principalmente a livrar a própria cara em situações de aperto: "Bá, o cara me perguntou se eu ia ou não ia, e eu tive que dar um baita desdobre nele". Também se usa em situações envolvendo dívidas: "Tive que dar um desdobre no cara que veio me cobrar aquela grana". O verbo "desdobrar" se usa igualmente, nesse sentido.

DESEMBESTAR
Sair em correria, começar abruptamente a fazer algo, ter um rompante. Insinua que o autor parece uma besta, um animal irracional. Paradoxalmente, não é o exato oposto de "embestar" (v.).

DESENCANTAR
Fazer finalmente algo que estava sendo longamente esperado, fazer acontecer enfim. Um casamento há muito adiado, quando acontece, desencanta. Um jogador que começa a jogar depois de ciscar muito "desencanta".

DESGRAMADA
Eufemismo para "desgraçada". Também se usa dizer "desgranida", por exemplo, para a (má) sorte de alguém.

DESNUCAR
Quem tem algum problema no pescoço (uma dor, um torcicolo) diz que está desnucado. Talvez tenha provindo de matar bicho (rês ou bicho pequeno, como a galinha) pelo desnucamento do pescoço (e do que seria, se não da nuca mesmo?). Mais raramente se diz o termo para o gesto de acionar a ré de certos carros, que requerem o desnucamento da palanca (v.) da mudança. Não confunda com "esnucar".

DESPACHADO
Pode significar o cara que foi despedido, num primeiro sentido, mas também, mais frequente, o cara que é desembaraçado, expedito, decidido na realização das tarefas. O Aureliano de Figueiredo Pinto tem um sentido poema chamado "Décima do despachado", para o primeiro sentido.

DESPENTELHADO
Alucinado, em grande correria. Deve ter-se originado como exagero

de "descabelado": "O cara entrou despentelhado em casa".

DESPINTAR
O exato oposto de pintar, ou seja, desaparecer. Se perguntam onde está alguém que não vem mais tão regularmente quanto costumava, alguém responde "Despintou".

DESPIROCAR
Enlouquecer, perder o senso. Agora, por que a piroca está aí na palavra? Perdê-la é que é a razão da loucura, originalmente?

DESSA IDADE
Medida de comparação para coisas grandiosas. "Era um parafuso dessa idade", diz alguém, e acompanha a frase com um gesto convenientemente exagerado, que mostra certo tamanho (entre dois dedos, ou entre as duas mãos).

DESTRAMBELHADO
Sujeito "avoado" (v.), "estabanado" (v.) e, mais que isso, sem juízo.

DESTRANSAR
Voz dos anos 1970 e 1980, usada em substituição ao antigo desmanche do namoro ou a qualquer desistência mais importante; regência direta, "destransei a fulana".

DETONAR
Tal como no sentido dicionarizado da palavra, o termo significa algo de explosivo, mas noutro contexto. "A pinta se detonou" quer dizer que a pinta bebeu demais, fumou demais, fez algo em abundância (pode ser usado restritivamente ou como aprovação e mesmo sinal de ligeira inveja). Já a frase "Vou detonar essa pinta" insinua que o autor da frase está muito a fim de arruinar o outro. Termo correlato: "detonação", também podendo ser usado como restrição (mais comum) ou como aplauso.

DEU
Forma sintética para o "Deu pra ti"; mais usada neste começo de milênio. É um comentário sumário e definitivo: "Deu" quer dizer acabou, fim de papo, tô fora, já era.

DEU PRA TI
Expressão das mais interessantes e das menos compreendidas fora daqui. Se alguém diz para outro "deu pra ti", equivalente a "deu pra tua bola" e a "deu pra tua bolinha" (com *o* aberto, claro, como diminutivo de bola), está dizendo que chegou, que o cara pode cair fora, pode tirar o cavalo da chuva, não faz mais sentido continuar fazendo o que vinha fazendo, já foi suficiente a demonstração de sua inoportunidade ou incompetência. Kleiton e Kledir fizeram sucesso com uma música (de 1982) que dizia, no refrão, "Deu pra ti, baixo astral./ Vou pra Porto Alegre, tchau", significando "Baixo astral, pode ir embora, esquece de mim, não te aguento mais, vou pra Porto Alegre, tchau". Antes disso, no final dos anos 1970, apareceu uma insistente pichação nos muros da cidade, mais precisamente no Bom Fim, o bairro boêmio dos anos

1970 e 1980: "Deu pra ti, anos 70", que, depois se soube, anunciava um show do Nei Lisboa e do Augusto Licks (ocorrido precisamente em dezembro de 1979). Vale anotar que há uma expressiva incongruência na concordância da expressão: anos 1970 é uma coisa plural, mas o pronome que se usa na frase é "ti", de segunda pessoa do singular. Tudo certo, por mim. Depois apareceu um filme – longa em super 8 – do Nelson Nadotti e do Giba Assis Brasil com o nome. Numa certa época, narradores de futebol do centro do país começaram a usar, talvez por influência daqui, um sentido diferente da expressão. Diziam do jogador que tinha infrutiferamente tentado alcançar um lançamento profundo: "Não deu pro fulano", descrevendo assim o fracasso. Em porto-alegrês o narrador diria, não sobre o lance mas para o jogador, "deu pra ti, fulano", querendo dizer, paradoxalmente, que não tinha dado, que não tinha sido suficiente o esforço dele. Também se usa dizer, mais sinteticamente, "Deu", em lugar de "Deu pra ti" ou "Deu pra tua bolinha".

DEU PROS COCO(S)
Expressão que define o destino de algo que acabou, morreu, feneceu, "foi pro saco" (v.).

DEUS O LÁIVRE
Essa está consignada numa letra do Carlinhos Carneiro. É a pronúncia reinventada, em inglês de araque, de "Deus o livre". No encarte do disco, tá escrito tudo junto, "deusoláivre!", na excelente canção "Madonna", parceria do Carlinhos com Leandro Sá.

DEUSDE
Pronúncia popular para "desde". A ditongação é útil para enobrecer a referência ao passado – tem "deus" ali, mas antes disso tem a duração mais longa para a sílaba tônica: "Isso eu conheço deusde que eu me conheço por gente".

DEVALDE
O mesmo que "debalde", mas usado como adjetivo (ocioso, inútil, desocupado) ou advérbio ("O sujeito tava ali devalde"). Pouco usado.

DEZ
Palavra que entrou no vocabulário corrente da cidade há pouco tempo, não mais que dez anos, com o significado da nota 10, nota de excelência nas provas de colégio. Acontece até mesmo, como elogio, a forma "muito dez", quando se quer dizer que a coisa em questão é totalmente demais. Também se ouve dizer "tridez" (ver "tri"). E se criou uma agência de publicidade com este nome, sintomaticamente.

DEZ PRAS DUAS
Modo de designar os pés como os de bailarina, juntos nos calcanhares e separadíssimos nas pontas. A razão é também antiga: os ponteiros do relógio, quando marcam essa hora, 1h50.

DIBLAR
É como se dizia "driblar", palavra absolutamente impronunciável numa certa altura da vida. Havia uma modalidade de jogo de futebol entre os guris que se chamava "diblinha", que consistia na forma talvez mais rudimentar de jogo, a saber, um ou dois contra outro ou outros, diblando-se todos furiosamente, sem destino nem finalidade.

DINHEIRAMA
Grande quantidade de dinheiro. Na loteria e nas corrupções, ganha-se uma dinheirama.

DINHEIRO DE BÊBADO
Diz-se das cédulas amarrotadas que alguém apresenta: "Parece dinheiro de bêbado". Isso no tempo em que a gente andava com cédulas de papel no bolso.

DIOU
Hoje em dia, com tanto nome estrangeiro grafado de maneira peculiar (tipo Diônatan, Diênifer), bem que o termo poderia parecer a forma abrasileirada de escrever "Joe". Mas não é. "Diou" é gíria recente, anos 1990, usada como elogio. Nasceu por contração da expressão, também elogiosa, "de outro mundo".

DIRETO
Expressão dos últimos anos 1990, e parece que de uso nacional, invariável mesmo se usada com valor adverbial: "Tô ficando em casa pra estudar direto", "Fiquei uma semana direto (fazendo certa coisa)". Equivale ao *straight* do inglês, dentro dumas. Significa que o cara que executou ou está executando a ação relatada fez aquilo e nada mais o tempo inteiro. Valor enfático, é claro.

DIRETORIA
Entidade mitológica que é invocada e propiciada nos churrascos. Descreve o conjunto de amigos do assador (o cara responsável por assar a carne): "Esse espeto é da diretoria", diz o assador quando alguém vai peruar a carne no fogo e demonstra admiração pelo bom estado de certa carne; ou então quando alguém observa que o assador (que em geral é também quem serve a carne, prato a prato) não está comendo e gentilmente pergunta "Mas tu não vai comer?", o assador responde "Não tem erro, o da diretoria tá reservado". Ver "churra".

DISFALÇAR
Pronúncia corrente para o verbo "disfarçar", dita por gente iletrada ou de brincadeira por qualquer um. Tenho um palpite: acho que a forma acumula a ideia de "disfarce" com a de "falsidade", e portanto fica expressiva. Ouve-se muito a forma "disfalçada" para mulheres dissimuladas.

DIZ-QUE
O mesmo que na expressão brasileira diz-que-diz, só que aqui se usa "a rodo" (v.), sempre: "Diz-que a fulana tá de mal com a outra". O som, na real, é algo como só com

consoantes, "Diz-q ela deu um mau-passo".

DO CONTRA
Diz-se de quem é sistematicamente do contra, não quer fazer as coisas e não quer que ninguém faça, é manifestamente turrão, cabeçudo. Parecido com o "empaca-foda" (v.) e irmão do "boi-corneta" (v.).

DO MAL
Pessoa não legal, má, de péssimos propósitos. Enfim: pessoa que não é como nós, que somos bacanas. Se usa também o oposto, para designar pessoas como nós, "do bem". Não confundir com "de mal" (v.).

DO TAMANHO DE UM BONDE
Muito embora os bondes já tenham sumido há anos da paisagem, ainda se continua a usar a expressão comparativa "do tamanho de um bonde". Consideremos: para que o bonde seja o referencial de tamanho grande, seja considerado imenso, imagina o tamanho das outras coisas. Só antigamente essa comparação podia fazer sentido.

DO TEMPO...
Tem várias expressões para designar o tempo antigo (de localização imprecisa), algumas compartilhadas com outras partes do país: tempo do epa, do opa, da onça, do ariri pindonga, do ariri pistola. Minha avó Alzira, porto-alegrense, dizia "Do tempo das adagas de gancho" e afirmava que era de sua infância, começo do século 20. Tem também comparações: do tempo em que o Mar Morto ainda tava doente; em que o arco-íris era preto e branco. Passo a palavra mais uma vez para o Flávio Aguiar, que vem com uma contribuição elevada, elegante: "Também existe a expressão 'do tempo do barato' para algo que é muito bom, forte, duradouro. Tinha até pedaço de verso assim, evocando a suposta macheza do sujeito: 'É quando a erógena lança,/ De cabeça colorada,/ Se transfigura na espada/ De arremetida mui macha! Piça criada em bombacha,/ Pau do tempo do barato!'". Realmente.

DOBRAR
Aqui as placas de trânsito indicam "Dobre à direita", por exemplo, ao passo que noutras partes do país se usa "Vire à direita".

DOENTE-MAL-MORTO
Era o nome de uma modalidade de jogo com bola, coisa de criança: consistia em passar a bola de um para outro, com a exigência de que cada jogador tivesse a presteza e a habilidade de sempre agarrar a bola passada por outrem, o que muitas vezes era feito com certa ferocidade, justamente para dificultar a recepção. Quando o sujeito não conseguia receber e a bola caía no chão, a primeira vez ele era chamado "doente"; na segunda, "mal"; e na terceira, "morto", e saía da roda.

DOIS-TOQUES
Sim, no futebol é nome de uma jogada, de um treinamento ou,

metaforicamente, de um modo de encaminhar um jogo, com toques breves e poucos. Daí deve ter derivado para seu sentido porto-alegrês. Quando a gente quer dizer que certa tarefa será cumprida com muita brevidade, porque é simples, diz-se "É dois-toques". Da mesma forma funciona para designar a própria facilidade com que algo pode ser feito: "Isso aqui é dois-toques: eu pego isso, depois aquilo e pronto".

DOIS-VÊ
Quando se empresta alguma coisa, costuma-se enfatizar a quem toma o empréstimo que ele deve devolver a coisa emprestada logo, entrando em cena a expressão: "Olha, é dois-vê – vai e volta". De brincadeira, o que toma emprestado faz a galhofa: "Sim, eu sei, é vai e vica", com "vica" no lugar de "fica". Variação: "três-vê", significando "vai e volta voando".

DOLOROSA
A conta da despesa, por exemplo, no restaurante: "Moço, traz a dolorosa".

DORMIR COM AS GALINHAS
Dormir cedinho, na hora em que as penosas vão para os braços do Morfeu.

DORMIR COM OS PÉS DE FORA
Expressão usada por mães que querem xingar ou acalmar o filho que acordou meio azedo, meio brabo, meio esquerdo (v.). Daí a pergunta: "Que que houve, dormiu com os pés de fora?", naturalmente que em alusão à coberta de dormir.

DORMIR NAS PALHAS
Perder a oportunidade adequada e aprazada; também significa ser passado pra trás, ludibriado, por ter ficado dormindo nas metafóricas palhas para além do que deveria.

DOSA
Nome depreciativo pelo qual se designavam as empregadas domésticas, referidas preconceituosamente como "empregadosas"; diz-se com *o* aberto.

DOS-MEU
Palavra popular, de uso recente inclusive na literatura, que é uma forma de saudar ou designar alguém que é próximo, amigo, companheiro de quem está falando: "E aí, ô dos-meu?". Traz em suas entranhas um aspecto mafioso, em que os protegidos ganham os benefícios de ser amigo do poderoso, enquanto os demais amargam as durezas da lei.

DSÊ BOBO
Claro que eu tô inventando uma forma de escrever, meio marota, para a expressão/advertência "Deixa de ser bobo". Mas a pronúncia real é esta ali mesmo: "Dsê bobo, guri".

DUCA
Apócope para "do caralho", expressão usada como elogio radical a certa coisa, ação ou pessoa. De largo uso a expressão, nos anos 1970. Nada a ver com "caralho" (v.)

em sentido estrito, ou melhor, sim, alguma coisa a ver, lá na origem.

DUQUE
Termo para duzentas unidades da moeda, seja ela qual for.

DURO DE GENTE
Expressão que significa cheio de gente, tão cheio, talvez, que o ambiente chega a estar duro. No mesmo sentido se diz, não só para ambientes cheios de gente mas também para qualquer presença massiva (de objetos, de coisas), "tapado": "Tava tapado de gente".

DURO DE QUEIXO
No linguajar gauchesco, o queixo aparece muitas vezes, sempre a partir de uma comparação entre o queixo humano com o do cavalo, parte das mais significativas para a doma ou para demonstrar o efeito da doma. Se diz que é "duro de queixo" o sujeito que não se dobra, não se entrega, não se mixa, como o cavalo que não se deixa dominar. Em gauchês se diz que o sujeito é "de queixo torcido", em sentido igual ao de "de queixo duro". Se usa dizer, para designar literal ou figuradamente a derrota de alguém, que o sujeito "quebrou os queixo(s)", no plural, como tendo sido subjugado, como um cavalo que foi finalmente domado. No mesmo sentido se diz, mais raramente, que o sujeito é "duro de boca".

E

É A TAL COISA

Comentário ligeiramente ocioso, mas com sentido de manter aceso o diálogo, para concordar com o que vinha sendo dito pelo interlocutor ou para enfatizar a relevância do que ele dizia ou do que vai ser dito. Alguém te conta um episódio, digamos de ordem moral, por exemplo que a fulana anda "de história" (v.) com um tipo perigoso; e tu comenta "É a tal coisa", seguindo a fala com alguma sentença moral, "Passarinho que come pedra sabe o cu que tem" ou "Passarinho que come pedra tem que ter confiança no cu", uma filosofia dessas profundidades. Às vezes a expressão é usada solo, sem nada mais, apenas para concordar com o juízo antes expresso. No mesmo sentido se usa "É o tipo da coisa" ou "É o tal negócio", nos dois casos sem complemento algum.

É BRUTI

Expressão usada de brincadeira como arremedo à fala popular, equivalente a "É bruto", no sentido de "É difícil". Antigamente se usava dizer, para realce, "É bruti o instituti", "É bruto o instituto", arremedando como "istituti" a forma popular de "instituto" – termo este que se refere (ainda?) aos "institutos" de beleza, isto é, cabeleireiras e tal. Parece que a frase era um bordão de programa humorístico, da Rádio Nacional, em referência aos antigos institutos de previdência (dos comerciários, dos industriários, dos técnicos).

É BUCHA

Expressão de comentário, de significado preciso, para marcar um vaticínio definitivo. "Se o cara concordar com a minha pretensão, aí é bucha", significando "nestas condições, vai ser um sucesso total" (ou fracasso total, igualmente). Refere-se sempre o algo que acontecerá fatalmente, dadas certas condições. O tempo do verbo jamais varia: é sempre este presente histórico.

E CHOVIA E RELAMPEAVA...

Comentário que se diz quando alguém está contando uma história com aspecto de mentira, para acrescentar um colorido fantasista ainda superior à narrativa. Deve ser dito com *timing* adequado: quando o narrador dá uma pequena parada. Se diz "relampear", em geral, e não "relampejar".

É DURO

Expressão de lástima, de reprovação, dita em sentido análogo ao de "é foda". Como "é bucha" e "é foda", se usa sempre no presente, mesmo que o episódio tenha já ocorrido.

É FODA

Comentário também, com sentido óbvio (pelo menos pra quem usa). Expressa uma espécie de lástima, de reprovação total, enfática, de desagrado absoluto. Uns guris quebram a vidraça do edifício; vem alguém e diz "É foda", como quem dissesse "Guri é assim mesmo, não tem jeito". Seu uso pressupõe a vontade de sublinhar com muita força o valor do juízo. Como outras expressões assim carregadas de força, também pode ser usada para designar o oposto, uma coisa muito boa, excelente: "Aquela ceva é foda". Só o contexto e a cara do vivente é que vão dizer se ele tá querendo significar "extraordinária" ou "uma merda total".

E LAMBE OS DEDOS

Quando a mãe nega mais um dos doces que está preparando para a festa do dia seguinte, e a gente continua a querer mais um, pelo menos, ela diz: "É só mais esse e lambe os dedos", querendo dizer que nem que a vaca tussa a gente vai levar outro. Parecido com "e olhe lá" (v.).

É MAIS JOGO

Expressão de aprovação a uma hipótese, entre duas ou mais. Digamos que tu pode ir a determinado lugar por dois caminhos distintos, e tu, conhecendo os lugares onde dá "tranqueira" (v.), diz: "É mais jogo ir pela Bento que pela Ipiranga".

É MEU E O BOI NÃO LAMBE

Frase que se usa para reafirmar a posse ou a propriedade de alguma coisa, contra eventual investida de outrem. Por que o pobre do boi é invocado na situação, sei lá.

E O QUÉCO?

Claro que o acento não tem, mas está aí para mostrar a pronúncia. Trata-se de frase brincalhona, pronunciada por alguém que ou não entendeu qual a relação de certa afirmação consigo mesmo, ou não quer entender: alguém comenta que tá todo mundo duro, sem grana, e o outro pergunta "E o quéco?", isto é, "E o que é que eu tenho a ver com isso?", fazendo-se de morto (ver "se fazer de morto"). Itamar Assumpção, compositor paulistano, tem uma música que usa, no mesmo sentido, a forma "E o quico?".

E OLHE LÁ

Expressão invariável que define o ponto final, o alcance último de certa situação. Uma categoria salarial está negociando, na espera de um reajuste de, digamos, trinta por cento; aí vem um e comenta, desesperançoso, "Eles vão nos dar dez e olhe lá". Parecido com "E lambe os dedos" (v.).

É OS GURI

Não sei quem começou, mas sei o âmbito: foi no mundo do funk. Talvez o primeiro tenha sido o MC Nunes (no YouTube tem esse áudio datado de janeiro de 2016). "É os guri e não adianta", ele canta. A frase é todo um comentário autoelogioso: o cara termina de contar ou fazer algo visto como bom, positivo, ousado, e o próprio ou um amigo dele comenta, "É os guri". É uma variação para "É nós", dito "É nóis", outro autoelogio, que me parece ter nascido no Rio de Janeiro – mas "É os guri" é planta local aqui de Porto Alegre.

E PÁ
Fórmula de nossos dias, usada em conversa, no lugar de "etcétera", "coisa e tal", ou algo por aí. "Eu tava ali, e pá, daí a gata me deu um alô e eu fui com tudo." Não quer dizer nada, claro, mas faz estilo. Não tem nada a ver com o "pá" português, que é mais parecido com o nosso "tchê", mas usado meio aleatoriamente no meio da frase, não como vocativo. Talvez seja apenas um encurtamento de "parará": "O cara veio e me falou não sei o que, parará". Ver "se pá".

É SODA
Forma polida de dizer "É foda", esse comentário tão solidário, tão queixoso, tão útil na vida em geral.

É UMA
Resposta de concordância em relação a uma hipótese apresentada em diálogo. "Tô pensando em a gente ir jantar e depois ir ao cinema", diz o cara para a namorada; e ela responde "É uma", por extenso "É uma boa", "É uma bela hipótese, tal que concordo com ela". Também se usa dizer, no mesmo lugar, "Era uma", com o verbo no imperfeito quando poderia estar no futuro do pretérito, "seria", expressando a ideia de condicionalidade.

-EAR
Sufixo dos mais produtivos do porto-alegrês. Dá origem a verbos a partir de substantivos e adjetivos, muitos dos quais estão consignados neste *Dicionário*: festear, frestear, se fresquear, churrasquear, matear, putear e vários outros.

-EDO
Sufixo formador de coletivos, com um tempero depreciativo ou jocoso ou irônico: cacaredo (de cacarecos), chinaredo (de chinas), gritedo (de gritos), macharedo (de machos), putedo (de gente em geral, não necessariamente de putos).

EITO
No português designa tanto a roça (escravos trabalhavam no eito) quanto uma sequência de coisas dispostas em fila. Mas aqui é medida de grandeza: se alguém demorou muito pra chegar, pode-se dizer que "demorou um eito"; se um cara ganhou muito dinheiro, ganhou "um eito de grana".

EM ALAS
"Estar em alas" quer dizer estar ligeiramente alucinado, muito preocupado, irritado. Criança que desaparece no parque deixa os pais em alas. Por que será? Será por analogia com ala no sentido de asa? Mas e os pais abrem as asas quando estão em alas? Terá algo a ver com alarido?

EM CIMA DA PERNA
Outra versão para "nas coxas" (v.). Neste caso, parece ter alguma coisa

a ver com uma imagem de alguém escrevendo sobre as pernas, de forma que o escrito fica todo torto. Há uma versão bastante divulgada (mas discutível) para o começo da expressão: de que os escravos faziam telhas utilizando como molde a própria coxa.

EM CIMA DO LAÇO
Justo na hora, exatamente no prazo esperado, nem um minuto antes ou depois. Usa-se com certa ironia, para marcar o risco de chegar atrasado: "Tô em cima do laço pra ir ao banco".

EM CONTA
Expressão para significar "acessível", em matéria comercial. Diz-se que, se a mercadoria desejada puder ser paga em três vezes, "fica mais em conta". Talvez a origem seja a ideia de pendurar uma despesa na conta, como se fazia antigamente nos armazéns, em que clientes regulares mantinham uma caderneta (pronunciada "cardeneta") para anotar os gastos, que eram saldados a cada mês.

EM MANGA DE CAMISA
Curiosa expressão, que designa o estar de camisa de mangas curtas. Ocorre aqui, no frio repentino, que alguém diga: "Bá, nem me toquei e saí em manga de camisa", querendo dizer que não pegou o agasalho suficiente.

EM PONTO DE BALA
Diz-se daquilo que está em seu melhor estado no exato momento antes de começar a desempenhar a tarefa que deve desempenhar. Câmara Cascudo diz que se origina na queima do açúcar para preparar, veja só, as balas, as de comer.

ELZA
De origem obscura, talvez em referência à Vila Elza, da periferia da cidade, o termo é do campo semântico do roubo. A expressão completa é "dar a elza". Há quem diga que nasceu no mundo *gay*.

EMBAGULHAR
Virar um bagulho. Só se usa em referência a mulheres, creio.

EMBANDEIRAR
Se diz "embandeirar" o carro para descrever a atividade de botar enfeites ou requintes nele, rodas novas, luzes, essa coisa toda. E o carro ficava embandeirado.

EMBARRIGAR
O mesmo que engravidar, na língua corrente.

EMBEIÇAR
O mesmo que fazer beiço e fazer bico: mostrar-se contrafeito, inconformado, especialmente a criança. Não confundir com "embestar" (v.).

EMBESTAR
Entesar, fincar pé, fazer questão, emburrar, fixar-se obstinadamente numa certa posição a respeito de algo: "O cara embestou que queria ir". Ver "desembestar".

EMBRETAR
Pôr num brete figurado, isto é, constranger, coagir, "botar na parede" (v.).

EMBROMAR
"Enrolar" (v.), postergar, fazer com que o trabalho a ser feito demore o mais possível, com que a decisão a ser tomada tarde muito.

EMBUCETAR
O termo traz em si o nome vulgar do órgão sexual feminino e designa o ato ou o efeito de estragar, complicar: se uma situação embucetou, é porque complicou, encruou, engalicou (ver "engalicar"). Não confundir com "esbucetear" (v.).

EMBUCHAR
Se diz da mulher que ficou feia que ela embuchou. Não significa que tenha criado barriga (se bem que entre gente mais humilde parece que se diz ou se dizia da menina que engravidou que ela embuchou, ou pegou bucho), e sim que ficou um bucho. Nada a ver com "se embuchar" (v.).

EME
Ver "M".

EMINHOCAR
Se a gramática da língua achasse razoável, o termo deveria ser escrito com um "n" a mais, enminhocar", porque assim é que é pronunciado. Trata-se da atitude espiritual de ficar com uma minhoca na cabeça, de ficar pensando em algo obstinadamente para ver se descobre seu sentido, seu alcance. Ver "minhoca".

EMPACA-FODA
Também dito "empata-foda", designa a pessoa que tranca as coisas, que não deixa o processo seguir seu fluxo esperável e desejável. É o sujeito ativamente "do contra" (v.), que pode ser chamado dessa maneira sem que o cara tenha qualquer relação necessária com o ato sexual em si.

EMPANDEIRAR
De uso cada vez mais raro, significa gastar desavisadamente, descuidadamente, imprevidentemente; um guri ganha um dinheiro de presente e logo vai empandeirar comprando bobagem, bolita de gude, figurinha de álbum, "chiclé".

EMPAPUÇADO
Bêbado, pinguço, aquele que se empapuçou. O mesmo que "bebaço", que é uma forma mais recente.

EMPENTELHAR
O *Aurélio* dá "pentelhar" no mesmo sentido daqui: incomodar, aborrecer, chatear. Claro que vem de "pentelho", sinônimo de chato, que por sinal também se usa em castelhano, *pendejo*, aqui no Prata, como sinônimo cotidiano e familiar para guri. O resultado do ato de "empentelhar" é a "empentelhação".

EMPEPINAR
Quase sempre pronominal, "empepinar-se", significa arrumar um pepino para si, uma confusão: "O cara se empepinou", embora se diga sempre "empipinou", com *i*.

EMPILHAR
Sinônimo para "botar pilha", isto é, entusiasmar alguém, e não acumular coisas uma sobre a outra.

EMPOMBAR
Complicar, comprar a briga, tomar ganas de valentia. A palavra deve ter aparecido como alusão às pombas, que estufam o peito, que já é de pomba, se é que me faço entender.

EMPUTECER
Ficar "puto da cara" ou dentro das calças (v.), ficar brabo, muito brabo. Diferente de "putear" (v.).

ENCAFIFAR
O *Aurélio* dá como sinônimo de vexar-se, envergonhar-se, mas aqui significa ficar invocado com certa questão, ficar com ela obsessivamente na cabeça, ficar meditando sobre ela, ficar desconfiado.

ENCAGAÇAR
Derivada de "cagaço" (v.), significa impor medo ou susto a alguém; também usado pronominalmente, "se encagaçar", e na forma passiva, "ficar encagaçado".

ENCANZINAR
Encher a paciência, torrar o saco. Termo usado por gente mais velha. Também se ouve dizer "encanzinado" para designar o estado de preocupação com alguma coisa: "Ando meio encanzinado com o jeito da Fulana", o que pressupõe que o encanzinado está bispando algo (ver "bispar") debaixo das aparências.

ENCARANGAR
Diz-se "encarangar de frio" para designar a reação do corpo, que se recolhe, encolhe, algo assim. Sei lá de onde vem: os dicionários dão "caranga" com o sentido (entre outros) de chato, o tal bichinho aquele, que, vai ver, se encolhe também ali onde se aloja, na região pubiana. Usa-se muito como adjetivo, "encarangado de frio", e sempre de frio.

ENCARAR
Parece que nasceu com o sentido de aceitar a briga: "Que que é, vai encarar?" Derivou daí para um sentido mais abrangente, designando fazer frente a uma tarefa, qualquer uma. Às vezes usado intransitivamente: "Vam' encarar?" no sentido de "Vam' encarar essa parada (v.)?".

ENCARDIDO
Diz-se do jogo que está complicado, dificultoso, de má resolução ou de difícil vitória para o nosso time.

ENCARNADO
Aquilo que é vermelho, como a cor da camisa do glorioso Sport Club Internacional. Deve ser mais uma vez influência do Prata – o uso do termo, quero dizer, porque o Internacional é um clube brasileiro, ao contrário de outros que se identificam mais com o estilo platino de ser. Ver "Colorado".

ENCARNAR
Pegar no pé: "O cara encarnou em mim". Tem a ver com entrar na carne, originalmente.

ENCARREIRAR
O mesmo que "encordoar", mas a partir da ideia de carreira, que no Rio Grande do Sul é o nome de corrida de cavalos. Significa haver uma sequência de eventos do mesmo tipo: pode, por exemplo, encarreirar uns dias de frio, no inverno.

ENCASCORRADO
Diz-se para um guri que acabou de jogar bola de pé descalço no areião que ele está encascorrado (eu acho que podia ser "encascurrado") e portanto tem que ir pro banho já e já; sujo demais; acho que a origem sugere que a sujeira é de tal monta que transformou a pele num casco, num cascão.

ENCASQUETAR
Palavra dicionarizada, que aqui tem uso corrente, com o sentido de meter na cabeça certa ideia, entesar com ela, e não mais desistir dela; obstinar-se. O mesmo que esquentar a cabeça. Vem de casquete, aquela cobertura para a cabeça que os milicos usam, que alguma gurizada andou ressuscitando nos anos 2000 – a palavra, não a cobertura militar.

ENCAVEIRAR
Ver "fazer a caveira".

ENCESTAR
Sacanear alguém, detonar com ele, enfuneirá-lo. Analogia com a cesta de basquete, talvez.

ENCHEÇÃO DE SACO
O efeito do aborrecimento conhecido por "encher o saco". Termo de largo uso.

ENCHER A BOLA
Quando alguém enche a bola ou a bolinha de alguém, está elogiando, com uma certa desmedida, o potencial ou o desempenho deste alguém; envolve o seu correlato "estar de bola cheia", ou porque alguém o encheu elogiando, ou porque o desempenho tem sido notável e notoriamente satisfatório.

ENCHER DE OSSO
Insultar, enfaticamente. "Bá, eu tava lá de sangue doce e o cara me encheu de osso." O mesmo que encher de desaforo. Por que o osso, não sei explicar.

ENCHER MORCILHA
O mesmo que "encher linguiça". Por sinal, morcilha, no Brasil em geral, é morcela.

ENCHER O CU DE CARNE
Expressão chula, bagaceiríssima, equivalente a "comer bastante carne", muito usada para designar aquele excesso de ingestão de carne num churras a preceito. A alusão sexual fica como, digamos assim, tempero. "Hoje eu vou encher o cu de carne", se diz, como bravata. Também se diz "Fulano encheu o cu de dinheiro", quando ele ganhou muito; "O cara encheu o cu de cachaça". Nenhuma relação com, hum, ato sexual pelo vaso traseiro.

ENCOLHIDO
Diz-se daquele que não "se apresenta" (v.) para o coletivo. Por exemplo: numa festa, todos estão contribuindo

para rachar a despesa, menos um, este é o encolhido. Mesquinho, tímido, sonegador. No mesmo sentido se diz "se encolher": na mesma cena acima, antes de se definir o pagamento, alguém diz para o cara com fama de ser encolhido: "Não te encolhe, meu".

ENCORDOAR
Acontecer em sucessão, em progressão; coisas encordoadas costumam ser desgraças, que nunca vêm desacompanhadas, segundo a tradição pessimista, toc, toc, toc. Uso raro.

ENCORUJAR
Equivale a recolher-se, ficar em atitude reservada, tanto no sentido físico, quando está frio, quanto no sentido metafórico, em referência ao recolhimento espiritual; usado pronominalmente, "se encorujar", na maioria das vezes. Aurélio diz que o verbo é forma alterada de "engurujar-se", que traz dentro de si essa matriz "guruja", ou algo assim, que significou algum dia alguma coisa, hoje obscura e perdida na poeira dos tempos.

ENCRESPAR
Uma situação encrespa quando perde o aspecto favorável que apresentava.

ENCRUADO
Uma coisa ou uma situação estão encruadas quando não têm solução imediata ou à vista, ou seja, quando são dificultosas. Os dicionários dão como derivação de "cru", portanto significando que a coisa ou a situação se apresentam cruas, o que é uma boa filologia, mas não sei se alcança o significado corrente. Só no sentido de designar o que ainda está cru e portanto não está em ponto de comer. Mas é pouco.

ENFARADO
Creio que essa é a única forma do verbo "enfarar" que sobrou, este particípio. "Enfarado" é igual a desgostoso ou, também, desagradado, desconfortável por haver comido muito ou, secundariamente, por estar sem apetite.

ENFRONHADO
O cara que tá por dentro daquilo que vem ao caso concretamente tá enfronhado. Assim também o verbo "se enfronhar".

ENFUNEIRAR
Talvez a forma melhor seja "infuneirar", em consonância com "infundir" ou algo assim. Significa meter alguém em uma fria, em uma gelada. Várias vezes usada com pronome, "o cara se enfuneirou", "te cuida que tu vai te enfuneirar", nesses casos usado em alternância com "se fuder", dito sempre com *u* muito embora o registro de dicionário dê com *o*, "foder(-se)". Parecido com "encestar" (v.).

ENGALICAR
Acho eu que a origem do termo está na expressão "sarna galega", que desde o maluco beleza porto-alegrense Qorpo-Santo está registrada na literatura local (como "sarna gálica"). A tal sarna, doença desagradável mais conhecida como

sífilis, doença xarope (v.), passou a designar qualquer sujeito profundo e irremediavelmente chato. Assim que "engalicado" está nesta órbita: o que está desse jeito, engalicado, está complicado, não tem solução óbvia. O que engalicou estragou, se imobilizou, não desempenha as tarefas para que foi concebido. Ver "encruado".

ENGANJAR
Pronúncia popular para o verbo "engajar", imagino que por analogia com "enganchar", que é muito usado no espanhol platino. No serviço militar se usa muito dizer que o cara foi "enganjado", coisa que em espanhol se diz "enganchado".

ENGATADO
Tem dois sentidos. Um: o cara que está apaixonado está engatado na mulher. Dois: o cara que está de alguma forma comprometido com certa tarefa ("Eu ia na festa, mas fiquei engatado no serviço e não deu"). Ver "se engatar".

ENGOLESMADO
Um engolesmado é uma comida com aspecto meio estranho, meio gosmento (terá a palavra provindo de "gosma"?); uma "mistureba" (v.). No mesmo sentido, se fala em "golesma", feminino. Outro sentido: um sujeito que está bêbado, ou quase, está "engolesmado" – já enrola um pouco a língua, etc. Já ouvi um convite assim: "Vamo se engolesmar hoje?", isto é, "Vamos beber hoje?".

ENGRAXAR OS BIGODES
Comer churrasco, segundo a imagem masculina.

ENGROSSAR
Digamos que a gente está ali, quieto, no nosso canto, sem mexer com ninguém, e vem alguém incomodar; a gente resiste a reagir, por educação, mas o chato continua; então a gente engrossa, isto é, reage fortemente. É isso. Deve ter vindo do termo "grosso" (v.), que é ou era usado para definir um sujeito truculento, mal educado, geralmente associado, o uso, ao fato de o sujeito ser "de fora" (v.), ser interiorano.

ENGRUPIR
Como no espanhol, significa enrolar, passar para trás, sacanear. "Tu tá querendo me engrupir?" Tem registro em todo o português brasileiro. Um dicionário de gíria brasileira dá como origem do termo uma associação com "cair no grupo", gíria por sinal que se usa no Rio de Janeiro até hoje (se diz "é grupo" para dizer "é fria", "é uma armação", por aí). Possivelmente "cair no grupo" deve ter relação com o jogo do bicho, mas eu não entendo nada dessa matéria. Tenho um palpite diferente, que descobri por acaso: num livro chamado *Language fronterizo*, que analisa contaminações entre o português e o espanhol em escritores uruguaios, se diz que *gurupi*, termo do guarani (*gurupi* era um ser da mitologia desse povo), era usado para designar o sujeito que nos leilões e remates

ficava dando lances apenas para aumentar o valor do bem leiloado, mas desde sempre mancomunado com o leiloeiro. De forma que gurupi designa o sujeito caradura, mentiroso, enrolão, engrupidor, e eu jogo o que quiserem que da palavra *gurupi* vem o verbo "engrupir" (en+gurupi+r).

ENGRUVINHADO
Diz-se do que está embaralhado, mal composto, enrolado, no sentido físico, como por exemplo cabelo, fios, etc. *Aurélio* dá a forma "engrouvinhado", provindo de "grou", ave pernalta. Também ocorre "esgruvinhado".

ENFUNEIRAR
Botar a perder, jogar fora, gastar à toa. Se diz sem a delicadeza daquele *i*, claro. Um guri que desperdiçou a grana que ganhou "enfuneirou" essa grana.

ENJAMBRAR
Improvisar uma solução, dar um jeito provisório, ajeitar como der. Parecido com o termo brasileiro "ajambrar", que comparece numa expressão negativa, mal-ajambrado, que nós dizemos "enjambrado", sem o mal. "Não deu pra arrumar direito o chuveiro, mas dei uma enjambrada", por exemplo. Em espanhol, a mesma palavra *enjambrar* não tem nada a ver com a nossa, aparentemente: *enjambre* é enxame, o das abelhas, de forma que *enjambrar* é tratar dos enxames, colher mel, etc. O *Diccionario de la Real Academia Española* diz que *enjambrar* vem do latim *examinare*, que dá em *examinar* igualmente. Faz algum sentido? Agora eu pergunto: e se as duas palavras não têm nada a ver uma com a outra, por que é que eu botei aqui essa digressão? Matéria para pensar. Acho que foi porque há um dito no espanhol platino muito significativo, que tem a ver com o nosso "enjambrar": eles dizem "*Lo atamo con alambre*", literalmente "Amarramos com arame", quando anunciam a intenção de enjambrar uma solução provisória para o caso. Desculpa qualquer coisa aí.

ENRABAR
Literalmente, significa botar no rabo de alguém, fisicamente; mas costuma ser usado, muito mais, como sinônimo para sacanear, fazer maldade com alguém. Ver "encestar".

ENRABICHADO
Sujeito que esteja enrabichado está de amores com alguém, tem rabicho com alguém. Familiarmente se usa o termo para designar quaisquer relações próximas de filho ou filha com amigo ou amiga (nenhuma alusão sexual ou amorosa, nesse caso).

ENROLÃO
Diz-se do sujeito que enrola, ou no sentido de ficar postergando, ou no sentido de mentir. Antigamente havia um termo, registrado na literatura local, "rolista", que significava sujeito que armava rolo, confusão, que brigava no bar etc., portanto em sentido diverso, ainda que aproximado. Feminino (comum para este final de palavra), "enrolona".

ENROLAR
"Engrupir" (v.), "dar uma curva" (v.) enganar, protelar demasiadamente. Ligeiramente diferente de "armar um rolo" (v.).

ENROSCADO
Jogo complicado, por exemplo, é jogo enroscado. Ver "enrosco".

ENROSCO
Confusão, conflito, situação difícil. "Bá, ando metida num enrosco que vou te contar". Quase nada a ver com "se enroscar" (v.) com alguém.

ENSEBAR
Claro que originalmente significa passar sebo (coisa que se fazia regularmente com as antigas bolas de futebol, de couro, que se gastavam e precisavam da gordura animal para sobreviver mais algum tempo), mas hoje significa protelar, fazer hora, enrolar: "Bá, cara, tu fica aí ensebando! Vamo logo".

ENTÃO TÁ
Expressão de conveniência, mais ou menos polida, que significa concordância final e já insinua a despedida de quem usa a expressão. Mas também pode ser a expressão de descrédito: alguém diz que vai sem falta te devolver o livro que está em sua casa há cem anos, e tu diz, incrédulo: "Então tá". Ver "Tá, então?".

ENTENDE POR INDIRETA?
Pergunta que se usa (ou usava) em uma específica situação: quando alguém quer avisar que aquele a quem se dirige a pergunta está de bragueta aberta.

ENTERTE
O verbo "entreter" ganha uma feição peculiar, na boca do povo: quando uma mãe de poucas letras quer que seu filho mais velho cuide do nenê, diz "Enterte (ou interte) a criança". Também ocorre o particípio, "entertido", no sentido de ocupado com algum afazer, entretido.

ENTESAR
Significa, como no português brasileiro em geral, endurecer numa posição, mas isto é uma metáfora: pode querer dizer que o sujeito se mostra intransigente, entesou, é um cabeça-dura. Parente de "encasquetar" (v.).

ENTRAR COM AS QUATRO
Expressão que descreve a entrada agressiva, com quatro patas metafóricas, de alguém em alguma situação. Pode ser um carrinho no futebol, como pode ser uma intervenção agressiva numa reunião, por aí. Não implica reprovação por parte de quem usa a expressão, e até pelo contrário pode significar regozijo, aplauso.

ENTRAR NA FACA
Ser operado, no sentido médico da palavra: "A mãe entrou na faca ontem e já tá em casa".

ENTREVERO
Confusão, briga, desordem, pega. Do espanhol platino. Acontece

também o verbo "(se) entreverar". Pela regra de formação das palavras do português, deveria ser "entreveiro". De ouvido lembro de uma expressão, "entrevero no jacá", que é nome de uma música que fez sucesso na interpretação do Conjunto Farroupilha, de autoria de Barbosa Lessa, parceria com Danilo Vidal de Castro. Mas a expressão deve ser mais antiga que a canção, feita nos últimos anos 1950. Jacá é um cesto feito de taquara ou vime, para transportar pequenos animais, por exemplo entre o sítio e a feira onde serão vendidos.

ENTROUXADO
Quem está cheio de roupas, no frio. Mas não tem sentido negativo, como poderia parecer, é meramente descritivo: "Vou me entrouxar e ficar em casa".

ENTUPIDO
Diz-se de uma situação em que há muita gente que "tá entupido de gente". Muito comum. Mais raramente se diz aqui, como na Campanha, "tinha uma imundície de gente".

ENVARETAR
O mesmo que "ficar uma vara"; significa ficar muito brabo, irado, possesso, "puto dentro das calças" (v.) ou "puto da cara" (v.); também se diz ficar ou virar uma arara ou uma onça.

ESBAGAÇAR
Gastar até o fim, até o bagaço (figuradamente); daí dizer que alguém muito cansado está esbagaçado.

ESBODEGADO
Qualidade daquilo que se despedaçou, ou ficou roto, estragou, perdeu o viço. Há também o verbo de origem, "esbodegar(-se)".

ESBUCETEAR
Estragar, romper, destruir em definitivo. Não confundir com "embucetar" (v.). Tanto um como outro só são usados entre homens, nunca na presença de uma mulher, de uma portadora do órgão aludido na palavra. Agora, por que raios a gente bota o nome popular da vagina nesta situação é que são elas.

ESCACHARANGADO
Palavrinha que alguns pronunciam "esquacharangado", "escacherengado" ou mesmo "esquachiringado", que eu ouvia familiarmente. Significa roto, esbodegado, estraçalhado. Alguém me falou que faca, em certa parte do estado, também se chama "escacherenga"; dicionários do gauchês antigo, como o de Romaguera Correa, registram faca ou espada com o nome de "xerengue", dada como redução de "caxirenguengue", palavra com alguma cara de ser de raiz indígena; Houaiss dá como provinda, talvez, de língua africana. Palpite filológico: há o verbo "escachar", partir à força, que talvez tenha sido acrescido de "charanga", sinônimo antigo para traste. E, vamos combinar, é uma palavra sonorosa e bacana.

ESCALAÇÃO
Tem o sentido trivial de ser a nominata dos jogadores de uma equipe,

mas o caso aqui é outro. Trata-se da situação em que alguém se aproveita da boa-fé de outro. É uma escalação, por exemplo, se o teu amigo se dispõe a pagar um chope e tu toma cinco e deixa a conta pra ele pagar. Usa-se também o verbo "se escalar". O cara que se escala é um escalado, termo bastante frequente.

ESCALAFOBÉTICO
Aquilo que é estranho, desproporcionado, inusual, esquisito, torto, malfeito, por aí. Gente vestida de modo estranho, isso no tempo em que a gente ainda achava alguma vestimenta estranha, era gente escalafobética. Bela palavra, com registro nos dicionários brasileiros em geral, sempre sem proposta de explicação para sua origem.

ESCAMOSO
Diz-se do sujeito escorregadio, que tem escamas imaginárias e por isso não se deixa pegar. Tem registro de dicionário como intratável, insociável, mas aqui é mais o sujeito de aspecto fugidio, sestroso, manhoso, até mesmo ardiloso.

ESCANTEAR
Tirar do jogo, tirar da jogada, riscar do mapa. Claro que veio de (jogar para) escanteio. Pode-se escantear uma namorada, um chato que queria sair junto mas é insuportável. O problema é que, no sentido literal, escanteio não é fim de jogo...

ESCARRAPACHAR-SE
Atirar-se despudoradamente num lugar com vistas a descansar, e note bem que o "atirar-se" ali de cima é um modo de dizer: o que interessa é o jeito desaforado de se estabelecer no local, por exemplo um sofá, uma cama, uma grama; tem algo a ver com "lagartear" (v.). Fala-se de gatos muito com este termo.

ESCONDER
Aquela brincadeira infantil que consiste em uma criança procurar outras, que se esconderam. Em outras partes se chama "esconde-esconde"; aqui é "brincar de esconder".

ESCONDER O LEITE
Disfarçar as intenções ou os trunfos, com vistas a iludir o adversário: "Não te faz, não fica escondendo o leite que eu sei que vai lá". Ver "se fazer".

ESCRONCHO
Que palavrinha legal, né? Sei lá de onde saiu, mas sei o que significa: é um adjetivo para coisa mal composta, desajeitada, feia, desarrumada.

ESGANADO
Diz-se de quem é ávido por algo, em geral comida. O substantivo é "esganação".

ESGUALEPADO
Termo posto em circulação, pelo menos recentemente, em período preciso e autoria clara: foi o Olívio Dutra, acho que na campanha ao governo do estado, aí por 1998, que começou a falar a palavra, para designar algo ou alguém que está mal, em dificuldades, passando necessidades etc. Procurei

alguma origem mas não fui bem sucedido. O máximo que consegui foi "gualicho", que entre os índios (argentinos, ao menos) do Pampa significa o diabo, o gênio do mal, autor das desgraças. Se fosse pra fazer uma filologia arbitrária, daria para postular uma forma intermediária entre "gualicho" e "esgualepado", algo como "esgualichado". Será? Faz algum sentido, tanto em relação à palavra, que significa algo de fato ruim, descomposto, roto, estragado, malconservado, quanto em relação à região de origem de Olívio, legítimo nativo da região missioneira gaúcha, que como se sabe tem um substrato linguístico de origem indígena, ainda que bastante apagado hoje.

ESMERILHAR
Realizar a tarefa da maneira mais total e completa possível; o mesmo que "fechar todas" (v.). "O guitarrista ontem esmerilhou." A origem certamente é a imagem da faca sendo submetida ao afiamento no esmeril.

ESNUCAR
Tem a ver com o jogo de sinuca, claro, que se pronuncia esnuque, e na real isnuque. Esnucar é botar o oponente em uma situação ruim, particularmente ao deixar a joga (a branca) numa posição em que ela não pode acessar diretamente a bola a ser atingida naquela jogada, o que obriga o jogador a usar alguma tabela. Quando o cara é posto nessa situação, ele fica esnucado.

ESPARRAMO
Efeito observável do ato de esparramar; por vezes é dito como sinônimo de "esparro" (v.).

ESPARRO
Barulho, algazarra, confusão; fazer esparro é coisa típica de adolescente; daí chamar a quem o promove de "esparrento".

ESPECIAL DE PRIMEIRA
"Especial" é um elogio genérico a qualquer coisa que pareça merecer elogio. Também serve para confirmar uma combinação: o cara te propõe vocês se encontrarem a tal hora em tal lugar e tu responde, sinteticamente, "Especial", ou "Tá especial". Ainda tem um "regalito" (v.): se a carne do churrasco estava particularmente boa, aí então ela estava "especial de primeira", e o churrasco em geral estava "louco de especial" (v.).

ESPELHO SEM AÇO
Quando tu está olhando em certa direção e alguém se interpõe entre ti e o objeto visto, tu chama o intrometido de espelho sem aço. Era comum ouvir isso em relação ao aparelho de televisão. No mesmo sentido se usava chamar o metido de "filho de vidraceiro": "Escuta aqui, por acaso tu é filho de vidraceiro?", com a frase sugerindo que o interposto não era invisível. No Uruguai se fala igualmente: *Correte, ¿o sos hijo de vidriero?*.

ESPELOTEADO

Também dito "despeloteado". Trata-se da qualidade daquele que ficou meio louco, ou fez algo de parecido com loucura, transgressão. Também dito "porralouquear". Muito comum atribuí-lo a guris medonhos. Terá origem em algo como perder as pelotas, isto é, as bolas, no mesmo sentido em que se fala de alguém trocá-las?

ESPERAR SENTADO

Expressão de largo uso. Em geral é dito contra alguém que precisa esperar muito. Alguém te prometeu que viria às oito, e um amigo chega e, conhecendo a peça que prometeu chegar no tal horário, comenta, irônico: "Foi o fulano que te prometeu isso? Então pode esperar sentado", querendo dizer que o sujeito pode se acomodar porque não chega nem às dez. Para exagerar esse já exagero, também se diz "esperar deitado", mas sem qualquer conotação sexual. Ver "deixar plantado".

ESPETO CORRIDO

Um dos esportes preferidos dos gaúchos, hoje em dia exportado para todo o Brasil e para outras plagas. (Por uma dessas singularidades fatais da história, quem mais faz churrascarias de espeto corrido são "gringos" (v.) e não gentes da campanha.) Trata-se de um festival de comilança, em que se oferecem ao cliente, em desfile, muitas e excessivas carnes, regra geral trazidas em espetos, numa sucessão ligeiramente alucinada. Tomou conta das churrascarias, que antes serviam à la carte, com encomendas específicas. No Brasil, a mesma coisa se chama "rodízio", que aqui também se usa, mas para pizza, por exemplo (e não há "pizza corrida").

ESPICHO

Diz-se de um guri que cresceu muito ou muito rapidamente que ele está um espicho, porque espichou, usado o verbo nesse sentido; há também o olhar de espicho, aquele que se estica na direção do objeto desejado e fica de butuca nele.

ESPÍRITO DE PORCO

Assim isolada a expressão parece ter alguma conotação indígena, mas não: ela designa o temperamento ou o caráter ou ainda o astral de alguém que deseje, sempre ou eventualmente, sacanear outros, destruir coisas, detonar a vida de alguém. O espírito de porco é um tipo desagregador, em suma.

ESQUEMA

Arranjo, de qualquer ordem. Muito usado, diariamente: "Tenho um esquema lá, não te preocupa". Ou então, significando arranjo nefasto: "Pode ir tranquilo, lá não tem esquema". Também pode ser a namorada, a amante. Se usa também chamar o esquema de "mexe" (v.). Quando o esquema é grande, quando é toda uma trama, é esquemão: "Tinha um esquemão armado lá contra o cara".

ESQUENTADO

Diz-se do sujeito irascível, que se irrita com facilidade, porque esquenta a cabeça, provavelmente. (Tinha um dito brincalhão que dizia "Não esquenta a cabeça que a caspa vira mandiopã", sendo mandiopã um produto que sinceramente nunca comi, mas parecia sei lá o quê, talvez parecido com caspa aquecida.) Comum usar-se o diminutivo, com ironia contra o cara, o "esquentadinho". O mesmo que "pavio-curto" (v.).

ESQUERDO
Às vezes o cara se acorda meio esquerdo, se sente meio esquerdo, isto é, meio fora de esquadro, meio descompensado, meio desajustado. Fazer o quê. Também se aplica a coisas e situações.

ESQUINAÇO
Possivelmente a partir de esquina (mas não entendo por que), a palavra designa um "corte" (v.), um "podaço" (v.), isto é, como direi?, um fim nas pretensões que alguém apresenta. Digamos que tu está na batalha de uma guria, e ela te diz na lata que não quer nada contigo, que não adianta insistir, que pode tirar o cavalinho da chuva, essas coisas; nesse caso, ela te deu um esquinaço.

ESTABANADO
Sujeito meio avoado (v.), que faz as coisas de qualquer jeito. Quase sempre tem relação com habilidade manual (ou com a falta dela).

ESTAQUEADO
O cara que fica estaqueado fica estupefato, fica de cara, boquiaberto com algo que se lhe apresente.

ESTAR BOM DE...
Tem um uso, aliás único, que envolve este começo: "Tô bom de ir até lá", diz alguém que está seriamente pensando em ir até lá. Ver "numas".

ESTAR COM O CU NA RETA
O cara que tá nessa tá a perigo, porque está em vias de ser executado. Se trata de metáfora sexual, já se vê, acho que em comparação com o jogo de esnuque: é como se o próprio rabo do cara a perigo estivesse na linha do tiro, em lugar da caçapa. Da mesma família é a expressão "tirar o cu da reta", sinônimo de acautelar-se, sair do perigo.

ESTAR DE PONTA
O mesmo que estar brigado, estar com relações tensas. "O Fulano tá de ponta com a Fulana."

ESTAR ENTREGUE
Diz-se de quem está cansado à exaustão, sem vontade, sem comando de si mesmo, ou por extremo esforço físico ou por qualquer outro motivo, inclusive o amoroso.

ESTAR FAZENDO
Escrito assim fica estranho, e melhor talvez fosse escrever "tô fazendo", que enfim quer dizer estar disposto a, estar "a-fim" (v.); é de notar o paradoxo do tempo verbal (que não tem nada a ver com o gerundismo que tomou conta da fala de atendentes e secretárias nos anos 2000, "Vou estar transferindo sua ligação", "O senhor vai poder estar sacando seu dinheiro" etc., esses horrores), que

na expressão insinua uma ação já em curso, quando quer dizer algo que ainda não principiou de fato, estando apenas na cogitação: "Que que tu acha de ir lá? Tá a-fim?". "Tô fazendo", quer dizer, "Estou disposto a fazer". Também há a forma negativa: "Bá, não tô fazendo".

ESTAR NO SEU DINHEIRO

A rigor, a expressão é usada sempre negativamente, "Não estar no seu dinheiro". É usada em contextos como este: o sujeito está meio triste ou meio descornado e vem alguém convidá-lo para beber; daí o cara, o triste, recusa o convite, argumentando "Não tô no meu dinheiro", querendo dizer que não está em seu normal, não está com o espírito preparado. Acho que se refere sempre a males espirituais, e não a materiais.

ESTAR NUM MATO SEM CACHORRO

Estar perdido, sem saída, sem perspectiva à vista. Vem do gauchês, e eu sinceramente não imagino o que, especificamente, faz um cachorro de bem para quem esteja perdido num mato.

ESTE É IRMÃO DESTE...

Dito que faz tempo que não escuto, mas existia com boa frequência: "Este é irmão deste, que é primo daquele". Tratava-se da seguinte situação: digamos que alguém está te propondo um negócio meio obscuro, em que começa a ficar claro que tu vai levar a pior, te dá conta disso; então tu rechaça a proposta, dizendo a frase com acompanhamento de um gesto – ao dizer "este", o indicador chega bem perto de um dos olhos; ao dizer "irmão deste", o dedo vai para perto do outro olho; e ao dizer "daquele", o mesmo dedo aponta, de longe, para o próprio rabo, para o próprio ânus, o tal olho (do cu) que é, na frase, primo dos outros dois olhos.

ESTICAR AS CANELAS

Morrer. Também se usa dizer "espichar as canelas". Do gauchês veio o "dar com a cola na cerca", de mesmo sentido. E ainda se diz bastante "bater as botas".

ESTOPORADO

Em português se escreve "estuporado", como convém a um termo que vem de "estupor"; mas aqui se diz com o mesmo, para designar uma coisa ou uma pessoa estragada, arruinada, destruída. Ver "estupor".

ESTORRICADO

Diz-se "esturricado", claro, e não tem o mesmo sentido que no Nordeste, em que significa seco, ressequido, torrado. Aqui se diz que o cara que comeu demais ficou estorricado (da mesma forma que "empanturrado") de comida. Outro uso: roupa justa demais fica esturricada na pessoa, e olha que isso acontece várias vezes enquanto a gente vai crescendo. Pensando bem, no Nordeste e aqui os significados têm uma aproximação: a situação-limite, a ponto de estourar. A origem do termo dá mais razão ao pessoal da seca, porque a palavra traz em seu ventre o termo "torrar", secar.

ESTRABULEGA
Termo em franco desuso, mas existente: significa doido, desmedido, insensato, bagunceiro.

ESTRACHINAR
Destruir uma coisa ou uma pessoa, "acabar com a raça" (v.) de alguém. Pode também ser usado, o verbo, no sentido positivo, algo como arrasar, "fechar todas" (v.). Sinônimo para os dois casos: "detonar" (v.).

ESTRADULAR
Não achei registro em dicionário nenhum, mas a palavra existe em porto-alegrês. Talvez a forma gráfica devesse ser "extradular". Significa extrapolar, sair das proporções esperadas, estourar a boca do balão (ou, em versão bagaceira campeira, "rebentar o cu da petiça"). É verbo intransitivo.

ESTRANHAR
No contexto daqui, de muita bravata e um belicismo ativo desde sempre, o termo "estranhar" é usado sobretudo em uma frase. Quando alguém percebe ou imagina que está sendo mal visto, ou há desconfiança a respeito de si, pergunta, desafiadoramente, para o desconfiado: "Que que é, tá me estranhando?", como quem diz "Tem algum problema em eu ter dito o que disse? Porque se tiver já vamos partir pra ignorância".

ESTROPIADO
Muito cansado, estafado. Primeiro parece que só se usava para cavalos, mas se usa francamente para seres humanos. Usa-se menos o verbo "se estropiar", é quase só o particípio mesmo.

ESTROPÍCIO
Significa o mesmo que no popular brasileiro, uma confusão, uma briga, um desentendimento. Mas curiosamente aqui se usa mais como adjetivo: "Esse sujeito é um estropício".

ESTUFADO
O sujeito que come demais fica estufado.

ESTUPOR
Sinônimo de estúpido, burro, anta, babaca. "Ô, estupor, não viu que eu tava entrando?", diz alguém para o pateta que atropelou a frente do outro.

EXIBIDA
Também se dizia "inzibida", sempre querendo significar "posuda" (v.), metida a besta, algo assim; na minha infância insultava-se uma exibida com o seguinte versinho: "Exibida, colorida, come casca de ferida".

EXPLICA
Redução de "explicação".

EXTRAVIADO
O sujeito extraviado é um sujeito perdido, sem rumo, sem definição.

F

FACA NA BOTA
Diz-se de quem leva tudo "a ponta de faca" (v.), de quem está sempre pronto pra briga, sempre disposto a levar tudo às últimas consequências. Talvez tenha se originado no costume guerreiro de levar mesmo uma faca numa bainha feita na bota, espécie de última reserva de agressividade ou, mais propriamente, de defesa.

FACADA
Achaque, pedido de dinheiro, próximo da extorsão. Uso antigo, já registrado no gauchês há tempos (década de 1920, pelo menos).

FACÃO
O mau motorista, o barbeiro, e por extensão qualquer sujeito sem destreza no manejo de algum instrumento. No começo do século 20 havia em Porto Alegre um grupo musical do gênero que se estabilizaria com o nome de "chorinho", liderado pelo famosíssimo (na época) Octávio Dutra, que se chamava "Terror dos facões", porque consta que eles adoravam convidar músicos para tocar junto, só pra denunciar, na prática, os facões, os inábeis. No jogo de bolita, facão é uma transgressão da regra que manda o sujeito detonar o tiro sem avançar a mão para além do lugar em que a joga havia ficado parada. (No Rio, o "facão" se chama mão de ganso.)

FACÃO SEM CABO
Quando a gente quer dizer que alguém está se fazendo de grande coisa, sem ter as condições necessárias para bancar sua pretensão, se diz que ele está se metendo o facão sem cabo. Agora, por quê? "Facão sem cabo" é a lâmina, só; e daí? Será isso? Ou o sentido é dizer que para facão falta, indispensavelmente, o cabo?

FACEIRO
O mesmo que feliz, alegre, mas também despreocupado e até inconsequente. No mundo do futebol se diz que um time é faceiro se ele não se preocupa com a defesa o tanto que o comentador acha necessário – e no estado é bem comum haver comentaristas retranqueiros, que acham qualquer time "faceirinho".

FACHA
Creio que se perdeu a notícia de que é assim que se escreve a palavra (pelo menos na minha interpretação filológica da coisa, que é controversa), e quase todos a interpretam como sendo "faixa". Sinônimo de amigo, parceiro, pessoa legal, de bom gênio: "Pode falar com ele, o cara é meu facha". Foi de tal forma reinterpretada como "faixa" que a gente acompanha a palavra, em situações de comunicação viva, com

um gesto de mão que atravessa enviesadamente o peito, como se estivesse desenhando uma faixa, do ombro à cintura. Ocorre que antigamente o português tinha a palavra "facha" como sinônimo familiar para rosto, numa forma parecida com "fachada"; o *Aurélio* dá que a expressão "Que facha!" no RS é sinônimo para "Que figura!".

FACUL
Também dito "facu", com acento no *u*, é o mesmo que faculdade, segundo uma tendência forte de cortar sílabas nas palavras.

FAÍSCA ATRASADA
Diz-se de pessoa que demora para se dar conta de algo. Clara origem: o mundo da mecânica do motor a explosão (mas vai que numa dessas a expressão veio do mundo da guerra...). Hoje em dia, anos 2000, com todos os motores de carro passando pelo controle computadorizado, acho que a imagem vai se perder, assim como a da expressão "cair a ficha", que tem a ver com os antigos orelhões mecânicos, com ficha de metal.

FAIXA
É ou era termo comum para designar estrada asfaltada: "Pra pegar o ônibus tem que ir lá na faixa". É ou era termo de suburbano e interiorano. Em Porto Alegre eram faixas as grandes avenidas que irradiam do centro para os bairros, do ponto de vista de quem morava longe do centro: a Protásio, a Assis Brasil, a Bento, a Eduardo Prado, a Campos Velho (e esta era e ainda é conhecida como "Faixa preta"). Ver "facha", que é outra coisa, na minha opinião.

FALCATRUA
Dos últimos anos 1990 em diante, entrou em moda usar esta velha palavra do português aqui em Porto Alegre, mas com conteúdo diferente do original, mais abrangente: "falcatrua" passou a ser tudo o que não tem a qualidade que deveria ter, o sujeito que desempenha sem qualidade seu serviço, um embuste qualquer. O mais usado é "um cara tri falcatrua" do que uma situação falcatrua.

FALOU NO DIABO, APONTOU AS GUAMPAS
Frase usada na situação relativamente inusitada em que se está falando de certa pessoa e ela casualmente chega. A forma rimada e menos agressiva é "Falou no diabo, apontou o rabo". Também se diz, no mesmo caso, para o chegante, "Tu não morre tão cedo". A forma mais amena é "Falou no burro, apontou as orelhas".

FALTA DE LAÇO
Expressão que é todo um juízo sobre uma pessoa. Se usa para designar certa criatura que demonstra comportamento inadequado, mal-educado; sobre ela se faz o juízo, por meio de comentar sobre sua criação na infância, que não teve laço (surra) suficiente. Na maioria das vezes não se diz a sério, mas de brincadeira: "O teu caso é falta de laço", se diz para quem esteja querendo coisas

descabidas no contexto. Contra crianças e adolescentes é que se diz.

FAMÍLIA
Adjetivo para coisas de bom aspecto, mansas, sem complicação: um bar família, uma festa família, um cara família.

FANIQUITO
Acho que só mulheres têm; significa aquele ataque de ira, com ou sem razão; designa também os gestos decorrentes do ataque.

FANISCO
Pessoa pequena, mirrada, magra. Por extensão, coisas pequenas, de porte acanhado.

FARDAMENTO
No futebol daqui, o uniforme dos times é o fardamento. Termo claramente militar, que no entanto ainda hoje é usado fracamente. Usa-se o verbo também, "se fardar".

FAROFEAR
Em homenagem à velha galinha com farofa que as mães preparavam para as longas viagens, apareceu este verbo, que designa algo assemelhado. Se tu vai passar apenas um dia na praia, sem "pousar" (v.), tu vai farofear, isto é, tu vai fazer como os farofeiros, gente sem muita grana que faz excursões de um ou dois dias ao litoral (gente que, simbolicamente ou não, vai comer sua galinha enfarofada). Derivadamente, também se usa dizer o termo para atividades que o sujeito vai desempenhar sem muitas condições de infraestrutura.

FARREAR
Fazer uma farra, comemorar. Ver "festear".

FARROUPILHA
Sanduíche de pão d'água recheado com mortadela e queijo. Ao natural, isto é, tradicionalmente, não vem quente (da chapa). Diferente do "bauru" (v.), que sempre foi muito mais caro e requintado, o farroupilha é comida acessível ao passante.

FARTÃO
Toma um fartão o sujeito que se farta de comer ou beber ou o que seja.

FATIOTA
Ainda se usa, popularmente, a palavra para o terno, que aliás nem terno é, porque não precisa ter o terceiro elemento (o colete) pra ser chamado de "fatiota"; basta calça e casaco (o tal blêiser de hoje) do mesmo pano. Em Portugal, *fato* ainda é a fatiota (enquanto o "fato", o acontecimento, é, por diferenciação, *facto*). De maneira que a fatiota é um pequeno *fato*, na origem.

FATURAR
De uso comum, designa duas coisas: tanto o ato sexual quanto qualquer enrabada metafórica em alguém. Neste caso: "Vou faturar esse aí" pode significar ganhar desse competidor mencionado.

FAXINA
O *Aurélio* e o *Houaiss* registram como regionalismo sulino o sentido corrente aqui na cidade para a palavra, o sentido de limpeza geral que

se faz em casa (no interior do Rio Grande serve para designar certa árvore pequena, ou um conjunto dela, um mato). A origem é da vida militar – que aqui foi de presença marcante. Usa-se "fazer faxina", mas também, menos, "faxinar". A pessoa que faz "faxina" é, naturalmente, a "faxineira". Ver "rancho".

FAZER A CAVEIRA

Quando alguém denuncia outrem, diz-se que "fez a caveira" dele. No mesmo sentido, "encaveirar". Lembrança associada: um dito espirituoso é "Só no dia em que a caveira fizer bochecho", isto é, nunca, jamais.

FAZER CURSO DE CANÁRIO

O Paulão, o repórter policial televisivo de sucesso na virada do milênio, que morreu tragicamente, usava a expressão para designar o enjaulamento, o aprisionamento do bandido, que vai para trás das grades aprender a ser um metafórico canário.

FAZER FORÇA

Expressão familiar para defecar.

FAZER GUTIGÚTI

Beber o conteúdo de um copo numa talagada só. A expressão imita o som da garganta em tal desempenho. Também se diz como desafio: "Quero ver tu beber tudo isso de gutigúti". A grafia poderia ser "gutegute", mais conforme com a regra do português brasileiro.

FAZER MERDA

Cometer algum deslize, erro, de qualquer ordem, especialmente se a situação for delicada. "Eu te dou o dinheiro, mas tu não vai me fazer merda, guri", diz o pai ao filho que vai no "súper" (v.) sozinho pela primeira vez. Circula pelo país todo, creio.

FAZER PAPEL DE CACHORRO MAGRO

Coisa de mal-educado: consiste em sair da mesa ou da casa em que houve a refeição logo após terminar de comer. Quem precisa sair mesmo logo depois de comer já se antecipa e diz: "Olha, eu vou ter que fazer papel de cachorro magro, desculpa".

FAZER SALA

Quase o mesmo que "fazer uma social". Usa-se para designar a atitude de receber uma visita, mas quase sempre com um condimento: há um certo tédio envolvido na atividade. Alguns autores antigos usavam a expressão "fazer quarto", num sentido parecido: acompanhar um doente em seu quarto, durante a recuperação; velar um doente.

FAZER UM QUATRO

Atividade que os suspeitos de estarem bêbados são convocados a fazer: consiste em ficar em um pé só e cruzar a outra perna sobre o joelho da perna que sustenta o corpo, formando um desenho parecido com o número quatro. Virou brincadeira: o amigo está visivelmente bêbado e tu diz pra ele "Quero ver tu fazer um quatro". De sacanagem, tem quem responda, a esse comando, que pode fazer até um sete, e aí faz o tal do quatro; aí o outro pergunta "Sim, mas cadê o sete?", ao que o bagaceiro responde que são os quatro do desenho das pernas mais três – e diz isso agarrando a própria genitália, que salvo casos excepcionais é composta, nos homens, de três elementos, por assim dizer.

FAZER UMA SOCIAL

Ter atitudes convenientes no momento, em geral momento importante ou pelo menos não trivial; aplica-se por exemplo a encontros familiares, mais ou menos tediosos, quando é preciso "fazer uma (ou um) social", ou a encontros de conhecimento com o sogro, a quem é preciso apresentar uma certa disposição de cumprir regras.

FAZER UMA PRESENÇA

Tem dois sentidos: um é sinônimo de "fazer um agá" (v.), exibir-se com fins de sedução; outro é presentear alguém, especificamente com um pouco de maconha (secundariamente outras coisas, como bebida alcoólica). Também dito "fazer uma présa" (o acento ali é só, claro, para indicar a abertura do *e*).

FAZER UM MIX

Forma delicada de dizer "mijar": "Com licença, vou fazer um mix", pode-se dizer em ambiente descontraído, entre amigos, mas não na frente da mãe dos outros.

FAZIDA

Diz-se da guria "que se faz", isto é, a guria fingida. Acho que não se usa para o sexo masculino. Bacana este particípio estranho, não? Tem também a estranha mas compreensível palavra "fazeção", que é o que faz a fazida, entendeu? Mais raramente acontece "fazido".

FECHAR A ROSCA

Diz-se que fechou a rosca quando a coisa preteou, ficou complicada, quando deu pau, estourou a briga. Não é sinônimo, como poderia parecer, para "apertar" (v.).

FECHAR O PAU

Nada a ver com o membro viril. Diz-se que fechou o pau quando rebentou a briga, quase sempre envolvendo briga mesmo, ou verbal ou física. Parecido com "fechar a rosca" (v.).

FECHAR TODAS

Expressão que descreve a situação em que todas as coisas que deveriam concorrer para algum fim chegaram lá, ao tal fim. Se usa dizer quando se está combinando uma "ponte" (v.), um encontro, e todas as circunstâncias são aceitas pelos envolvidos, que "fechou todas". Também usada como expressão que descreve a situação excelente para a realização de um desejo: "Se a gata me telefonar, aí fecha todas". Ocorre ainda o uso isolado de "fechar", no mesmo sentido: ao concordar com os termos de uma combinação, pode-se simplesmente declarar "Fechou". (Ver "todas".) Deve ter a ver com a expressão "fechar negócio", algo por aí. O mesmo que "matar a pau" (v.).

FECHE
Dito "fêche", ou mais extensamente "fecheclér", formas populares para o fecho, o antigo fecho "éclair", o zíper.

FEDERAL
Adjetivo para situações grandes, enormes: um cara pode estar "numa asa federal", ou "numa merda federal". Ver "asa" e "merda".

FEFA
Quem está atacado da fefa está demonstrando nervosismo, por aí. Também se diz, mais raramente, que "deu uma fefa" em alguém.

FEIJÃO
É apelido genérico para negro. Ver o verbete "deitado" para entender o dito "Vai te encostar no feijão que tu comeu". Ver também "Não vale o feijão que come".

FEITO
Tem um uso singular aqui. Se diz que um cara que foi direto e decididamente na direção de algum alvo foi "feito" na tal direção. Tem alguma conotação de ingenuidade: o cara esse foi feito mas nem imaginava o que o destino adverso lhe reservava. Também é de anotar: os cobradores de ônibus, antes dos corredores exclusivos que cortam a cidade, avisavam ao motorista que todos os passageiros já haviam embarcado e que ele, portanto, podia arrancar, gritando "Feito", com nítida divisão entre as sílabas e acento forte no *o*. Nos últimos anos, o narrador de futebol para a televisão Paulo Brito popularizou a expressão em lugar do grito de gol: "Fulano cruza para Beltrano e feito!". Ver "feitoria".

FEITORIA
Palavra que se usa para expressar o acordo, a concordância em torno de uma proposta, de um projeto. Nasceu de uma brincadeira, encompridando a palavra "feito" (v.), querendo significar "Tudo certo", "De acordo". Há um bairro em São Leopoldo, cidade vizinha de Porto Alegre, chamado Feitoria, em lembrança de uma antiga instalação da Real Feitoria do Linho-Cânhamo, uma fazenda para produção de cordas com esse material. Esse nome designou o local que viria a ser depois renomeado para São Leopoldo, o ponto primeiro de instalação dos imigrantes alemães no Rio Grande do Sul.

FEITO O CARRETO
Frase satisfeita que se diz quando da conclusão da tarefa, qualquer que seja.

FERIDA
Além de ser o nome do machucado de pele, comuníssimo em guri (no joelho, no cotovelo), designa também o sujeito inábil, especialmente o cara que não sabe jogar bola: "Esse aí é um ferida", no gênero masculino. O mesmo que "pereba".

FERRINHO
Sinônimo dos anos 1970 para moeda, qualquer uma.

FERROLHO
Nas brincadeiras de criança – ao brincar de pegar ou de esconder – o "ferrolho" é um lugar determinado pelos jogadores para ser a referência, o lugar a que se deve chegar para salvar-se.

FERVO
Não confundir com "crepe" ou "rolo" (v.), que significam confusão no sentido negativo; "fervo" quer dizer agitação interessante, isto é, que interessa; o mesmo que agito, voz mais moderna e de origem paulista, o mesmo que nos anos 2000 se designa como balada, quer dizer, a festa, a agitação noturna. É (ou era) o estado de excitação que acomete o pessoal que está numa festa animada. Diz-se que certa festa estava "um fervo". É da mesma família que deu na palavra "frevo", o ritmo nordestino, pernambucano, com troca de lugar entre as letrinhas.

FESTA E FESTA
Expressão de comentário, com aplauso implícito: se usa dizer, para aprovar o relato de alguém que está contando como foi o fim de semana, "festa e festa", e só falta piscar o olho, em regozijo solidário. Na fala, há um acento característico, mais tônico na primeira sílaba da primeira palavra.

FESTEAR
Fazer festa, ir a uma festa, comemorar. O mesmo que "farrear" (v.). Tem um tom mais amistoso e é muito mais usado que "festejar". E quem festeia muito é festeiro. Nada a ver com "frestear" (v.).

FESTERÊ
Grande festa, festa legal, correta, agitada, com todos os ingredientes indispensáveis. E festa, aqui, pode ser qualquer coisa, do baile ao passeio.

FIADAPUTA
Essa é a forma pronunciada efetivamente para "filho da puta", expressão para designar, como no Brasil em geral, o sujeito canalha, patife etc. Por algum motivo fácil de ver e não de explicar, entre nós, no Sul em geral, se usam alguns termos desse tipo, de uso geral insultuoso, para elogiar. Um amigo pode perfeitamente referir-se a outro amigo, afetuosamente, como "Aquele fiadaputa". Em porto-alegrês, essa palavra faz um plural raro: costuma-se dizer que apenas uma palavra em português faz plural no meio (qualquer, quaisquer); pois tem outra, em porto-alegrês: "fiadaputa" faz plural em "fiadasputa", só com aquele "s" ali e nenhum outro. Detalhe fonético: o *i* é, na pronúncia, uma semivogal, quase nem é pronunciado.

FIADAPUTICE
Coisa de "fiadaputa" (v.), de canalha, de sujeito ruim, do mal.

FIAMBRERIA
Por influência do espanhol, a gente ainda compra os frios (queijo, mor-

tadela, salame, presunto etc.) em fiambreria, mesmo se for dentro do "súper" (v.).

FIAPO
Indivíduo magro, muito magro. Tem também a expressão "tirar um fiapo", sinônimo para espiar, observar certo detalhe. Na minha infância também se dizia "tirar um friso", no mesmo sentido.

FIASQUEIRA
Conjunto de fiascos, ou um fiasco prolongado ou muito visível. A designação é claramente uma reprovação da fraqueza, da fragilidade demonstrada pelos fiasquentos, que podem ter por exemplo demonstrado medo, ou desistido sem luta, ou algo assim.

FIASQUENTO
Qualidade (defeito) daquele que faz fiasco, que demonstra ter medo diante de coisa banal, ou tida por banal por quem acusa o outro com o termo. Muito comum pais ou mães dizerem isso de filhos que demonstram medo de injeção, ou que se negam a comer verdura etc. Os fiasquentos fazem fiasqueira.

FICA FLAI
Esta é sensacional: quando a gente queria acalmar alguém que demonstrava angústia, se dizia, nos anos 1990, "Fica flai", vai ver que com alguma alusão a um dos sentidos metafóricos de *to fly*, do inglês, como ficar leve. Ouvi uma frase completa que é uma maravilha: "Fica flai, don't scabelai", com rima e tudo: "Fica tranquilo, não te escabele". Sinônimo de "Fica gel" (v.).

FICA GEL
Como "Fica flai", significa "fica frio", "não esquenta", neste caso com o "gel" em lugar irônico de "gelado".

FICAR COCÔ
Expressão irônica para quem emburrou, perdeu a graça, ficou num canto, não quis mais se comunicar. É usada entre gente jovem, mas a alusão é à idade infantil.

FICAR DE MOLHO
Pessoas doentes ou convalescentes ficam de molho, recolhidas em casa ou no hospital, como certas carnes que se preparam de véspera.

FICAR DEVENDO
Não entender o que foi dito, o que se aludia na conversa: "Bá, essa eu fiquei devendo".

FICAR EMPENHADO
Vamos que tu tenha marcado com um cara pra pegá-lo em casa às oito em ponto, pra depois vocês irem pra uma festa. Aí o cara que vai ser apanhado demora, por algum motivo, e tu te obriga a esperá-lo. O que aconteceu? Tu ficou empenhado. Sempre que acontece de a gente ficar à mercê de outro, por qualquer motivo, pode acontecer de se ficar empenhado. O mesmo acontece com carro que estraga na hora mais necessária: o carro te deixa empenhado.

FICAR MORDIDO
Deve ter vindo de "morder-se de raiva", porque significa algo bem parecido: sujeito que "ficou mordi-

do" é aquele que foi acometido de um sentimento forte ou de vingança, ou de decisão para fazer certa tarefa, ou pelo menos de vontade de fazê-la.

FIGURA

Hoje em dia parece que a palavra sozinha já significa o que antes requeria algum adjetivo, como "figura rara", "figura especial" ou algo assim. Um dia eu vi, no finado Orkut, um comentário sobre o Aníbal Damasceno Ferreira, jornalista e cineasta que por muitos anos foi professor da Comunicação da PUCRS, a popular Famecos, Faculdade dos Meios de Comunicação Social. Dizia o ex-aluno sobre o Aníbal, literalmente: "O professor mais figura da Famecos". O cara pode ser figura ou, um grau acima, muito figura.

FIGURAÇA

Sempre com esse *a* final, para homens e mulheres, é palavra de elogio a alguma pessoa, figura.

FILHO DE CRIAÇÃO

Filho adotivo, mas tem mais a ver com crianças que cresceram em família que não a sua de sangue, por exemplo filhos da empregada, que viram "irmãos de criação" dos filhos do casal empregador. Acho que vem dos tempos da casa senhorial, onde se criavam crianças de origem não muito católica (v.).

FILHO DE VIDRACEIRO

Ver "espelho sem aço".

FILHO ÚNICO DE MÃE SOLTEIRA

Sei lá se hoje em dia, depois da fertilização in vitro e da produção independente, ainda faz sentido usar a expressão, mas era comum. Quando, por exemplo, a gente emprestava um livro, um exemplar único, acompanhava-se o empréstimo com a advertência de que se tratava de "filho único de mãe solteira", querendo dizer que não havia a menor chance de, em caso de extravio, conseguir outro. Em campo semântico assemelhado, quando a gente empresta um objeto que foi dado por alguém que já morreu se diz "Quem me deu este não pode dar outro" ou alguma variação. Ver "dois-vê".

FINALEIRA

Como todo ditongo decrescente em sílaba tônica do porto-alegrês, este também é reduzido: a gente diz "finalêra", sem o *i*. (É como "beira", que se diz "bêra", ou "queijo", que a gente diz "quêjo".) A palavra é bem recente, coisa de 2000 e poucos, e talvez tenha nascido pelo parentesco sonoro com "sinaleira" (v.), o termo local para aquilo que em São Paulo chamam "farol" e no Rio "sinal" ou "semáforo". O que significa finaleira: a parte final de algum episódio, a despedida, a sequência final de um show, as últimas músicas, por aí.

FINCAR O PÉ

Dar no pé, sair correndo. Se diz que o cara "saiu fincado". Não se confunde com a expressão portuguesa velha "fincar pé". Engraçado é que fincar é enraizar-se, ao passo que a expressão "fincar o pé" sugere o exato oposto. Por quê? Ou é uma das tantas reversões semânticas que ocorrem na vida de uma língua ou, hoje em dia, é porque se trata de fincar o pé no acelerador do carro.

FINDE
Forma íntima, afetuosa, de chamar o fim de semana. Se diz "fíndi", claro.

FININHO
Um dos nomes do cigarro de maconha. Também ocorre "fino". Além disso, era apelido para sujeito magro.

FIOFÓ
Como noutras partes do Brasil, aqui também o termo designa o ânus. Tem a forma atenuada de mandar tomar no cu: "Vai tomar no fiofó".

FIRME?
Saudação, genérica. Quer dizer, por extenso: "E aí, como vai? E a família, todos bem? Folgo em saber!" Ver "firme na paçoca". Ver também "Aí", "Aê" e "No mais, tudo bem".

FIRME NA PAÇOCA
Diz-se que algo ou alguém está firme na paçoca quando está bem, no desempenho correto de suas funções, com saúde, em dia com as contas, tudo certo. Usa-se em cumprimentos: à pergunta "E aí, como é que tá?", pode-se responder simplesmente "Firme na paçoca". Acontece também dizer-se, simplesmente, "firme", que pode estar na pergunta ("E aí, firme?"), ou na resposta, breve e decidida ("Firme").

FÍSICA
Se usava chamar a disciplina de Educação Física de "física": "Hoje vamos fazer física". Parece que popularmente ainda se usa "fazer (uma) física" como sinônimo de fazer esforço físico. E tinha (tem, ainda) a camiseta de física, aquela sem mangas que acho que se chama hoje de regata.

FISICULTOR
Acho que só aqui se chama de fisicultor o profissional que faz a preparação física de atletas, em especial dos futeboleiros.

FISSURA
Intenso desejo de algo; quem tem fissura, nesse sentido, está fissurado. Pode ser fissurado por uma bebida, um cigarro, a maconha ou mesmo por um amante. Em certos contextos, "fissurado" é sinônimo de apaixonado.

FITEIRO
Guri que se faz, fazido, isto é, guri (ou homem em geral) que faz fita, no sentido antigo de fazer cinema, encenar. Fiteiro é o guri que chora, quando não devia jamais chorar segundo a velha ética machista, ou que se queixa. Quem chama o outro de fiteiro está expressando o ponto de vista de que não se deve demonstrar fragilidade ou medo. Se usa também fiteira, para as gurias.

FLA-FLU
Embora tenhamos um clássico total, o Grenal, entre outros já fenecidos (como o Grecruz e o Intercruz, com o quase morto Cruzeiro de Porto Alegre, isso sem contar os clássicos do interior, como o Baguá, de Bagé, entre o Bagé e o Guarani, o Brapel, de Pelotas, entre o Brasil e o Pelotas, e mesmo o mais ou menos clássico Juvenal, Juventude e Internacional, isso depois que o time de Caxias do Sul passou para a primeira divisão e virou uma touca do meu Colorado), este é ou era o nome daquele jogo que eu aprendi a chamar de "pacal" (v.), um futebol simulado com bonecos agrupados por uma vara de metal, por sua vez atravessando uma mesa de lado a lado. Se chama de "pebolim" noutras partes.

FLARDA
Pronúncia popular de "fralda". Assim também tem "parteleira" em lugar de "prateleira", "bonecrinha" para "bonequinha" etc.

FLECHA
O nome daquela coisa, daquele engate que há na ponta dos fios dos aparelhos elétricos, que se destina a ligar o aparelho à rede elétrica. Sinceramente, não conheço outro nome para aquilo. Aquilo que em espanhol se chama *enchufe*.

FLÍPER
Assim se chamavam, nos anos 1970, aquelas máquinas diabólicas em que adolescentes de várias idades gostavam de gastar dinheiro, manipulando botões que fazem andar uma bola que bate em obstáculos que acendem luzes e fazem barulhos, originalmente *pinball*, no inglês. O Jorge Furtado me comentou que talvez se deva a que as máquinas, quando chegaram aqui, estavam em locais chamados "fliperama", ou algo assim. Então a gurizada ia "jogar flíper", ou simplesmente ia "no flíper". Nada a ver com os caça-níqueis de hoje em dia, 2006.

FLIT
Dito "flíti", a partir de certa marca de inseticidas, é ainda hoje termo usado para qualquer inseticida. O Flit original vinha num aparelho que a gente precisava bombear para fazer o líquido ir aos alvos.

FLOR DE ESPECIAL
Expressão usada em gauchês, de onde provém (se usa também no castelhano platino). "Flor de especial" se usa para dizer que a coisa em questão é a melhor que poderia haver naquela circunstância ou a respeito daquele assunto. Há também o uso correlato de "flor" para virtudes (ou defeitos) específicas(os): flor de bom, flor de canalha, flor de fiadaputa, flor de bagaceiro, flor de irresponsável, flor de mal-educado.

FLOREIO
Como no português em geral, significa um rodeio, um torneio verbal, uma conversa mole, uma enrolação.

FLOXO
Ver frouxo.

FODAL
Um troço foda é igualmente um troço fodal, entende como é? Mas "foda" no sentido negativo, de coisa ruim: tu conta uma roubada em que te meteu e o teu amigo comenta, simples e diretamente, "Fodal".

FODÃO
Sujeito ou muito forte, ou muito briguento, ou muito qualquer coisa, inclusive no sentido civilizadamente positivo. O cara pode ser fodão numa matéria do colégio, por exemplo. Também se usa "fodaço", no mesmo sentido, com esta terminação, -aço, que é muito cara a nós.

FODÁSTICO
Qualidade superlativa de algo que é foda mas é mais que foda, quer dizer, que é muito muito bom, excelente. Circula em outras partes do país, também. É termo do século 21, com certeza.

FOGUETE
Porre, no sentido de borracheira (ver "borracho"). Diz-se "tomar um foguete". Não confundir com o outro "porre" (v.), que é um qualificativo para situações ou pessoas.

FOI PRO SACO
Se algo "foi pro saco", foi pra banha, acabou, morreu, deixou de ter relevância. "E o cara aquele, que disse que ia fazer e acontecer?", pergunta alguém; resposta: "Foi pro saco", igual a "Deu pra bolinha dele". Só se usa o verbo no passado, quase só. Mais raramente se usa, no mesmo sentido, "Deu pros coco(s)".

FOI MAL AÊ
Pedido de desculpa da gurizada anos 2000. Pode ser ainda mais reduzido: "Mal aê", significando "Desculpa, minha atitude resultou em algo de ruim". Ver "Aê" e "Aí".

FOLHAGEM
Uma ou mais plantas decorativas, de usar dentro de casa ou na volta dela. Mulheres usam (usavam?) dizer que sua casa está precisando de uma folhagem.

FOMEAR
Ser fominha, isto é, não ser solidário com os companheiros, não passar a bola, não compartilhar a jogada, em particular no futebol.

FOMINHA
Olha o verbete aqui em cima.

FORA DA CASINHA
Expressão de uso parece que geral no Brasil urbano todo, descreve alegoricamente a condição deslocada do contexto, tendendo ao delirante, que alguém apresenta: "O cara tá totalmente fora da casinha", pode-se dizer de um sujeito que tenha dito uma besteira total, tenha cometido uma inconveniência grave. Por que "casinha"? A expressão sugere que, se o cara em questão estivesse dentro dela, tudo ok, o que quer dizer que a casinha é uma figura do acerto, da condição correta e adequada. Não será a casinha do cachorro. Então qual? Sei lá.

FORA DE COMBATE
Fazendo jus a nosso passado guerreiro, dizemos que algo ou alguém está fora de combate quando não está mais em circulação, não funciona mais, deu pra bolinha dele. Pode querer dizer apenas que o sujeito está cansado: "Bá, meu, tô fora de combate".

FORA DE ESQUADRO
O mesmo que "esquerdo" (v.); claro que também se aplica a coisas tortas.

FORA DE SACANAGEM
Expressão que se usa para realçar a veracidade do que se diz ou a consistência do que se promete. "Ah, para que tu vai me ajudar com essa grana", alguém duvida; e o outro responde "Fora de sacanagem". Também se usa dizer, no mesmo sentido, "Sem sacanagem", "Fora de sarro" e "Sem sarro".

FORA DE SÉRIE
Algo excepcional, muito interessante. Usa-se como adjetivo corrente, para coisas ou pessoas, sempre com sentido elogioso. Creio que a expressão veio do (ou se popularizou com o) programa do falecido apresentador Flávio Cavalcânti, que a certa altura teve um quadro chamado justamente assim, "Fora de série", quadro que apresentava criaturas que faziam algo inusitado.

FORA DO GELO
No restaurante, tu chega com uma gripe tremenda e pede para o garçom: "Uma coca, mas fora do gelo". Isso é a senha para ele buscar uma garrafa que não tenha sido posta na geladeira. Parece que noutros quadrantes basta, para o mesmo efeito, dizer "sem gelo".

FORA QUE
Expressão usada para concordar com uma opinião restritiva ou reprobatória. Por exemplo: alguém diz que o Grêmio tá com um time ruim; seu interlocutor confirma começando a frase assim, "Fora que tá endividado"; neste sentido, o mesmo que "sem contar que", "tirando o fato de que". Ver "de fora", que é outra coisa.

FORÇAÇÃO
Da expressão "forçar a barra", no sentido de querer exigir demais ou ultrapassar o limite, veio "forçação de barra", e ficou apenas "forçação" (palavra bonita, com dois *c* com cedilha).

FORMIGÃO
Cara que gosta muito de doce, que dá um dedinho por um doce ou por coisas doces. Também designa, secundariamente, o sujeito garanhão, comedor, chegado nas mulheres.

FORNO ALEGRE
Nome de Porto Alegre nos verões, especialmente naqueles marços arrasadores, em que calor e umidade dão as mãos para destruir as condições de boa civilidade. É termo do século 21, certamente.

FORRAR O PONCHO
Ter o lucro desejado ou mais ainda; se dar bem, em geral. Ver "por baixo do poncho".

FRANGO
Catarrada, cuspe volumoso. Também chamado, pelo menos na minha adolescência, de "pato". Nota de época: antigamente, franga era a galinha jovem, e as pessoas comiam galinha nas refeições; depois, só se come frango, mesmo que o pobre do bicho tenha anos de vida. Será porque fica mais nobre dizer "comer frango" do que "comer galinha"? Ou é porque não há mais galinha, e os frangos são abatidos jovens sempre?

FRAU
Diz-se de coisa ou pessoa ruim, que não presta, que não serve, que engana, mas no fundo não vale nada. Deve ter vindo de "fraude". Nada a ver com a *Frau* alemã.

FREGUÊS DE CADERNO
No futebol, quando um time é costumeiramente perdedor contra certo outro, ele é freguês de caderno desse outro. Claramente nasceu na antiga e quase fenecida prática de as famílias manterem cadernetas de compras nos armazéns de bairro, pagas apenas quando vinha o salário.

FRESCO
Ainda se usa dizer assim para os *gays*. Mulher fresca é mulher cheia de frescura.

FRESQUEAR
Ver "se fresquear". (Todos os verbos usados com o pronome nesta posição estão consignados aqui a partir do pronome "se".)

FRESTEAR
Espiar (pela fresta), literalmente. O significado incorporou, depois, o sentido específico de exercitar o voyeurismo, espiar as moças.

FRIACA
Frio muito frio.

FRIAGEM
Aquele frio traiçoeiro e úmido, tão conhecido no nosso inverno. E especificamente aquele frio que a gente sente mesmo estando protegido convenientemente, dentro de casa. Também se usa para designar a sensação de frio em geral: "Tá sentindo uma friagem". Mães preocupadas com a criançada dizem para a gente evitar "pegar uma friagem", que é sinônimo de pegar um frio tal que cause gripe.

FRIGIDER
Com o *e* aberto, é um termo que ainda hoje se escuta como sinônimo de geladeira, aquele eletrodoméstico. Certamente nasceu em função de uma marca, Frigidaire.

FRIO
Ver "de renguear cusco".

FRITO EM POUCA BANHA
Muitas vezes se usa o adjetivo "frito" para designar a situação de quem, bem, está frito, está em maus lençóis. Em porto-alegrês tem essa continuação, "frito em pouca banha", que acentua, exagera o horror da situação.

FRONTEIRA
É uma região geográfica: aquela que, no Rio Grande do Sul, fica perto do Uruguai e da Argentina. Mas no uso há conotações implícitas de alta importância: se a gente diz que alguém é "da fronteira", diz ao mesmo tempo que o sujeito vem da tal região e tem determinado comportamento, agauchado. O pessoal que vem da fronteira, por sua vez, usa como brevíssima descrição para um conjunto de condições morais: ser da fronteira é ser macho sem pejo, ser leal, ser correto, ser corajudo, ser despachado.

FROUXO
Expressão que manifesta concordância diante da observação de outrem: "Tu consegue fazer isso?", pergunta um, e o outro responde "Frouxo!"; nesse sentido, equivale a tranquilo, sem dúvida, óbvio etc.; há uma corrente que prefere a dicção "floxo", com o fechado, e não é pequena. No mesmíssimo sentido, se diz "tranquilo" (v.).

FROUXO NA PARADA
Diz-se de alguém que está tranquilo numa situação qualquer: "O cara tá/ ficou frouxo na parada". Também se usa dizer "floxo", com o fechado.

FRUTEIRA
Aquele lugar em que a gente compra frutas, que noutras partes do Brasil se chama de "frutaria". Lá, "fruteira" é o recipiente para guardar as frutas.

FUBANGUEAR
Quase o mesmo que "chinelear" (v.): fazer coisa de chinelão, coisa bagaceira, coisa de gente fubanga ("fubanga" em si pode querer dizer uma mulher de má fama, ou muito feia, ou chinelona em sentido amplo). Mas atenção que o verbo tanto pode designar uma atividade realmente reprovável do ponto de vista de quem usa o termo, quanto pode referir uma coisa boa, legal, como por exemplo festear loucamente, beber todas, passar a noite zoeirando, por aí.

FUBICA
Designação já desusada para o automóvel velho, ultrapassado.

FUCA
Enquanto durou o carro popular da Volks, ele foi chamado, aqui, de "fuca", jamais de "fusca". Esta forma veio por importação do centro do país, pela televisão. Não confundir com "fusquinha" (v.).

FUDÚNCIO
Confusão, problema, briga, qualquer coisa dessa ordem. Em algum texto nordestino já vi "fordunço", no mesmo sentido. Terá derivado de (se) foder? No *Houaiss* aparece "furdunço" como baile popular.

FUGIR
Quem foge dá uma rápida passada em algum lugar, faz uma breve visita; "dar uma fugida na casa da fulana" significa ir lá rapidamente, ficando pouco tempo. Imagino que

tenha vindo da ideia de fazer essa visita contrariando planejamento inicial, e portanto fugindo do esquema prévio, ou da ideia de fugir do serviço para fazer a tal visita.

FUI
Frase primorosa de síntese para anunciar que se está caindo fora de algum lugar. Legal é o tempo do verbo: o cara está saindo, no presente, e diz o verbo no passado.

FUMACEIRA
Provavelmente de origem futebolística, designa o jogo complicado, duro, difícil, em analogia, creio eu, com a fumaceira que sucede a um tiroteio (de cinema americano). Por extensão, designa qualquer situação complicada, de difícil encaminhamento. "Tava uma fumaceira que vou te contar", diz quem quer designar a dureza de dada situação.

FUMETA
Palavrinha interessante, usada na expressão "É fumeta!", que se usa (usava, pelo menos) para expressar a dureza, a complicação, a irresolução de uma situação qualquer. Substitui, com mais leveza, a frase "É foda". Também se usa a respeito de pessoas, mas menos. Origem: havia na década de 1950 um papel inseticida, que se queimava sobre um prato, no fim da tarde, para espantar ou matar os mosquitos. Fazia-se isso dentro dos quartos, o que causava horrores de cheiros, conforme as testemunhas. Parece que a expressão se popularizou em função de certo programa de rádio que havia na cidade, que prometia um grande prêmio para quem levasse ao estúdio um papagaio que dissesse "fumeta". Pois a palavra permaneceu, talvez porque muita gente tenha tentado fazer papagaios falarem "fumeta", sem sucesso, de forma que "É fumeta" deslizou para "É difícil (fazer um papagaio dizer 'É fumeta')". Aliás, até os anos 1960 era muito comum as casas terem papagaios!

FUNÇÃO
Confusão, rolo, muvuca. Um grande empenho de alguém pode ser descrito como tendo sido uma função, assim como uma grande tarefa, cuja consecução foi complicada.

FUNDA
Aquilo que no Brasil se chama "bodoque" (que também se usa aqui, mas menos) ou estilingue (que aqui nunca ouvi). Designa aquela arma artesanal que guri usava, antes da correção política, para matar passarinho ou, mais singelamente, para atirar bolinha de cinamomo em outro guri (às vezes, quando a coisa engrossava, ia pedrinha mesmo). Faz-se de uma forquilha de galho de árvore, com boa dureza e forma de Y, com tamanho da empunhadura ajustado à mão do guri e com hastes de uns quinze centímetros. Na ponta das hastes eram amarradas tiras de borracha (de câmara de pneu, antes da popularização dos elásticos sofisticados), que por sua vez alcançavam e amarravam um pedaço de couro, que recebia

o projétil a ser enviado em direção ao alvo.

FUNDOS
"Os fundos" são a parte de trás da casa e dos velhos apartamentos, originalmente – isto é, a parte que abriga a despensa, a lavanderia, o quintal, o "quartinho dos fundos", aquele depósito de tralha, que a Carolina Maria de Jesus designava, seguindo o uso paulista, de "quarto de despejo", imagem com que ela designou a favela. Curioso que mesmo hoje, em que há apartamentos cuja cozinha-e-área-de-serviço fica por vezes na frente do prédio, ainda se usa chamar a região onde estão os materiais de limpeza e a máquina de lavar de "os fundos".

FURÃO
Bisbilhoteiro, enxerido, metido; ou então aquele que fura a festa (isto é, entra sem ser convidado); ou ainda: aquele que deixa "furo" (v.). Nada que ver com o bicho deste nome, que numa época se popularizou em quadro do "Fantástico".

FURO
"Deixar furo" ou "dar um furo" é errar, fazer errado, babar, marcar boleira. Também se usa dizer "furar" para designar a ação de deixar furo. Mas pode-se dizer "Furou a ponte", com sentido de "Não deu certo a combinação para o encontro que eu tinha marcado". Mas o cara pode dizer "Ele furou comigo" significando que o tal ele foi o responsável pelo desencontro.

FUSQUINHA
Além de ser um fuca pequeno, na língua brasileira popular (mas não aqui, em que sempre se referiu o besouro da Volkswagen como fuquinha, insisto), é outra coisa. Aqui se usou, em vez de "fusquinha" para designar o fuca, "fusqueta". Ocorre na expressão "fazer fusquinha", sinônimo de "inticar" (v.), aborrecer, importunar. Tem registro literário: Athos Damasceno Ferreiro dá "fazer fosquinha", no mesmo sentido (no belo livro *Carnavais antigos de Porto Alegre*). É termo antigo do português, que aqui talvez tenha permanecido mais tempo. Talvez eu devesse ter designado este verbete como "fosquinha", né?

FUTE
"Futebol", em forma reduzida.

G

GABARITAR
Acertar todos as questões de uma prova escolar, isto é, reproduzir o gabarito da prova. Também se ouve a palavra em oficina mecânica, quando o mecânico promete gabaritar, fazer o trabalho conforme o gabarito.

GADELHA
Sinônimo de cabelo, qualquer um, mas apreciado com certo ar irônico. Cabeludo é "gadelhudo".

GAITA
Aquele instrumento de fole e teclado que em outras partes do país se chama "acordeão" ou "sanfona".

GAITADA
Risada forte, gargalhada. De uso corrente, e por certo com origem na "gaita" (v.), que se abre.

GALETO
Guria nova, em gíria dos anos 1970. Para uma mulher já acima dos vinte e tantos que se vista como menininha, pode alguém dizer "Não vem te fazer de galeto". Galeteiro se dizia o sujeito que gosta particularmente de galetos, de meninas jovens. Circulava também uma piada de chamar o cara que acompanha galetos, mas só acompanha (sem comê-los), de polenta frita, que é um acompanhamento clássico do galeto-comida, aqui no Sul.

GALINHA
Alguém me chamou a atenção, quando eu revisava o texto para a edição 2006: nos anos 1970, se chamava de galinha a moça que era considerada fácil, porque saía com vários rapazes (ou pelo menos parecia poder sair com vários, porque a suspeita já bastava para chamar a guria de galinha, naqueles tempos); no comecinho deste novo século, parece que se usava dizer que rapazes são, quando são, galinhas, isto é, quando saem – ou melhor seria dizer ficam – com várias moças. Minha interpretação: é a vitória do feminismo, nessa passagem de geração. Agora em 2022, em nova revisão, devo admitir que o termo parece ter desaparecido, em nova rodada de liberalização dos costumes.

GALINHAGEM
Pode ser a atitude galinha de uma guria ou um guri (isto é, a atitude fácil com respeito a assédios masculinos ou femininos, conforme o gosto e a disposição), como pode ser, mais genericamente, qualquer brincadeira inconsequente: "Bá, aí ficamos na maior galinhagem lá na praia". O verbo relativo a isso é "galinhar".

GALINHA MORTA
Expressão para qualificar gente sem valia, sem função, sem brio ou sem

coragem. É um insulto, claro, no contexto gaúcho.

GALO
Sinônimo de forte, bom, correto, ou, ampliando um pouco, macho, "cuiudo" (v.), gauchão. "Esse aí é galo" significa "Esse aí é macho", ou é valente, ou é responsável, ou tudo isso. Muitas vezes o uso é mais específico: para elogiar um homem por alguma atitude ou fala julgada correta, se diz "Mas ô, galo velho", ou, mais corrente ainda, "Mazááááá, galo velho", com o "mas" dito com *a* bem aberto, "más". (Tanta ênfase ganhou essa expressão que ela sobreviveu só no "Mazááááá", sem o "galo velho"). Tem também a frase "Dar uma de galo", nesse sentido. Já neste século 21, é possível ouvir homens heterossexuais chamarem outros, com certa ironia, de "Meu galo", em elogio. Ver "velho".

GAMBÁ
Bêbado, "torto" (v.), "bebum" (v.). Raramente se usa para falar de alguém que fede como um gambá.

GANHADA
A vantagem que alguém levou sobre outro, numa disputa qualquer, inclusive verbal. Décadas atrás tinha muita disputa verbal entre guris: um mandava o outro tomar no cu, e o outro respondia "Tomate cru é pra salada, e teu cu pra gurizada". Esse segundo cara, na ética daqueles tempos, deu uma ganhada no primeiro.

GANHAR
O mesmo que roubar, no uso popular, popularzão mesmo, quase gíria de ladrão. Mais comum creio que é "dar um ganho", no mesmo sentido. Já "dar uma ganhada" (v.) é outra coisa.

GARANHÃO
Em total associação com o universo do cavalo, "garanhão" se usa para designar o homem conquistador, comedor de mulheres. Tem a forma apocopada, rara, (o) "garanha".

GARANTIR A MÃO
Significa garantir, afiançar total segurança para o cumprimento de uma promessa, em todo sentido. Quando se quer pedir solidariedade a alguém para certa tarefa, ou se quer confirmar a adesão do interlocutor ao projeto em causa, se diz "Tu (me) garante a mão?".

GARFEAR
No futebol, o mesmo que roubar: "Meu time foi garfeado". Também se usa em outros contextos, no mesmo sentido. Ver "malhar". Nada a ver com "garfo" (v.).

GARFO
Diz-se de quem come bem e/ou bastante e/ou não rejeita comida que é "garfo", sem necessidade de outro qualificativo como bom, alto, grande.

GARGANTA
Diz-se do sujeito que arrota grandezas, que se tem em alta conta, que se faz passar por façanhudo. Em

geral usado para denunciar a falta de correspondência entre o que diz e o que realmente faz.

GARGANTEAR
Aquilo que o "garganta" (v.) faz.

GARRÃO
Voz popular para calcanhar, a partir do termo campeiro referente ao gado. Mas não é raro ouvir alguém chamar todo o pé de garrão. Também se diz para quem está com unhas grandes: "Bá, mas tu tá com uns garrão que vou te contar", e aqui "garrão" é o aumentativo de "garra".

GATARIA
Sorte. Usa-se muito no jogo de bolita (v.) para designar a sorte excessiva, o "rabo" (v.) que o sujeito teve em acertar ou a "joga" (v.) de um oponente, ou alguma bolita casada no "gude" (v.).

GAUCHADA
Empreendimento meio bravateiro, meio aventuresco, tipo acampar com chuva, encarar duzentos quilômetros para ver alguém por poucos minutos, coisas dessa proporção. É usado, o termo, com certa dose de ironia, mas não muita, porque a ideia de ser gaúcho e coisas conexas tem respeitabilidade, mesmo quando discutível, em todos os círculos sulinos.

GAUCHÃO
De vez em quando, em circunstâncias em que se quer elogiar o destemor de alguém, ou sua capacidade de encarar perigos, ou a ousadia, se usa chamar o autor, o façanhudo, de gauchão, em sentido elogioso e, simultaneamente, com algum tempero irônico – ou seja, ambíguo exatamente como é ambígua a nossa relação, a de Porto Alegre, com a identidade gauchesca, campeira.

GAÚCHO
Se consolidou como gentílico para os nativos do Rio Grande do Sul, mas originalmente era termo depreciativo: indicava a condição social marginal do sujeito, assim como sua condição de mestiço de ibérico com gente nativa da América. A história da palavra é controversa pra burro: tem gente que descobriu raiz latina, raiz quíchua e até raiz árabe. Para um mapa do assunto, um guia clássico (mas também muito discutível) é o ensaio de Augusto Meyer, *Gaúcho, história de uma palavra*. Mais restritamente, o termo hoje em dia designa os que se vestem como manda o figurino tradicionalista – tanto que se diz "se vestir de gaúcho".

GAUDÉRIO
Hoje em dia é termo positivo para coisas referentes a arte, cultura e comportamento dados como típicos do Rio Grande do Sul. Originalmente o termo era tão depreciativo quanto "gaúcho", ou até mais: significava o sujeito sem rumo, que vivia às custas de outrem. Há quem queira ver na palavra uma raiz em *gaudio*, latim para alegria, felicidade, mas não sei. Exemplarmente, Simões Lopes Neto, no final do magistral conto "*O anjo da vitória*", põe na

boca do protagonista, Blau Nunes, a frase tremenda, que é dita quando ele se vê sozinho, guri ainda, no final da batalha do Passo do Rosário: "Foi que vi que estava sozinho, gaudério e gaúcho, sem ninguém pra me cuidar...". Nesse caso, "gaúcho" e "gaudério" devem ter significado coisas ligeiramente diversas. Dá a impressão de que hoje em dia, pela consagração de "gaúcho" como adjetivo gentílico de uso absolutamente unânime, a palavra "gaudério" herdou a tarefa de designar aquilo que supostamente é mais puro e tradicional, mais típico, como um certo modo de vestir, um certo modo de falar e entoar.

GAVIÃO
Elogio para homens: o cara gavião é esperto, rápido, que dá tiro certeiro.

GELO
Cerveja, em uso popular deste século 21.

GENTARADA
Um monte indefinido de gente.

GENTE-FINA
Adjetivo composto que designa um sujeito legal, agradável, parceiro, solidário etc. "Aquele ali é gente-fina", se diz.

GEOMETRIA
Parece que é só aqui que se diz "fazer geometria" para aquela atividade aborrecida de levar o carro até uma oficina especializada em fazer o alinhamento das rodas, botar pesinhos, aquela onda toda.

GILDA
Nome daquela mistura de sorvete de creme com Coca-Cola ou Pepsi, que se tomava de canudinho após degelar o sorvete. Parece que nasceu em homenagem à atriz Rita Hayworth, do filme homônimo. Sei lá se se usa ainda o termo e mesmo o refresco. Com sorvete de chocolate, se chama de vaca preta.

GODÊ
Certamente por analogia com a moda godê das saias de certa moda, se usava qualificar como godê algo meio fora de esquadro, fora de proporção, fora de jeito. Dizia-se de alguém que estava ou meio bêbado, ou meio triste em demasia, ou deslocado.

GOL ESPÍRITA
Diz-se do gol que acontece de modo surpreendente, inusitado, que ocorre sem querer, feito por bola que bate em alguém e desvia totalmente, essas coisas. Claro que tem a ver com certa visão do espiritismo, coisas do além, toc, toc, toc.

GOL-A-GOL
Modalidade de futebol praticada por dois guris que são simultaneamente atacantes e defensores de seu time, constituído melancolicamente por apenas um membro cada.

GOLEADO
Bêbado, bebum, torto, em estado de embriaguez; agora, por que "goleado", quero dizer, por que essa imagem, e não outra, só pode ter a ver com gole; há registros literários,

por exemplo em Graciliano Ramos, "golado", em referência ao cara que tomou muitos goles; só que aqui em Porto Alegre nós mantivemos o *e* (o sufixo -ear é muito frequente por estas bandas).

GOLEIRA
Aquilo que no Brasil se chama gol, meta, arco, baliza, cidadela. Sim senhor. O goleiro trabalha na goleira, quer dizer, debaixo dela. Vai ver, terá algo que ver com o nosso uso do sufixo -eiro/a, que tem em profusão entre nós: tranqueira, bicheiro, porqueira, etc. Jogador de outro estado que vem jogar aqui sempre acha que é sacanagem, porque imaginam que goleira é a mulher que joga no gol, ou que é a esposa do goleiro, por aí.

GOLEIRO-LINHA
Ver "linha".

GOLESMA
Ver "engolesmado".

GOSMA
A quinta estação climática do ano, em Porto Alegre. Uma mistura infernal de alta temperatura com alta umidade. Ocorre em março, especialmente em março, mas pode se espalhar pelas redondezas de fevereiro e abril. "Me diz uma coisa quente", pede a moça ao rapaz, numa hipotética cena ocorrida em março; e ele responde: "Porto Alegre". Também chamada de bafo, mas esta palavra não carrega tudo que precisa para designar o evento.

GOSTO DE CABO DE GUARDA-CHUVA
Aquele gosto que fica na boca depois de um porre, ou depois de vômito. Há variações, como gosto de corrimão de escada.

GOZADO
Adjetivação para algo que não parece muito conforme a expectativa ou a circunstância: "Tinha um troço meio gozado", pode dizer alguém que esperava algo melhor e ficou decepcionado ou "cabreiro" (v.) com o que viu. Há também uma expressão de comentário de reprovação, de ceticismo, no mesmo sentido: te pedem para ir ter com alguém e pedir dinheiro emprestado, por exemplo, e tu nem conhece direito a figura; daí tu comenta, "Aí vai ficar meio gozado eu chegar lá na carinha (v.)". Também é o termo corrente para designar alguém engraçado.

GOZÉTICO
Esta é uma palavra que eu achava que era de uso apenas familiar, quero dizer, da minha família; mas já conferi com vários, e todos sempre conheciam, no mesmo sentido de coisa estranha, coisa fora de esquadro, ou pessoa idem. Não tem a ver diretamente com "gozada" (v.), mas com sensação de estranheza.

GRAMAR
Esperar muito e talvez inutilmente: "A guria me deixou gramando no bar e não apareceu".

GRANDE ÁFRICA
Ver "grande coisa". A literatura registra um sentido antigo e desusado de "áfrica" como sinônimo de tarefa difícil: "não é nenhuma áfrica" desdenha da dificuldade alegada ou presumida. Popularmente também se diz "grandes áfrica", só com aquele "s" ali.

GRANDE COISA
Pode ser uma expressão de despeito, dita por quem está sendo derrotado e reage dizendo "grandes coisa!", assim no plural, como poderia dizer "grande áfrica", no mesmíssimo sentido; também serve em situações em que se está avaliando algo ou alguém; um pai pode dizer, sobre o candidato a namorado da filha, que ele não é grande coisa.

GRÃ-PUTA
Expressão meio desusada para insultar alguém, especialmente os homens, assim mesmo no feminino: "É um grã-puta". Também ocorre "filho de uma grã-puta", mas raro.

GRAU
Tem duas expressões ligadas ao termo, no mesmo sentido: "cheio de grau" se diz de quem se sente por cima da carne seca, que se sente totalmente dono da situação, às vezes demonstrando tal sensação apenas por ostentar algum enfeite ou roupa – quem usa roupa nova com efusão está "cheio de grau". Da mesma forma, se fala "fazer grau" como sinônimo para mostrar-se, exibir-se: "Vou botar esses óculos escuros aqui só pra fazer um grau praquela gata". Daí a brincadeira de distinguir entre óculos de grau e óculos de fazer grau.

GREMISTA
O torcedor do Grêmio, o tricolor. Ver "Colorado", que é o verbete certo para esse tema.

GRENALIZAR
Verbo que entrou em circulação franca acho que só depois de 2000, em total coincidência com a polarização política extremada que teve maré montante em todo o país, mas aqui no sul talvez com mais nitidez, talvez por ecoar polarizações anteriores, desde as lutas entre farroupilhas e imperiais, positivistas e liberais, chimangos e maragatos, getulistas e antigetulistas. Deu pra entender, certo? Grenalizar se usa para designar uma polarização forte. Mas parece que quem usa o termo está querendo atenuar o atrito, mediante o diagnóstico de uma coisa extremada que nem merecia tanto.

GRINGO
Aqui no Rio Grande do Sul, gringo é o natural da Serra descendente de colonos italianos. Só ele, e não os descendentes de germânicos, polacos ou outros do mesmo contorno histórico. Nunca se usa o termo para os norte-americanos, e apenas raramente para os estrangeiros em geral.

GRINGUICE
Coisa de "gringo" (v.). Trata-se de comentário sobre coisas supostamente típicas dos descendentes de

italianos, como emocionalidade, entusiasmo exagerado, pão-durismo, por aí. Ver também "negrice" e "alemoíce".

GRITEDO
Sinônimo corrente para gritaria, espalhafato.

GROGUE
Ligeiramente bêbado, não completamente. Direto do inglês, *grog*.

GROSSO
Diz-se do sujeito mal-educado que ele é grosso, genericamente. Mas se usa particularmente para designar o sujeito interiorano (especialmente os da região da campanha), pouco afeito às regras da etiqueta ou da boa educação. Como somos uma região ligeiramente bárbara, também se usa, surpreendentemente, como elogio: um sujeito valentão pode ser chamado de "grosso barbaridade", "grosso que nem dedão destroncado", "grosso como parafuso de patrola". Daí "grossura", como a qualidade (ou o defeito) do grosso. Antigamente, no tempo do respeito, mães cautelosas advertiam as filhas para não chamarem homem de grosso, porque a resposta poderia ser nefasta (tipo "Grosso eu vou te mostrar").

GRUDAR
Ver "sentar".

GRUDE
Alguma vez já significou comida, mas hoje em dia se usa qualificar assim a pessoa que não larga do pé, que é muito presa a alguém, que não desgruda, obviamente. Criança muito presa à mãe é um grude, mas também uma namorada que marca sob pressão o namorado, não lhe deixando qualquer folga.

GRUPO
"É grupo", diz-se para fazer uma advertência contra a iminente roubada que está por acontecer contra alguém amigo. Significa, portanto, uma enrolação, uma mentira, por aí. Ver "engrupir".

GUAIACA
Aquele cinto de couro cheio de compartimentos, para revólver, para moedas etc., que faz parte da vestimenta gauchesca e que, conforme o Santiago, deveria ser reabilitado para facilitar a vida moderna, em que a gente carrega celular, uma penca de cartões, moedas e sei lá mais o que, e até mesmo aquela coisa misteriosa em forma de bolsa presa por um cinto à barriga.

GUAIPECA
Cachorro de raça qualquer, ou melhor, de raça indefinida. Mais raramente se usa para gente interiorana e bruta, não acostumada com a cidade.

GUAMPA TORTA
Ou aspa torta, tanto faz: é o cara mal-humorado, murrinha, "do contra" (v.).

GUAMPAÇO
Cabeçada, não no sentido futebolístico (embora, em casos de extrema incompetência também nesse sen-

tido se possa usar), mas no sentido de batida involuntária da cabeça em algum obstáculo.

GUAMPEAR
Botar guampa em alguém, isto é, trair este alguém. Mais comum que "cornear", no mesmo sentido.

GUAMPUDO
Insulto genérico, claro que derivado da mesma ideia que nos faz chamar de corno o sujeito que nos fecha no trânsito.

GUARIBADA
"Dar uma guaribada" quer dizer ajeitar a coisa, limpar, "dar um trato" (v.). Já ouvi dizer "garibada".

GUASCA
Palavra de origem quíchua (algo como *huasa*, corda, cordel, tira), que designa, em gauchês, a fina tira de couro, e desde muito tempo passou a significar também o homem do campo, o gaúcho em geral. Simões Lopes Neto lá em 1910 chamou sua recolha de temas e motivos folclóricos de *Cancioneiro guasca*, isto é, cancioneiro das coisas do Rio Grande. Se consolidou então e perdura ainda o sentido de "guasca" como um tipo interiorano do sul do estado, e ainda o valentão. Aqui em Porto Alegre, é um termo usado com a mesma ambiguidade de "gauchão" (v.): é elogio à rusticidade de certo comportamento mas ao mesmo tempo um pequeno sarro na mesma rusticidade – como se quem usasse o termo estivesse ao mesmo tempo celebrando e demarcando distância

entre si e o tal guasca. Mais "raramente", guasca é o órgão sexual masculino. A propósito desse uso, se fala em "guasca de fora", significando um sujeito do interior mas aludindo a um sentido bagaceiro, o pinto colocado para fora da calça.

GUASQUEADA
Qualificativo para certo comportamento da chuva: é quando ela é pelo menos um pouco forte e, especificamente, tocada de vento, de forma que bate meio de lado.

GUDE
No jogo de bolita, o espaço delimitado onde se casam (ver "casar") as bolitas, em número igual entre os participantes e previamente acertado ("Vamo a uma ou a duas?"). Tem em geral a forma de círculo; mais raramente, de triângulo – sempre riscado no chão, que de preferência deve ser duro e deve ter sido levemente umedecido, no dia anterior, por uma chuva, mas não pode estar embarrado. Certos quintais da infância eram perfeitos para a prática do esporte; já o pátio do colégio, com raras exceções, era ruim, ou porque não havia pátio de terra e só se encontrava pátio calçado ou porque o chão era muito seco, de areião, um inimigo da arte. Havia vários termos para questões decorrentes no jogo: "limps" (que dizia o jogador para pedir licença aos demais para limpar o trecho entre sua joga e seu alvo), "muds" (outro pedido de licença para mudar a posição de tiro em relação ao gude, mantendo

a distância em relação a ele mas rodando num arco imaginário cujo centro fosse o alvo pretendido) etc. Quando se disputava para ver quem começaria jogando, atiravam-se as jogas em direção à raia, uma linha reta traçada a certa distância do gude; e quem constatava ter ficado a sua joga na posição mais próxima da raia gritava "Prima!", ou seja "Primeiro!", e o segundo "Siga!", para "Segundo!", e não havia mais termos de ordem depois disso. Ver "facão", "joga" e "boco".

GUEIZICE
Coisa de *gay*, de veado; demonstração de fragilidade, de temor. Legal a composição: "guei" precisou daquele *z* de transição entre a raiz e o sufixo -ice, que se usa bastante: negrice, alemoíce, "gringuice" (v.). Evidentemente se trata de termos, todos eles, ofensivos, preconceituosos e incorretos politicamente.

GUENTAR AS PONTAS
O mesmo que segurar as pontas com o "guentar" sendo o mesmo que "aguentar". Também se diz "guentar o tranco".

GUENZO
Palavra de origem africana, sinônimo para comboio, frouxo, mal composto. Um "mochinho" (v.) que balança quando alguém senta nele está guenzo. Apolinário Porto Alegre diz que em Porto Alegre, na virada do século 19, se usavam três termos como totais sinônimos: "penso" (do português velho, com origem que ainda se encontra em "pênsil"), "guenzo" e "cambaio" (de origem indígena). Tirando o "penso", os outros dois ainda são usados.

GUIDES
O sapato de lona (ou de couro) que se usa para fazer esporte ou para qualquer coisa, hoje em dia, até pra ir em baile. No Brasil se falava algo parecido, "quede", com *e* aberto. A pronúncia entre nós fica algo como "guits". Tem origem inglesa: *caddie* é o guri que carrega os tacos dos jogadores de golfe, aquele esporte que ninguém entende como se conta. (Hipótese classista: *cad* é termo antigo do inglês para indivíduo grosseiro.) Parece que no começo os "guides" chegavam aqui com o nome de "keds", escrito assim.

GUINDAR
Diz-se do gesto de dar um soco bem dado. Pode ser "guindar a mão", por exemplo, ou simplesmente "O cara guindou o outro". Tem a ver com guindaste, claro, e com a guinda, talvez, que é a corda usada no mundo náutico para puxar coisas para cima.

GUISADO
Tanto a carne picada ou moída (aquela que em Santa Catarina se chama de "boi ralado", o "picadinho" de outras partes), quanto o prato que se faz com ela.

GURI QUE DEU BOM
Esse é um dos mais altos, dos mais sublimes elogios que um indivíduo pode receber por aqui. "Guri que deu bom" é o reconhecimento de

que deu certo a educação, o esforço, o empenho do guri. Pai, dindo, tio, vô orgulhoso, assim como mãe, dinda, tia e vó, dizem isso do guri, tanto sendo ele um guri ainda, quanto tendo ele crescido.

GURIZADA MEDONHA
A expressão virou um chavão local, parece que após ter sido usada como bordão por um vendedor de bilhete de loteria (ou de volante preenchido de loteria esportiva) que fazia seu ponto na Rua da Praia. Já existiam as duas palavras, e mesmo a expressão; mas o vendedor, que foi celebridade instantânea por uns dias há poucos anos (e já morreu), a popularizou. Agora virou até brincadeira familiar, escolar, chamar uma turma de guris (incluindo também gurias) assim. A banda Garotos da Rua fez um rock com este nome. Ver "piá".

GUTEGÚTI
Ver "fazer gutegúti".

H

H
A expressão toda é "fazer um agá" e quer dizer fazer uma onda, apresentar com certa ostentação credenciais convenientes para os fins em causa, para seduzir. Usa-se para dizer da pose de alguém, em certo contexto, para determinado fim: "Fiz um agá pra mina, fui com o carro do velho". É o mesmo que outrora se chamava "botar banca". O Santiago me disse (e se confirma) que tem origem no jargão médico: "H" seria uma forma secreta para referir histeria. Só que, a ser verdade essa origem, quanta mudança entre uma manifestação clássica de histeria e este "h", que é uma pequena onda. Ver "fazer uma presença".

HÁ HORAS
Gente que não é de Porto Alegre ou do Rio Grande em geral estranha quando a gente diz "Há horas" significando "Há muito tempo", "Há eras". Mas é assim que é: essas "horas", aqui, significam tempos longos, verdadeiras eras. Também se diz "faz horas".

HISTÓRIA
Primeiro: expressão de descrédito, de dúvida. Alguém vem e te conta um certo episódio, e tu duvidas: "Ah, história!". Às vezes também se diz, no mesmo sentido de mentira, "historinha". O Nelson Coelho de Castro, profeta do porto-alegrês, começou a fazer sucesso com a música "Faz a cabeça", que lá pelas tantas dizia, numa alusão ao Brizola (ou assim se leu na época da luta pela anistia, 1978, por aí), "História que ele vai vim, vai tremer com os boneco daqui". Não confundir com "de história" (v.). Segundo sentido, nada a ver com o outro: "armar uma história" equivale a "fazer um bolo", "armar uma parada", programar algo com alguém, "fazer um rolo" (v.).

HORA DO PIQUE
Aqui se usa dizer assim para aquela hora de maior movimento, hora que noutras partes se diz "hora do pico", isto é, o movimento está no pico (de uma curva imaginária que descrevesse o ritmo do movimento). Acho que tem a ver com o sentido local de "pique", sinônimo de corrida ou pressa, justamente o que a gente faz ou tem naquela hora.

HORAS BUNDA-CADEIRA
Medida irônica para o tempo de trabalho inútil, burocrático ou simplesmente desagradável, a ser desempenhado com a bunda grudada na cadeira. Ouvi a expressão no ambiente do serviço público, quando por exemplo um funcionário, querendo saber se o chefe cobraria presença apenas física dele ou es-

tava interessado em produtividade independente da mera formalidade da presença: "Mas o senhor cobra horas bunda-cadeira ou quer o serviço pronto?".

HORROR
Quando tinha muita gente na festa, a gente diz que "tinha um horror de gente". Creio – uma tese que eu sustento sozinho, mas não faz mal – que o uso desse "horror" como sinônimo de muito, tem a ver com o antigo "ror", que Simões Lopes Neto usa (ele entre outros escritores antigos), no mesmo sentido. Talvez tenha se perdido o sentido da existência de "ror", e daí tenha vindo o "horror" de que falamos. Já o *Aurélio* e o *Houaiss* dão "ror" como aférese, diminuição, precisamente de "horror". Tomo a liberdade de duvidar: pode ter sido o contrário, porque possivelmente "ror" seja a pronúncia popular para "rol", listagem de pessoas ou coisas, palavra bem velha no português (o *Houaiss* diz que é do século 13) e de uso fenecido nesse sentido. Pra mim é assim: o cara queria dizer que tinha um rol de pessoas, mas disse "ror", trocando popularmente o "l" pelo "r" final; ao longo do tempo, esse "ror" se reinterpreta como parte de "horror". Mas isso é palpite meu, claro.

HOSCO
Na campanha se usa o termo para designar pelo escuro de gado, mas em Porto Alegre se fala, por analogia, que uma coisa está hosca quando preteou (ver "pretear"), quando complicou tudo, quando está a ponto de desandar. Ao que eu saiba, vem direto do uso espanhol do Prata.

HUGO
Ver "chamar o hugo".

HUMILHANTE
Designação irônica para o coletivo nosso de cada dia, o ônibus; outros sinônimos: busum, navio negreiro. Ver também "banzo".

I

IDEIA DE JERICO
Ideia estúpida, claro. Curioso é que não se diz de outro modo ("ideia de burro", por exemplo), ao passo que a palavra "jerico" não se usa, sozinha, em outros contextos, sendo preferida a forma "burro" mesmo.

IGNORAR
Melhor seria escrever "iguinorar", que é como se diz, com esta acepção: trata-se do ato de partir pra ignorância, exagerar, passar dos limites, o que pode ser visto positiva e negativamente; daí o termo servir para aplaudir ou, mais frequentemente, para censurar; se usa dizer de quem iguinora que é uma "pinta iguinorante". Uma grande quantidade de carne num churrasco, por exemplo, pode ser aplaudida com a expressão "Bá, tem uma iguinorância de carne". Parece que a tendência atual é usar para aplaudir, usando o termo para referir algo grande, desmedido, enorme de tão bom.

IGUAL
Ver "total".

IMBA
Sinônimo de cu, rabo. Também era sinônimo de buraco feito no chão, no jogo de bolita, para jogar a modalidade conhecida como boco.

INDIADA
Programa de índio, programa ruim, que mete a gente numa situação constrangedora, chata, terrível. Também se usa, mais raramente, para coletivo de índios (ver "índio").

INDIGUINO
No Brasil em geral a gente costuma desmanchar encontros consonantais "estranhos", como o "pn" de "pneu" (se diz "pineu"), o "dv" de "advogado" ("adivogado" ou "adevogado"). O mesmo acontece com o "gn" do verbo "indignar-se". O que ocorre em porto-alegrês é a primeira pessoa do singular do presente do indicativo, "eu me indiguino", com a tônica convenientemente posta na penúltima sílaba, para expressar, é claro, indignação, insubmissão, com ênfase. E outros casos, quer dizer, outras pessoas além da primeira, também: "A pinta se indiguinou", "nós se indiguinemo".

ÍNDIO
No mundo gauchesco, especialmente o militante tradicionalista, é usado para homem, sujeito, em geral. Como outros termos, feito galo, usa-se o adjetivo velho como afetuoso, elogioso: "Como é que vai, índio velho?". De forma que "indiada", neste sentido, é coletivo de amigos: "Chamei a indiada prum churras". E o tal índio não precisa

ser velho de idade, bem entendido. Não se usa chamar genericamente a mulher de "índia", nem no mundo gauchesco tradicionalista.

INFLUÍDO
Também dito "infruído", quer dizer metido a besta, a "facão sem cabo" (v.). Usa-se para falar mal de alguém posudo, ou que se insinua, se intromete, se mete onde não foi chamado.

INFRA
As coisas necessárias para a tarefa ou a situação em questão. Vem de infraestrutura. Pode ser usada para designar a boa condição social de alguém: "O cara tem carro, tem toda a infra, tá bem na vida".

INGRESILHA
Palavra não dicionarizada assim: o *Aurélio* e o *Houaiss* dão "ingresia" como balbúrdia, falação ininteligível. Parece ser formada do mesmo modo que o *Aurélio* e o *Houaiss* apontam: "inglês" virou "ingrês" e daí passou-se a "ingresia" ou "ingresilha", como coisa de inglês, mas também a fala incompreensível de quem fala inglês. Significa confusão, situação confusa, aperto. Agora, também pode ser que o "lh" da forma porto-alegresa seja algo como hipercorreção, como dizer "papagalho" para "papagaio", para evitar o erro de dizer "gaio" em lugar de "galho". Há registro (Luiz Carlos Moraes) para "ingrisa", no mesmo sentido.

INHANHA
Situação de difícil resolução, confusa, complicada. Irresoluções ou hesitações também são chamadas assim: "Tu fica nessa inhanha aí, que saco!". Em espanhol, *ñoña* se aplica a pessoas ou coisas sem graça ou beleza e para pessoas excessivamente melindrosas, e antigamente servia para designar coisas caducas (diz que a partir de *nonnus*, quer dizer, avô, em latim). Terá a ver?

INHAPA
Parece ter dois sentidos: um, o de sorte, quando se diz que "fulano pegou a bola de inhapa" querendo significar que foi um lance de pura sorte, de acaso; outro, a de suplemento, quando se diz que "fulano pagou um quilo e levou cem gramas de inhapa". Em espanhol platino, se diz, no mesmo sentido contextual, *de yapa*, e a forma "inhapa" pode ser apenas a interpretação escrita do som da mesma palavra, na circulação fronteiriça.

INHAQUE
A empunhadura da bolinha de "gude" (v.); subdividido em "cu-de-galinha" (v.), o "inhaque" mais primitivo e só praticado pelo guri quando novo no esporte, e os demais, cujo nome eu desconheço. Que origem terá o termo? Não faço a menor ideia, mas palpito mesmo assim: a palavra tem uma cara de basca indisfarçável, ou uma indisfarçável cara de basca. (Em espanhol, *ñaque* é um conjunto de coisas inúteis.) Há um registro escrito que pode ajudar a pensar sobre o termo (ou, vai ver, termina por atrapalhar mais ainda): em livro

publicado em Porto Alegre em 1931, chamado *O moço que via demais*, Telmo Vergara fala de um colar nos seguintes termos: "[...] contas negras e grossas, que despertariam em muito guri desejos de jogar bolinhas de 'unhac', mas sem 'carro antes' [...]", tudo isso na página 34. É razoável derivar "unhac" de unha, e de "unhac" a "inhaque" é um pulo pequeno. Sei lá. Ver "bolita".

INTERPRETAÇO

Aproveitando o sufixo produtivo -aço, mais um termo, significando interpretação feita a facão, interpretação sem sutileza.

INTICAR

Pelo dicionário sério, é "enticar": incomodar, mexer com alguém de maneira desagradável ou insolente: "Mãe, olha o Fulano aqui, só fica me inticando" ou "inticando comigo".

INVOCADO

Sinônimo corrente para brabo. Correlatamente, usa-se o verbo "invocar-se", sempre com próclise, "se invocar", com regência indireta: fulano se invocou com beltrano, eu me invoquei com aquela pinta.

IR AOS PÉS

Significa prosaicamente defecar; origem possível: a designação do gesto físico de defecar, mas não na "patente" (v.), e sim, por exemplo, no chão ou naquelas latrinas antigas em que homens defecavam, latrinas que só tinham lugar para os pés, e o mais era como Deus fosse servido.

IR FEITO

Se diz que fulano "foi feito" em alguma direção quando ele foi confiante a mais não poder: "Fui feito pedir a grana pro pai e ele negou".

IR NA COUVE

Cumprir a tarefa, conferir a promessa, chegar ao âmago da questão, quase sempre dito com um sentido de aprovação; dito associado: "Vai na couve, que o repolho é macho".

IR NO MIGUEL

Eufemismo para "ir ao banheiro", usar a "patente" (v.). Também se diz "falar com o Miguel", o mesmo. Tempos atrás apareceu um sucedâneo que era "telefonar para São Paulo", depois ainda "passar um fax", tudo significando anúncio discreto para ida ao banheiro.

IR PRA BANHA

Se dar mal, ser frito – daí a banha essa.

IR PRAS CABEÇAS

Expressão que designa o desejo ou a ação efetiva de resolver de uma vez por todas a situação em causa; também se diz "partir pras cabeças".

IR PRO SACO

Algo que foi pra saco deixou de existir, ou cumpriu sua sina ou desapareceu; também se usa "ir pros cocos", no mesmo sentido.

IR PROS COCOS

Ver "ir pro saco".

IRRADIAR
Usava-se dizer que fulano de tal irradiava o jogo, pelo rádio, quando ele singelamente o narrava.

ISLÂMICO
Gíria que apareceu nos anos 2000 iniciais, talvez em função do ataque às Torres Gêmeas, quando se passou a falar mais correntemente no mundo árabe, mas também daqueles outros povos milenares da Ásia Menor, quase sempre de modo ultrassimplificado – de forma que "islâmico" ficou, nesta acepção aqui, ligado com terrorismo, o que naturalmente é uma imensa injustiça para com a longa e fascinante história do islamismo. A expressão toda que se usa é uma frase dita em tom de comentário para sublinhar quão ruim, confusa, terrível, tensa, sinistra está a situação – "O bagulho tá/é islâmico".

ISNUQUE
Modo efetivo de pronúncia para *snooker*, que o Brasil dá como sinuca (que também se usa aqui). É o jogo aquele, mesa com caçapas, tacos, bolas etc. Falando nisso: a antiga loja Sloper era chamada, aqui, de islôper, ao passo que no Rio era silôper, pelos mesmos mecanismos de desmanchar o encontro consonantal estranho à língua. Ver "esnucar", nada a ver com "desnucar".

ISOLAR
Em futebolês, significa mandar a bola longe, em geral de "bico" (v.). No mais da vida, isolar alguém equivale a pôr este alguém no ostracismo. A palavra "isola", quando gritada em jogos infantis, era uma senha para livrar o gritador das regras e injunções do jogo em causa.

IVI
Invenção de um grande gremista, ligeiramente paranoico mas gente muito fina, o Ricardo Wortmann: é a sigla para Imprensa Vermelha Isenta. Sim, é uma ironia: a sigla insinua que a imprensa que se diz isenta na verdade é colorada, é vermelha, torce pelo Inter. Quem me lembrou de assinalar esse importante termo aqui foi o Álvaro Magalhães, que por sinal é colorado e, como tal, alguém não sujeito a paranoias tais.

J

JÁ ERA
Comentário definitivo sobre a falência, o fim, o insucesso total de alguma coisa. "Que fim levou o bolo que estava aqui?", pergunta alguém; e ouve a resposta "Já era", e ponto. Serve para namoro acabado, carro pifado, qualquer coisa. Invariável quanto à forma. Tem uma música do Cláudio Levitan que sentencia, com sabedoria: "Marcou bobeira, já era".

JÁ QUE NINGUÉM GAVA...
Pedaço de frase, muitas vezes pronunciada assim mesmo pela metade, usada como crítica (ou mesmo autocrítica) contra alguém que esteja se vangloriando de algum feito, se elogiando. A versão integral é uma rima brincalhona e ligeiramente bagaceira: "Já que ninguém gava, o zeca gava". "Gavar", aqui, está por "gabar", numa alternância que é bem comum na fala popular aqui no Sul, como entre "bergamota" e "vergamota", "travesseiro" e "trabesseiro", "vassoura" e "bassoura".

JABURU
Mulher feia, muito feia.

JACU
Termo ofensivo para gente tola, tonta, mambira, tansa, e para mulher feia e/ou mal vestida.

JAGUARA
Nada que ver com a fêmea do jaguar: jaguara é termo usado para homem mesmo, "um jaguara" (mas para mulher também), e designa o sujeito mau caráter, o traidor, o falso, o que não deu no couro. O Flávio Aguiar uma vez prometia fazer um ensaio sobre o termo "jaguar" e seus correlatos no mundo do sertão brasileiro – que pode começar na cidade de Jaguarão, que fica na exata fronteira do Brasil com o Uruguai, e pode ir até o conto "Meu tio, o iauaretê", em que há uma transformação da palavra, de "jaguar" em "iauar".

JAMANTA
Tu vai na Wikipedia, por exemplo, e "jamanta" é nome de um peixe. Mas aqui a palavra designa aquele caminhão que carrega autos em seu ventre, o que em São Paulo se chama de caminhão-cegonha.

JANELINHA
Aquele lance do futebol em que o jogador que está com a bola a faz passar por entre as pernas do adversário, buscando-a logo atrás. Em Portugal se chama de "cueca" esse lance. Não encontrei registro em nenhum dicionário consultado. Hoje em dia se chama esse mesmo drible de "caneta", originado na imagem de passar a bola entre as canetas, as pernas, do adversário.

JANTA
Aquilo que em português culto se chama "jantar". Aqui é "a janta".

JAPONA
Agora parece que está mais generalizado o uso de chamar assim um casaco grosso, que se usa por sobre outras roupas quentes, nos frios do inverno. Na minha infância, anos 1960, é certíssimo que se usava para designar o casacão comprado junto com o uniforme. Vi na internet que Curitiba usa também, o que faz sentido, dado o frio que os curitibanos enfrentam, muitas vezes parecido com o nosso.

JARDEL
Bem antes do famoso centroavante Jardel, aquele do Grêmio dos anos 1990 que depois virou deputado e foi cassado, se chamava assim o baseado, cigarro de maconha. Também "jardelino", ou só "lino".

JERIVÁ
Desde muito tempo significa um guri (acho que nunca ouvi para guria) muito alto, e em geral para homens de altura acima da média. Simões Lopes Neto registra esse sentido, no clássico conto "O negro Bonifácio", curiosamente para descrever a Tudinha, uma linda moça.

JIBOIAR
Fazer como a jiboia, que fica abostada (ver "abostar") depois de comer bastante. Muito usado para descrever aquela situação em que a gente fica depois dum churrasco a capricho, ou uma feijoada, ou qualquer rango largo.

JOANINHA
Aquele alfinete de segurança que tranca as fraldas dos nenês, entre outras utilidades.

JOÃO-SEM-BRAÇO
Golpe, qualquer um (menos militar). "Dar um joão-sem-braço", às vezes "dar uma de joão-sem-braço", significa aplicar um golpe, fraudar. Também se diz "dar um migué" (v.). O que me pergunto é se algum dia houve alguém, um João, sem braço e ademais golpista. Será? O mesmo que "perna de anão" (v.).

JOÃOZINHO DO PASSO CERTO
É o epíteto do sujeito que se julga o único certo entre todos os demais, que estão em sua opinião errados. Tem origem óbvia na marcha dos militares.

JOÇA
Coisa, treco, bagulho. "Desliga esta joça" é uma ordem para desligar, digamos, a tevê. Tem sentido negativo, sempre, e tenho a impressão de que se refere apenas a objetos industriais (carro, rádio, tevê, antena, etc.) ou a instrumentos (uma faca, um alicate, etc.).

JOGA
No jogo de bolita, a joga é a bolita com que se joga, com que se ataca o gude (v.) ou a joga de outro jogador. Às vezes se chama nica-joga (ver nicar).

JOGAR
Apostar. Muito usado na frase de desafio: "Quanto tu quer jogar que isso vai mesmo acontecer?". Ou então reduzido: "Quer jogar?". Sempre se diz a frase após dúvida manifestada pelo interlocutor.

JOGAR DE MÃO
Ter o controle da situação. Claro que se origina nos jogos de carta em que há uma banca, que distribui as cartas e joga de mão.

JOGAR VERDE
O começo da velha expressão "jogar verde para colher maduro", mas só usado assim mesmo, de perna curta; também se usa "jogar um verde".

JOIA
Durante muito tempo se usou o termo "joia" para qualificar o que era bom, correto, adequado, ou para expressar concordância total. Ainda se usa, mas menos. Algumas gentes ainda usam dizer "Troço joia", querendo dizer "Coisa ótima". E se usava também o diminutivo, "joinha", no mesmo sentido, com uma pitada de delicadeza e afeto. (Eu achava que o município do interior chamado Joia devia seu nome a essa moda, mas errei: a designação é de 1944.)

JOSTA
Forma pudica de "bosta", como expressão de desabafo, de desacordo.

JUBA
Cabeleira, cabelo grande.

JUNTAR
Este é um verbo muito expressivo na fala porto-alegrense. Significa bater com força, golpear, promover um ataque físico contra alguém. É uma expressão com um tanto de exagero, usada para situações extremas, para designar a grande força empregada no golpe, tipo reagir a um ladrão, ou a um inimigo importante. Até para filhos rebeldes: uma amiga uma vez disse, em seu exagero expressivo, que tinha vontade de "juntar" o filho quando ele fazia determinada coisa.

JURA
Expressão irônica, que ainda se usa para duvidar de uma afirmativa recém ouvida.

JUS
Tem um uso bacana do termo: quando, em partidas de esportes que tenham contagem de pontos, a coisa fica empatada (digamos que seja um futebol de rua empatado em 10 a 10), é preciso acabar logo, porque já está ficando tarde, alguém anuncia: "Jus em 12". É assim que se diz no tênis, quando dá 40 iguais, ou quando no *tiebreak* fica empatado. Tem todo o jeito de se originar na *deuce* inglesa, que se pronuncia mais ou menos "djuç".

L

LAÇO
Sinônimo corrente para surra, real ou figuradamente. Time que perdeu feio uma partida se diz que "tomou um laço". Ver "sumanta".

LACRAR
Essa não é local, mas merece aparecer aqui, porque tomou conta da linguagem e das relações sociais. Várias formas se associam ao verbo: lacração, lacrativo, etc.

LADO
Aspecto de certa coisa, certa situação: "Bá, não é esse lado", por exemplo, significa "Bá, não é por aí que eu estava entendendo o lance". Da mesma forma se usa dizer "Vou ver se adianto o meu lado", significando "Vou ver se consigo benefícios para mim pessoalmente". Também se ouve "Abraçar o lado", significando encarar a tarefa, tomar a peito o enfrentamento da questão.

LAGALHÉ
Não se usa mais, mas se usava em Porto Alegre no começo do século 20, como designação do sujeito embolambado ou de um sujeito qualquer. Também aparece na literatura da época "leguelhé".

LAGARTEAR
Ficar ao sol com a intenção de aquecer-se e de curtir as delícias de seu calor; obviamente só é possível lagartear nas meias-estações e no inverno, quando o sol é raro e por isso mesmo muito desejado, época em que nossa região do planeta fica bem friazinha; origem óbvia e inspirada na atitude do lagarto, que fica ao sol. No Nordeste, se fala em "esquentar" ou "aquentar sol", no mesmo sentido. Falando nisso, em inglês há um verbo, to bask, que significa a mesma coisa, e isso provavelmente porque lá, terra de clima inclemente como o nosso, também faz sentido "lagartear", basking.

LAJE
O sujeito cara de pau. "É uma laje", se diz para o caso. Acho que a origem é um exagero, típico aliás da nossa tradição bravateira: e mais que cara de pau, de madeira, é cara de laje.

LALAU
Designa o ladrão, em geral, como noutras partes do país.

LAMBER
Diz-se da faca muito bem afiada que ela está lambendo.

LAMBISCO
Na joga de cinco-marias, é aquele gesto que se faz, já no estágio avançado em que se deve jogar as cinco para cima simultaneamente, com o dedo apenas lambendo o chão em que se estiver jogando. Mais rara-

mente se usa para designar criaturas especialmente pequenas e magras.

LAMBUJA
Forma local para "lambugem", que é a forma dicionarizada: vantagem, ganha adicional: "Tu leva esse produto e de lambuja eu te dou aquele". Parecido com "inhapa" (v.).

LAMBUZO
Efeito da porcaria feita por alguém. Quando cai azeite ou óleo no chão fica aquele lambuzo. Da mesma forma, crianças pequenas quando comem sorvete ficam num lambuzo só.

LANCHA
Pé grande, ou o sapato que serve nele.

LANCHÉRA
Não existe esse acento, eu sei, mas é assim que se pronuncia o nome da Lancheria do Parque, especificamente ela, exercitando mais uma vez o encurtamento, a apócope de palavras, como é característico da fala local.

LANCHERIA
Nome muito nosso para a lanchonete. A propósito, é perfeitamente gramatical o termo.

LANGANHO
Diz-se de uma roupa que esgarçou, perdeu o viço e a compostura, que ela "tá que é um langanho". Não parece que haja outro uso.

LARANJA
A nossa laranja-de-umbigo atende pelo nome brasileiro de laranja-da-baía; a nossa do-céu se faz chamar laranja-lima em certas partes; a nossa natal é laranja-pera.

LARGAR A PÉ
Ir a pé, sair caminhando.

LARGAR DE MÃO
Desistir, cair fora, deixar de insistir.

LARGAR FINCADO
Sair correndo. O legal é que parece ser uma contradição – entre "largar", quer dizer sair, e "fincar". A origem é a expressão "fincar o pé", que acho que nasce de enfiar o pé no pedal do acelerador. Ou será que é de esticar as pernas para fixar o pé no estribo do cavalo?

LARGA NA MINHA
Frase de quem quer receber o passe no futebol (e também "lança na minha"), ou de quem se dispõe a fazer alguma coisa e está anunciando tal intenção.

LARGAR UM BARRO
O mesmo que soltar um barro, defecar.

LASTIMADO
Quem ficou lastimado ficou estropiado, mal, machucado, ferido.

LATA
Sinônimo de cara, face, mas usado como equivalente de cara de pau ou "carinha" (v.) ou, mais raramente, como equivalente de cara feia. Por outro lado, pode-se dizer uma verdade "na lata" de alguém, significando dizer sem pudor, sem rodeios, olho no olho.

LATÃO
A lata grande de cerveja. Em outras partes do país também se diz, mas aqui na cidade virou palavra totalmente unívoca – quem diz "latão" não se refere nunca mais àquela liga de cobre e bronze ou a qualquer outra coisa, como uma lata grande (antigamente havia o latão de lixo, que ficava na frente dos prédios e era recolhido arduamente pelos lixeiros), e sim sempre ao latão de cerveja.

LATINHA
Numa certa época, se chamava táxi com essa designação, possivelmente a partir dos fucas que eram táxis. No jargão de jornalista de rádio e tevê, o microfone.

LAVADEIRA
Sinônimo antigo para fofoqueira. Deve ser uma comparação com as nostálgicas (pelo menos pra nós, que não pegávamos naquele pesado) lavadeiras de beira-rio, de arroio, cotovelo com cotovelo e dê-le trela sobre a vida alheia.

LAVADO
Quando o mate já foi muito usado, a erva já não dá mais por assim dizer no couro, ou então quando o mate foi mal preparado e por isso a erva não chega a ser toda envolvida pela água quente, o resultado é uma merda para o gosto: fica uma água suja. Esse é o mate lavado.

LAVAR A ÉGUA
Regozijar-se pelo bom sucesso de alguma empreitada. Se o teu time ganha, mesmo que não por escore avantajado, tu pode dizer "lavei a égua no jogo de ontem". Claro que é termo gauchesco.

LE
Pronome pessoal de uso meramente enfático, usado em lugar de "lhe", por clara influência do espanhol platino. Curioso que independe da pessoa do discurso e mesmo de nome (substantivo) a que se refira: "Tomou-le um laço que deu pena" ou "Tomei-le uma chuva medonha". Reproduzo mais uma contribuição do Flávio Aguiar, filólogo amador e colorado como os bons: "Este pronome é um causo sério que vou le contar. A *Grande Enciclopédia Portuguesa e Brasileira* (publicada em Lisboa) e outros dicionários lusos registram o 'le' como pronome de uso corrente no português antigo. Assim sendo, ele pode ter ficado entre nós por influência castelhana e esse gosto que a gente tem de se afronteirar para se demarcar do Brasil. Mas com certeza foi trazido para cá tanto pelos padres castelhanos das missões (*¡si, si, como no!*) como pelos açorianos (*gracias, pá!*) e pelos bandeirantes paulistas (aaargh!), essa primeira horda corintiana que varreu o país e que, seguro, são os ascendentes genômicos e astrais dos gremistas."

LÉGUA DE BEIÇO
Termo da campanha, que se usa raramente aqui, em sentido irônico, para descrever o trejeito facial de alguém que, ao indicar onde fica certa coisa

(um prédio, uma localidade), vira a cara naquela direção e estica o beiço de baixo junto com o queixo. Em geral, o cara que tá dando a explicação também diz algo como "fica ali", e então faz o beiço. Daí dizer que tal coisa fica a duas (ou três, ou quanto seja) léguas de beiço.

LEGUTS
Forma ligeiramente brincalhona para "legal", "bacana", dita em aprovação a alguma coisa. Arremeda alemão falando (porque tem aquele *gut*, "bom", ali).

LERO
Conversa, qualquer uma. Especialmente aquelas que significam alguma especialidade: "Tô precisando levar um lero com a gata", por exemplo, quer dizer que há algo transcendente a expor para a amada.

LENDA
Pode ser uma de duas coisas: uma conversa mole, uma mentira, mas também pode ser uma tarefa ou questão interminável.

LETRA
Uma "letra" é um toque, mas não no sentido literal: "dar uma letra", assim como "dar um toque", significa alertar, dar uma barbada, informar. "Bá, cara, vou te dar uma letra, a mina aquela tá tri afinzona de ti", por exemplo.

LETRINHA
Letra, só que mais discreta.

LEVANTAR ACAMPAMENTO
Quando a gente está para sair de um lugar qualquer (bar, casa de alguém, etc.), se pergunta: "Vamos levantar (o) acampamento?". Meu falecido amigo Luiz Sérgio Metz, vulgo Jacaré, usava, no mesmo sentido, outra expressão: "Vamos erguer o arado?", isto é, vamos tirar o arado do sulco, que já passou a hora de trabalhar (ou de permanecer).

LEVAR LIVRE
Significa deixar pra lá, não esquentar a cabeça, não levar "a ponta de faca" (v.). "Eu te levei livre ontem, mas não te baseia, guri", por exemplo (ver "se basear").

LEVAR MEDO
O mesmo que "ter medo".

LEVAR OS TROCADOS
Expressão antiga para falar de um encantamento, uma paixão súbita: "Essa aí leva os meus trocados", significando "Me derreto por essa aí".

LEVAR QUENTINHO
Nada a ver com transportar uma quentinha, que é nome moderno daquelas marmitas de papel-alumínio. A expressão designa a fofoca, o fofoquear: "Não conta isso pra ele porque ele vai levar quentinho pra ela".

LEVAR UM BAILE
Ver "tomar um baile".

LEVIANO
Sinônimo local para leve, dito "liviano": "Bá, mas que criança

livianinha!"; "O pacote era liviano". Direto do espanhol. Tem o caso extremo: "Bem livianinho".

LIGA
Sorte; daí dizer-se que fulano é (um) ligado, no sentido de sortudo. Não confundir com "ligadeira" (v.). Nada a ver com o "né?" de nossos tempos, com o "Tá ligado?".

LIGADEIRA
Tem dois sentidos: um é próximo de "liga", e nesse caso "ligadeira" (dito "ligadêra", claro) quer dizer grande sorte; outro é diverso, tendo a ver com a ideia de ficar ligado, aceso – "O cara tava numa ligadeira medonha" quer dizer "O sujeito estava alucinado", por parecer alguns tons acima do normal, por ter bebido, quem sabe, um chimarrão aditivado (alô: é brincadeira isso, não existe chimarrão aditivado).

LIGEIRÃO
"Dar um ligeirão" quer dizer fazer algo rapidamente, em geral porque há um prazo se esgotando e/ou tem coisa melhor pintando; também quer dizer fazer algo provisoriamente, sem dar solução definitiva para o problema de que se está tratando; raramente se diz "fazer um ligeirão".

LIMAR
Tirar da cogitação, mandar embora, desistir de contar com. Parece que o uso começou com os músicos, pelo que ouvi: quando um cara não aparece no ensaio ou na apresentação, dizem que ele, o faltoso, "Mandou a Lima", querendo dizer que não veio, simplesmente. Daí "limar"? Ou foi o contrário, o "Lima" nasceu como uma brincadeira sobre o limar com sentido de lixar, tirar, depurar?

LIMPAR O SALÃO
Tirar tatu (a meleca infantil) do nariz, com os dedos. Diz o Jorge Soirefmann que pesquisas comprovam que a maior incidência de limpeza de salão ocorre na "sinaleira" (v.), quando a gente fica ali, de bobeira, e acha que ninguém tá olhando.

LIMPA-TRILHO
O bigode grande, que parece com o antigo limpa-trilhos, aparato que vinha na frente dos trens e bondes.

LIMPO
Há uma expressão, parece que de origem policial, "estar limpo", que significa estar em ordem, estar de acordo com a lei e/ou a conveniência. Daí derivou para o uso geral. "Tá limpo" é expressão de concordância. Alguém te convida a esperar ali um pouco, que ele vai no bar e volta logo, e tu responde "Tá limpo", isto é, "Pode crer", "Deixa comigo", "Estou de acordo".

LINDEIRO
De origem claramente campeira por aqui no Sul (embora tenha registro no mundo jurídico há tempos), significa vizinho, aquele cuja casa ou propriedade faz linde (limite) com a nossa ou com a de seu vizinho, seja quem for.

LINHA
Se dizia de todo mundo que jogava no time de futebol, à exceção do goleiro; assim, jogava-se ou no gol ou na linha. Havia uma modalidade de jogo de guri que se chamava goleiro-linha, quando o guarda-metas podia sair diblando (ver "dible"). E havia outra, chamada "meia-linha", quando o jogo só era jogado em metade do campo, os dois times chutando no mesmo gol, contra o mesmo goleiro, cada qual com direito a atacar por seu turno (ver "três dentro, três fora").

LISO
A cachaça, a canha, ou uma dose dela. É comum se pedir "um liso" ao cara do bar. Estimo que tenha sido originado no fato de se tratar de cachaça pura, sem qualquer condimento ou combinação.

LOGRAR
Já está dicionarizada, mas não faz mal registrar: aqui se usa abundantemente o verbo no sentido de enganar, passar pra trás, e só assim.

LOMBA
Aquele fenômeno natural que no Brasil se chama "ladeira". Aqui em Porto Alegre, a natureza nos brindou com várias, algumas célebres, a lomba da Dom Pedro, a lomba do Hospital Militar, e mais ainda a lomba do Cemitério, e logo ali na divisa com Viamão tem a Lomba do Sabão, nome oficial. Aqui, a gente andava de carrinho de lomba, com rolimã. A canção que anuncia "Lá vem o Brasil descendo a ladeira" jamais poderia ter sido composta aqui. Paradoxalmente, há uma antiga rua do Centro da cidade que era e ainda é conhecida como a Rua da Ladeira. Será que a palavra "lomba" entrou em circulação depois, mais recentemente? Acho que não. Deve ter sido o seguinte: a palavra "lomba", de uso popular, deve ter sido vitoriosa na fala de todo mundo, contra "ladeira", mais erudita, que deve ter sido vista aqui na cidade como pernóstica, ou artificial, por aí.

LOMBEIRA
Cansaço, preguiça, falta de saco, ligeira incomodação. A palavra deve ter vindo de "lombo", as costas do animal.

LORDO
A bunda, em forma antiga local. No *Houaiss* está registrado "lorto", com *t*, mas todo mundo sabe que existe lordose, com *d*, que tem a ver com o nosso caso.

LOUCO DA CABEÇA
Expressão que quer dizer apenas louco, mas com ênfase, porque afinal louco é da cabeça mesmo. Também se usa "louco das guampas". Mas creio que terá nascido para enfatizar que não se trata de "louco de especial" (v.), nem de louco como ótimo.

LOUCO DE ATAR
Quando se quer enfatizar quão louco (positiva ou negativamente) é alguém, se diz que é "louco de atar" ou "de amarrar", às vezes aumentando

a expressão para atar/amarrar "no pé da mesa".

LOUCO DE CARA
Nada a ver com "louco da cabeça". A expressão designa um sujeito louco mas não por ter usado droga. Ver "de cara" e "bem louco".

LOUCO DE ESPECIAL
Diz-se que algo muito bom é "louco de especial". Louco, aqui e em outras expressões, tem sentido positivo: "louco de bom" refere a alta qualidade de algo; "louco de faceiro" refere a extrema alegria de alguém. Ver "louco de sem-vergonha".

LOUCO DE SEM-VERGONHA
Pode ser usada, a expressão, com a palavra "louco" querendo designar o estado ótimo da sem-vergonhice de alguém, mas em sentido positivo, de aprovação (por exemplo para falar das atividades extravagantes, mas apreciáveis, de um jovem). Por outro lado, é expressão de comentário sobre o caráter de alguém. Alguém diz que fulano é louco e que por isso não tem consciência total do que faz; a isso, pode-se comentar, em desaprovação a este abrandamento, que o cara é louco mas de sem-vergonha, querendo dizer que o fulano este sabia muito bem o que fazia.

LOUCURADA
Coisa louca, desastrada, desatinada, mal pensada, fora de previsão.

LOUQUEAR
Fazer algo de louco, tanto positiva quanto negativamente. Pode um adolescente mimado "louquear" ao beber em demasia, e mesmo assim ser acolhido como alguém que fez o que devia fazer. Mas pode também designar a ação desvairada ou indesejada: "Bá, louqueei agora", eu ouvi no ar, em plena televisão, do Tatata Pimentel, ao querer dizer que tinha trocado o nome de alguém.

LUA CHEIA
Um certo jeito de rosto: o redondo, de bochechas gordas. Criança bem nutrida tem cara de lua cheia. Não é exatamente igual à cara bolachuda (ver bolacha.)

LUNA
Apelido para óculos. Também se dizia "luneta", de onde se reduziu.

LUZ
Tem o sentido de vantagem. Dois guris vão correr em competição, e um diz para o outro, com certa arrogância bravateira: "Te dou uma luz daqui até aquela árvore".

LUZ ALTA
Em analogia com aquele toque na luz alta do veículo, que a gente dá para avisar o cara que tá na nossa frente que queremos ultrapassar e que ele deve sair de lado, se ouve a expressão "dar uma luz alta" no sentido de dar um alerta, advertir.

M

M
Diz-se, pudicamente, "estar na m", "na eme", evitando dizer "estar na merda", isto é, sem dinheiro ou sem amor ou sem carinho ou sem todas estas coisas ou, enfim, carente de coisas essenciais.

MACANUDO
Termo gauchesco que se diz por aqui também, como elogio a algo bem feito, de ótima qualidade, especialmente quando tem alguma marca de coisa gaúcha – uma costela gorda macanuda, um mate macanudo, mas também um topete macanudo etc.

MACHAREDO
Conjunto de homens, segundo designação feminina. Também se diz "homaredo", no mesmo sentido, mas mais raramente. O contrário sexual de "mulherio" (v.).

MACHORRA
Lésbica, e não apenas a fêmea incapaz de criar, como dizem os dicionários.

MACUCO
Hoje em dia o Hique Gomez tem um personagem hilário com este nome, mas na infância era o nome da sujeira que se tirava do nariz, sob repreensão dos mais velhos. Também era chamado de "meleca". O mais comum, de todo modo, ainda é "tatu".

MÃEZÃO
Xingamento de guri para guri, dos mais depreciativos: "É um mãezão mesmo", mas também "É uma mãezona", ou ainda "É uma mãe". Refere a covardia do insultado, usando um termo de comparação claramente machista, além de ingrato. Tenho a sólida impressão que não se usa mais, neste novo século.

MAGAL
Termo de circulação bem recente, fim dos anos 1990 em diante, significa bagaceira, sujeito mal arrumado, com pose de grande coisa; o antigo brega, mais ou menos. Claro que se inspira no cantor Sidnei Magal, aquele da cigana Sandra Rosa Madalena.

MAGRÃO
Nos anos 1970 entrou em circulação a gíria "magrinho" para designar o jovem (os rapazes, não as moças). Quem era adolescente ou adulto jovem naquele tempo ainda usa o "magrão" para falar dos jovens: "Aí chegou o magrão e me pediu um apoio pra comprar uma ceva". Tem um quê de brincalhão, outro de ironia, outro de moda retrô o uso hoje em dia.

MAGRINHAGEM
O conjunto dos "magros", termo este que, como disse acima, nos anos 1970 designava os adolescentes e

jovens. Creio que quem primeiro a usou, ou que a divulgou, foi o Antônio Carlos Contursi, conhecido como "Cascalho", que tinha um programa de rádio, jovem, que fez época, na antiga rádio Continental (o programa se chamava, primeiro, "Bier show", depois "A hora do cascalho", que era uma forma mansa de insinuar a expressão "do caralho"). Ele também promovia o "Baile dos Magrinhos", no mesmo sentido. O coletivo parece ter sobrevivido, ao menos na boca de quem era magrinho nos anos 1970 e hoje tem barriga como todo mundo.

MAGRO
Jovem, no sentido descrito no verbete acima. O Aníbal Damasceno Ferreira continuou a usar a palavra, e usou certa vez o termo "magríssimos" numa conversa com o Carlos Gerbase: para o Aníbal, já experiente cineasta, a geração do Gerbase (que é também a minha, cronologicamente, nascidos na virada dos 1950 para os 1960, entrados na universidade em meados dos 1970) era a dos magros, isto é, jovens, mas depois viria, fatalmente, a geração dos magríssimos. Daí o termo ganhou certo curso. Tem também um uso genérico para designar o jovem, ou o amigo, num uso em tudo similar ao *flaco* que se usa no Prata, Buenos Aires em especial.

MAGRO DE RUIM
Expressão de ar filosófico apatifado que explica a magreza de alguém, especialmente o magro comilão, por sua ruindade, por seu espírito ruim, isto dito em sentido levemente carinhoso: "Tu é magro de ruim".

MAGUARI
Voz moderníssima para "mágoa" por associação com certa marca de enlatados. Se diz, por exemplo, que certa pessoa "ficou tri-maguari", o que até rima. Eu ouvi na voz da Katia Suman.

MAL DAS PERNAS
Qualquer sujeito que teve um baque, um problema, uma crise, uma decepção, ficou mal das pernas. De largo uso. Eventualmente se usa "malito das pernas".

MAL DE...
Ver "Bem de...".

MAL E MAL
Expressão de valor adverbial, dita "malimal", com o "l" intermediário bem líquido (e não reduzido a *u*), que quer dizer algo como "por pouco", "com dificuldade", "pouco": "Eu mal e mal encostei nele e ele já começou a chorar", diz alguém que fez o nenê chorar, explicando-se. No fundo, é só um reforço para o advérbio "mal".

MAL NA FOTO
Está "mal na foto" alguém que não está bem, que não cumpriu o que dele se esperava, que foi traído, qualquer coisa de ruim. A imagem é ótima, convenhamos: sair mal numa foto, com aquela cara de patetas que nos acomete em certas situações, é bem igual a ficar mal na foto, no sentido da expressão.

MALANDRO
Quer dizer isso mesmo que se sabe. Mas tem uns ditos interessantes a respeito. Em bate-bocas, alguém reage a uma malandragem de outro e diz "Malandro é urubu, que caga voando", como quem diz "Não vem tu te fazer de malandro, porque malandro é o urubu" etc. Assim também: "Malandro é agulha, que toma no cu e não perde a linha"; "Malandro é parafuso, que já vem com o cabelo repartido no meio" (isso no tempo em que repartir cabelo ao meio era uma grande malandragem); "Malandro é tico-tico, que tem dois".

MALEAR
Muito raramente se ouve "malear" como "incomodar", a partir da imagem do mala como o chato. Ver "maletear" e "malhar".

MALECHO
Mais que mal: um doente que esteja mais pra lá do que pra cá está malecho. Este final da palavra serve de intensificação do sentido. Uso raro.

MALETEAR
Se usa, não muito frequentemente, para designar o sujeito mala, chato, aborrecido: o mala maleteia.

MALIMAL
Ver "mal e mal".

MALHAR
Vários sentidos. Falar mal de alguém é malhar esse cara. Depois é que veio essa história de malhar como sinônimo de fazer força em academia de ginástica – se bem que os dois sentidos têm a mesma origem, parece. Eu gostaria de pensar que o "malhar" aqui do sul teria algo que ver com o espanhol *malear*, isto é, tornar-se *malo*, mau, falar mal de alguém; mas parece que não, porque o português tem já o sentido corrente este. Outro sentido: "malhar" também é roubar, ludibriar, nesse sentido igual a "garfear" (v.).

MALOQUEIRO
Antigamente, designava o sujeito pobre que vivia numa maloca, isto é, numa habitação absolutamente precária. Depois do advento da TV via satélite, também em Porto Alegre nós passamos a designar o conjunto de malocas como favela, nome que antes era típico e exclusivo do Rio, se bem que a palavra mais usada para isso ainda seja "vila" (v.). A palavra "maloca" ainda existe, secundariamente, como designação da maloca propriamente dita. Mas "maloqueiro", hoje, não é mais o nome do habitante da maloca, mas apenas a designação de um comportamento pouco polido, pouco educado, sem refinamento etc.

MAMADO
Bêbado.

MAMBIRA
Pessoa tansa, bocó, tabacuda, "mocoronga" (v.). Ramaguera Correa dá como originado do guarani, como "campônio".

MANDAR PRA BANHA
Pode equivaler a matar, em sentido estrito, ou a derrotar (matar em sen-

tido metafórico). Talvez tenha como origem uma insinuação de que basta botar o derrotado na banha fervente, para depois degluti-lo. Argh.

MANDRAQUE
Provavelmente a partir do personagem aquele, dos quadrinhos, o termo passou para a vida das crianças, pelo menos na minha infância (anos 1960), como nome de um brinquedo: duas ou mais crianças "ligavam" mandraque, engatando e desengatando os minguinhos da mão direita, e então passavam a poder dar um mandraque (ou levar um). Dava-se mandraque gritando, veja só, "mandraque" mesmo, e o mandraqueado (estou inventando o verbo agora, não se usava) tinha que ficar parado como estátua, até que o autor do mandraque gritasse "ara" – sabe-se lá por quê. Havia variações, e de uma eu lembro: o "mandraque pulinho", que obrigava o mandraqueado a ficar pulando enquanto o outro quisesse. Aquelas maldades de criança. Outro uso, parece que antigo e ainda usado eventualmente, é dizer "mandraque" para algo malfeito, chinelão, ruim, e para pessoas idem, enganadoras, de certo mau caráter.

MANEADO
Diretamente do gauchês, e de uso relativamente raro na cidade, significa o indivíduo preso metaforicamente: cheio de roupas, por exemplo, de tal forma que se sente amarrado.

MANGA D'ÁGUA
Diz-se da chuva forte, que cai com força e evidência, não necessariamente causando estragos, porque o termo se refere apenas ao volume grande de água.

MANGOLÃO
Termo que designa o sujeito grandalhão e/ou desajeitado, sem destreza. Deve ter vindo de "mongoloide".

MANGUINHA
Roupa imaginária, ou melhor, um conceito abstrato, platônico de roupa, de agasalho, uma postulável ur-roupa, uma roupa que existe antes de qualquer outra roupa, uma ideia de roupa, que as mães cuidam para que os filhos usem ou levem junto quando saem, nas meias-estações. "Bota uma manguinha", diz a mãe cautelosa, querendo prevenir o resfriado. Como se vê, a manguinha pode ser um blusão, um casaquinho, uma jaqueta, uma campeira, qualquer coisa.

MANIÁTICO
O sujeito cheio de manias.

MANJAR
O mesmo que sacar, descobrir. Uso antigo, *boomer*, como diz a geração que já nasceu com um *smartphone* nas mãos. Entre os portenhos diz-se que vem de uma expressão italiana, *mangiare la follia*, que quer dizer dar-se conta. *Mangiare* é comer, literalmente, em italiano.

MANO A MANO
Como no tango e na linguagem platina, aqui significa competidores estarem em disputa em condições iguais. Muito usado para descrever

situações de futebol e brigas entre dois contendores, apenas.

MANTA
A palavra está com o Flávio Aguiar: "Aquela peça de lã que a gente enrola no pescoço quando está um frio de lascar. No Brasil chama 'cachecol'. 'Manta' eles usam para cobertor de lã ou de algodão. Bem se vê, é coisa de quem não entende de inverno".

MANTEIGA DERRETIDA
De crianças (especialmente elas) que choram por nada, ou que se emocionam por qualquer coisa, se diz que são "manteiga derretida". Curioso que não é manteiga em derretimento, derretendo, mas já derretida.

MÃO
Usado como equivalente a "mão de obra" no sentido de trabalho excessivo, desnecessário, pesado, enfadonho ou algo assim. Alguém te pergunta por que tu não tenta limpar a sujeira do teu carro logo, sem esperar pra passar num posto de lavagem. Tu responde: "Bá, mas é uma baita mão". Ver "mão na roda" e não confundir.

MÃO CHEIA DE DEDO
Há uma expressão brincalhona que se usa para mandar alguém deixar de meter a mão, fisicamente falando, de um objeto que não deve ser tocado (a tua carteira de dinheiro, por exemplo): "Tira essa mão cheia de dedo daqui". Mães dizem isso quando filhos estão metendo o dedo na cobertura do bolo que deve resistir intacto até a hora da festa.

MÃO DE VACA
Sovina, pão-duro. Deve ter origem no desenho da mão da vaca, que é aquela coisa fechada, duas unhas apenas. Em geral, quando se usa o termo se costuma acompanhar com um gesto de mão, o punho totalmente fechado. Também se usa dizer "mãozinha" para o mesmo fim: "O cara é um (não "uma") mãozinha".

MÃO NA RODA
Ajuda, em qualquer sentido. Termo de larguíssimo uso. Se alguém precisa de cem pila e tu alcança vinte, já é uma mão na roda. Deve ter vindo por analogia com a ajuda a desatolar uma carreta de boi, forcejando na própria roda. Ver "mão".

MARCAÇÃO
O primeiro sentido é sinônimo de "rateação", bobeira, "babada". Deve ter vindo da expressão "marcar bobeira". O sujeito que "marca" é um "marcão". Há outra: "Tu tá de marcação comigo", que indica que o marcador está pegando no pé (ver "pegar no pé") do reclamante (ver "de marcação").

MARCA-DIABO
Não sei se tem o hífen aquele ali, mas pode que sim. A expressão é um adjetivo que designa coisas ruins em geral, de má feitura ou de baixa qualidade. Acho que quem popularizou o termo foi Antônio Carlos Contursi, o Cascalho (ver o verbete "magrinhagem"), que dizia "marca-diabo" para designar músicas ruins, ou bregas, como se passou a dizer

depois. Como lembrou Antônio Goulart, Simões Lopes Neto, que entre outras coisas foi industrial (ou tentou ser, mais propriamente), registrou e fez circular a marca Diabo para cigarros que produziu. Se derivou daí e permaneceu, não sei; mas é certo que a expressão se popularizou nos anos 1970 e segue por aí, gorda e sã de lombo.

MARCÃO
O sujeito que marca (antes se dizia que o cara "marcava bobeira"). Indivíduo que rateia (ver "ratear"). Não se usa para designar o cara que fica "de marcação" (v.) com alguém.

MARCAR BOBEIRA
Patetear, bobear, distrair-se numa hora em que se devia estar atento, deixar o metafórico cachimbo cair da boca, perder a hora, deixar de fazer o que devia ser feito. Ver "Já era".

MARCAR NA PALETA
Usa-se dizer, em analogia com a marcação do gado (que leva marca a ferro em brasa no couro, se bem que não na paleta propriamente dita, eis que "paleta" é o nome do quarto dianteiro, ao passo que a marca vai lá atrás, em geral no quarto traseiro), o termo para designar a situação em que determinado sujeito passa a ser destacado negativamente, por algum mau ato seu, e portanto o cara fica na mira daquele desafeto. "Te marquei na paleta", diz quem promete retaliação, vingança, algo desse jaez.

MARÉ DE MIJO
Termo que descreve a situação desfavorável, azarada, de alguém: "Eu ando numa maré de mijo que vou te contar", por exemplo, diz o cara que tem perdido sucessivamente várias paradas, tem se dado mal.

MARCHA LENTA
O sujeito devagar, lento, que faz as coisas preguiçosamente. A expressão tem origem na marcha lenta do carro, claro.

MARIA-MIJONA
Expressão usada para designar desgraciosamente a roupa de uma mulher, moça ou velha. Em meu registro pessoal, lembro de se usar a expressão para combinações absurdas de roupa, por exemplo calça comprida com saia por cima.

MARIA-MOLE
Espécie de doce, acho que feito com alguma coisa parecida com gelatina, mas de resultado esbranquiçado, às vezes com um coco ralado pulverizado em volta, que se comia nos recreios do colégio. Também era nome de um tipo de sapato de tipo esportivo, sem alma (digo aquela alma de ferro que vai no sapato).

MARRECA
Insulto contra homens, guris em especial, é chamá-lo de "marreca". Significa algo entre covarde, medroso, cagão, bunda-mole, idiota, frágil, por aí, até veado, no sentido de efeminado. É termo masculino contra homem: "Tu é um marreca mesmo".

MARRECÃO
Aquilo que no Brasil em geral se chama de "gandula", o guri que pega as bolas atrás do gol para repô-las em jogo. Alguém levantou a hipótese plausível de que o uso vem de que, em muitos fundos de campo de futebol varzeano, os marrecões se confundiam com os marrecões propriamente ditos, os animais. Tem outro sentido, aliás, tinha: na altura em que as calças começaram a ser obrigatoriamente bem longas e com calça boca-de-sino (aí por 1972), qualquer coisa que não fosse isso era chamado de "calça de caçar marrecão" ou simplesmente "calça-marrecão", numa analogia com aquilo que a expressão diz, caçar marrecão no banhado. Tenho a impressão de que o uso é mais antigo, para designar qualquer calça de comprimento curto. Por analogia, se usava, lá nos 70, "calça de pegar pinto", o que em São Paulo, parece, se dizia "calça de pular brejo".

MARTELINHO
Dose convencional de cachaça, servida em copo adequado (aquele que tem fundo pesado, também usado para tomar cafezinho em bar). Terá surgido por analogia com o efeito de um martelo? Também tem a forma "martelo", no mesmo sentido. Nos dicionários se dá o termo "martelo" ou "martel" como uma unidade de medida para líquidos (na altura de 166 mililitros).

MÂS
Claro que não tem este acento, mas é assim que a gente pronuncia a conjunção "mas", que no Brasil em geral tem *a* aberto. Contradição viva: nós que somos vizinhos dos platinos que abrem sempre o *a* o dizemos fechado, anasalado. Falar nisso: nós dizemos também "Jâime", ao passo que os paulistas dizem "Jáime".

MASÁÁÁÁ
Essa não tem forma escrita, eu tô improvisando agora. Trata-se de uma frase de comentário, uma frase para enfatizar a felicidade de certo lance, o acerto de uma atitude, algo por aí. Digamos: um amigo teu vem e te convida para um churras e te diz, como acréscimo, que conseguiu convidar as gurias aquelas, que estavam sendo calorosamente desejadas como companhia, e ainda mais, que ele conseguiu convidá-las na manha, no charme e no talento, sem fazer força desnecessária. O teu comentário, então, feliz e aplaudindo o cara, será a frase: "Masááááá" – com o *s* dito como se fosse um *z*. A frase inteira poderia ser algo como "Mas, ah, que beleza". Entendeu? Não é raro ouvir por extenso algo assim: "Masáááá (v.), galo velho". Em certos contextos, pode alternar com "Mas bá" (v.). É bem comum ser escrita com *z*, "mazá", imitando na escrita a pronúncia.

MAS BÁ
Forma enfática de "bá" (v.).

MASCAR A TANGA
Expressão dos anos 1990, não sei nascida onde, que descreve eloquente-

mente uma mulher gostosa – gostosa do ponto de vista masculino digamos tradicional, que se pode qualificar como machista, talvez: a mulher mulherão, grande, com tal conformação que a tanga dela é engolida pelo balançar dos glúteos. Se diz que a mulher essa "tá mascando a tanga".

MASCARADO
Insulto pesado, de origem acho que futebolística, se aplica ao sujeito dissimulado, falso, que entrou de salto alto; cheinho, "posudo" (v.).

MATAÇÃO
Diz-se do serviço malfeito, mal executado: tu contratou alguém para fazer a instalação de um telefone, digamos, e o cara deixa fio sobrando, ou deixa o fio aparecendo, e tu diz que foi uma "matação". Veio de "matar", num certo sentido: "matar o serviço" significava deixar de ir ao serviço, mas também significa fazer mal o mesmo serviço.

MATA-COBRA
Nome de um tipo específico de soco, que é dado com a mão cerrada, como é de esperar de um soco. O agressor estica o braço na altura de seu ombro, distende-o para trás e desfere a porrada no pé da orelha de seu desafeto, movendo seu braço de fora para dentro, quer dizer, atingindo a orelha do cara com a parte de dentro de seu punho fechado. A semelhança com o gesto de dar um soco na cobra (se é que se dá soco em cobra) é óbvia: ninguém imaginaria golpear a hedionda serpente (imaginemos uma daquelas de encantador, que ficam elevadas, com a cabeça se projetando ao céu) com um direto ou com um gancho. Se o golpe for semelhante a este, mas dado de mão aberta, então é sopapo, tapão.

MATA-PIOLHO
Nome de um dos dedos da mão. Nominata completa, a partir do dedo mínimo: minguinho, seu vizinho, pai de todos, fura-bolo e mata-piolho. Trata-se de um dos primeiros aprendizados sobre a anatomia, no âmbito familiar.

MATAR A PAU
Acabar com a situação, arrasar, abafar, se dar bem, atender totalmente a expectativa. Cara que jogou bem uma partida "matou a pau". Origem truculenta, como boa parte das metáforas gauchescas. Hoje em dia se usa dizer simplesmente "matar", no mesmo sentido. O mesmo que "fechar todas" (v.).

MATAR CACHORRO A GRITO
Atitude de desespero, tomada por quem já não tem outro recurso. O mesmo que estar "a perigo" (v.), "na unha" (v.). Também ocorre "matar jacaré a botinada".

MATEAR
A cerimônia ou a atividade de tomar mate ou chimarrão. Ver "chimarrão".

MATÉRIA
No começo dos anos 1960, tudo que fosse de plástico era "de matéria",

isto é, de matéria plástica. Assim, começaram a aparecer a calça de matéria (aquela que envolvia as fraldas do nenê – meu Deus, que velharia!), saquinho de matéria, pote de matéria. Tenho a impressão de que é contemporânea, a sua chegada, da fórmica, que pôs no lixo as cozinhas antigas, as mesas de cozinha de madeira, os armários etc., as quais foram reaparecer nos antiquários, valendo os olhos da cara.

MATERIAL
Tem casa de madeira e casa de material, isto é, a de alvenaria.

MATRACA
A boca: "fecha a matraca" é uma ordem para parar de falar, ou de matraquear. A matraca era um instrumento de fazer barulho, uma tábua a que se agrega um fio de ferro que, balançado, faz barulho, um barulho seco e forte.

MATUSCO
Também dito "matusquela", designa alguém feio, desmazelado, sem graça; parecido com "mocorongo" (v.). Provém de "mato": o matusco é um nativo do mato, visto negativamente por quem é da cidade.

MAU-PASSO
Dizia-se, antes da voga da liberação dos costumes, que a moça que engravidava ou, menos que isso, transava com o namorado antes do casamento tinha dado um mau passo.

MAZÁ
Ver "Masááá".

ME ABRI PRA TI
Comentário de aplauso em relação a certo feito, a um feito certo. Parece que tem um componente de admiração sempre temperado com relativa surpresa, como se se dissesse "Não esperava que tu fosse capaz de fazer isso". Por que "abrir"? Parece ter algo com um sentido de deixar de estar numa posição fechada, refratária a admitir como verdadeiro aquilo que então se vê; pode também ter algo a ver com o sentido de "se abrir" como rir.

ME DÁ MINHAS PANELINHAS
Frase que era dita, em tom irônico ou autoirônico, quando a pessoa (especificamente mulher) declara que quer parar com aquela brincadeira, com aquela levada que está acontecendo. Referência ao mundo do brinquedo infantil, por certo, aquela coisa de guria de brincar "de casinha", fazer comida fajuta, lavar prato, essas coisas.

ME ERRA
Expressão popular dos anos 1990, que significa "larga do meu pé", "me esquece", "vai ver se eu tô lá na esquina".

MECHA
Conheço a expressão "é mecha" como sinônimo de "é bucha" (v.): "é impressionante", "é de alta qualidade", "é espantosa", "é digna de nota". Comentário usado para realçar, destacar a qualidade de algo: alguém diz que fará deter-

minada coisa de alto risco ou alta periculosidade, pode-se comentar que "aí é mecha". Talvez o sentido venha por analogia com o sentido de "rastilho", "estopim". É diferente de "uma e mexa" (v.).

MEDONHO
Adjetivo para guri endiabrado e para os frios e calores intensos de nossa terra.

MEIA
Chamava-se assim a troca de agrados, entre meninos, envolvendo os próprios rabos. Daí derivou um sentido metafórico: quando dois piás estavam em muita intimidade – muita desde o ponto de vista de quem vai usar esta palavra –, não faltava alguém pra perguntar se eles estavam fazendo (uma) meia.

MEIA HORA
Aquele momento da hora do almoço, trinta minutos depois do meio-dia. Aqui não se diz meio-dia e meia (só em círculos cultivados ou em situações formais), mas apenas "meia hora". Já causou confusão para gaúchos em andança por outras partes do país, quando precisava combinar o horário do almoço, por exemplo, e os outros não entendiam quando é que acontecia a tal "meia hora". Pois é.

MEIA-ÁGUA
Nunca entendi direito esta geometria, esta matemática: uma casa com telhado inclinado só para um lado é chamada de "meia-água", e uma casa com telhado dividido, com inclinação para dois lados, é chamada casa com telhado de duas águas. Mas se um lado só é meia, por que cargas d'água dois lados viram dois, e não um, que é o dobro de meio? O mesmo fenômeno quanto aos turnos de trabalho: meio expediente é meio turno, e expediente inteiro é dois turnos. Pode?

MEIA-BOCA
Adjetivo que designa com precisão a qualidade de algo que não está ou não ficou como era necessário ou esperado; há quem diga, mais polidamente, que certa coisa, um filé por exemplo, ficou a meia-boca, assim com preposição. Nos anos 1970 a palavra era algumas vezes acompanhada por um gesto indicativo, com os dedos de uma mão sendo acionados para lá e para cá, na altura da boca, justamente para reforçar a ideia de meia... boca!

MEIA-FODA
Apelido para o baixinho. Como fim-de-safra, toquinho de amarrar bode, pintor de rodapé, etc.

MEIA-LINHA
Ver "linha".

MEIA-SOLA
Assim como o conserto do sapato podia ser de meia-sola (sem o salto), qualquer conserto ou arrumação que seja mais ou menos, que tenha qualidade ruim, é uma meia-sola. Se diz também para aquela limpeza que substitui o banho, por preguiça ou extremo frio: "Não vai dar pra um banho, vou só fazer uma meia-sola".

MEIA-TAÇA
Ver "taça".

MEIO DAQUI
Quando o cara fica desconfiado com alguma coisa, fica cabreiro, ele fica "meio daqui". Por exemplo: "Daí veio a mina me convidar pra sair com ela e eu fiquei meio daqui", porque poderia ser uma armação, digamos.

MEIO ESQUERDO
Nada a ver com o meia-esquerda do futebol. É que às vezes a gente acorda meio mal, sem motivo aparente, talvez por ter dormido com os pés de fora (ver "dormir com os pés de fora".), e resulta que se fica meio esquerdo, isto é, meio desaprumado, meio atravessado. Outra origem é uma decepção, uma desilusão, uma notícia ruim, tudo levando ao estado de "meio esquerdo". Nunca ninguém fica totalmente esquerdo, só meio.

MEIO-DE-CAMPO
Fazer um meio-de-campo equivale a fazer mediação, fazer uma embaixada, uma intermediação entre partes em conflito.

MEIO-QUE
Trata-se de um advérbio, que funciona como seus congêneres do português, só que atenuado: se a gente afirma que fulano está meio--que interessado na fulana, é porque o negócio não é lá tão certo assim.

MELADO
O sujeito que tem cabelo aloirado, castanho bem claro, especialmente o de ascendência ibérica (não o germânico ou eslavo).

MELÃO
A cabeça.

MELENA
Cabeleira, como no espanhol, em geral usado para cabelos longos. Na minha infância em alguns círculos se usava o termo para designar tudo aquilo de doce que se usa para passar sobre a fatia de pão – e creio já ter visto esse uso no espanhol familiar. (Um dos sentidos antigos mas dicionarizados para o termo diz respeito ao vômito provocado por certa doença. Terá vindo daí, por ironia grosseira?)

MELHOR QUE A ENCOMENDA
Diz-se de algo que saiu, ora, melhor que a encomenda, isto é, melhor que a expectativa formada. Pode assumir ar irônico também, por exemplo em referência a um guri que faz uma diabrura: "Tu saiu melhor que a encomenda", diz-se, em tom levemente repreensivo.

MERCADO
Em Porto Alegre, "mercado" é o Mercado Público, porque os outros são ou "súper" (v.), os grandes, ou mercadinho, ou armazém, ou birosca, os pequenos.

MERDA
Termo de largo uso em vários contextos. Um qualificativo depreciativo forte e corrente é "de merda": guri de merda, carro de merda,

ônibus de merda, qualquer coisa. Quando a gente não entendeu nada, entendeu merda nenhuma. Tem o uso solo, como exclamação genérica de desagrado: "Merda!". Quando se quer insultar alguém, pode-se dizer "Seu merda, vem cá". Guri pequeno metido a besta, na opinião de quem queira depreciá-lo, é "um merdinha". Para mandar alguém longe, diz-se: "Vai-te à merda". Atenção para o pronome "te", sempre, que dá todo um ritmo à expressão: vai-tiá-mer(da). "Estar na merda" significa estar sem dinheiro, ou sem perspectivas, ou sem amor, ou sem algo importante. E tem a expressão magnífica "ter merda na cabeça", que significa "ter cabeça de vento", ser desavisado, ser irresponsável: "Escuta aqui, ô guri, tu tem merda na cabeça?". Quando se prenuncia algo de ruim, se diz "vai dar merda". Ver ainda "fazer merda".

MERDA É BOSTA, QUEM FALA GOSTA
Antigo rifão usado para repreender crianças que tivessem dito a palavra "merda". Depois da liberalização dos costumes, creio que ninguém mais o usa.

METER BRONCA
Fazer o que deve ser feito, encarar a tarefa, resolver-se. Nada a ver com "bronca" mesmo. "Mete bronca" é uma frase de estímulo bem usada.

METER OS PEITOS
Enfrentar decididamente a situação que se apresenta, por mais dura que seja. Também significa ter coragem e demonstrá-la. É comum a frase de apoio e exortação "Mete os peito, tchê". Ver "no osso do peito", "pechada" e "osso".

METIDO
Enxerido, intrometido, é o sujeito que se mete nos assuntos dos outros, que fofoqueia. Também tem o sentido trazido na expressão "metido a facão sem cabo", que quer dizer que o sujeito não teria, na realidade, por que querer presumir que daria conta do recado, dado que ele é medíocre ou está aquém do suposto, do exigido para a tarefa. É também possível dizer isso como "metido a sebo", sabe-se lá por quê.

MEXE
Quando a gente quer referir, com bastante delicadeza, que alguém tem um esquema especial em determinada circunstância, um esquema privativo dele, uma regalia, se diz que ele "tem um mexe lá", isto é, tem uma facilidade – por exemplo, numa repartição pública, numa região, na família de alguém etc. Serve para amante também.

MEXER
O mesmo que "inticar" (v.). É comum acontecer o seguinte uso: dois amigos conversam entre si e passa um terceiro; e um dos dois diz "Espera um pouco que eu vou mexer com ele", querendo dizer que vai tirar um sarro dele, que vai gozar com a cara dele, vai provocá-lo, vai cobrar alguma coisa dele etc.

MEXIDO
Comida improvisada que mistura as sobras do almoço: esquenta-se-as (eu sei que não existe em português isso, mas é tão bacana, deixa aí, revisor!) e manda ver; na minha experiência, pressupõe arroz e feijão.

MI MAIOR DE GAVETÃO
Forma brincalhona para designar a nota mi maior, creio que para o violão especificamente. Em uma cidade da Grande Porto Alegre (Sapucaia?), tem ou tinha um festival de trova (repentismo) com esse nome.

MICHAR
O que michou acabou, se extinguiu. Não sei por quê, numa época me lembro de ouvir a expressão "michou o carbureto" significando "acabou-se tudo", "deu pra bola" (v.). Um programa, uma combinação que não deu certo "michou". Não confundir com "se michar" (v.).

MIGUÉ
Na origem, terá sido "miguel", mas não se diz senão como "migué". "Dar um migué" é aplicar um golpe de espertezacontra alguém, fazer um pequeno furto, cometer um pequeno delito, uma pequena burla. Ver "joão-sem-braço". Diferente de "ir no Miguel" (v.).

MIJADA
Uma mijada é uma descompostura, um carão, uma repreenda. Durante certo tempo foi um palavrão cuidadosamente evitado na sala da família, mas hoje virou língua corrente, ainda que pouco elegante. Usa-se também o verbo correspondente, "mijar" ou "dar uma mijada" (mais frequente), no mesmo sentido.

MIJADOS
Os "mijados" são os pertences de alguém, em geral assim chamados quando são poucos e insignificantes, para depreciá-los. Sempre plural. Usado por exemplo quando uma autoridade manda o sujeito sair de onde está, por estar sendo inconveniente: "Junta aí os teus mijados e te arranca".

MIJAR FORA DO PENICO
Faltar a compromisso, falhar na tarefa, cometer erro, fazer bobagem.

MIJAR PRA TRÁS
Desistir, levar medo, se cagar. Evidentemente é um termo masculino e machista: descreve sucintamente o modo feminino de mijar. Ver "acocar".

MINA
A guria, a namorada, a possível namorada, a gata. Uso certamente igual ao do espanhol portenho popular, do lunfardo, em que se usa a palavra no mesmo sentido.

MINERAL
Flávio Aguiar, porto-alegrense expatriado há horas, toma a palavra de novo: "Aqui em Porto Alegre, a gente pede água mineral assim: 'Ô tchê, me dá uma mineral'. E se não acrescentar nada, vem uma água mineral com gás. No resto do Brasil, a gente pede uma 'água mineral' e é

ao contrário: se não acrescentar que quer com gás, vem aquela aguinha choca num copinho. Acho que esse uso se popularizou sobretudo por causa de um reclame (alguém lembra da palavra?) da Minuano, que cantava assim: 'Água mineral Minuano / Minuano água mineral / Mineral Minuano água / Água Minuano Mineral!' Era um verdadeiro poema concreto, digno dos irmãos Campos, que desconstruía a ligação umbilical entre 'água' e 'mineral'. Mais do que isso, só o Deleuze pra explicar". Eu repararia apenas que no novo século, parece que se perdeu um pouco essa clareza, essa nitidez. Hoje em dia tudo que é garçom pergunta se é com ou sem gás, acho eu. Mas fica o registro de um uso local, talvez fenecido.

MINHOCA
Se usa dizer, quando alguém está urubuzeando (ver "urubu") outrem, que ele está botando minhoca, assim, sem mais nada: "Não vem botar minhoca". Eventualmente se diz "Não bota minhoca no meu pastel". Também se usa, como noutras partes, "botar areia". Ver "eminhocar".

MIRÃO
O cara que fica mirando, fresteando; o *voyeur*.

MISEREAR
O *Aurélio* registra "miserar" para o caso, mas aqui se diz aquele *e* ali no meio, *e* etimológico que vira *i* na fala. (No Rio Grande amado, em Porto Alegre especificamente, é bem comum fazer essas derivações com -ear, e não apenas com -ar, como se vê em "cornetear", aqui, versus "cornetar" em São Paulo, para referir a corneta no mundo do futebol.) É o caso de alguém chorar suas mágoas ou dar uma de "mão de vaca" (v.), isto é, bancar o sovina.

MISSA
Tarefa complicada, complexa, difícil. "É uma missa fazer o carro pegar no frio."

MISTUREBA
Mistura estranha, inusitada, esquisita. Usa-se para mistura de comidas, de bebidas. Também se usa para definir o estado de confusão mental de alguém que fala demais e/ou insensatamente: "Bá, o cara fez uma mistureba...".

MIUDINHA
Às vezes "bate uma miudinha", circunstância das mais esquisitas quanto à nomeação. Explico: de repente, um monte de gente conhecida tua fica gripada. Acontece, aqui nesta parte do planeta, com certa regularidade. Daí o comentário é "Pois é, bateu uma miudinha que vou te contar". Mas não precisa ser gripe: pode ser qualquer coisa com aspecto de epidemia, e não só doenças – falências em cadeia, brigas familiares etc., qualquer coisa que represente uma má fase. Parecida com "andaço" (v.).

MIX
Ver "fazer um mix".

MOBÍLIA
Os dentes. Uso popularzão, nada refinado.

MOCA
Esconderijo, lugar em que estão coisas escondidas. Se diz também "mocó", no mesmo sentido. Vai ver, é termo de origem indígena.

MOCHINHO
Também dito "mocho", é o banco de uso doméstico, aquele de madeira, sem espaldar. Aliás, deve ser por isso que se chama de "mocho", termo que originalmente significa, na campanha, gado vacum sem aspas ou que perdeu uma ou as duas guampas. Pois o "mochinho" é, mal comparando, uma cadeira que perdeu as aspas.

MOCINHO
Duas coisas: uma, certa bala maravilhosa da antiga Neugebauer; outra, o nome do brinquedo que os guris faziam a partir da imitação dos filmes de bangue-bangue. Diz a memória do Flávio Aguiar, que foi guri nos anos 1950: "Mocinho: do porto-alegrês arcaico. Herói dos 'filmes de mocinho', que era o preferido das matinês no Capitólio, no Marabá, no Marrocos, no Carlos Gomes, Continente, Ritz, Castelo, Gioconda etc. Isso antes da ação civilizadora do Clube de Cinema, liderada pelo Enéas de Sousa e pelo Goida, que transformou esses filmes em coisa cult com o nome de 'faroeste'. Tinha também o 'filme de amor', gênero detestado por ser muito meloso, lento e com pouca briga. A gurizada brincava também 'de mocinho', ou 'de mocinho e bandido', e todo mundo queria ser o mocinho". Mas irmão menor só podia ser, no máximo, 'o amigo do mocinho'."

MOCÓ
Esconderijo, como moca, mas de uso menos familiar, mais da rua. Podia significar também um lugar relativamente escondido (um apê de um amigo, usável para atividades mais ou menos suspeitas). Daí vem o verbo "mocozar" (v.).

MOÇO
Garçom, termo que também é usado aqui, muitas vezes é chamado de "moço", igualzinho ao *mozo*, usado no espanhol.

MOCORONGO
Todo grupo humano, conforme demonstram as pesquisas dos noruegueses, tem sempre um; trata-se daquele sujeito devagar, meio sem iniciativa, lerdo, ou francamente bocó.

MOCOZAR
O mesmo que esconder. Dá ares de ter vindo da gíria da maconha e das drogas, "mocozar o bagulho", mas tem uso franco. Também ocorre a forma "mocozear". Noutras partes do Brasil, o mesmo verbo tem sentido diverso: parece que no interior de São Paulo significa matar. Ver "moca" e "mocó".

MODOS!
Tem que ter essa exclamação, porque assim é que as mães dizem

para os filhos, especialmente à mesa, quando eles demonstram pouca familiaridade com, ou pouca disposição para cumprir, as regras da etiqueta.

MOGANGO
A cabeça, por provável analogia com a abóbora assim chamada.

MOÍDO
Muito cansado fisicamente, extenuado, num bode total. De uso largo, familiar. Secundariamente se usa noutro contexto, como "moído de pancada", para designar o sujeito que apanhou muito.

MOLHAÇADA
Situação em que há muita água espalhada, em lugar não previsto para isso. Quando guri sai do banheiro e deixa o chão molhado, por falta de capricho, a mãe reclama que ficou tudo uma "molhaçada".

MOLHAR A GARGANTA
Beber bebida alcoólica. Costuma-se usar em churrascos, para anunciar o começo dos trabalhos etílicos. Já ouvi a variação "molhar a palavra", no mesmo sentido.

MONDONGO
As tripas do boi, que se corta em pedaços para comer, coisa (para meu paladar, desagradável) chamada noutras bandas de "dobradinha".

MONGA
Voz moderníssima, anos 1990 em diante, para designar a antiga son-gamonga, isto é, a pateta (que pode ser "o" também), a tonta, a desavisada, a estúpida. O Arthur de Faria tem uma música intitulada "Chama a monga", que é uma mistura de *chamamé* com milonga, e ele não perdeu a chance do trocadilho.

MONTAR NUM PORCO
Certamente por comparação com a esquisita e virtualmente inexequível tarefa de montar, fisicamente, num porco, apareceu a voz popular "montar num porco" para designar estados de alma próximos da cólera. Quem monta num porco, nesse sentido, fica "puto (dentro das calças ou não)" (v.). Ver "porquear", que é totalmente outra coisa.

MONTE
Se usa mais do que no restante do Brasil dizer "um monte" para designar a grande quantidade de qualquer coisa. Também em espanhol platino se diz isso, na forma *un montón*.

MONTOEIRA
Grande quantidade de algo, de gente ou de coisas. Creio que o uso tem algo a ver com o *montón* do espanhol platino.

MORCEGO
Cara que fuma muito fuma como um morcego. Isso no tempo em que se fumava... Agora, morcego fuma? Então por quê? Também se diz do fumador contumaz que ele é uma chaminé. Tem registro na Argentina; *Fumar como un murciélago*. É, ou era, também o apelido do guarda-chuva, mesmo que não seja de pano preto.

MORDER
Achacar alguém, pedir grana emprestada, extorquir. Usa-se também "dar uma mordida", no mesmo sentido. Outro sentido: demonstrar aguerrimento, garra, sentido este de largo uso no futebol local.

MORDER A FRONHA
Uma das formas de se referir o ato sexual entre homens, especificamente a posição do assim chamado passivo. Há várias outras imagens, nem sempre tão delicadas: pedalar pra trás, cagar pra dentro, jogar no outro time, sentir um bafo quente na nuca, sentir a unha no garrão etc.

MORDER OS COTOVELOS
Quando alguém está visivelmente brabo, se diz que está mordendo os cotovelos, gesto perfeitamente impossível, mas de imagem eloquente, ótima. Ver "envaretar".

MORGAR
Perder tempo, ficar à espera inutilmente. O *Aurélio* e o *Houaiss* dão como sinônimo de dormir, o que não é o caso, a não ser metaforicamente: aqui, se o sujeito fica morgando ele fica de bobo, esperando, marcando bobeira.

MORINGA
Outro sinônimo de cabeça.

MORRER
Em certos contextos, se diz "morrer com" uma grana, querendo significar pagar, bancar certa despesa, mas isso com um conteúdo de lamentação: "Tive que morrer com cem pila", por exemplo, diz alguém que teve uma despesa indesejada nesta monta.

MORTA
Ver "dar a morta".

MORTAL
Adjetivo de sentido tri positivo, para ações, coisas ou mesmo pessoas.

MORTO DE FOME
Termo comum para designar o sujeito que come afanosamente, afoitamente. Muito usado para crianças. Se diz "mortifome": "Ô, mortifome, não te deram educação? Tem que esperar pelos outros!".

MOSCA-MORTA
Pessoa imprestável, sem interesse. O mesmo que "galinha-morta" (v.).

MOSCÃO
Era muito comum nos 1970, hoje é menos, chamar os patetas de moscões. Faz feminino em "moscona". Ver "mosquear".

MOSQUEAR
Mosqueiam aqueles que são moscões, conforme insinuava uma gíria antiga, querendo implicar no termo os bobos, tontos, talvez em analogia com as moscas, que ficam andando em roda meio sem saber o que fazer; por isso, "mosquear" significa ser passado pra trás, deixar passar uma boa chance, bancar o pateta.

MOSQUEDO
Coletivo de "mosca".

MOTORA
Apócope de "motorista". O *o* tônico é bem aberto.

MUCA
Apócope de "muquirana" (v.). Não confundir com "mucra" (v.).

MUCRA
Redução para "mocreia", isto é, mulher feia ou nojenta, e até de mau caráter.

MULHER DE BRIGADIANO
É o que no Rio se chama de "mulher de malandro". "Brigadiano" (v.), aqui, é o policial militar; e há um dito do tempo do machismo desbragado e inquestionado – de má memória –, "apanhar como mulher de brigadiano", "quem gosta de apanhar é mulher de brigadiano" etc.

MULHERIO
Conjunto genérico e inespecífico de mulheres; muitas vezes usado depreciativamente: "Fica aquele mulherio a gritar..."; já ouvi a expressão correlata "homerio" (ou até "macherio"), para conjunto de homens, mas não me parece que a forma tenha curso. Ver "macharedo".

MUMU
Começou sendo uma marca de doce de leite, por sinal existente até hoje, e virou substantivo de largo uso, como sinônimo de coisa fácil de fazer (como "boinha" – v.). Nos anos 1960, a empresa que produzia o Mumu (palavra que imita o mugido da vaquinha) espalhou placas por todo o estado; na estrada, perto das cidades, aparecia: "Canoas tem Mumu", "Ijuí tem Mumu". E funcionou mesmo, tanto que virou gíria. "Se tu soltar essa tranca, aí é mumu", pode dizer alguém. Tinha a expressão "Quer mumu?", no sentido de "Tás querendo moleza?". Quanto a esta última, tinha uma pergunta seguida de afirmação com conteúdo ofensivo: "Quer moleza? Então come merda, que não tem osso."

MUQUE
A força física dos músculos ou o próprio músculo, em especial o bíceps. Guris são estimulados a mostrar muque, fazendo o gesto característico de retesar o bíceps, com o antebraço virado para o alto e o punho fechado.

MUQUIÇO
Lugar bagunçado, feio, sujo; ou então a própria sujeira, a própria bagunça. Mãe, ao entrar no quarto do filho e perceber a desordem, diz: "Mas isso aqui tá um muquiço!". A palavra está dicionarizada como "moquiço", sinônimo para habitação rústica, pobre, sem conforto. Há também a forma "muquifo", de mesmo sentido, que me parece mais recente.

MUQUIRANA
A partir do sentido geral do português de "muquirana" como avaro, aqui derivou-se o termo para o sentido de coisa ou pessoa de baixa qualidade, vulgar, malfeita, brega.

MURCHAR
Perder a graça, ficar desarvorado.

MURRINHA
Pelo certo é "morrinha", que também no Brasil se usa para designar o cheiro ruim, o fedor. Mas aqui se usa para outras duas situações: um cara murrinha é um chato; um tempo murrinha, que ocorre bastante aqui, é aquele tempo chuvento e meio frio, céu cinza, aquela bosta. Este tempo também é conhecido como "murrinhento".

N

NA BATALHA
Situação de trabalho ou esforço. "Estar na batalha" significa estar dando duro para obter algo, desde um emprego até uma namorada. Ver "batalha". Também funciona de maneira mais frouxa, menos específica, como mera saudação: se alguém te pergunta "E aí? Como é que é?", em saudação, tu pode responder, com uma pontinha de graça, "Tamos aí, na batalha".

NA BUNADA NÃO VAI DINHA?
Pergunta irônica, trocadilho para "Na bundinha não vai nada?". Usa-se quando se está sendo assediado para aceitar condições indignas: digamos que alguém te propõe que tu pague a despesa da festa e ainda te responsabilize por esperar até o fim da festa para levar todo mundo em casa; tu responde "E na bunada não vai dinha?", insinuando ou que só falta o cara querer o teu rabo, para culminar a exploração, ou que o proponente deve literalmente tomar em seu respectivo cu. Ver "Nocupa".

NA CARADURA
"Caradura" tem em português e em espanhol, no mesmo sentido: o caradura é um sujeito cínico, mentiroso etc. Mas a expressão completa, "na caradura", refere a coragem de alguém no desempenho de alguma função: um sujeito está cortejando ou desejando uma mulher, por exemplo, e sem muita mediação a convida para sair, "na caradura". Também se diz, no mesmo sentido, "na carinha", isto é, na cara de pau. Naturalmente deve ter sido, em princípio, "cara dura", um substantivo e um adjetivo, que lá pelas tantas se fundiram.

NA CASA DO CACHORRO
O termo leve equivalente a "na casa do caralho" (v.) e congêneres.

NA CASA DO CARALHO
Longe demais, na altura onde o diabo teria, segundo a lenda, perdido as botas; o mesmo que na casa do cachorro, na puta que o pariu, no cu da perua cega, na caixa-prego, na casa do badanha.

NA COLADA
Quando um carro entra em alta velocidade numa curva, se diz que veio na colada. Frequentemente a expressão vem acompanhada de um gesto de mão que consiste em fazer o indicador bater, por meio de fortes e sucessivas sacudidelas da mão para baixo, no encontro do dedo médio, o popular pai-de-todos, com o polegar.

NA CONTINUAÇÃO
Expressão que quer dizer exatamente isso, na continuação: alguém está

dizendo uma frase, a conversa promete ir longe, mas o outro tem que ir embora; daí o primeiro diz "Não tem erro, na continuação a gente fala". Muito usada para designar os compromissos seguintes: "A gente vai no cinema e na continuação vamos jantar no Copa".

NA ENCOLHA
O sujeito que tá nessa situação mostra uma posição defensiva, encolhida metaforicamente. Daí o encurtamento para a forma "na encolha".

NA FEIÇÃO
Significa "à feição", isto é, de modo adequado ao propósito. Usada em futebol, quando a bola vem de jeito a receber o golpe.

NA GATARIA
Quando alguém acerta sem querer o alvo que buscava, real ou metaforicamente, diz-se que ele acertou "na gataria", isto é, ao acaso, na sorte, no "rabo" (v.). Talvez tenha algo a ver com o gato propriamente dito, que tem certas habilidades que vou te contar.

NA MÃO GRANDE
Método pouco polido e pouco canônico de obter alguma coisa. Na prática, quem consegue alguma coisa "na mão grande" ou roubou, ou sacaneou alguém para lograr seu fim, ou algo pelo estilo. Deve ser originária da gíria policial.

NA MERDA
Quem está na merda está sem dinheiro e eventualmente também sem amor e sem tudo; há quem diga, usando uma expressão paradoxal, que fulano está "numa merda que dá gosto"; bem entendido, não tem nada a ver com um lugar qualquer: trata-se de toda uma situação existencial.

NA MORAL
Expressão que define o âmbito ético ou o argumento fatal que leva ou levou um sujeito a fazer o que fez. Se diz, por exemplo, que um jogador machucado seriamente, que permanece no jogo apesar das dores, joga "na moral". Da mesma forma qualquer outra atitude ligeiramente heroica ou simplesmente responsável, como cumprir compromissos que se prevê pavorosos ou difíceis.

NA OBRIGADA
A expressão completa é "estar/ficar" ou ainda "botar na obrigada", também dita "na obriga", reduzidamente, e significa o compromisso em que alguém ficou em função de uma solicitação irresistível ou de um constrangimento idem. Por motivos morais, a gente fica na obriga(da) de fazer coisas: foi o filho que pediu, a gente já tinha prometido levar ele no parque e precisou adiar e agora não tem mais jeito. Parece que vem do dialeto do jogo de cartas, em que certas situações obrigam o jogador a certas tarefas.

NA PONTA DOS CASCOS
Expressão que designa a situação ótima, excelente, de algo ou alguém

que esteja na véspera de começar a atuar. Vem do linguajar campeiro, onde se usa a expressão para o cavalo bem preparado e a ponto de começar a correr uma carreira, em atitude física que está clara na expressão.

NA PUTA QUE O PARIU
No mesmíssimo lugar em que fica a "casa do caralho" (v.) e a do cachorro, em que se refestela o cu da perua cega e em que fica a caixa-prego (ver "caixa-prego".)

NA RABEIRA
Nas últimas posições, no fim, em má posição, perto do rabo.

NA REAL
Forma contrata de "na realidade"; pode ser usada como início da assertiva, "na real, o cara tá a fim dela", mas também pode ser usada isoladamente, como resposta afirmativa ante a expressão de dúvida ou descrédito de alguém sobre o que acabamos de dizer.

NA TIRIÇA
Um sujeito que está na tiriça está ruim, mal, numa pior, por exemplo por ter sido abandonado pela namorada, por estar com muita fome, sem grana, ou muito "fissurado" (v.) em algo que não está disponível. Talvez a palavra tenha vindo de "icterícia", que deixa o cara amarelo. E tinha uma banda chamada Taranatiriça, com nome alusivo à fissura (uma tara na tiriça é uma tara terminal, digamos).

NA UNHA
Quem está "na unha" está a perigo, está numa situação-limite: com fome, sem grana, sem amor ou algo assim. O mesmo que "a perigo" (v.).

NA VOLTA
Expressão de uso adverbial que designa um lugar impreciso mas compreensível no contexto da conversa. "Todo mundo saiu e o guri ficou ali, na volta", por exemplo, quer dizer que todo mundo deu no pé, mas o guri ficou por ali, peruando, meio perto. Em formulação elegante, seria algo equivalente a "nas redondezas". Aqui no estado a gente usa muito o termo: "Aqui na volta não tem tido problema", querendo dizer tanto a vizinhança em sentido estrito ou as cercanias da cidade; "O tempo aqui na volta vai esquentar", idem.

NABA
Coisa ruim, problema, pessoa imprestável, qualquer coisa dessa ordem. Se o teu carro não pega de manhã, tu diz "Mas é uma naba mesmo".

NADA A VER
Juízo sumário sobre pessoa, coisa ou cena. "Tu quer ir ao cinema hoje?" "Bá, nada a ver", se responde, querendo dizer que é totalmente descabida a proposta, por algum motivo que pode ser apenas e tão somente o humor de quem diz. Chega a ser usada a expressão como adjetivo: "Cheguei lá e um cara nada-a-ver veio me pedir os documentos".

NAIFA
Faca, no jargão popular relativamente antigo; assim chamada por causa da *knife,* inglês.

NÁMOR
Forma apocopada de "namorada" ou "namorado". Também existe "námors", mesmo para designar uma pessoa apenas.

NÃO-Ô
Calma, é apenas o bom e velho "não", só que dito de modo enfático, como negativa a uma pretensão (mais precisa seria a seguinte reprodução: "nâum-ô"). Mães dizem para filhos que pedem coisas descabidas, namoradas para namorados idem.

NÃO DÁ NADA
Frase de reconforto que se usa para dizer que certa coisa, certo episódio, certa confusão, não vai ter desdobramento nefasto. Às vezes é usada em lugar de "Não há de quê", como fórmula de cortesia. Ver "nedenede".

NÃO DÁ PRA METER
Espécie de comentário final e definitivo sobre uma situação que não tem saída, ou não tem a saída que se esperava. "Com esse cara não dá pra meter", significa "Com esse cara não tem jogo", "Com esse cara não se tem chance nenhuma". Como se vê, não há qualquer conotação sexual na parada.

NÃO DEIXAR BARATO
Tem gente que não deixa barato nunca: é quem leva tudo "a ponta de faca" (v.). Quer dizer: cara que não leva desaforo pra casa, que compra todas as brigas, que encara todas as paradas, é um sujeito que não deixa barato, isto é, que vende caro toda e qualquer parada. Usa-se também, mais raramente, a expressão positiva correspondente: "Essa aí ele deixou barato". Refere-se sempre a situações de disputa.

NÃO DEU PRA ENCHER O BURACO DO DENTE
Frase graciosa, embora grotesca, usada para declarar que a comida ingerida até ali não foi suficiente: "Bá, tchê, mas não deu nem pra encher o buraco do dente".

NÃO DORMI CONTIGO!
Frase que se usa como reprimenda, como forma de chamar a atenção de alguém, em especial se for mais novo do que quem a profere. Por exemplo: um guri entra na sala onde estão conversando alguns adultos, e ali está um tio seu (especialmente um tio grosseiro), mas o guri não cumprimenta o tal tio. Este chama o guri e diz: "Bom dia, né? Eu não dormi contigo". Na mesma situação se diz "Na minha casa se cumprimenta...".

NÃO É BOLINHO
Frase de comentário a respeito de algo que não é pouca coisa, não é fácil, "não é mol" (v.). Também se usa para grandes quantidades: "Tinha gente que não era bolinho".

NÃO É MOL
Tenho a impressão de que a forma só se usa assim, negativamente, com o

sentido óbvio de "não é mole", como comentário a certa circunstância que acaba de ser relatada. Pode ser para falar de alguém que não é mal por ser "cuiudo" (v.), ou para dizer que certa tarefa é complicada, etc.

NÃO É O ARTIGO
Frase para desqualificar alguma coisa, que não é de boa qualidade, ou uma pessoa, que não vale tanto assim quanto parecia ou se dizia.

NÃO É O BICHO
Comentário que se faz para dizer que o indivíduo ou a situação em causa não é tão grave, ou tão valente, ou tão definitiva como parece. Se o Grêmio contrata um cara que desembarca no Salgado Filho dizendo que veio "a nível de grupo, para somar", pode crer que não é o bicho. Similar: "Não é o artigo".

NÃO É PRA TUA BOLINHA
Frase usada para anunciar para o pretensioso que ele não tem tanta qualidade quanto imaginava. O mesmo que "não é pro teu bico" (v.).

NÃO É PRO TEU BICO
Frase feita para ou repreender, ou irritar, ou meramente gozar o sujeito que se mete de pato a ganso (ver "se meter de pato a ganso"); a frase insinua que o sujeito não tem condições de levar a cabo a tarefa que se propôs; variante: "É muita areia pro teu caminhãozinho" – ao que o patife pode responder que então faz duas viagens. Ver "não é pra tua bolinha".

NÃO É QUERER FALAR
Preliminar para uma fofoca, para um comentário um pouco mais duro. "Olha, não é querer falar, mas tu viu só como ele fede? Como é que tu pode querer namorar essa peça?"

NÃO É TRIGO LIMPO
Desusada, mas presente: é um juízo sumário sobre o mau caráter de alguém, o tal do trigo que não é limpo.

NÃO EXISTE
Comentário que pode tanto significar um alto elogio quanto uma grande reprovação. "Esse cara não existe", por exemplo, pode-se dizer a respeito de um sujeito que demonstrou grande habilidade em algum metiê; mas a mesma frase pode ser usada para dizer que o cara, outro, não deveria existir, tamanha a besteira que disse ou fez. Depende totalmente do contexto em que é usada. Pode servir para gente ou coisa ou situação, indistintamente. Digamos que tu conta para uma guria que tu ficou sabendo de certa coisa que ela teria dito a respeito de ti, para outra pessoa, ontem, na festa; ela, indignada, renega tal coisa dizendo "Não existe", como quem dissesse "Isso é absurdo!".

NÃO FODE
Frase que se usa contra alguém que está por algum motivo enchendo o saco ou propondo algo delirante, viajante (ver "viagem"). Tinha uma rima: o cara fica te torrando a paciência para que tu vá com ele a uma roubada (v.) medonha e tu res-

ponde, cortando o papo dele, "Não fode, bode".

NÃO HÁ DE FOR NADA
Dito jocoso, com erro voluntário, para consolar alguém que se frustrou naquele momento.

NÃO INFLÓI NEM CONTRIBÓI
Maneira graciosa de dizer que dada coisa não faz diferença. Também dita "não inflói nem diminói".

NÃO INVENTA
Frase de repreensão para atitudes aparentemente descabidas. Mães para filhos ousados e perigosamente criativos, por exemplo, dizem muito isso. Pode ter variações e complementos: "Olha, guri, tu não me inventa de ficar gripado agora".

NÃO JOGA NADA E QUER MASSAGEM
Expressão usada para configurar um juízo sobre alguém que não vale muita coisa mas pensa que vale. O mesmo que, conforme se dizia no tempo da boate, "Não dança nada e quer luz negra".

NÃO LEVAR PRA COMPADRE
Acho que só existe a fórmula negativa essa aqui, que se usa para elogiar o caráter valente e altaneiro de alguém: quem não leva ninguém pra compadre é quem não dá moleza, não aceita corrupção, não se deixa passar pra trás.

NÃO PAGAR IMPOSTO
Diz-se "Esse aí pra rir não paga imposto", no sentido de que o cara tem riso fácil, solto.

NÃO QUER DIZER PESCOÇO
Expressão das mais interessantes, de origem obscura para mim. Por exemplo: eu digo para alguém que vou para a praia amanhã, e este alguém me retruca que provavelmente vai chover, que ele ouviu a previsão do tempo, insinuando que a minha hipótese de passeio vai melar; aí eu, convicto de que a minha viagem não será invalidada ou prejudicada pela eventual chuva, digo "Não quer dizer pescoço". Ou seja: a frase afirma que o que foi apresentado como contra-argumento não implica nada de mais grave, "Não significa grande coisa", "Não faz diferença". Outro exemplo: digamos que alguém te diz que tem um amigo muito bom de bola e que vai levá-lo até o jogo de sábado, para juntar-se ao time e ganhar a partida; tu pode responder "Não quer dizer pescoço, porque no meu time tem o fulano que joga muito". Em sua forma mais comum, é usada mais sinteticamente: "Não quer dizer", e acaba por aí.

NÃO QUER NADA COM O BASQUETE
Frase usada para referir a pouca disposição de alguém para o trabalho. O mesmo que "não quer nada com o jejo", palavra esta que por sinal eu não faço a menor ideia de onde vem.

NÃO QUERO NEM SABER SE O PATO É MACHO

Frase usada para descrever a total definição de quem a diz, no sentido de querer peremptoriamente aquilo que era prometido ou esperado. Nesse caso, às vezes tem um complemento: "Não quero nem saber se o pato é macho, eu quero é o ovo". Também serve para dizer, metaforicamente, que não adianta chiar, reclamar, porque está decidido. Teve um jornal na cidade, durante a ditadura militar, que se chamava *Pato Macho*, talvez em alusão à frase.

NÃO SEI, NÃO QUERO SABER E TENHO RAIVA DE QUEM SABE

Fórmula que se usa popularmente para uma negativa total e absoluta: se te perguntam se tu sabe onde está aquela Fulana, e tu não sabe, nem quer saber e tem raiva de quem sabe, então tu diz, adivinha, exatamente isso.

NÃO TÁ COM ESSA BOLA TODA

Juízo sumário sobre alguém ou algo, que não é tão bom quanto quer parecer. Ver "deu pra ti". Essa "bola" aqui tem tudo a ver com aquela enigmática expressão "deu pra tua bola" (v.).

NÃO TÁ NEM AÍ NO JEJO

Para mim, um total mistério essa frase. Total não, porque o significado eu lembro: quer dizer não estar preocupado. Agora, e esse "jejo" aí? Fui aos dicionários e nada. De parecido tem "jeje", o povo africano e eventualmente a religião dele, tudo designado pela mesma palavra. Será?

NÃO TE ATRAVESSA, VIAMÃO

Ver "Viamão".

NÃO TE FAZ

Advertência contra quem está se fazendo. Ver "se fazer".

NÃO TEM ERRO

Expressão invariável de concordância, de afirmação. Equivale a "pode crer" e "é isso aí", usados em diálogos. "Vamos se ver amanhã?" (atenção para a deliciosa concordância), pergunta alguém; e o outro responde "Não tem erro". Também poderia dizer: "Tranquilo" (v.).

NÃO TEM MOSQUITO

O mesmo que "não tem erro", no sentido de "pode crer", não vai haver problema etc. Acho que agora está em desuso.

NÃO TEM NADA A VER O CU COM AS CALÇAS

Esta é a forma usual para o conhecido trocadilho, a frase que de fato a gente diz quando quer contradizer, confrontar uma opinião de quem esteja fazendo uma relação que nos parece inadequada ou imprópria.

NÃO TEM TU VAI TU MESMO

Frase que anuncia que, na ausência de alternativa, o próprio "tu" em questão vai ter que encarar a bronca, mesmo que eventualmente não seja o mais habilitado ou o mais disposto.

NÃO TIRA PEDAÇO
Vamos imaginar que a mãe pediu pro guri ir até o armazém comprar algo, e o guri ficou mosqueando, se fazendo de morto, ou mesmo reclamou explicitamente da dureza da tarefa, ou da falta de oportunidade do pedido da mãe. Então ela reclama dizendo: "Olha, não tira pedaço ir lá".

NÃO TÔ NO MEU DINHEIRO
Quando a gente não está muito bem, quando está amolado, quando está meio fora de esquadro, por motivo físico ou metafísico, se anuncia para os demais: "Não tô no meu dinheiro". Tenho a impressão de que quase só se usa assim mesmo, na primeira pessoa, e rarissimamente em terceira, "Ela não tá no dinheiro dela".

NÃO VALE O FEIJÃO QUE COME
Se diz de alguém que não vale nada, que é imprestável.

NÃO VALE UM PEIDO
Todo um juízo sumário sobre alguém, cujo valor é aqui comparado a um fenômeno trivial, com sabor escatológico característico do linguajar daqui. Tem até registro literário, no romance do Luis Fernando Verissimo *O jardim do diabo*. Forma alternativa: Não vale um pila (ver "pila"). O mesmo que "Não vale o feijão que come".

NARIZ DE FUMAR NA CHUVA
A imagem é expressiva demais para requerer definição.

NAS COXAS
Diz-se que o serviço malfeito foi executado "nas coxas". Há quem queira verdadeira a seguinte história: consta que escravos fabricavam telhas de barro moldando-as nas coxas, literalmente, o que resultava em telhas irregulares entre si, provocando um resultado ruim. Pode ser. Mas tem outra versão, bem mais antiga na história humana, para a origem da expressão: "nas coxas" alude a um coito interrompido, em que o homem se acaba (ver "acabar") nas coxas, e portanto não completa perfeitamente o ato. Também se usa, no mesmo sentido, a expressão "em cima da perna".

NAS INTERNAS
A forma deve ser essa, nas internas, mas nunca ninguém diz o segundo *s*. Quer dizer privadamente, no âmbito interno, nos bastidores, para poucos. Se usa assim: "Vou te dar um toque aqui, nas interna", diz alguém que vai confessar um suposto segredo, com quem vai dar o que se chamava de informação de cocheira.

NASO
O nariz, especialmente o nariz grande. Acho que veio de redução de "nasal", ou terá entrado no uso local por causa do italiano, em que *naso* é nariz mesmo (não fossem certos narizes dos italianos...).

NAS PREGA DÓITCH
Frase brincalhona que arremeda o alemão, na frase *Sprichst du Deutsch?*, que significa "Tu falas alemão?". Os não alemães ouviam algo como "spregsdóitch", e aproveitam para brincar com essa alusão chula às pregas do rabo do sujeito.

NAVIO NEGREIRO
Um dos muitos nomes do ônibus. Ver "busum", "banzo", "humilhante".

NECA-PAU
No jogo do "palitinho" (v.), que no Brasil (Rio, em especial) se chama porrinha (e se diz "purrinha"), quando alguém aposta que, considerando todas as mãos dos competidores, não haverá nenhum palito, se diz "neca-pau", em sentido de "nenhum pau" (de fósforo). No Rio se diz "lona". Também se usa a expressão como negativa, em geral: alguém te pergunta se deu certo o teu lance com o cara, e tu, descornado pela falência do projeto, diz "neca-pau".

NEDENEDE
Esta é difícil de saber como escrever. É a pronúncia profundamente porto-alegrense para a expressão "Não dá nada", querendo dizer algo entre "fica frio" e "essa pinta não vale nada", "esse cara não sabe nada e tá se metendo" etc. Talvez se devesse escrever marcando, de algum modo, que os três primeiros *e* são mais é do que *e*. Uma vez vi uma troca de mensagens e comentários no facebook entre ilustres falantes e praticantes do porto-alegrês sobre o tema. Eram eles o Michel Laub, o Cardoso (André Czarnobai) e o Mojo (Daniel Pellizari).

NEEEEEEM PENSAR
Assim é que se diz a frase sintética de negação, com o *e* espichado e enfático. Muitas vezes vem precedida de "mas", que para ênfase é dito com o *a* bem aberto, não anasalado: "Mas neeeeem pensar que eu vou sair com aquela bisca".

NEGAÇÃO
Qualidade, isto é, defeito, de quem não vale nada, não se desempenha satisfatoriamente em algum mister: "Bá, mas tu é uma negação mesmo, hem?".

NEGADINHA
Coletivo de pessoas, em geral, não necessariamente negros. Diz-se afetuosamente "A negadinha toda tava a fim de ir lá". Quem dizia muito a palavra é o Nelson Coelho de Castro.

NEGA-MALUCA
Trata-se de uma torta bem simples, feita com massa de bolo, dessas de pacote, com cobertura de chocolate, em geral a parte mais disputada pelas "crias" (v.).

NEGÃOZINHO
É um modo afetuoso de referir um negro (não mulato claro). O diminutivo pode ser meramente afetivo ou, mais comum, referir-se ao pequeno tamanho do cara.

NEGAR FOGO
O mesmo que deixar de funcionar, frustrar. A origem é claramente do uso de arma de fogo. Igual a "deixar na mão".

NEGO-AÇO
Em português culto se escreve "negro-aça", e quer dizer a mesma coisa, pessoa albina, mas tenho a impressão de que apenas os albinos de origem negra mesmo, ou, como se diz hoje, afro-brasileira.

NEGOÇÓRIO
Palavra linda, derivada de "negócio" no sentido genérico de "coisa", objeto qualquer. Usa-se especialmente na falta de vocabulário específico para designar objetos (desde os artesanais até os industriais).

NEGRICE
Termo altamente preconceituoso, como se pode ver, mas que ainda era usado até a virada do século, e que hoje nem se cogita mais dizer, e ainda bem. Queria dizer trabalho mal realizado, tarefa mal cumprida, coisa porcamente executada, desleixada. Varia também para "coisa de negro". O termo também significa qualquer coisa de mau gosto: uma combinação extravagante de roupas, por exemplo, uma pintura de casa com tinta espalhafatosa, podia ser chamada assim – mas isso no tempo em que combinações extravagantes chamavam a atenção negativamente. Ver "matação". Também se usa, com a mesma formação, "alemoíce"(v.) e "gringuice" (v.); mas, note-se, "negrice" é o mais comum dos três.

NEGRINHO
Nome porto-alegrês daquele doce, muito popular entre adolescentes, que no Brasil se chama "brigadeiro". Por oposição a ele, chama-se de "branquinho" ao doce de mesma composição, só que sem chocolate. Segundo a memória de uns e outros, que andei consultando, o doce que se chama no Brasil em geral "brigadeiro" mas aqui "negrinho" é recente, tendo começado a existir justamente no período posterior à Segunda Guerra (1939-1945), quando o leite condensado, este de lata, começou a circular mais francamente no país. Era a época em que um político hoje totalmente esquecido, Eduardo Gomes (1896-1981), por sinal brigadeiro, concorreu à Presidência da República, tendo sido derrotado em ambas (mas chegando ao Ministério da Aeronáutica em duas oportunidades). Era bonito e solteiro, conforme se dizia na época, e era brigadeiro, e mais ainda gostava do doce de leite condensado cozido, com chocolate e tudo o mais. Daí a nomeação. E nós, cá na cidade, resolvemos a coisa pelo mais direto, pelo aspecto (mas vai ver que também pelo fato de que era a época do Getúlio e do trabalhismo, com Jango e Brizola em ascensão, de forma que o brigadeiro Eduardo Gomes não tinha aqui muito prestígio).

NEM AS HORAS
Expressão que se usa para descrever a reação de total desconsideração

de alguém em relação a algo que julgamos merecedor de atenção. Por exemplo: tu está relatando uma confissão tua a algum amigo, confissão pesada, séria, e quer enfatizar a reação nem-aí do amigo que estava te emprestando a orelha para o desabafo; e diz: "Eu lá quase chorando e o cara nem as horas". Também descreve qualquer reação de pouco-caso: "Eu dê-le jogar verde pra mulher e ela nem as horas". Deve ter-se originado numa frase como "Ele não foi capaz sequer de me dizer as horas", no sentido de que dizer as horas seria esperável, já que se trata de uma gentileza das mais mínimas.

NEM COM BANDA
O mesmo que "nem fudendo" (v.).

NEM ESQUENTA
Por extenso seria "nem esquenta a cabeça com isso", mas a gente usa só assim mesmo. É expressão de solidariedade com alguém que conta algo difícil de sua própria vida ou relata alguma situação em que o interlocutor estaria envolvido com prejuízo. "Bá, tô te devendo uma grana", diz alguém, e o outro responde, compreensivo, "Nem esquenta".

NEM FUDENDO
Expressão que designa a total impossibilidade de que algo venha a acontecer, porque não faz sentido, porque a pessoa envolvida nem cogita, porque parece absurdo. "Tu vai na festa da fulana?". Resposta: "Nem fudendo", isto é, de jeito nenhum. Parece que nasceu, quanto ao sentido, da ideia de que, mesmo que aconteça a melhor coisa possível (fuder) ou a pior coisa possível (ser fudido), não tem como encarar a bronca de executar a tarefa. Parece que os castelhanos de Buenos Aires usam, com alguma regularidade, a mesma expressão, *ni jodiendo*, no mesmo sentido. Equivale a outra expressão conhecida, "Nem que a vaca tussa". Também equivale a "Nem com banda" (eventualmente complementado com "de música"), "Nem a tiro".

NEM ME VIU
Esta me parece coisa recente, dos anos 2010 em diante. É um desdobramento e um acirramento de "fui", "já era", "deu", com um sentido exagerado, hiperbólico, de ir embora – não é nem "fui", porque para dizer isso o cara tem que ter ido ao lugar, ao passo que "nem me viu" é "eu nem estive aqui". Tem também um sentido originado em "faz de conta que tu nem me viu".

NEM MEL,
NEM PORONGO
Dito de efeito para descrever uma situação em que o sujeito perdeu as duas coisas que queria, as duas opções disponíveis, sobretudo depois de hesitação longa. Deve ter nascido no ambiente campeiro, em alusão à coleta de mel selvagem (com um porongo?).

NEM-TE-LIGO
Um certo ar que determinadas pessoas conseguem ostentar, em

situações que deveriam causar apreensão: "Chovia o que Deus mandava e o cara lá, nem-te-ligo". Invariável.

NERVOS
A expressão completa, de larguíssimo uso, é "nuns nervos", e se usa para descrever uma situação em que o sujeito ficou nuns nervos, isto é, ficou nervoso, ansiado, preocupado: "A guria saiu de casa cedo e tá desde as sete na rua, tô nuns nervo que só eu sei".

NERVOSO
Estado de alma caracterizado por excitação. "Me dá um nervoso", por exemplo, e não "um nervosismo". Tem também uma explicação popular para males do corpo que teriam origem psicológica: se diz de tais males físicos "Isso aí é fundo nervoso".

NEURA
"Neurose", num sentido distenso: qualquer jeito desagradável, arredio, de maus bofes, é já uma neura. Assim também qualquer preocupação: "Anda numa neura medonha", por exemplo, pode-se ouvir de alguém que esteja preocupado com a prova do fim do mês, no colégio.

NICAR
Tocar de leve a bolita de um adversário ou alguma que esteja casada no "gude" (v.). A bolita muito maltratada por toques desse tipo fica nicada, o que pode ser considerado mérito: uma "joga" (v.) toda nicada é um talismã, uma sobrevivente de várias batalhas, uma prova de experiência. Também se usa o verbo como equivalente a transar, ter relações sexuais rápidas, com ligação afetiva efêmera ou frágil.

NIQUELEIRA
Não pode haver dúvida: é o recipiente da bolsa para os níqueis, isto é, as moedas. Parece que é só aqui que se usa; no resto do mundo é porta-moedas.

NÍVER
"Aniversário", em forma reduzida. Tenho a impressão de que quem primeiro consagrou a forma foi o colunismo dito social.

NO AMOR
Gratuitamente, sem expensas; refere-se a tarefas que poderiam ser pagas, de alguma forma, mas, por sorte, são feitas no amor – mas não se usa em relação ao próprio amor e seus correlatos.

NO BICO
Ficar no bico de alguém é vigiar este alguém, prestar atenção nele com fins de ver se tá fazendo o que deve ser feito, se o cara sai da linha, por aí. Ver "bico".

NO CU DA PERUA CEGA
O mesmo que "na casa do caralho" (v.), na casa da mãeJoana e noutros lugares remotos.

NO GRITO
Diz-se "ganhar no grito" para descrever a situação em que alguém, o gritão metafórico, ganha a parada sem jogar, ou mais pela imposição

psicológica, ou mesmo física, por cima ou antes de ganhar segundo as regras esperavelmente válidas para a disputa. Se antes de começar uma disputa, seja ela qual for, alguém começa a pressionar o árbitro ou a plateia, o prejudicado diz "Que que é, vai querer ganhar no grito?".

NO MAIS
Parece adaptação para o castelhano *no más*, que se traduziria por "não mais", e aqui ficou como ficou. Usa-se como saudação, como pergunta: "E no mais?", significando "E quanto ao mais?". Dessa família é o uso para despedida, para indicação de término de conversa, ao vivo ou por telefone: "No mais, é isso". É também expressão usada para enfatizar o inopinado de uma coisa, de uma ação: se alguém te convida à queima-roupa para ir a um bar, em horário não esperável, tu pergunta "Mas assim, no mais?".

NO MAIS, TUDO BEM
Expressão de resposta a alguma saudação, como "aí" e "firme" (v.). Às vezes se usa justamente na sequência de tais duas saudações, na continuação do diálogo: um diz "Aí", o outro responde "Firme", e o primeiro torna a perguntar "No mais, tudo bem?", e pode ainda o outro dizer "Tamos aí, na luta" ou "na batalha". Em sumo: é uma forma de cortesia.

NO OSSO DO PEITO
Lugar imaginário em que a gente acomoda os problemas e resolve as paradas mais ingratas. De alguém que passou por muita dificuldade e ainda assim manteve a galhardia, se diz que "Segurou tudo no osso do peito". Deve ter alguma origem no mundo campeiro, na ideia de enfrentar de peito (até mesmo o cavalo mete o peito). Ver "pechada", "meter os peitos" e "osso".

NOCUPA
Gíria antiga (quero dizer, anos 1970), originada da expressão "No cu, papagaio", que se usava para mostrar total discordância. Alguém por exemplo te propõe que além de tu ir buscar todo mundo em casa, para irem à festa, tu pague a despesa; e tu responde "Nocupa", isto é, "De jeito nenhum", "Vai tomar no cu, papagaio". Vai ver, tem uma piada de papagaio atrás dessa história toda. Também tem gente que diz, por extenso, "No cu, pardal". Ainda hoje se diz, no mesmo contexto, apenas "No cu": "No cu que eu vou lá pro cara me sacanear". Ver "na bunada não vai dinha?".

NOIA
Tem dois sentidos: um, é o apelido de Novo Hamburgo, minha cidade natal, talvez por causa da pronúncia do alemão *Neu Haumburg*, que dá "nói-rámburg", mais ou menos. Outra é "paranoia", claro que em sentido muito difuso, inespecífico, num sentido aproximado de "neura" (v.).

NOITE DO PÉ GRANDE
Antiga e desusada expressão para designar noite de festa, de diversão.

NOME FEIO

Trata-se de uma expressão só usada assim com as duas palavrinhas juntas, tanto que se poderia, sem ferir a regra, botar um hifenzinho no meio delas; refere, evidentemente, os termos de baixo calão, que são em família conhecidos e exorcizados com o coletivo "nome-feio"; daí as mães dizerem (ainda hoje?) para os filhos que não devem dizer nome-feio.

NUM PÉ SÓ

Quem fica pulando num pé só fica ou expressando "apuro" (v.), pressa, e mesmo medo, ou expressando alegria; logo, "pular num pé só" significa estar numa situação-limite, para o lado que seja. Há a dita recomendação para que a coisa seja feita com pressa: "Vai num pé e volta no outro".

NUMA SENTADA

De uma vez só, numa mesma ocasião: "Comi umas cinco laranjas do céu numa sentada".

NUMAS

Vários usos, várias situações. "Estar numas" designa certo estado de espírito, uma propensão: "Tô numas de sair" significa estar com vontade de sair, estar quase convencido da razoabilidade ou da necessidade de sair. Mas pode-se dizer de alguém que ficou preocupado com determinada coisa que ele "entrou numas", intransitivamente. Uma vez ouvi uma pergunta magnífica, de um sujeito que estava sinceramente preocupado com o ânimo do perguntado: "Em qual que tu tá numas?". Há ainda o uso da palavra (sempre com a mesma flexão, feminino plural) como resposta vaga: perguntado sobre se concorda com determinado ponto de vista, o sujeito pode responder que "numas", isto é, "dentro dumas", ou seja, sob certas condições.

NUNCA SE DERAM E AGORA ESTÃO BRIGANDO

Frase irônica para comentar a seguinte situação: duas pessoas que se dão (ver "se dar") passam a brigar publicamente. Parece contraditório, mas é isso mesmo. Por exemplo: dois irmãos começam a se estapear e o pai comenta "Ué, nunca se deram e agora tão brigando?", ironizando, porque antes os dois irmãos claro que se davam. A ironia está no "nunca se deram". Também pode ser usado para referir uma briga entre criaturas que não se davam antes, mas esse uso é raro e sem a graça que a frase tem.

NUNCA VI MAIS GORDO

Comentário que se faz quando se quer afirmar enfaticamente que a pessoa ou a coisa em questão nunca foi vista antes, é totalmente desconhecida.

NUTELLA

Usa-se como adjetivo, nestes anos 2010 em diante, como antônimo de "raiz" (v.), para qualificar (ou desqualificar) algo artificial, comodista, moderno, e portanto sem as virtudes que supostamente estão associadas única e exclusivamente ao que é "raiz", originário, antigo, ortodoxo etc. Um importante humorista da internet, vulgo Dianho, em setembro de 2021 fez sucesso imenso nas redes sociais qualificando quem não vive ou sabe viver em modo "raiz" – campeiro, bruto, simples etc. – como "nutellinha". Claro que veio da marca Nutella, que em certo momento foi dada como sinônimo de coisa moderna, urbana, artificial. A oposição raiz versus nutella chegou a mais de uma campanha publicitária.

O

Ó
Saudação corrente entre nós. Noutras partes a coisa vira "Oi", "Alô" e tal. Aqui, mais simplesmente, basta um "Ó".

Ó O AUÊ AÍ, Ó
Frase expressiva, ouvida alguma vez, toda composta por vogais. Em português corrente seria "Olha a confusão aí, ó", em tom de advertência.

O Ó DO BOBÓ
Expressão interessantíssima, de origem que desconheço perfeitamente, mas tem cara de ser poesia espontânea, aproveitando a tônica da palavra "bobó", em que o "ó" tem um papel central. Tem um aspecto de aprovação com ênfase total: pode ser usada para elogiar uma situação ideal que está sendo apresentada ou imaginada, como "Se a fulana for na festa, vai ser o ó do bobó". Também pode ser usada para depreciar ironicamente, com a mesma ênfase: "O cara tava se sentindo o ó do bobó", querendo isso dizer que o cara tava se achando (ver "se achar") o máximo, quando era de fato o mínimo. Variação, usada pela Katia Suman: "o ó do borogodó", que é a mesma coisa mas com palavra encompridada.

O PRIMEIRO MILHO É DOS PINTOS
Frase pronunciada por alguém que se supõe, a si mesmo, mais "cancheiro" (v.) que aqueles que se atiraram sofregamente. É uma frase usada para desdenhar da atitude dos precipitados. Ela supõe que depois que os pintos comem é que vem de fato a grande comida, que fica para eles.

O QUE ARDE CURA, O QUE APERTA SEGURA
Sabedoria popular, recitada principalmente para crianças quando é preciso botar mertiolato na ferida recém-aberta e já se sabe que vai doer paca. Isso no tempo em que ardia o mertiolato, porque parece que agora até isso já mudou.

O QUE DEU
Expressão que tem dois sentidos: um, designa a quantidade apenas suficiente de algo, por exemplo de tempo – "Foi o que deu pra eu pegar o ônibus". Também designa grande quantidade: "Bebemos o que deu".

O QUE É TEU TÁ GUARDADO
Imaginemos uma família reunida, avós, tias, sobrinhos, filhos, pais e mães, agregados. Aí o teu filho apronta uma, que te faz passar vergonha na festa. Tu chega ao ouvido dele para ameaçar: "O que é teu

tá guardado". Todo um cagaço se instala na pobre criança, que já sabe que vai passar poucas e boas. Expressão correlata, de uso parece que nacional: "Tua batata tá assando".

O QUE NÃO MATA ENGORDA
Dito reconfortante para, por exemplo, uma criança que acabou de comer uma fruta que, depois de ingerida, revelou certo gosto estragado. Também é usado como desculpa para comer algo desconhecido ou suspeito, uma fruta no campo, um salgadinho de aspecto terrível, uma bolacha que caiu no chão. É no fundo uma velha frase da sabedoria popular. Até o Nietzsche tem uma parecida, "O que não me mata me fortalece", ou algo assim.

O SEGUINTE
Tem vezes que esta expressão é usada não como prenúncio de uma revelação, de uma afirmação, de uma conclusão, mas intransitivamente: "Aquela pinta é o seguinte", por exemplo, quer dizer que a tal pinta é muito alguma coisa (que esteja em pauta), muito legal, ou muito ordinária, ou algo qualquer.

OBA-OBA
Se usa como adjetivo e como substantivo, no sentido de sujeito ou atitude que encara com leveza descabida a gravidade da situação.

ÔIGALE
Tem quem escreva e diga "oigalê", com tônica na última sílaba, mas me parece que a forma proparoxítona é mais expressiva. Nasceu naquele idioma aparentado com o porto-alegrês, o gauchês, mas aqui também se diz, até com requintes, tipo "Ôigale, porquêra", quando por exemplo o carro empaca, o motor apaga, coisas assim desagradáveis.

OLHAR DE VACA ATOLADA
É aquele que as vacas ostentam quando estão atoladas: meio desconsoladas, meio sem entender o que está se passando, meio achando estranho que alguém ache estranho o que está se passando com ela.

OLHO
O mesmo que olho grande, olho cobiçoso; mães costumam acusar os filhos gulosos de ter o olho maior que a barriga, ou simplesmente de ter olho.

OLHO DO CU
Expressão muito depreciativa usada para xingar um desafeto; parece equivaler ao *asshole* dos anglo-parlantes.

OLIGÃO
Xingamento para alguém (um guri, muito possivelmente) desastrado, inábil, tardo. Deve ter provindo de "oligofrênico", por redução típica da linguagem da gíria. Feminino: "oligona".

ONÇA
"Ficar uma onça" é o mesmo que "envaretar" (v.).

OS DOCES
O mesmo que casamento. "Quando é que vão ser os doces?", pergunta a tia para a sobrinha que ela, tia, espera ver casada.

OSSO
Expressão curiosa é "encher de osso": ao relatar que alguém destratou, xingou uma pessoa, pode-se dizer que esse alguém "encheu de osso" o xingado. Por quê, é um mistério. Será por analogia com atirar ossos contra o sujeito destratado? Nesse caso, quais ossos: os do jogo de osso? Ver "no osso do peito".

OU CALÇA DE VELUDO, OU CU DE FORA
Expressão alternativa que sintetiza a radicalidade de alguém, que ou bem está bem vestido, ou prefere estar nu, querendo dizer que ou bem uma coisa, ou bem outra, ou oito ou oitenta. Variações: ou dá, ou desce; ou caga, ou desocupa a moita; ou fode, ou sai de cima (também "ou ford, ou sai de simca", em formato familiar picante e antigo).

OU VAI, OU RACHA, OU ARREBENTA AS PREGAS DA BOMBACHA
Variação rimada para o conhecido dito brasileiro, com a tal da cor local.

OURO E FIO
Tem registro no dicionário a expressão: na forma "ouro-fio", é advérbio para aplaudir a exata proporção entre as coisas em questão, a justeza do trabalho. Ouvi-a em oficina mecânica de chapeação: "Pode deixar, isso aqui vai ficar ouro e fio", ou então "ouro em fio".

OUTRO DEPARTAMENTO
Quando um burocrata (por exemplo, ele) te diz, respondendo a um pedido teu, que "aí é outro departamento", ele não está sugerindo que a repartição pública tem outra seção; está é te dizendo que aí a coisa mudou de figura, que a escala ou a relevância é diferente do que até então estava sendo considerado.

OVO
Além de significar o testículo, correntemente, também refere ambientes acanhados, pequenos mesmo: "O apartamento do cara era um ovo" e até "um ovinho". Tem ainda outro uso: quando a gente não entendeu nada, não entendeu um ovo.

P

PÁ
Grande quantidade: "Tô com uma pá de coisa pra fazer". Ver "se pá", que é outra coisa.

PACAL
Só para registro: na minha infância se chamava assim o jogo aquele que se chama mais comumente "fla-flu" (v.), jogo de futebol simulado, com bonecos presos a hastes embutidas numa mesa. Luiz Carlos de Moraes dá "pacau" como certo jogo de cartas na fronteira. Sei lá. Vai ver eu é que ouço aquele *l* final, quando é *u* mesmo.

PACO
Um "paco" de algo é um "monte" (v.) dessa coisa: grande quantidade. Desusada, em favor de "uma pá": uma pá de gente, uma pá de carro, etc.

PAGA E NÃO GEME
Frase usada em contextos de pagamento mesmo, ou assemelhados, por alguém que intima o outro a pagar a conta. Tem uma variação: "Paga e não bufa".

PAGAR VALE
Voz moderna para "passar vergonha". Parece ser igual ao brasileiro "pagar mico". Também ocorre a forma mais reduzida, "pagar (de)", como "Fiquei pagando de amiga", significando que teve que passar por amiga quando não tinha nada que ver com a pessoa com quem permaneceu conversando.

PAI-DE-CASCUDO
Esta é outra cuja origem eu queria muito conhecer; significa o mesmo que "courinho" (v.), "coronel" (v.), o trouxa que faz as coisas para os demais. Usado quando alguém reclama porque desconfia de que estão querendo enganá-lo, por exemplo querendo que ele pague pelos outros a despesa: "Que que há, tá achando que sou pai-de-cascudo?".

PAI-DE-FILHO
Em certos contextos, se diz, descritivamente, que fulano é "casado, pai-de-filho", querendo insinuar que, por ter filho(s), trata-se de um cara de responsabilidades e que portanto não pode andar por aí se fresqueando à toa.

PALANCA
Aquela, como direi?, haste que comanda as mudanças da caixa do carro é a palanca da mudança. Para fazer a ré a gente desnuca a palanca. Vem do uso castelhano, em que *palanca* é alavanca.

PALAVRA
Aquilo que uma vez era "palavra de honra" agora é só "palavra". Trata-se de uma afirmação peremptória de veracidade, um atestado dos mais

graves sobre a justeza, a correção, a verdade de algo.

PALETA
A parte de cima das costas, ditas "as paletas". O termo designa os ossos e os músculos dos membros dianteiros das vacas, por assim dizer os ombros do animal, e daí a associação. É comum ouvir que alguém "bateu com as paletas", ou que "tá com dor nas paletas", sempre no plural. Tem cara de ter vindo do espanhol. Ver "marcar na paleta".

PALETEAR
Carregar nas costas, isto é, nas paletas. "Tive que paletear sozinho toda a mudança", por exemplo.

PALHA
Coisa ruim, de qualidade ordinária. O uso veio do universo da maconha, em que "palha" é o fumo de má qualidade. Daí se espalhou e virou voz corrente na cidade. Antônimo perfeito de "bala", na língua da primeira década do século 21.

PALITO HIDRÁULICO
Tem toda cara de ter nascido entre engenheiros. É uma descrição daquele mau hábito de chupar a sujeira de entre os dentes, especialmente após comer (mas não só), mediante pressão da língua contra o dente em questão e o céu da boca, fazendo um ameaço de vácuo para arrancar o detrito por sucção – numa descrição técnica.

PALITINHO
Aquele jogo de mão (cruz, que perigo, tem aquele dito que alerta: "Brincadeira de mão, rompimento de cu"), que se joga entre três ou quatro parceiros, cada qual com alguns paus de fósforo na mão, e se aposta em qual será a quantidade total de palitos que os contendores escondem, a cada rodada. O nome mais antigo era "pauzinho". No Rio, é chamado de "porrinha". Ver "neca-pau".

PANCA
Além de significar, como noutras partes do país, a pose de quem se acha grande coisa, algum tempo atrás designava as estupefacientes industriais, as bolas. Tem um lindo rock do Júpiter Maçã, artista radical dessa cidade, que se chama *Walter Vítor, tomador de panca*.

PANDIPRATO
É a moda como dizemos "pano de prato", que noutras partes do país se chama "pano de copa" ou simplesmente "pano" – aquele que a gente usa para secar a louça.

PANDORGA
Aquele instrumento de brincadeira que no Brasil se chama de "pipa" ou de "papagaio". Existe como um provincialismo espanhol dicionarizado, mas em português tem "pando", direto do latim, que quer dizer inflado, cheio, como as velas das embarcações (eruditamente se diz ainda "velas pandas"). Ainda tem cultores por aí, em especial em Santana do Livramento, mas também em Porto Alegre, nos morros, quando dá aquele vento destrambelhado da primavera e de outono.

PANDULHO
O estômago. Se diz que uma criança (sempre ela) "encheu o pandulho de porcaria" porque ficou comendo negrinho até não poder mais.

PANELINHA
Ver "botão".

PANINHO
Os pequenos e eventualmente desconcertantes "dibles" (v.) no futebol se chamavam, na minha infância, "paninhos". Mas paninho não se confundia com a "meia-lua" (hoje em dia chamado de "drible da vaca"), nem com a "janelinha", que consiste em passar a bola pelo meio das canetas do adversário (por isso mesmo hoje em dia chamado de "caneta"). "Paninho" era só ir de um lado pro outro, balançar o corpo para enganar o adversário. Como aquelas coisas que o Garrincha fazia, e muito antes de o Robinho fazer aquela mistificação dele, que passou a ser conhecida como "pedalada".

PANO
Roupa, qualquer uma, menos as íntimas, no uso dos anos 1970. Nada a ver com "paninho" (v.).

PANQUE
Claro que era *punk*, no começo, mas o termo agora se usa para elogiar algo radical, muito bom, no circuito do rock em especial, creio. "O cara é muito panque." Em Porto Alegre se fez uma vez, primeiros anos 1980, uma banda cujo nome era um trocadilho, Atahualpa y os Pânquis, contra Atahualpa Yupanqui, o grande cantor terrunho argentino. Também se pode usar para qualificar algo muito duro, muito difícil: "A minha separação foi panque", querendo significar que foi foda.

PANTORRILHA
A barriga da perna, trazida diretamente do espanhol, *pantorrilla*.

PÃO DE ALHO
Novidade deste século 21: o que antes era uma receita caseira para acompanhar um churras – pegar cacetinhos e rechear com uma pasta de alho temperada à vontade – virou produto semi-industrial, vendido no súper, com este nome ligeiramente enganoso de "pão de alho".

PAPO DE ARANHA
Conversa mole, enrolação. Talvez seja uma interpretação para a expressão "palpos de aranha". Já ouvi sem a preposição, "um papo aranha". A analogia é com a teia, que se enrola e não sai do lugar, parece. Derivadamente se fala em "aranhismo" e em "aranha", esta sendo a pessoa que tem um papo, bem, de aranha.

PAR DE BEIÇO
Cara que pede cigarro pros outros já é chato, em geral. E tem também o cara que pede fogo, porque nem isso tem. Se o pedichão pegar um mal-humorado pela proa, corre o risco de ouvir, depois dos dois pedidos, cigarro e fogo, a seguinte bravata: "Só isso ou quer também um pulmão e um par de beiços?", isto é, para

fumar o cigarro. Isso tudo no tempo em que se fumava, claro.

PARADA

Tem várias. Uma é a parada de ônibus, o ponto predeterminado onde os ônibus param para a gente subir ou descer. Em língua culta portuguesa isso se chama "ponto", mas em espanhol platino se diz também *parada*. Tem outra: a parada militar, o desfile militar, coisa que aqui no Sul acontece com uma ênfase peculiar (em setembro tem dois desfiles: a Parada Militar do dia 7, em homenagem ao Brasil, país amigo nosso, e a do dia 20, em evocação peculiar da proclamação da República do Piratini, aquela que foi derrotada pelos imperiais, na Guerra dos Farrapos). E tem ainda uma outra: "armar uma parada" significa articular uma atividade, organizar algo, um encontro, uma jogada. E tem ainda a conhecida "Esse cara é uma parada", significando que o cara é legal, interessante, valoroso, destemido, engraçado etc. Como na música do José Mendes "Para, Pedro", um clássico sulino.

PARAR

Passar certo tempo em algum lugar é "parar" nesse lugar. Por exemplo: o cara vai pra São Paulo e vai parar na casa de um primo. Acho que nunca se usa para outro lugar que não a casa de algum conhecido; é raro ouvir dizer que alguém vai parar no hotel tal – nesse caso ele vai ficar, estar, hospedar-se.

PARARÁ

Palavra que não quer dizer nada, mas que se usa em lugar de "etc.": "Aí eu te telefono, a gente sai, pararᔠ. Também se diz, mas com algum matiz de ironia ou desprezo, "babab᠔: "O cara ficou ali, me bordando a orelha pra eu ir com ele, disse que era o bom, baba᠔. Tem ainda uma composição com "baba᠔: na mesma situação, em que se reporta ironicamente a conversa mole de alguém, se diz "O cara ficou me falando, bababá, bico de pato", sendo o "bico de pato" aí um complemento apenas sonoro. Ver "bordar a orelha".

PARA-TE-QUIETO

Trata-se de um substantivo que designa a reprimenda que é dada em alguém; diz-se "dar uns para-te-quieto" em alguém; parecido com a forma mais conhecida no Brasil "chega-pra-lá".

PAR-DE-VASO

Quando duas pessoas estão com a mesma roupa, ou com roupa parecida, diz-se que "estão de par-de-vaso". Expressão muito usada para falar mal de mulheres que numa festa estão com roupa parecida, com as mesmas cores por exemplo. Terá nascido como alusão a vasos parecidos ou emparelhados em altares, aparadores e tal? Parece que sim.

PARELHO

O mesmo que homogêneo. Diz-se que uma plantação nasceu e cresceu parelha, por exemplo, ou que, num serviço qualquer, "todo mundo pegou parelho", querendo dizer que todos se empenharam de igual forma e com mesma intensidade, ou ainda se qualifica uma chuva como "parelha" quando ela cai em ritmo homogêneo (e forte). Um jogo parelho, mais que um jogo jogado com igual destreza pelas duas equipes, é um jogo disputado. Tem a ver com o mundo castelhano, em que se usa *pareja* nesse sentido. Barbosa Lessa contava que, jovem, trabalhando em publicidade em São Paulo, foi redigir um anúncio para a falecida Cera Parquetina e tascou lá que ela dava "um brilho parelho". Foi motivo de espanto por parte de seus colegas redatores, que não entenderam "parelho" como sinônimo de "homogêneo".

PARRUDO
Gíria dicionarizada. Significa homem forte, "troncudo" (v.). Aqui, no Rio Grande do Sul, não tem a conotação de homem baixo e forte, que tem em outras partes.

PARTIR PRA IGNORÂNCIA
Descer o nível dos debates, por exemplo, e começar a insultar o oponente, é partir pra ignorância; pode também ser dito com sentido positivo, quando se referir a alguém que deixou de mesuras e começou a fazer logo o que de fato queria desde sempre.

PASSADA
Termo usado para designar certa hora, aliás, certas horas incertas. Se diz, por exemplo, que fulano chegou "era nove e meia passada", isto é, depois das nove e meia.

PASSADO
Se chamava (hoje talvez tenha caído em desuso) de passado o sujeito que passava dos limites preestabelecidos e supostamente bem conhecidos, especialmente nas lides amorosas com a namorada; depois passa a ser usada, a palavra, num outro sentido, de origem acho que carioca, de indignado, como quem dissesse que as coisas passaram da conta prevista. No Prata também se usa, com o mesmo sentido.

PASSAR UM SABÃO
Dar uma "mijada" (v.), uma carraspana.

PASSEIO
Diz-se de uma tarefa fácil que ela é um passeio, tal a moleza.

PASTEL
Palavra de largo uso em expressões como "qual é o teu pastel?", que quer saber qual é a do perguntado (seu interesse, sua manha), ou "não tenho nada a ver com o pastel", dito por quem quer deixar claro que não tem nada a ver com o pastel, quero dizer, com o caso em questão, com a confusão. A Katia Suman, conhecida do Bom Fim ao Centro Histórico como Subcomandante Katia, várias vezes me cobrou outro uso da palavra: se chama de pastel o cigarro de maconha malfeito, mal-ajambrado, empastelado.

PATENTE
O vaso sanitário. Gente que vem de fora e ouve aqui o termo se assusta, acha a maior graça; e tem gente daqui que, para afetar educação e polidez, faz questão de evitar a palavra, preferindo o prosaico "vaso". Alguém postulou que a origem se deve a que as primeiras patentes aqui chegadas tinham, na caixa d'água (que ficava suspensa acima do vaso, presa na parede), uns inscritos em que se lia "patente n° tal". E o nome pegou.

PATO
Sujeito que cai como um patinho, que faz papel de bobo. Meter-se de pato a ganso, por outro lado, é "se fresquear" (v.).

PAU
Múltiplos sentidos: começa pelo óbvio, a do órgão sexual masculino; "dar um pau", porém, significa tanto bater fisicamente em alguém quanto correr de carro ou trabalhar arduamente no serviço; há também a expressão "a dar com pau", significando "em grande quantidade", "a varrer" (v.); "matar a pau" significa cumprir até o fim e com sucesso completo uma tarefa, deslumbrar os circunstantes pelo brilho no desempenho em algo; "quebrar a pau" é rebentar a briga (ver "fechar a rosca").

PAU A PAU
Nenhuma alusão sexual. Trata-se de expressão que define o estado parelho de uma competição (acho que apenas entre dois contendores). "A eleição foi pau a pau" significa que foi disputadíssima, quase empatada.

PAU DE VIRATRIPA
Talvez se devesse escrever "pau de vira-tripa" ou "de virar-tripa", pelo que suponho seja a origem – aquele pedaço de pau fino e comprido que se usa para secar a tripa do animal para a seguir fazer a linguiça ou a morcilha. Há a versão de que se trata de um pau com gancho para virar a tripa do avesso, para depois encher de carnes e temperos. Não importa: o significado da expressão é guri comprido e magro.

PAU E PAU
Expressão que pretende descrever ou comentar, um pouco alegoricamente, a força, a contundência ou a velocidade de determinada ação desenvolvida. Por exemplo: alguém te conta como estava transcrevendo um jogo de futebol, que apresentava uma renhida disputa, e tu comenta, apenas assim, "E pau e pau", como celebrando a violência que está implícita na descrição.

PÁUER
Daria pra escrever *power*, que é a origem, mas não seria a mesma coisa. Trata-se de adjetivo para coisas boas, corretas, legais etc. Um cara pode ser páuer, assim como uma festa. Insinua, o uso do termo, que a coisa elogiada é forte, claro. Gíria dos anos 1980 e pouco mais, creio.

PAULADA
Parecida com "páuer" (v.), quer dizer um elogio a coisa ou pessoa ou

gesto ou algo assim. Uma pinta pode ser paulada ao dizer as verdades ou ao desempenhar corretamente a atividade em que está metido. Às vezes tem sentido negativo, ou de ênfase de algo negativo: uma reprimenda pode ser paulada, também.

PAULEAR
Dar um "pau" (v.) no carro. Mais raramente, sinônimo de bater, dar socos etc., ou de discutir duramente: "Se paulearam os dois até dizer chega".

PAULEIRA
Além do sentido atual, ligado ao rock, significa serviço árduo; "foi uma pauleira" diz alguém que acaba de trabalhar muito, e nesse sentido acaba de dar um "pau" (v.) ou "uma máquina" no serviço. Significa, por outro lado, uma grande confusão em que necessariamente houve, conforme dizia a crônica policial, desforço físico.

PAU-NO-CU
Um dos mais fortes insultos com que se pode xingar alguém. Hoje em dia se usa mais cotidianamente, até familiarmente, para designar um indivíduo burro, inepto, lerdo, tardo, incapaz, moleirão, ou simplesmente desagradável: "Deixa de ser pau-no-cu, tchê!". No trânsito: "Ô, gordo pau-no-cu". Tem outro uso, diverso: quando tu está falando e alguém não entendeu, não ouviu o que foi dito, e pergunta, tu respondes, dizendo bem rápido, "Pau no cu do surdo".

PAUZINHO
Ver "palitinho".

PAVIO-CURTO
O mesmo que "esquentado" (v.), irascível.

PÉ NA BUNDA
Expressão para designar o ato de mandar alguém embora, dispensar, largar de mão: "Fui falar com a gata e ela nem quis saber, me deu um pé na bunda". Também se usa como sinônimo para ser despedido do emprego.

PÉ NO SACO
Aquilo que os americanos dizem *a pain in the ass*, *a kick in the ass*, ou seja, uma chatice inominável. Uma situação aborrecida é um pé no saco, e um sujeito desagradável, pidão, aborrecido, é também um pé no saco. Mais raramente, "pé nos bagos". Ainda: "pontapé no saco".

PÉ-ATRÁS
Sujeito muito desconfiado, ou excessivamente cauteloso, é um "pé-atrás" por temperamento. Pode-se ser "pé-atrás" ocasionalmente, mas aí acho que não se usa a mesma forma; se diz, nesses casos esporádicos, "Fiquei com um pé atrás". Já o cara sistemático pode dizer de si mesmo: "Sou meio pé-atrás nesses casos".

PEÇA
Sujeito especial, para bem ou para mal. Muitas vezes se diz "peça rara", talvez em alusão remota a um elemento de coleção daqueles difíceis de obter.

PECHADA

Trata-se de uma batida entre automóveis, ditos autos, por analogia com um encontrão de peito, *pecho* em espanhol; e tem o verbo *pechar*. Quem não sabe essa origem acaba escrevendo, ou imaginando, "peixada", que é aliás a forma com que a expressão costuma ser interpretada, num primeiro momento, por quem é de fora daqui e não a conhece. Também se usa dizer, em saudação a um amigo (por exemplo numa despedida), "Vamo se pechar numa hora dessas", como quem declara estar disposto a encontrar-se de novo com o tal sujeito. Mas nada muito sério: funciona como no Brasil em geral, "a gente se liga", "vamo armar uma" etc.

PECURRUCHO

Bem pequeno. Usado para gente ou coisa.

PÉ-DE-PORCO

Designação já desusada para os brigadianos. Ver "porco". "Pé de porco", segundo os livros que relatam a saga de Arthur Arão, já se usava desde a Revolução de 1923 – eram os provisórios.

PEDIR

Tem dois sentidos, nada a ver um com outro. Primeiro: os "gringos" (v.) usam o verbo "pedir" em lugar de "perguntar": "Aí a mãe me pediu se eu podia ir até o armazém". Segundo: em certas condições, usa-se o verbo sozinho como encurtamento da expressão "pedir pra se incomodar". Por exemplo: o guri tá encanzinando a mãe (sempre ela), torrando a paciência dela, e ela diz, em advertência, "Olha que tu tá pedindo".

PEDIR PENICO

Desistir, parar de tentar, pedir água. Alude ao penico que se pede (pedia) para fazer xixizinho, quando crianças. Ver "dar pra trás".

PEDREIRA

Situação difícil, obscura, de árdua ultrapassagem. Pode ser usada também para designar pessoa com as mesmas características. O termo é muito usado no futebol, para descrever jogos em que um time enfrenta situação complicada, pela maior qualidade do adversário ou pelas adversidades de estádio e torcida.

PEDRO E PAULO

Os policiais militares (aqui, brigadianos) que andam ou andavam aos pares. No Rio de Janeiro se dizia "cosme e damião", em homenagem aos santos. Aqui, os brigadianos tinham dois "p" no capacete, e talvez por isso. Não era incomum ouvir "Chama aquele pedro-e-paulo ali", sendo o cara um só. Ver "porco".

PEGA

Além de designar o mesmo que em português – a luta renhida, entre dois ou mais sujeitos, ou entre carros (nesse caso, ver "entrevero") – também significa uma baforada no cigarro, qualquer cigarro: "dar um pega" significa fumar um pouco, uma ou duas vezes. Na adolescência, quando se começa a fumar, era comum o sujeito que não tem grana para comprar cigarro pedir a outro, mais abonado e fumante, para dar um pega no crivo dele. Muito recentemente, anos 2000, é que a mesma expressão passou a designar atividade erótica: dar uns pegas agora é ter algum tipo de relação erótica com outro. "Não namorei, mas dei uns pegas nele", por exemplo.

PEGAÇÃO
Diz-se do efeito de pegar no pé de alguém: "O cara agora fica nessa pegação de pé comigo". Mais raramente, se usa o termo para designar o contato físico com motivação erótica.

PEGÃO
Pequeno rasgão na roupa. O *Aurélio* dá como regionalismo daqui, do Sul, e como provincialismo português – coincidência, aliás, não incomum em vários termos que usamos aqui.

PEGAR
É aquela brincadeira infantil, em que um pobre-diabo tem que correr atrás dos outros e tocar nele. Noutras partes se chama de "pega-pega" ou de "pique"; aqui é "brincar de pegar". Ver "esconder". Por outro lado, aqui a gente "pega" ônibus, enquanto noutras partes se "toma". Mas tem outro sentido muito expressivo por aqui, um uso para ênfase: tu quer dizer que tu certa hora resolveu sair do lugar, com indignação resoluta, e aí a frase será "Aí eu peguei e saí". Pegou nada, no sentido objetivo; apenas colheu do ensejo, pegou carona no momento, algo assim. "Aí eu peguei e falei na cara dele", para dar outro exemplo comum.

PEGAR (N)O PÉ
Pegar o ou no pé de alguém quer dizer perseguir o sujeito, não largar o cara, conferir tudo o que faz. "Essa pinta pegou no meu pé" diz alguém que já está enjoado de aguentar a "marcação" (v.) do tal.

PEGAR NO PÉ
Perseguir, aborrecer enfaticamente.

PEGAR O BONDE ERRADO
Equivale a enganar-se. Se usa, por exemplo, numa situação em que se quer dizer que certa pretensão é descabida: "Comigo tu pegou o bonde errado, meu" significa "Pode esquecer, não conta comigo, eu não caio na tua esparrela, na tua conversa".

PEGAR PELA RAMA
Quando alguém compreende um dado assunto não em seu aspecto central, mas por lados secundários, diz-se que "pegou pela rama", provavelmente por analogia com a situação de querer arrancar o aipim da terra pela rama – de que resulta que o sujeito fica só com a rama na mão, sem conseguir arrancar a raiz.

PEGA-RATÃO
Armadilha, trampa, armação. O Cláudio Duarte, técnico de futebol, popularizou o termo como nome de sua tática de jogo: atrair o adversário para o ataque e contra-atacar em velocidade.

PEGUENTO
Qualidade de alguma coisa que esteja colando ao toque, grudando na mão. Acontece muito em dias úmidos, nesta cidade úmida, que tudo fica peguento, até os azulejos. Também se diz, por derivação de sentido, de criança muito grudada nos mais velhos, pai e mãe e tias, que ela é peguenta.

PEIDORREIRA
"Estar numa peidorreira" quer dizer estar com um "andaço" (v.) de peidos, numa sucessão infinda de peidos.

PEIDORREIRO
Sujeito que peida muito, ou muito seguidamente, ou muito numa situação em particular. Dito associado: "A desculpa do peidorreiro é a tosse", que significa que o patife sempre encontra uma justificativa para sua atitude. Ou então uma forma reduzida, quando se quer dizer que alguém está apresentando uma desculpa esfarrapada: "Isso é desculpa de peidorreiro". Por outra parte, a palavra "peidorreira" designa não o feminino deste item, mas o estado do peidorreiro.

PEITAÇO
Atitude corajosa, desprendida, ousada. Atitude de risco, com vistas a obter alguma vantagem ou, em menor intensidade, a cumprir uma tarefa por um modo inusitado, que requer coragem. "Dar um peitaço" significa aceitar o risco de fazer algo ousado, complicado, complexo. Um ato de coragem indesmentível. Correlato: "meter os peitos", igual a "meter a cara", mas este também com o significado de intrometer-se. Mesmo que a guria não esteja muito a fim de ti, por exemplo, tu pode ir lá e dar um peitaço. Não envolve agressividade: só se refere à ideia de risco, de meter o peito. Também se usa o verbo "peitar", quase no mesmo sentido (de encarar o desafio), mas se usa muito menos. Nada a ver com "pechar" (v.).

PEITAR
Verbo que significa afrontar, cobrar virilmente alguma dívida ou promessa. Da mesma família de "peitaço" e "peitudo", claro.

PEITUDO
Corajoso, destemido, franco, sem papas na língua, no limite desafiador, bravateiro, afrontoso.

PEIXE
Diz-se de alguém que é protegido que ele é peixe de algum outro, superior no contexto. No quartel se diz isso, e também no mundo do futebol.

PELANDO
Diz-se da água muito quente, num uso do verbo "pelar" que compartilhamos com outras latitudes do país. Como aqui há o hábito do chimarrão, que requer água bem quente, a expressão "água pelando" acaba sendo ouvida muitas vezes.

PELAR A CORUJA
Quase sempre se usa esta expressão no particípio, "Tá pelada a coruja" (v.).

PELAS CARONAS

Termo do gauchês que aqui também se usa e significa o mesmo que no Brasil em geral: "pelas tabelas", isto é, mal arranjadamente, com dificuldades. Tem a ver com a carona, um dos elementos que se usam para selar o cavalo, abaixo da sela e em cima do xergão.

PELEAR

Lutar, em sentido metafórico ou literal. Mais raramente "pelejar". Tem um dito que se usa bastante, "Não tá morto quem peleia", uma espécie de síntese da autocompreensão da sina gaúcha – perde a guerra, mas não deixa de pelear.

PELEGA

O nome da cédula nova em folha era este, "pelega", no tempo em que se usava cédulas de papel que com o tempo ficavam encardidas, gastas e fedorentas. Também se usava para designar cédulas de alto valor. Tem registro no Simões Lopes Neto. Na minha infância, se opunha "pelega" a "petebê" (v.).

PELEIA

Briga, metafórica mais do que real. Jorge Luis Borges, o mais agudo intérprete dos significados das coisas gauchescas, observou que o tango significa profundamente um testemunho de que os argentinos já foram valentes – e eu diria, derivando, que esse é o significado profundo do uso do termo "peleia" entre nós, a saber, a evocação profunda de uma certeza antiga de havermos sido valentes.

PELO-DURO

Diz-se de quem é de ascendência portuguesa ou, mais ainda, gaúcha, isto é, daquele misto étnico de ibérico com índio, especificamente interioranos do sul do estado. No quadro sintético da população gaúcha, o termo se diferencia de alemão (tudo que parecer com um, podendo ser germânico em geral ou eslavo e mesmo o tipo ibérico melado), gringo (qualquer coisa a ver com italiano) e negro, fundamentalmente, mas também se diferencia dos de ascendência ibérica urbanos, que não são exatamente do mesmo pelo (porque são mais refinados). No contexto gauchesco, do pessoal que aprecia o tradicionalismo, é um elogio chamar alguém de ou reconhecê-lo "pelo-duro", por causa da conotação de proveniência "legitimamente" gaúcha.

PENA

Além de querer dizer pena mesmo, dó, é (ou era) sinônimo de torneira de água: "Vou pegar água da pena", se dizia, em vez de pegar na geladeira. Deve ter vindo direto da expressão "pena d'água", que significava o fornecimento de 1,2 litros diários. Antenor Nascentes diz que, antes do uso do sistema métrico para medir vazão, a pena d'água era o orifício redondo com o mesmo diâmetro de uma pena de pata. Na Ilha da Madeira, uma "pena de água" era a vazão de água que proporcionava o enchimento de um litro num minuto. Li em alguma parte que originalmente a "pena" era uma pena mesmo, de ave, que era enfiada em orifício de rocha, na nascente de um fio d'água, para facilitar seu recolhimento em algum recipiente. Em literatura, tem pelo menos um registro: na novela "O homem que era 2", Ernani Fornari usa a palavra nesse sentido.

PÉ NA COVA
Diz-se de quem está muito mal, doente.

PENOSA
Galinha, inclusive a guria que é considerada galinha (conceito que mudou muito de vinte anos pra cá, em função da liberação sexual, da camisinha e coisas afins).

PEPINO
"Estar no" ou "num pepino" é estar com problemas em alta proporção; tenho a impressão de que "estar com um pepino" é ligeiramente diferente, significando um problema singular, um problema em particular, bem delimitado. Ver "empepinar". Há uma expressão de uso muito comum com o termo: "sentir o pepino". Pergunta típica: "Sentiu o pepino?", significando "Avaliaste bem o tamanho do problema?" ou "Percebeste a força que tu vai ter que enfrentar?".

PÊRA
Dito com *e* fechado, como a fruta, é um dos inúmeros termos para veado, homossexual. Também há "fruta".

PÉ-RAPADO
O tal do sujeito que não tem onde cair morto; fica a questão da origem: o que pode significar o oposto disso, o sujeito de pé não rapado? Um rico, por acaso?

PERAU
Precipício ou barranco íngreme em beira de rio ou arroio, e também qualquer encosta íngreme de morro.

PERDER A VIAGEM
De um sujeito que sempre cumpre o que promete, ou que nunca perde as oportunidades, ou que mesmo perdendo algo consegue se recuperar, se diz que este "não perde a viagem". No mesmo sentido se fala em "perder a corrida".

PEREBA
O mesmo que "ferida" (v.), isto é, o cara ruim em algum mister, especialmente no futebol. É também um insulto de amplo espectro, como certos remédios dizem de si mesmos na bula.

PERIGA
Não é só aqui, mas também aqui se está acontecendo a preferência do "periga" ao "talvez": "Periga dar certo", em lugar de "Talvez dê certo". Um dos motivos será a facilidade de usar o verbo no infinitivo com o "periga", e não o modo subjuntivo exigido pelo "talvez", que complica tudo e está em franco declínio na vida real da língua falada.

PERÍODO
No Rio, se chama de período, na vida universitária, o que nós chamamos de semestre; para nós, "período" é uma aula, ou melhor,

o tempo regulamentar de 45 ou 50 minutos (tanto que uma aula de hora e meia é uma aula de dois períodos).

PERNA DE ANÃO
Nome de outro golpe, que em sua especificidade já se perdeu na poeira do tempo. Usado indistintamente em alternância com "migué" (v.) e "joão-sem-braço" (v.).

PERNADA
Caminhada. Diz-se em geral como uma espécie de queixa: "Bá, tivemos que dar uma baita pernada pra chegar lá", "Daqui até lá é uma pernada".

PERNEAR
Também dito "pernar", designa o caminhar, aquilo que resulta numa "pernada" (v.).

PERONHA
Nome que se usava (acho que feneceu) para a bola de futebol. Não consegui achar nenhuma fonte para o uso.

PERUAR
Como no popular brasileiro em geral, quer dizer ficar em volta de algo, observando. Mas não tem nada que ver com a gíria "perua" carioca, para mulheres vestidas de jeito espalhafatoso, nem com a gíria paulista para camionetes. Tem largo uso: pode-se dizer que se estava no shopping apenas peruando as vitrines, isto é, olhando desavisadamente, sem propósito mais específico.

PESCAR
Significa preponderantemente bispar, sacar, compreender, mas também designa o estado do sujeito que está à beira do sono, por exemplo no ônibus, e cujos olhos ficam fechando a intervalos, o que na língua mais sofisticada se poderia designar como "dormitar".

PESCOÇÃO
Golpe físico, mas não necessariamente no pescoço. Pode significar um aperto no pescoço mesmo, mas também outro golpe na cabeça, na parte superior do corpo, por aí.

PESO
Na linguagem corrente significa corte de carne; a mãe mandava ir no açougue e pedir "um peso bom", significando um bom corte, não um valor determinado em quilogramas.

PETEBÊ
Antiga e desusada designação de cédulas de dinheiro miúdo, troco, sem valor, ou de cédulas velhas, gastas. Opõe-se a "pelega". Claro que se refere ao extinto PTB, Partido Trabalhista Brasileiro, e não ao novo, este que herdou a sigla.

PEXERECA
Nome antigo e talvez desusado para a vagina. Também a mulher fácil, a galinha, a vulgar, se chamava assim.

PIÁ
Criança, guri, do sexo masculino especialmente. Alguém já disse que "piá" quer dizer "coração" ou "entranhas" em tupi-guarani; se for,

melhor. Trata-se de uma das mais desprestigiadas categorias humanas. Em reunião de homens, "piá" é o elemento servil, que será fatalmente designado para tarefas menores, ir buscar cigarro, trazer mais cerveja, por aí. Uma história contada pelo seu Juca Guedes, do Itaqui, qualifica a definição: um grupo de alunos, meninos e meninas, queria tomar banho no rio mas não tinha trazido calção, e havia um guarda municipal encarregado de zelar pela moral; alguém vai perguntar para o encarregado se os meninos podiam tomar banho pelados, e o homem medita um pouco e dá o veredito: "Se não tem pentelho pode". Ou seja: se ainda for guri, "piá", não pega nada, não tem problema, é inofensivo.

PIAR BAIXO

Ficar na sua, na própria, para evitar mal maior. Sujeito que tomou uma mijada fica piando baixo. Parece ter origem no dito "passarinho na muda não pia" ou "pia baixo", que indica a prudência do bicho, que por estar trocando as penas fica fragilizado. Também se diz "piar fino".

PIAZADA

Coletivo genérico de crianças, de qualquer sexo. Em certas partes do estado se diz também "piazedo". Ver "piá".

PIÇA

Quando dito em tom de desafio e/ou desabafo, significa dane-se, "azar do goleiro" (v.): "O quê? Ele não gostou? Piça!" Noutro contexto, designa, como se sabe, o membro viril, também dito "pica", que parece menos ofensivo e até se usa em expressões como "não entendi pica nenhuma". Também se usa dizer, para descrever a brabeza que acometeu alguém, que fulano "ficou uma piça", no mesmo sentido de "puto da cara" ou puto "dentro das calças" (v.).

PICA-FUMO

Expressão velha mas ainda usada para designar o sujeito sem valor, mesquinho, covarde. Deve ter nascido por comparação com o sujeito que pica o fumo para outrem, ou pelo tamanho acanhado da tarefa de picar fumo e esmurrugá-lo na palma da mão, sei lá.

PICA-GROSSA

É termo chulo e pouco usado para designar o chefe, o "capa-preta" (v.), o fodão da parada.

PICAR

Aquilo que se faz com a bola, que noutras partes do mundo do português se diz "quicar", aqui se diz picar. Daí o "pique" da bola.

PICAR A MULA

Ir embora, cair da boca, abrir. Origem mais do que óbvia: para a mula sair do lugar é preciso picar, cutucar, sua anca.

PICARETA

Originalmente era o embusteiro, mas depois passou a designar o vendedor de carro usado, mesmo o sério e honesto. Perdeu nesse caso o caráter pejorativo quase totalmente, nesse segundo sentido. Uso corrente.

PIÇO
O ato sexual, visto do ângulo masculino, quase escusava dizer.

PICO
Pode designar o efeito de picar-se com uma seringa, como, noutro sentido totalmente diferente, designar quantia desconhecida, imprecisa, para complementar uma expressão de valor: cento e pico (ou picos), dois mil e pico. Este último caso é herdado diretamente do Prata, onde se usa a palavra no mesmíssimo sentido. (Nem falemos que também quer dizer "local", *point*, na voz surfista.)

PIFAR
Estragar, deixar de funcionar. Usa-se para qualquer aparelho mecânico ou elétrico, mas tem outro sentido, quase oposto: no jogo de pife, quem pifa ou está pifado está com dois dos três trios necessários já constituídos, significando portanto que está prestes a bater, isto é, a ganhar. Daí que no futebol se chame o cara que faz o passe para o goleador, quando muito proficiente, de "pifador", aquele que "pifa" o cara que vai em seguida marcar o gol. Em 2005, a *Zero Hora*, em seção destinada aos adolescentes, referiu que umas gurias usam "pifar" para "ficar", no sentido atual, de namorar subitamente e com "retoço" (v.).

PIJAME
Forma corrente para pronúncia de "pijama".

PILA
Unidade de moeda em Porto Alegre; quando a inflação tornava o milhar algo banal, este passa a ser um pila. A origem ou a fixação do uso do termo neste sentido teria algo a ver com Raul Pilla, emérito político rio-grandense, ardoroso defensor do parlamentarismo, mas não por isso, é claro. Invariável: é um pila, dois pila ou mil pila. O pesquisador e historiador Sérgio da Costa Franco, perguntado por mim, disse ter a impressão de que a expressão já se usava em sua infância, antes da Revolução de 1930 ou logo depois dela, o que faz sentido porque há de fato o uso de pila como dinheiro em Portugal – talvez tenha alguma associação com, pode crer, o membro viril, que se chama de pila em gíria portuguesa, por relação com o ato de pilar, de bater o pilão. Há porém algumas informações (quem me relatou essa foi o Décio Freitas) de que a origem local do termo teria a ver com a altura do governo de Flores da Cunha, durante o Estado Novo: parece que, pelo fato de Getúlio não ir muito com a cara do Flores, o governo federal teria estrangulado financeiramente o Rio Grande do Sul; vai daí, o Raul Pilla, secretário da Fazenda ou algo assim, teria emitido bônus do tesouro do estado para afinal fazer circular a economia local, ainda que com moeda artificiosa. Daí que o tal bônus teria ficado conhecido como

"pila". Alternativamente, há quem diga que Raul Pilla distribuía santinhos de propaganda eleitoral com seu sobrenome bem saliente, e que aquilo teria algum valor para trocar por algum bem. Lenda, talvez. Mas enfim, se não é a origem, pode bem ter sido esse um grande reforço do uso entre nós. Tem outro uso, numa expressão frequente: de alguém que não vale nada se diz que "não vale um pila", às vezes "não vale um peido", no mesmo sentido que "não vale o feijão que come" e que antigamente se dizia "não vale um sabugo".

PILCHADO
Arrumado, com roupas em arranjo adequado, caprichado. No gauchês, "pilcha" é o nome das vestimentas gaúchas, bombacha, bota, lenço, ou vestido de prenda (para as moças) etc. (Esse uso para o termo "pilcha", que já existia para designar joias e coisas de valor, inclusive os arreios do cavalo, foi inventado, ou reinventado pelos fundadores do Tradicionalismo, depois da Segunda Guerra. O uso da palavra com referência a qualquer roupa tem algo de irônico, em Porto Alegre.

PILHADA
Diz-se de uma cena armada para enganar, para iludir a plateia. Assim em filme como em jogo armado.

PILHAR
Verbo recente, anos 2000, que significa o mesmo que incentivar, botar pilha. Há quem diga "empilhar", mas a confusão com o outro sentido deve ser suficiente para não prosperar muito essa forma. Ver "botar pilha".

PINCHE
Forma popular para "piche", aquela coisa viscosa que tem a ver com asfalto.

PINCHO
Sei lá se se escreveria assim, mas pode ser (o *Houaiss* dá essa forma como designação do cafetão). Sei que se usava, nos anos 1970, como um dos nomes do dinheiro.

PINGAR
Se usa dizer que quem está com muito sono, com um sono irresistível, está pingando de sono. Creio que é só esse o uso.

PINGOLA
Nome familiar e infantil para o pênis. Também: pinto, peru, bigorrilho.

PINHA
Sinônimo para cabeça, acho que desusado.

PINICAR
Aquilo que o tecido de lã causa na pele do indivíduo – ou seja, aquela sensação desagradável de algo, como direi?, bem, pinicando a pele, causando um começo de comichão na pele.

PINOTEAR
Fugir, sair fora, ir embora de algum lugar do qual se deve sair com presteza. Dar o pinote.

PINTA
Gíria antiga (1960 e 1970) para cara, indivíduo, sujeito – gíria que eu uso muito, aqui mesmo no *Dicionário*, desculpa qualquer coisa. Atenção que não varia segundo gênero, sendo "essa pinta", feminina, tanto para homem como para mulher. Ainda se usa. "A pinta deu uma apresentada fudida"; "A pinta é tri-dedão."

PINTAR E BORDAR
Fazer de tudo que se possa imaginar na ordem do proibido, segundo o código de proibições em questão no ambiente, por certo.

PINTO
Além de ser o nome do pênis, em linguagem familiar como no Brasil em geral, faz parte de uma frase de largo uso: quando uma tarefa é fácil, se costuma dizer que ela é "pinto": "Fazer balãozinho pra mim é pinto".

PIOR
Expressão de concordância, usada nos anos 2000, e não antes. Alguém nos diz algo que beira o horroroso, o fantástico, o inesperado, e a gente concorda, dizendo "Pior", redução de outra expressão que apenas os mais velhos usam, "Pior que é", ou seja, "O pior é que tu tem razão em dizer isso". Essa de usar apenas "pior" é coisa de quem é adolescente agora, neste começo de milênio, e tem a mesma estrutura sintática de origem que o nosso "capaz" (v.).

PIPOCAR
A partir da gíria futebolística, em que o verbo significa tirar o pé da dividida, fugir do enfrentamento físico, se espraiou para a fala comum com o mesmo sentido, para designar gentes que levam medo na hora h. O cara que pipoca, claro, é pipoqueiro.

PIQUE
Uma corrida qualquer ("Guri, dá um pique ali na esquina e compra o jornal pra mim"), ou então a pressa em que a gente está: "Bá, não posso falar contigo agora, tô num pique". Ver "hora do pique".

PISADO
O mesmo que machucado. Muito usado no mundo do futebol, para designar aquilo que em língua rebuscada se chama de lesão. Ver "pisar".

PISÃO
O efeito provocado por um pé que pisa. "Levar um pisão" acontece quando alguém pisa em nosso pé. Não há relação direta entre "levar um pisão", coisa que provoca dor passageira, e "estar pisado", que implica uma machucadura visível, um corte, um arranhão.

PISAR
Quase sempre pronominal, "se pisar", o verbo significa machucar e não tem relação necessária com um problema advindo de uma pisada literal; emprega-se para qualquer pisada, isto é, para qualquer machucado; até jogador de futebol por aqui se pisa. Daquele que está machucado, especialmente para os machucados de pele (coisa em que guri é especialista), se diz que está "pisado".

PISCA
Também chamado de "pisca-pisca", é o nome do pisca-pisca, o do carro, aquele que em São Paulo eles chamam de "seta" e no popular carioca se chamou, alguma vez, de "foda-se": "Liga o foda-se e mete a cara". Tem também o "pisca-alerta", que é aquele que a gente deve usar para chamar a atenção e que faz o carro ficar piscando nos quatro cantos simultaneamente.

PISCAR
Uma das formas de referir o medo: "O cara piscou". A origem tem a ver com a expressão "ficar com o cu piscando", ou algo pelo estilo. Ver "levar medo".

PISTOLA
Forma alternativa para "puto", no sentido de enfurecido, puto da cara.

PITOCO
Tanto a criança ainda pequena quanto um sujeito qualquer de baixa estatura.

PIVICA
A expressão é "umas pivica", sem o "s" do plural, e serve para negar enfaticamente algo. "Tu vai lá umas pivica", querendo significar "Tu não vai lá de jeito nenhum".

PLASTA
Diz-se de quem é molengão, devagar, tardo. A analogia com a coisa plasta é evidente, se é que existe uma coisa chamada "plasta". Invariável em gênero. A qualidade do ou da plasta se chama "plasteza" ou "plastice".

POBRE MAS CAFÉ BEM DOCE
Frase de comentário bem humorado sobre um sujeito sem muitas condições de grana que, mesmo assim, faz questão do melhor, o melhor corte de carne para o churrasco, a melhor roupa etc.

POBRERIO
Como no espanhol platino: conjunto de pobres ou o lugar, a vila onde vivem os pobres.

PODAÇO
O mesmo que "corte" e "esquinaço" (v.).

PODE SER OU TÁ DIFÍCIL?
Pergunta familiar irônica que se faz para pressionar alguém a realizar ou finalizar certa tarefa. Pai pede pro filho levar o lixo pra lixeira, por exemplo, e o guri fica ali, remanchando; o pai pergunta: "Pode ser ou tá difícil?".

PODRE
Usava-se dizer que certa coisa era podre de boa (ou de ruim, indistintamente), querendo significar muito bom (ou ruim).

POLÍGRAFO
Aquele material que os professores preparam para seus alunos, com muitas folhas, e que no Brasil se chama "apostila".

POLVADEIRA
Poeira, poeirada. Direto do espanhol, em que pó é *polvo*.

PONTA
O resto de um cigarro de maconha. Diferente do cigarro comum, o careta, cuja última parte é a "segunda" – em outras partes do país se dizia "a" ou "as vinte".

PONTE
Encontro. Se usa dizer "armar" ou "marcar" uma ponte: "Vamos armar uma ponte pra sexta?" Ver "rolo", "história".

POR BAIXO DO PONCHO
De maneira escusa, clandestinamente, sorrateiramente. O poncho é aquela primitiva capa de lã, consistindo de um largo pano com uma abertura para a cabeça.

POR CIMA DA CARNE SECA
Designa o estado de alguém que está bem de vida, que saiu bem de determinada situação constrangedora, que realizou seu sonho. Talvez tenha alguma relação histórica com o charque. Será?

POR CONTA
Quem fica passado, "puto da cara" ou "puto dentro das calças" (v.) fica por conta: "Ela ficou por conta com a vizinha". Tem um segundo sentido: "Hoje eu tô por conta" diz, alegremente, quem resolve festear desbragadamente, em certa circunstância. Talvez esse segundo caso tenha a ver com a expressão que corre no Nordeste brasileiro, "ficar por conta do caralho", significando ficar à mercê das contingências (eróticas, já se vê).

POR DEMAIS
Qualificativo para coisas positivamente boas ou muito ruins: "O churrasco tava bom uma coisa por demais"; "Chovia uma coisa por demais". Parece que sempre tem aquela "coisa" no meio.

POR ISSO EU
Expressão interessantíssima, que se usa em diálogos. Alguém está contando um erro, seu ou de outrem, ou um defeito, ou um horror; aí outro toma a palavra e, para marcar sua diferença em relação aos problemas relatados, abre sua fala dizendo: "Por isso eu", seguida de leve pausa e uma declaração de que consigo a coisa vai bem, ou é diversa.

POR LARANJA
Expressão que significa "por nada", "a troco de nada". Tem jeito de ser mais antiga, mas certo Grenal dos anos 1980, que não valia rigorosamente nada (porque o campeonato já estava decidido sem ele), parece ter popularizado novamente a expressão. Creio que só a ouvi a respeito precisamente de jogos de futebol.

POR QUERER
Quer dizer isso mesmo que se está vendo: deliberadamente. Só que parece ter aqui um traço culposo mais forte que em geral no país, porque se foi por querer então é grave.

POR UMA TETA

Expressão curiosa que equivale a "por pouco", "quase". Um carro passa a poucos milímetros de outro, e alguém diz, em tom de comentário, "por uma teta", querendo, de alguma maneira sutil e alegórica, dizer que a distância era pouca e que quase houve colisão (mas o que é que a teta propriamente dita tem a ver com isso?). De brincadeira, quando a expressão é usada, por vezes alguém a complementa: "Que não era uma vaca". Fica mais ou menos engraçado, *nonsense*: "Por uma teta que não era uma vaca". Usa-se também em sentido mais metafórico ainda, para qualquer situação "quase": por uma teta que tu não pega o emprego, por uma teta a bola não entrou no gol etc. Variação rara, no mesmo sentido: "por um cabelinho de sapo" que o carro não bateu, a bola não entrou. (Pelo menos a imagem do cabelinho do sapo é mais clara, certo?)

PORCO

Designação carente para o policial, especialmente o policial militar, isto é, o brigadiano. A designação talvez seja meramente derivada do ódio contra os brigadianos por parte dos meliantes, conforme dizia a antiga crônica policial. Mas lembro que, no tempo dos "pedro e paulo" (v.), os brigadianos em duplas, como tinham duas vezes a letra *p* grafada no capacete, se dizia ironicamente que aquilo queria dizer "pé-de-porco" (v.). Outro sentido, sem nenhuma conexão com o anterior: "porco" também é vômito – ver "porquear". Claro que também se usa para dizer que alguém é mal-educado; nessas ocasiões (um guri que faz questão de arrotar na mesa, por exemplo), sempre tem alguém que diz uma frase de efeito, tipo "Para o caminhão que caiu um porco" ou "Suspende o veterinário que o porco já deu sinal de vida".

PORQUEAR

Vomitar. Termo derivado de expressão que era muito usada como sinônimo, "fazer um porco" ou "um porquinho" (mas nada a ver com "porco" – v.). Também se dizia "chamar o hugo", por semelhança fonética entre o pobre do Hugo e o som que sai de certas gargantas quando vomitam. Ver "montar num porco", que é diferente.

PORQUEIRA

Coisa ruim, que funciona mal, precariamente. Qualquer coisa ou serviço ou mesmo pessoa. "Bá, mas é uma porqueira esse restaurante", por exemplo. Naturalmente se pronuncia sem o *i* do ditongo, como costuma ocorrer na fala sulina, como em "frontêra", "carrêra", etc.

PORQUICE

Manifestação de falta de educação, de falta de bom senso. Coisa de porco mesmo.

PORRA DO CARALHO!

Ver "caralho!".

PORRE

Pode ser uma situação ou um sujeito, desde que insuportável, chato a mais não poder. Também quer dizer bebedeira, borracheira. Ver "foguete".

PORTA
Sinônimo de burro, tanso, estúpido. Veio por redução da expressão "burro como uma porta", mas hoje em dia se usa solo. E tem outro uso, nada a ver com este: entre os taxistas, como me confirmou o Mauro Taxitramas Castro, um escritor que é o gigolô de um taxista (ele mesmo), existe a "porta" como uma comissão paga pelas casas noturnas para o taxista que levar cliente até lá. Segundo ele, a Tia Carmen, famosa casa noturna da Cidade Baixa durante anos, pagava quarenta reais por cliente – o que significaria algo entre oito e doze cervejas de meio litro (cotação que li no dia 2 de outubro de 2021, ao redigir este verbete).

PORTO
Um dos modos de designar Porto Alegre, mas que não tem muito curso. "Vou pra Porto", por exemplo, se ouve algumas vezes. Também assim aconteceu com "Portinho", como afetuoso para a cidade. Mas também não colou. Dá a impressão que só quem mora no interior do estado é que se refere à capital com esta intimidade, "Porto", "Portinho", que os daqui não têm ou não ostentam.

POSUDO
É o sujeito que é pura pose, que posa o tempo todo, cheio de si, também dito "cheinho"; de gurias posudas, dizia-se que eram exibidas, o que

consistia em xingamento grave, pelo menos na minha infância (hoje, dada a hegemonia da lógica xuxa de modelo-e-manequim, isso talvez seja um elogio).

POTREIRO
Era originalmente o ambiente dos potros, o lugar em que eles eram encerrados; mas aqui se usa como termo qualificativo para grandes extensões: "Essa tua sala é um potreiro!". Também se diz "potreiro" para campo de futebol ruim, de piso danificado ou de grama pouco tratada.

POUCA-PRÁTICA
Designação de gente inábil ou desastrada em alguma tarefa, especialmente a que envolve destreza manual. "Escuta aqui, ô pouca-prática, que merda é essa que tu fez aqui?"

POUQUINHO
Um sujeito que está pouquinho é alguém que está nas últimas, muito adoentado, desfigurado: "Bá, fui no hospital ver o cara: ele tá pouquinho". Mais ou menos o mesmo que "pé-na-cova".

POUSAR
Passar a noite: "Tá, tio, mas o senhor vem pra pousar ou não?". O sentido é dicionarizado, mas parece não ser comum no Brasil fora daqui.

PRA CIMA E PRA BAIXO
O mesmo que às tontas, obstinadamente e sem resultado: "Andei pra cima e pra baixo procurando o sapato que eu queria".

PRA FORA
Aqui no Rio Grande do Sul se diz que fulano foi criado "pra fora" quando ele cresceu num lugar que não Porto Alegre, em primeiro lugar, ou que não uma cidade qualquer, secundariamente. Ver "de fora".

PRA MAL DOS MEUS PECADOS
Expressão de desconsolo, que introduz no relato uma conclusão terrível, eventualmente trágica: "Pra mal dos meus pecados, o médico não tava no hospital quando eu cheguei todo sangrando".

PREGADO
Diz-se de quem está cansado, exausto, no bagaço, que está pregado (será por que se sente como que pregado, mesmo, com pregos?). Nada a ver com "prego" (v.).

PREGO
Não sei por quê, usava-se chamar qualquer guri menor do que a gente de "prego", "preguinho": "Claro que tu não vai junto, tu é um prego". Não sei se ainda se usa.

PREJU
Apócope de "prejuízo".

PRENDA
No vocabulário gauchesco, é o nome da mulher jovem (acho que solteira). Aqui na cidade se usa em tom irônico para as mesmíssimas mulheres jovens.

PRENDEDOR
O tareco que prende a roupa na "corda" (v.), no varal. Em outros lugares do país se usa chamar este pequeno instrumento de "pregador", que aqui é usado apenas para broches de roupa.

PRENDER O GRITO
O mesmo que gritar, soltar o grito (embora se diga "prender"), mas tem um sabor de mais força, mais ênfase, especialmente pra pedir socorro ou auxílio. Suspeito que tenha a ver com a influência platina, pois que se usa no Prata, por exemplo, "prender fogo" como sinônimo de atear, acender o fogo. Na minha infância se cantava assim, naquela musiquinha do "Marcha, soldado": "O quartel prendeu fogo / Francisco deu sinal / Acuda, acuda, acuda / A bandeira nacional". Já testei com as novas gerações e todas, unanimemente, dizem que aprenderam que o quartel "pegou fogo", e não "prendeu". Sou um fóssil, portanto. Costuma ser usado em situações de demonstração de solicitude: "Olha, qualquer coisa tu me prende a grito", significando disposição para ajudar quando for preciso.

PRENSA
Quando alguém encurrala outro, com vistas a obter certo resultado (o pagamento de uma dívida, o cumprimento de uma promessa etc.), diz-se que "prensou" o fulano, ou mais ainda "deu uma prensa" nele. Também se diz o verbo, como "imprensar".

PRESA
Ver "fazer uma presença", e pronunciada com o *e* aberto. Ver "preza".

PRETEAR
Pode designar o tempo, quando se arma um temporal, mas costuma ser usado para dizer que a coisa ficou preta, ficou complicada, sombria, metaforicamente.

PREZA
Os habitantes do planeta Porto Alegre, sejam nativos ou imigrados, manjam bem o sentido da palavra, que se reveste de algum mistério para os demais habitantes do português. Mistério modesto, sem espalhafato, nada de Semana de Arte Moderna ou Grito do Ipiranga, que o nosso negócio é outro. É assim: "preza", com *z*, certamente tem a ver com o verbo prezar, que por sua vez remete a gosto, apreciação: eu prezo tomar uma ceva, o amigo aí preza sair com a gata, e assim vamos. Mas olha bem, escuta com atenção: "preza" também pode ser apenas a forma escrita para a palavra "presença", devidamente apocopada – desculpa aí, o termo é meio para iniciados: apócope quer dizer encurtamento de uma palavra, sabe como é? Quando a gente corta o fim dela, para ficar mais esbelta. Em lugar de refrigerante, refri; em vez de professor, profe; não fim de semana, mas finde; e, não menos, ali onde estaria "presença", apenas "presa", com *e* aberto, ou melhor ainda, como fez a rapaziada do BoB, a Bidê ou Balde, "preza". Fazer uma presença, ou fazer uma "preza", em porto-alegrês verdadeiro, escocês, profundo, quer dizer tanto dar um presente para o amigo, quanto, como direi?, acontecer: o cara faz uma preza na festa quando é visto, faz boa figura. Mas peraí, ainda não acabou: se o prezado ouvinte, o prezado leitor, não tiver medo dos abismos da poesia e da arte em geral, como esta que vem na alma da canção, por favor acrescente mais um tempero nesse mexido: "Tudo é preza!", ainda mais com essa exclamação tão simpática, é uma canção do Carlinhos Carneiro, que se olha no espelho e fala sobre um traço magnífico da canção, essa peça leve da artilharia artística do nosso tempo, exatamente o traço de ser capaz de capturar o presente (de "presente" a "presa" ou a "preza" é só mais um passinho). Viu ali? O cara quer que as canções modernas se tornem antigas no momento certo; e o momento certo, ora, é aquele que acontece no presente, este tempo aqui, fugidio e absoluto, em que o futuro e o passado se encontram, se saúdam – Tchê, como é que tu vai? – e escoam em direção ao infinito da memória e da utopia. (Nota: este texto foi redigido a pedido do Carlinhos Carneiro e consta do encarte do CD *Adeus, segunda-feira triste*, lançado em 2010.)

PRIMAS
Designação genérica para prostitutas, que nasceu por causa de uma casa noturna chamada Tia Carmen. Quem ia lá dizia visitar as primas.

PROFE
Afetivo para "professor" – seguindo uma tendência comum a várias línguas, aqui também se faz gíria a partir da redução de palavras. Parecido com o que acontece na Argentina e no Uruguai. Também se usa chamar professor de "pçor". Assim mesmo.

PROFI
Não confundir com "profe", que é outra coisa. Aqui se trata de palavra oxítona, formada por apócope de "profissional". Se usa para reconhecer a qualidade profissional (isto é, não amadora, não improvisada) de algo ou de alguém. De brincadeira, se dizia uma época "PPC", sigla para "profissional pra caralho".

PROMETIDO
O mesmo que "jurado" (de morte, de vingança).

PRONTO
Diz-se do cara que bebeu o suficiente para a situação, o que pode significar beber muito. É o bêbado, em resumo.

PROSEAR
Conversar à toa (ou, mais raro, seriamente), manter uma prosa, "trovar" (v.).

PROVALECIDO
O *Aurélio* e o *Houaiss* dão "prevalecido" como de uso familiar e regional do Sul, para o sujeito que se prevalece da posição para mandar, sacanear o próximo. Mas aqui parece que a forma mais comum é esta, "provalecido", sinônimo portanto de mandão, autoritário.

PT
Jargão do mundo do crime para "pistola".

PUAÇO
Os dicionários dão "pua" como o nome da espora que se põe nos galos de briga, e portanto "puaço" é o golpe da pua. Uso corrente aqui (embora raro), é algo como um golpe duro, literal ou figurado, sem referência ao instrumento do golpe.

PULAR CARNAVAL
Por uma dessas coisas que só o destino explica, aqui no Sul não se "brinca carnaval", como se faz no Rio e acho que no Brasil em geral: aqui se "pula carnaval". Por quê? Pode ter algo a ver com o pulo mesmo, aquele movimento, que por sua vez deve ter alguma relação com a relativa dureza de corpo nossa, comparativamente com a malemolência tropical brasileira (aqui os negros não deixaram marcas tão fundas no nosso jeito de corpo quanto no Nordeste e no Rio). Uma antiga (final do século 19) composição local se chama "Polca pula", porque estava escrito na partitura que, numa certa altura da polca – uma música alegre, dançante, uma espécie de samba de alemão –, todos os instrumentistas deveriam gritar "Pula!", para excitar a tigrada que estava na dança.

PUNHETA
Sentido mais corrente: masturbação masculina, bronha. Paráfrases

existentes para a masturbação masculina: covardia, cinco-contra-um, pedir carona pro céu (preste atenção no gesto, caro leitor). A feminina é conhecida como "siririca", e para os dois gêneros se usa a palavra com o verbo bater. Outro sentido: usa-se como qualificação negativa para algo: "Bá, mas que punheta este troço", em referência à difícil tarefa de lidar com o troço em questão, seja ele uma máquina, uma situação, uma coisa qualquer. Também se usam termos conexos, "punhetear", "punheteação", para designar uma circunstância enrolada, de difícil solução, de difícil deslinde, ou ainda para menosprezar os esforços malsucedidos na tentativa de resolver um impasse: "Vocês ficam se punheteando com isso", "Vocês ficam nessa punheta e nada".

PUTA VELHA
Mesmo que não pareça, é elogio a alguém, creio que mais alguém homem do que alguém mulher, que é muito experiente em algum mister, que sabe fazer aquilo como poucos outros, que é destro.

PUTA-MERDA
Atenção para o hífen, porque se trata de nome próprio: é como se chama aquele trumbico em que a gente se agarra, nos carros, para adquirir mais firmeza, trumbico que às vezes é uma alça, às vezes é um arco (como nos velhos fucas, que o tinham ali na frente, junto ao para-brisa). "Te agarra no puta-merda que eu vou acelerar", por exemplo.

PUTANHEIRO
O frequentador de putas.

PUTARIA
Não significa apenas a putaria propriamente dita, mas uma sacanagem qualquer, especialmente aquelas que nos deixam indignados: "Pô, mas é uma putaria", por exemplo, pode-se dizer quando a gente chega no carro e vê que ele foi arrombado.

PUTCHERO
Termo espanhol platino (*puchero*), que designa um fervido de coisas várias e desiguais (carne, verduras, hortaliças) e é servido como uma espécie de sopa.

PUTEAR
"Putear" não é o mesmo que "emputecer" (v.): trata-se do ato de brigar verbalmente, insultar alguém; também se diz, como para muitos outros verbos, "dar uma puteada". Quando duas pessoas ficam batendo boca e se xingando, ficam "se puteando".

PUTO
Além de significar isso que todo mundo sabe, também é adjetivo usado em contexto específico: o cara que tá sem dinheiro, mas sem dinheiro mesmo, declara "Tô sem um puto pila", "um puto tostão" ou ainda, simplesmente, "Tô sem um puto", nesse caso sublinhando também o "um" na pronúncia.

PUTO DA CARA
Brabo, irado, "envaretado" (v.); hoje em dia se diz apenas que alguém que embrabece "fica puto", sem mais.

Origem incerta e não deduzida. A menos que, não, deixa assim. Também dito "puto da vida". Ver "emputecer".

PUTO DENTRO DAS CALÇAS
O mesmo caso de "puto da cara", com o mesmíssimo sentido, só noutro lugar do corpo.

PUXA UM BANCO!
Frase de cortesia para receber quem está chegando. Não precisa haver nenhum banco no lugar, é só um modo de dizer que o sujeito chegue, sem problema, que se sinta à vontade.

PUXAR UMA COBERTINHA
Quando os primeiros frios do ano se fazem notar, é muito comum ouvir dizer que o cara vai "puxar uma cobertinha", significando isso mesmo, que ele vai pegar uma coberta porque não dá mais nem para dormir sem cobertura alguma, nem o lençol simples é mais suficiente. Tenho a nítida sensação de que a frase esta é dita com gosto, um certo prazer, justamente pelo costume e mesmo pelo gosto do frio que acomete os sulinos em geral.

PUXADOR
Ver "botão".

PUXAR ASSUNTO
Levar um lero, conversar, entabular conversação.

Q

QUADRA
Nome porto-alegrense (mas não só) de "quarteirão" (esta palavra nunca se diz por aqui), num uso que estranhamente não se confunde, na prática, com quadra esportiva ou com quadra de escola de samba.

QUADRO DA DOR
Situação lamentável, horrível, desastrosa. Assim também pessoa ruim, desagradável, murrinha: "Essa pinta é o quadro da dor". Numa época se usava dizer em inglês, tradução literal à Millôr Fernandes, *the picture of the pain*, de brincadeira. Típica dos 1980-90.

QUAL É O PÓ?
Pergunta que se fazia para desafiar alguém que estivesse demonstrando alguma dúvida de ordem ética sobre o perguntador. E tinha a rima, dita pelo perguntador mesmo ou pelo perguntado, que desafiava de volta: "Qual é o pó? Tira as calças e dá um nó."

QUAL É O TEU PASTEL?
Pergunta brincalhona que indaga pelas intenções de alguém. Pode servir para expressar leve indignação também. Alguém faz algo errado, e a gente retruca: "Pô, qual é o teu pastel?", como quem pergunta "O que é que tinhas em mente ao fazer isso? Tu não percebes que isso prejudica?", ou algo por aí.

QUARAR
Designa aquilo que em português fino se deveria dizer "corar", que é dar cor ao tecido (ou ressaltá-la) da roupa pela exposição ao sol. Mas isso também no Brasil em geral (tem também, ou tinha, o "quarador", o local do pátio em que se punham as roupas a quarar). Aqui se usa também para designar uma grande espera: "Fiquei ali, quarando, enquanto o cara fazia o pacote".

QUARTEAR
Repartir algo (uma conta, uma comida) e também, mais raramente, compartilhar um serviço.

QUE BEM!
Voz moderna, anos 1990, para dizer "Que bom!", "que legal", etc. O Vitor Ramil usa numa canção: "E eu acho que é bem", no sentido de "E eu acho que é correto", "adequado", etc.

QUE CHEGUE
Sinônimo de suficiente, bastante: "Já não comeu que chegue, guri?".

QUE DÁ GOSTO
Ver "dar gosto".

QUE DÓI
Outro qualificativo para situações extremas, especialmente as ruins: "Esse guri é ruim que dói".

QUE ERA
Nexo usado em comparações, semelhante ao "que nem". Digamos que um sujeito cortou o rosto, saiu sangue bastante; alguém, nesse caso, pode dizer que ele "ficou com a cara que era puro sangue"; "ficou que era um horror"; "ficou que era uma plasta de sangue"; se quebrou o vidro e os pedaços ficaram pelo chão, a mãe comenta que o chão "ficou que era puro caco de vidro" etc. Também acontece: se o sujeito ficou "lastimado" (v.), machucado, mal, ficou "que era um boné velho". Tem portanto um uso mais de efeito retórico do que de função sintática, como o "é que".

QUE O TREM NÃO PEGA
Qualificativo para criaturas realmente especiais, para cima ou para baixo. Pode ser um guri muito ladino, uma guria esperta, por aí. Tem sentido de elogio, no contexto: "Esse é outro que o trem não pega".

QUE TAL?
Saudação corrente. Se pronuncia com o "l" líquido, não reduzido a *u*. Significa "Como estão as coisas?".

QUEBRA-COSTELA
Termo de raro uso, que descreve, com o habitual exagero, um abraço bem apertado.

QUEBRAR OS PRATOS
Brigar, partir pra ignorância, no mínimo bater boca. O Nei Lisboa tem uma belíssima canção que fala do momento posterior à quebra dos pratos, que diz "Não volto pra colar os pratos que atirei ao chão".

QUEDA
Tem queda para algo quem demonstra ter vocação para tal algo; usa-se também para designar um vago sentimento de interesse por alguém, quando por exemplo se diz que fulano parece ter uma quedinha pela fulana.

QUEDÊ-LE?
Cena familiar: o guri pergunta pra mãe, "Mãe, quedê-le os meus tênis?". Por extenso, seria "Que é (feito) dos meus tênis?", o que deu, no Brasil, o popular "quedê" ou "cadê". Só que aqui, por influxo do espanhol, a gente bota aquele pronome esquisito ali. Chega-se até a uma fórmula peculiar: em busca de um certo homem ou objeto de gênero masculino, pode-se ouvir "Quedê-le ele?". Também pode ser "cadê-le".

QUEIMAR
Falar mal de alguém, insultar alguém, cortar-lhe todas as asas, podar as pretensões, isto é "dar uma queimada". De uso correntíssimo. Não confundir com "se queimar" (v.).

QUEIMAR O FILME
Como noutras partes do país, se usa dizer a expressão para significar estragar a imagem, perder o prestígio. Tu contou um segredo para um amigo, que ameaça publicar a informação, que é comprometedora, e tu pede "Bá, cara, não vai queimar o meu filme".

QUEIMAR UMA BOTA
O mesmo que peidar. Sempre se diz aquele artigo indefinido ali, no meio. Também se diz "queimar uma galocha", embora galochas nem se usem mais.

QUEIXO-DURO
Diz-se de um sujeito que não aceita submissão. Analogia com cavalo que não aceita freio ou que é ruim de manejo pelo cavaleiro.

QUENGO
Um dos sinônimos de "cabeça"; "coco", "telha", "melão".

QUÊRA MAIS
Claro que eu sei que não se escreve esse acento aí, mas é pra marcar a pronúncia. Esta é a pergunta (que porém não é entoada como pergunta mesmo, mas como afirmação levemente suspensa ao final) que o balconista faz para o freguês assim que acaba de atender um seu pedido, no interesse de saber se o cliente quer mais alguma coisa. De onde veio? Hipóteses: "O que era mais (que o senhor queria)?"; "Queira mais (algum produto)". O Bataclã FC escreveu "Queiramais", mesmo sentido. Ver "de momento".

QUERER A JANELINHA
Tudo começou com a expressão "Pegou o bonde andando", que é um comentário contra a intromissão de alguém no meio de alguma conversa de que o metido não conhecia o curso. Depois, a expressão se complementou: "Pegou o bonde andando e ainda quer a janelinha", o que implica uma demasia suplementar da parte do metido. Agora, parece ter ficado só a parte final, também usada como comentário ao furão: "E ainda quer a janelinha".

QUERIDA
Aqui a gente ampliou o uso que o adjetivo tem no Brasil. Para nós, uma pessoa pode ser querida, não por alguém, nem no sentido de amada, mas apenas no sentido de gentil, bem educada, meiga. Uma mãe que conheça a candidata a nora, se tiver gostado dela, diz "a menina é muito querida". Hoje em dia ficou mais genérico ainda o uso: tem até uma propaganda de cerveja, uma de produção e consumo apenas local, em que um sujeito conta que se achegou a umas gurias, coisa e tal, e elas são referidas como "as queridas", genericamente. Se usa também para rapazes educados, que são assim "queridos". O curioso é a passagem entre as pessoas envolvidas: uma pessoa querida não é querida por si mesma, mas por alguém que a quer – isso na generalidade do Brasil, porque aqui a queridice é uma qualidade da pessoa que é querida. Não tem nada a ver com o brasileiríssimo "Meu querido", como um vocativo.

QUERIDICE
A qualidade do querido e da querida.

QUERO MEÇA
Grito que se diz, no jogo de bolita (ver "gude"), quando o sujeito du-

vida da posição relativa das jogas em relação à raia tal como descrita por alguém. "Meça" é medição, mensuração.

QUÊS
Tem uma flexão de número (para o plural) nesse pronome exclamativo na linguagem popular daqui. Senhora reclamando de guris medonhos de comportamento: "Mas quês guri bem tinhoso!".

QUÊS-PERANÇA
Claro que não existe essa palavra; trata-se apenas da pronúncia efetiva da expressão "Que esperança!", dita com ênfase, sobretudo pelos adultos que querem com ela significar que não vão nos deixar sair de jeito nenhum, "quês-perança"; equivale a dizer que podemos tirar o cavalinho da chuva.

QUÍDI
Cara que é bom em algum mister é "quídi" na matéria. Claro que veio de *kid*, e não por causa de seu uso familiar inglês para criança, mas por causa do nome de alguns mocinhos de faroeste, Durango Kid, Cisco Kid e outros.

QUÍMICA
Se diz "dar uma química" para designar um trato, algum procedimento que requeira intervenção de produtos (não necessariamente químicos). O mesmo que dar uma "guaribada" (v.).

QUIUPARIU
Exclamação corrente que disfarça a bandalheira e assim fica digna de dizer em ambientes educados (mais ou menos). Também dita "quiuspariu", "quiopariu" e "quiospariu" (estes com *o* fechado).

R

RABEAR
Sair de traseira (o carro). A analogia é com o rabo, a traseira, do cavalo, obviamente.

RABICHO
Nome popular da extensão, aquele fio que se usa para alcançar a distância entre um aparelho elétrico e a tomada da parede. Tem a ver com "se enrabichar" (v.).

RABICÓ
Aquela coisa que as mulheres e os cabeludos usam para prender os cabelos, geralmente de algum tecido com elástico. Deve ter alguma relação com o rabo (de cavalo, naturalmente). Em certas partes do país se diz "rabicó" o animal de rabo cortado, que aqui se chama "cotó".

RABIOSCA
No futebol, quando o sujeito bate de orelha na bola e ela sai torneando, em trajetória esquisita (e eventualmente indesejada), aconteceu uma rabiosca. É o mesmo que "dar de rosca" ou "dar uma rosca" na bola.

RABO
Sorte, gataria. "Dar rabo", neste sentido (tem outro: ver "dar rabo"), quer dizer levar sorte, nada tendo a ver com "dar o rabo". Da mesma forma se usa dizer que fulano "tem rabo" para definir sua condição de sortudo, e por isso de "rabudo" (v.). Claro que também significa a bunda das mulheres, mais uma vez em analogia com animais. Ver "sentar o rabo". Diferentemente de "dar o rabo" (chulo para designar o ato de, bem, deu pra entender), "dar rabo" significa "acontecer confusão": "Ih, deu rabo" é exclamação equivalente a "Deu merda" ou "Preteou". Não se usa dizer "rabuda" para elogiar a bunda de uma mulher. E tem um aparelho que se usa para fazer o mate fora de casa (no escritório, por exemplo), que se chama popularmente de "rabo quente" (v.).

RABO DO OLHO
A expressão completa é "olhar com o rabo do olho", significando olhar de soslaio, olhar discretamente, donde se pode deduzir que o rabo do olho é mais um gesto, uma índole, do que uma marca física.

RABO QUENTE
Nome de um instrumento elétrico, que quando a gente vai comprar na ferragem deve chamar de "ebulidor". Se usa para esquentar a água do mate em lugares (escritórios, por exemplo) em que não há fogão por perto, mas não dá pra resistir a ter um chimarrão por perto. Tem dois formatos: ou é uma simples resistência, que envolve uma peça de louça, ou é uma longa haste de metal com uma resistência dentro.

RABUDO
O sortudo. A palavra é usada com certo despeito: "Ô, rabudo", por exemplo, se diz para um cara que ganhou o que nós queríamos ter ganhado. Ver "rabo".

RACHAR
Dividir a despesa. No mesmo sentido, "fazer o racha". Tem outro emprego: "rachar a cara de alguém de vergonha" significa envergonhar esse alguém. E tem outro ainda mais raro: alguém que esteja bem gordo (inclusive doentiamente gordo) está rachando de gordo – que é um uso original do campo, para falar de animais em ótimo estado, prontos para o abate.

RACHIDE
Efeito de rachar a despesa: "Fazer o rachide", como sinônimo de "rachar".

RAFUAGEM
Gentalha, gente desclassificada, "chinelagem" (v.). O *Aurélio* e o *Houaiss* dão apenas "rafameia", significando ralé (uso no Nordeste brasileiro), derivado de "rafa", que é igual a fome. O *Houaiss* menciona, além disso, penúria extrema. Aqui também ocorre, mais raramente, "rafa" como sinônimo de rafuagem. Um grupo de hip-hop nascido em Esteio, aqui do lado, se chama Rafuagi.

RAINHA
Contra mulheres que mostram certo comportamento típico, outras mulheres (e homens também) podem dizer que a obsessiva é "rainha de" fazer aquela coisa. Serve para elogio ou reprovação: "Essa aí é rainha de chegar atrasada", por exemplo. Parece muito menos comum usar "rei", para homens, no mesmo sentido.

RAIZ
Entrou em circulação na década de 2010, creio, com sentido apenas derivado do original. Começaram a pipocar comparações entre o tempo antigo e o moderno, por exemplo entre um gaúcho antigo e outro de agora, urbano, também dito "gaúcho de apartamento". Ao antigo, se diz "gaúcho raiz", em oposição a "gaúcho nutella", sim, aquela marca de uma pasta (de avelã, com cacau e leite). Daí a palavra, como adjetivo, abriu as asas para outras direções, sempre qualificando algo que se tem como mais autêntico, mais primitivo, logo mais verdadeiro.

RALAR
Na vida escolar, o professor durão, exigente, eventualmente cruel, é um "ralador", que "rala" os alunos na prova.

RANÇAR
Se usa "rançar" com alguém, que significa bronquear com alguém, ficar rançoso com a pessoa. Mães rançam com crianças, mas crianças chatas são "ranços".

RANCHO
"Fazer rancho", aqui nesta cidade, designa o ato de fazer compras de provisões, fazer as compras da semana ou do mês, no súper, talvez

por analogia remota com fazer um rancho-moradia mesmo, ou, mais provável, a partir da gíria militar, que chama de "rancho" a comida e/ou ao refeitório da tropa. Familiarmente, também se diz "fazer rancho" de outros objetos, por exemplo quando o filho se excedeu e "fez um rancho" de blusas, de roupas.

RANGO
Como no centro do país, aqui também significa comida, em qualquer sentido. Só que aqui, graças ao Edgar Vasques e ao seu personagem Rango, que fez furor durante anos, a palavra se consolidou com mais firmeza. E tem o verbo correspondente, de largo uso, "ranguear".

RAPA DO TACHO
Também dito "raspa do tacho", refere-se ao último fruto ou ao fruto temporão, por exemplo um filho tardio. Por extensão, se refere a qualquer resto, a qualquer último suspiro de qualquer elemento.

RASCUNHO DO CAPETA
Sujeito muito feio.

RASGAÇÃO
Situação em que há muitos elogios ou atitudes de puxa-saquismo. "Ficou aquela rasgação", por exemplo. Quem a usa por certo acha que os elogios são demasiados (esta atitude, por sinal, é muito nossa: não gostamos do elogio, não sabemos lidar com ele, aqui nesta parte do planeta). Deve ter-se originado na expressão "rasgar seda" como sinônimo para elogio.

RASGAR
Escrachar, pôr a nu, expor em público. Talvez tenha vindo de algo como "rasgar a fantasia", "rasgar a máscara", como na expressão americana "sair do armário".

RASPA DAQUI
Fórmula usada para mandar alguém embora, sendo o alguém uma criança, especialmente. Também acontece "Risca!" (v.).

RATEAR
Não tem nada a ver com "ratear" no sentido de "quartear" ou "rachar" (v.), dar a cada um a sua parte, com o verbo, neste sentido, dando origem ao substantivo "rateio". No sentido porto-alegrês, "ratear" quer dizer "babar", deixar furo, marcar bobeira, que dá origem ao substantivo "rateação": "Bá, que rateação". Talvez tenha origem no mundo dos motores de carros, em que "ratear" significava o mau funcionamento do motor. Ver "marcação".

RATO
Designação genérica para policiais, civis ou militares.

REBA
Olha logo abaixo o que significa "rebarba".

REBARBA
Significa sobra (de comida, muitas vezes: "Só sobrou uma rebarba pra ti, porque já comeram tudo") ou posição desqualificada ("Escolheram os times e eu fiquei na rebarba"). Bem frequentemente resumido em "reba".

REBORQUEAR
Era "rebolquear", no mesmo sentido, ficar-se virando no mesmo lugar, mexer-se. Mas ficou assim, com aquele *r* popular. Uso comum: "Eu demorei pra levantar, fiquei reborqueando na cama até às nove". Mais raramente se usa para descrever quando algo ou alguém cai, vira do avesso etc.

REBUCETEIO
Confusão, pega, briga. Tem cara de ser castelhanismo platino, por causa daquele prefixo re-; quanto ao mais, dá pra imaginar. Familiarmente também se usa para aquela modalidade de comida, que alguns chamam mais singelamente de "mexido", feita com sobras do almoço, em que se misturam restos de variadíssima ordem e todo mundo gosta.

RECÉM
Também no Brasil se usa o termo, como valor adverbial e prefixando um particípio (recém-chegado, por exemplo). Aqui a gente usa como advérbio solo, significando recentemente, ainda agora mesmo, faz pouquinho tempo: "O cara recém saiu daqui". Na fala popular, é mais expressiva ainda: "O cara arrecém saiu daqui".

RECO
Palavra de dois sentidos, ao que saiba sem qualquer conexão. Um: o fecho, o fechecler, que se usa nas "braguetas" (v.). Outro: o milico, especificamente o conscrito (acho que é assim que se diz), isto é, o milico que está servindo o Exército, na altura de seus dezenove anos, o recruta – esta palavra deve ter regredido até "reco".

RECUNHA
No mundo policial, é o reconhecimento do fora da lei por uma testemunha ou pela vítima. Apócope, mais uma vez. Diz-se, por exemplo, que o cara "tomou uma recunha".

REFRI
Apócope de "refrigerante", significando especificamente refrigerante industrial, coca, guaraná, por aí.

REGALITO
Eu conheço de jogar bilboquê, situação em que a palavra "regalito" designa uma jogada sofisticada e complementar; o sentido é o mesmo: "regalito" significa um complemento, um *plus*, conforme se diz hoje em dia, uma frescura extra, um pequeno *regalo* (espanhol: presente que se dá), palavra que aliás se usa no dito sábio "O que é do gosto regala a vida", que gente menos letrada diz, equivocadamente, "O que é do gosto arreganha a vida".

REGRA
Acho que não se usa mais, mas se dizia, no universo do futebol, que um cara "era regra" se estava na, ou era cativo da, reserva. Alude a uma regra do futebol, parece que o regra 3, que talvez nem seja mais a de número 3.

REGULÃO
Diz-se de quem fica regulando a vida alheia, dando palpites, querendo

portanto mandar no outro: "Sai fora, regulão", usa-se dizer contra essa gente.

REINAR
Diz-se de quem está incomodando que está reinando; muito aplicada a crianças quando chega a hora e não querem dormir, e ficam ranhetas. O cara que reina é reinoso.

RELAMPEAR
Forma popular de "relampejar".

REMANCHAR
Demorar-se, tardar, ficar enrolando em vez de imediatamente agir; fica-se remanchando muito na cama, de manhã cedo, ao acordar. Pode ser visto, o verbo, como alteração de remansear, ficar em remanso.

RENGUEAR
Ficar ou tornar-se rengo, ou, mais genericamente, entortar, sair do prumo. Tem o dito sobre o frio do estado, que é "de renguear cusco", isto é, de fazer o cachorro andar meio ladeado, com os músculos retesados, tal a temperatura.

RENTE QUE NEM PÃO QUENTE
Não sei se se usa noutras partes do país, mas aqui sim. Mãe que quer pressa no cumprimento da tarefa designada para o filho diz isso, em alusão remota ao pão quente, que sai rápido senão esfria.

REPARAR
Tomar conta: "Repara as crianças pra mim um pouquinho", pede uma mãe. Claro que tem também o sentido fofoqueiro: "Repara só a fulana, se vestindo daquele jeito!".

REPÉ
Taí um termo interessante, de largo uso, para o qual não encontro explicação filológica. Significa aproximadamente o mesmo que "bode" no sentido de cansaço, lombeira, aquela situação de desconforto gerado por uma bebedeira, por uma doença física ou por uma má experiência espiritual. Cara que toma um "pé na bunda" (v.) da namorada, quer dizer, cara cuja namorada lhe dá um pé na bunda, fica num repé; cara que dorme muito tarde por ter ficado festeando e tem que acordar cedo no outro dia também; cara que bebeu muito igualmente tem um repé, no dia seguinte.

REPRESENTAR
O mesmo que parecer; de origem claramente campeira, talvez castelhana; diz-se por exemplo que um "grosso" (v.) que se porta circunstancialmente bem representa que tem educação; usada à platina: "Me representa que tu tá querendo algo".

REPUNAR
Forma popular para o verbo repugnar, mas em uso diferente. Se diz que alguém "repunou" o almoço.

RESBALAR
Em português se escreve e diz "resvalar", mas aqui a pronúncia ficou como no espanhol. Daí se dizer que certo trecho da "lomba" (v.) é resbaloso. Uma antiga vizinhança

em Porto Alegre se chamava, anos 1960 e 1970, Beco do Resbalo, por ter uma lomba resbalosa de acesso.

RESPONSA
Apócope para "responsabilidade".

RETOÇO
Grafia nossa para *retozo*, platinismo, que entre nós significa namoro com intervenção de componentes físicos, quaisquer que sejam (não precisa ser necessariamente com penetração). Aliás, "retoço" é mesmo a esfregação, o antigo arreto. No espanhol culto, *retozar* é saltitar, brincar apaixonadamente, e em português também há esse sentido, embora desusado. O *Houaiss* dá o verbo "retouçar", sinônimo de brincar, entre outras coisas, mas não registra o substantivo correspondente, que em português canônico deve ser grafado "retouço", mas esse ditongo, "ou", aqui entre nós é reduzido a "ô", na pronúncia.

REÚNA
Apócope (esporte muito querido da linguagem daqui, como os leitores devem ter visto, significa a supressão de letra ou sílaba no final de palavra) para "reunião". Tempos atrás, década de 1970, queria dizer uma só e mesma coisa, a reunião dançante, aquela festinha que se fazia na garagem da casa de colega que tivesse casa com garagem e família tolerante. Às vezes era na sala mesmo, às vezes era no clube, e sempre "reúna". Depois vi usarem para qualquer reunião.

REVERTÉRIO
Quando as coisas dão pra trás dá um revertério, revertem-se as expectativas ou os estados de alma. Também se usa para designar estados físicos, por exemplo quando o sujeito fica mal das pernas (quer dizer, do estômago, do fígado, dos intestinos) depois de comer ou beber demasiadamente.

REVESGUEIO
Ver "de revesgueio".

RICO
Termo de largo uso como expressão de elogio: "Mas era uma rica duma guria", querendo dizer que era uma guria muito bonita, muito educada, por aí, sem nenhuma conotação relativa à condição financeira. "Um rico dum dia", para um dia lindaço. Também se usa para realçar situações negativas: "Tô numa rica duma merda", significando "Tô numa merda federal", ou "de dar gosto", isto é, que está numa situação horrorosa, sem dinheiro por exemplo. Ver "coisa mais querida", que é parecido. Uma expressão relativamente estável desta família é "rica flor", irônica, usada para homens ou mulheres, em geral em situações em que a rica flor demonstra excessiva sensibilidade, covardia, vulnerabilidade.

RINQUE-DOZE
Perdeu-se no tempo a expressão, só usada pelos mais velhos, nascido nos anos 1940 ou 1950, que teve origem num programa do canal 12

de televisão, a atual RBS TV, que consistia numa sequência de lutas de *catch* (telecatch, na época da modernidade televisiva), que se chamava "Ringue 12". Eram aquelas lutas-marmelada, como rola muito no México até hoje, com mocinhos e bandidos claramente definidos (o Fantomas, o Scaramouche etc., como no plano nacional havia o galã Ted Boy Marino). E a gente torcia como uns condenados. Na fala geral, é mais "rinque" do que "ringue", e é usada para descrever situações de conflito explícito. Eu ouvi de gente mais velha que eu a frase "Bá, mas tá que é um rinque-doze essa bosta", em referência a um debate pré-eleitoral.

RISCA!
"Puteada" (v.) que se dá quando se deseja que alguém saia imediatamente do lugar em que está, que suma, que desapareça. Pais costumam dizer isso para filhos inoportunos: "Risca já daqui".

RODA
Trata-se de uma das mais sólidas instituições do Sul: é o grupo que está tomando mate, mate que, como se sabe, é uma bebida adequada para a reunião de gente. Quando chega alguém novo numa roda já ativa, pergunta-se, para saber quando será sua vez de ganhar o mate: "Como é que tá essa roda?", querendo perguntar sobre a ordem de distribuição do mate (segundo o preceito, a roda é servida pela direita). Quando alguém reclama pelo fato de que a distribuição parece meio aleatória, fora da ordem presumida, diz "Essa roda tá meio quadrada".

ROLETA
O nome único daquilo que se chama, noutras regiões do país, de "catraca": aquele mecanismo de controle que os ônibus de hoje em dia apresentam; há quem chame de "borboleta"; ver "busum".

ROLIMÃ
Era o nome que se dava aos rolamentos de automóvel, que a gente conseguia, a muitíssimo custo, nas oficinas mecânicas, para fazer carrinho de lomba. O *Aurélio* dá como vindo de *roulement*, francês para, justamente, rolamento. Em outras partes do Brasil se usava chamar o nosso "carrinho de lomba" de "rolimã", conforme o mesmo dicionário.

ROLO
O mesmo que confusão, "crepe" (v.): se "deu rolo", pode crer que a coisa ficou complicada. Também se costuma dizer "armar um rolo" para designar o ato de marcar uma "ponte" (v.), um encontro, armar uma "história" (v.). É termo antigo, com registro desde a narrativa do começo do século 20: os armadores de confusão eram chamadas de rolistas.

RONCAR
Aquele barulho que faz o cara que tá tomando mate e chega ao fim da água. "Tem que roncar", por exemplo, diz um experimentado para um novato ou visitante que se meteu a tomar o mate mas ficou pela metade.

RONHA
De primeiro significava apenas uma sarna de ovelhas, mas passou para o português como manha, astúcia, malícia. Nos últimos anos voltou a circular como sinônimo de briga, desentendimento, confusão. Na minha experiência, a palavra foi reabilitada no programa "Sala de Redação", especialmente pelo Lauro Quadros. Tem no italiano (*rogne* como sarna e como amolação, confusão), no francês (*rogne*, igual) e no espanhol (*roña*, sarna).

ROSCA
Confusão, enredo. Tem também no espanhol platino, no mesmo sentido. Se diz "fechar a rosca" (v.) como "estourar a confusão", "estourar a briga".

ROUBADA
Jogada "nada a ver" (v.), possibilidade nefasta, programa de índio, qualquer coisa dessa ordem. Parecido com mico, no sentido contemporâneo, derivado de "pagar mico", expressão velha oriunda creio que daquele jogo de cartas. Não há uso do verbo "roubar" em sentido análogo.

RUEIRO
O cara que fica muito tempo na rua, quer dizer, fora de casa, de tal forma que a mãe reclama. Da mesma forma se dizia "rueira" para a guria que vive na rua, sendo este feminino mais comum que o masculino, por motivos óbvios: a guria é que chamava a atenção quando era rueira, não o guri.

RUFA DE PAU
O mesmo que "camaçada de pau" (v.), surra às ganhas. "Rufa" deve ser por analogia com o som do caixa, do tarol, que rufa quando apanha das baquetas, assim como a bunda da criança que toma a surra.

S

SABE SER BOM
Uso curioso do verbo saber: quando a gente come, digamos, um sorvete, e quer elogiá-lo, a gente diz "Mas sabe ser bom este sorvete", como que atribuindo a ele a capacidade de não apenas ser bom, mas também a de saber sê-lo. Também se pode usar para o caso negativo: "Sabe ser ruim esse homem".

SACAL
Coisa desagradável, coisa ou atividade que é um saco.

SACO
Designa, de uma parte, o saco escrotal mesmo, mas principalmente é um comentário sobre o enfado, a tristeza que acomete o sujeito obrigado a algo desagradável. "É um saco ter que ir até lá", por exemplo. Ou então: "Tô com o saco lá embaixo". Também se usa solo, "Saco!", para expressar aquele estado de alma. Há um correlato, "saco de filó", que insinua a elasticidade infinita do saco: se alguém estiver te aborrecendo muito, tu pode perguntar "Escuta, tu acha que eu tenho saco de filó?". Não confundir com o uso da expressão "foi pro saco" (v.).

SAI FORA
Expressão muito usada para mandar alguém, qualquer um, familiarmente ou não, parar de encher o saco.

SAIR DA CASCA
Desabrochar, abrir-se para o mundo etc. Também parece ser usado para aquilo que os norte-americanos chamam de "sair do armário", assumir a condição homossexual.

SAIR DANDO
Dito assim no ar, a expressão poderia significar algo embaraçoso: sair dando o rabo, por exemplo. Também se usa nesse sentido, mas é relativamente rara em comparação com o outro uso, bem mais comum: "sair dando" é sair correndo, a toda (a velocidade). Por exemplo: "Sai dando que tu ainda pega o banco aberto".

SAIR DO CHÃO
Quando alguém desempenha bem algum mister, se diz que saiu do chão. Tenho a impressão de que se usa mais precisamente para sujeito cujo aspecto não fazia crer que ele poderia obter o desempenho satisfatório, mas que surpreende e sai do chão.

SAIR DO SÉRIO
Perder a paciência, partir pra ignorância, perder as estribeiras. Mas também pode ser usado, menos, em contexto elogioso: pode-se dizer que alguém saiu do sério quando superou as expectativas, saiu melhor que encomenda.

SAIR MELHOR QUE A ENCOMENDA

Diz-se ironicamente, muitas vezes em tom de aprovação, que certa criatura "saiu melhor que a encomenda" quando ela revela aptidões ou tendências melhores (ou piores, conforme o contexto) que a expectativa. Pai orgulhoso vê o filho adolescente fazer uma traquinagem e diz isso, por exemplo.

SAIR NO BRAÇO

Partir para a briga, no sentido físico: "O cara saiu no braço com o fulano". Uma vez um carioca ouviu a expressão aqui e achou, conforme disse depois, que se tratava de algo como sair de braços dados com outrem. Eu, hein, Rosa?

SALCHICHA

Forma muito empregada de pronúncia da palavra salsicha. É puro platinismo: no mundo do Prata é assim que se diz e se escreve.

SALAME

Um sujeito que se faz de salame está disfarçando suas verdadeiras intenções; mães que querem repreender seus filhos que estão se fazendo de desentendidos, que estão querendo dizer que não têm nada que ver com a confusão, dizem "Tu não te faz de salame"; agora, por que salame? No mundo platino a palavra designa o bobo, o tonto, como aqui. O mesmo que "se fazer de morto" (v.) pra ganhar sapato novo" ou "se fazer de louco"; variante: "se fazer de louco pra cagar perto de casa", dito que pressupõe casa com banheiro separado, uma latrina longe.

SALIENTE

Se dizia de meninas saidinhas (também essa palavra não se usa mais) que eram "salientes", isto é, não que apenas se salientavam entre as demais, mas chamavam a atenção demasiadamente – ao menos segundo a opinião moralista. "Tu anda muito saliente", por exemplo, uma mãe costumava, como diagnóstico e ameaça, dizer para uma filha que andasse muito rueira (ver "rueiro") ou que apenas mostrasse comportamento rebelde em relação às ordens paternas.

SALSICHÃO

Aquele embutido de carne, em geral de porco mas também de galinha, que se usa no churrasco e no Brasil atende em geral pelo nome de linguiça, o que aqui é bem outra coisa. É muito comum a forma "salchichão" e também "salchicha", como no Prata.

SANGRIA DESATADA

Usa-se dizer em situações em que se quer atenuar a aparente gravidade de dada circunstância que a coisa "não é nenhuma sangria desatada". Acho que só tem essa forma negativa: não tem uso como descrição de uma, bem, sangria desatada mesmo.

SANGUEIRA

Aqui se usa dizer assim, quase sempre pronunciando o *u*, a palavra "sangueira" do português. Matéria-prima a que se refira o termo não falta por aqui, na história da província, pródiga em degolas e em processar carne de vários gados.

SAPATA
Aquele jogo que no Brasil em geral se chama de "amarelinha". Mesmíssimo, sem tirar nem pôr.

SARANDA
O mesmo que "vareio" (v.).

SARNA GALEGA
Criatura incomodativa, em geral criança. Já na obra de Qorpo-Santo vem registrada uma forma parecida, "sarna gálica", que deve ser a origem. Também se usa dizer apenas sarna para o chato, o "xarope" (v.). Ver "engalicar".

SARNA PRA SE COÇAR
Quando a gente vê que alguém está caminhando para uma situação ruim, a gente adverte: "Olha, tu tá procurando sarna pra se coçar", com essa flutuação na concordância.

SARRO
A gíria "tirar um sarro", que acho que se popularizou com *O Pasquim*, aqui se aquerenciou (ver "se aquerenciar"), e a gente continua a usar francamente, mas não como sinônimo de arretar, excitar sexualmente, que porém persiste noutras partes do país. Aqui ficou para "tirar um sarro" a ideia de brincar, gozar da cara de alguém, armar uma história contra alguém. "Sarro" é mais universalmente usada ainda como adjetivo para um sujeito legal, bonachão, brincalhão, boa-praça, piadista

etc. (E pensar que, no começo dos anos 1970, quando o termo passou a frequentar a boca de toda a juventude, os professores de português ainda tentavam frear o uso, dizendo que "sarro" significava o restolho do lixo das estrebarias, o resto da merda, a sujeira que fica nos dentes mal lavados, etc. Que tempos.)

SE ABALAR
Digamos que eu tenha vindo até o lugar marcado, estava chovendo e eu deixei de fazer outra coisa que me daria prazer, só pra cumprir o compromisso; chego e o tal compromisso demora mais que o esperado, ou a pessoa com quem eu marquei a "ponte" (v.) não veio ainda, só eu cheguei na hora. Então eu reclamo assim: "Tu quer me dizer que eu me abalei lá de casa e o puto ainda não chegou?".

SE ABANCAR
O mesmo que "se atracar" (v.), só que a imagem de origem, aqui, é a de sentar-se num lugar para ficar fazendo certa atividade; diz-se "Fulano se abancou a comer bergamota que não parava mais", por exemplo.

SE ABOLETAR
O verbo existe em português, e o *Aurélio* e o *Houaiss* dão como termo de origem militar, sinônimo de aquartelar, dar quartel (por causa de um "boleto", uma ordem escrita). Por aqui, talvez mesmo pela histórica superpresença dos milicos na fronteira, o termo passou para o uso familiar com o significado de

se aconchegar, instalar-se confortavelmente.

SE ABRIR
Pode significar, como em português, abrir o coração, confessar, mas não é isso que interessa; o cara que fica se abrindo fica rindo de algo, ou fica demonstrando agrado para o que o outro está fazendo ou dizendo; noutro sentido, "se abrir" significa se admirar de alguma coisa ou de alguém: "Me abri pra ti, meu!". Nada a ver com "abrir" (v.).

SE ACADELAR
Já vi usado até por, arrâm, operadores do Direito, portanto em situação formal, e aparece também na crônica esportiva: significa se acovardar. Mas é claro que o uso depende de uma visão da luta, da refrega, da disputa, do jogo ser considerado uma coisa para cachorros, não para cadelas, as fêmeas. Hoje, com o futebol feminino ganhando importância, talvez nem se diga mais.

SE ACHAR
Forma recente de usar a antiga expressão "se achar grande coisa". Hoje é só "se achar": "Olha ali a Fulana, tá se achando". Também se usa noutro sentido: quem se acha no meio de uma festa é porque se enturmou, conseguiu seus intentos. Tem a abreviação piadística de se referir a alguém que se acha como "tássi" (v.).

SE ADIANTAR
Designa a ação de quem toma a iniciativa, nem sempre dentro dos estritos limites legais ou convencionais, para levar vantagem sabre outros; ver "adianto". Quem se adianta é um adiantado, por certo.

SE ADMIRAR
Verbo usado com certo conteúdo de desdém ou desaprovação, ou ainda de relativa surpresa: "Me admira tu te incomodar com isso" diz quem quer significar que ou o interlocutor não se ocuparia habitualmente de tal coisa, daí o espanto, ou a coisa não vale a preocupação.

SE ADONAR
Fazer o papel de dono, tomar conta como se fosse dono, tanto de algo objetivo quando subjetivo: pode ser uma casa que o cara foi visitar e acabou se adonando, tanto quanto um coração, digamos.

SE ALÇAR
Manifestar vivacidade, vontade, presença atuante, disposição; reagir vivamente a uma provocação, a uma insinuação, a um convite. Usa-se também o adjetivo "alçado": "Foi eu falar em baile e logo as gurias se alçaram" ou, em concordância mais popular e cotidiana, "ficaram tudo alçada". Ver "alçar".

SE ALIGEIRAR
Fazer a coisa que deve ser feita em grande velocidade, ou pelo menos começar a fazer a coisa, saindo da letargia. É reclamação constante: "Te aligeira (dito 'aligéra'), guri". Parente de "dar um ligeirão" (v.).

SE AMARRAR
Tem dois sentidos: um é como no Brasil em geral e designa o apaixonar-se; outro descreve a tardança de alguém: quem se amarra é um demorado, um amarrado. Mães dizem para filhos lerdos "Não te amarra, guri".

SE ANIMAR
Quer dizer dispor-se, claro. Se usa assim: eu quero te perguntar se tu te dispõe a ir até a praia pra buscar de volta um troço que eu esqueci, e digo "Tu te anima a ir comigo até lá?".

SE ANTENAR
Se ligar, prestar atenção, dar-se conta, ligar as metafóricas antenas.

SE APARECER
Tenho a sensação de que nasceu de outro verbo, aparentado, "se mostrar", significando querer se exibir imodestamente. "Ela fica querendo se aparecer."

SE APIANAR
Ficar quieto, recolher-se. Costuma ser usado contra crianças irrequietas: "Tu te apiana, guri". O *Houaiss* registra apenas "apianado", mas como sinônimo de coisa feita com esmero, o que não é o caso aqui. A origem terá a ver com "piano" no sentido de calmo, lento, por aí, que existe nas línguas neolatinas e sobrou, de algum modo, na palavra "pio", feito naquelas reprimendas antigas: "E não quero ouvir um pio".

SE APRESENTAR
Mostrar a cara, fazer-se presente. A expressão completa é "se apresentar para o jogo", demonstrar disposição para o jogo.

SE APROCHEGAR
Parece um misto de "se aproximar" e "chegar", etimologicamente, e é isto mesmo que significa. Arremedando a fala campeira se diz para quem vem chegando "Te aprochega, tchê" ou "Te aprochega, vivente".

SE APURAR
Se apressar. Às vezes usado sem o pronome: "Apura que eu já tou pronta" ou "Te apura que eu já vou".

SE AQUERENCIAR
Termo gauchesco que também se usa na cidade: quer dizer aclimatar-se, ficar à vontade em lugar que não é o seu originalmente, fazer deste lugar novo sua querência. Um cachorro da rua que entra em nossa casa e vai ficando se aquerenciou. Também se usa ironicamente para intrusos que vão ficando, no mais, por exemplo àquela visita na casa da praia que era pra passar só a tarde mas acaba ficando pra "pousar" (v.).

SE ARREGANHAR
Demonstrar faceirice com um agrado. Criança que se ri quando ganha carinho fica "se arreganhando". Ver "arreganho".

SE ARRIAR
Tirar sarro da cara de alguém também se diz "se arriar" em alguém. Pode servir igualmente para exploração: o cara que se arria (ou se arreia, como também se diz, no popular) em outro está fazendo esse

outro trabalhar por si. Esse cara é um arriado – o brincalhão, o gozador, ou o explorador da boa-fé alheia.

SE ARRUMAR
Compor-se, especificamente quanta à vestimenta. De uso corrente: "Bom, daí desliguei o telefone, me arrumei e saí". Outro sentido: arranjar-se, descolar uma boa situação, uma boa companhia, um bom emprego. Tem aquela frase medonha, usada especialmente contra crianças ou irmãos menores: "Não te arruma que tu não vai".

SE ATACAR DAS BICHAS
Ou simplesmente "se atacar", significando ficar revoltado, demonstrar irritação.

SE ATIRAR NAS CORDAS
Como noutras partes do país, significa fazer corpo-mole, ser relapso, deixar de cumprir a tarefa. Deve ter vindo do universo do boxe, o esporte. O mesmo que "se atirar nas palhas".

SE ATRACAR
O mesmo que "se botar" (v.), mas a origem é claramente outra, de inspiração marinheira. Há também "atraque", usado mais para designar a aproximação em relação à mulher desejada: "dar um atraque" (v.) pode significar abraçar, beijar, por aí. Tem também o verbo sem pronome, "atracar", como sinônimo de atirar, jogar. Numa música do Kleiton e do Kledir, *Maria Fumaça*, lá pelas tantas se diz "Atraca, atraca-lhe carvão nessa banheira, / que essa chaleira tem que estar até sexta-feira / na estação de Pedro Osório, sim senhor". Ver "atracar".

SE ATROLHAR
Se encher de porcaria: beber demais, fumar demais, comer demais etc. "Ontem eu me atrolhei de doce", por exemplo. Ver "atrolho".

SE ATUCANAR
Ver "atucanação".

SE BANDEAR
Passar de uma banda (política, por exemplo) para outra, trocar de lado, virar a casaca, ou simplesmente trocar um lado por outro, transitar, no sentido geográfico mesmo.

SE BASEAR
Se aproveitar de uma situação em favor próprio; crer-se em boa ou excelente situação. Criança mimada costuma ficar baseada, isto é, ficar soberba, no sentido do pecado capital aquele, ou simplesmente ficar bobalhona, "posuda" (v.). Nada a ver com o nome do cigarro de maconha, que também se chama de "baseado", nome que aliás é posterior a este sentido. Ver "levar livre".

SE BOBEAR
Atitude típica de quem quer aparecer mais do que deve, na opinião de quem observa, é claro; costuma ser aplicado contra crianças que se bobeiam diante de visitas, e o adulto mais à mão diz: "Não te bobeia, guri", com o *e* fechado. Mas ocorre uma frase inteira, meio de ameaça,

meio de promessa, meio de estimativa: "Se bobear, eu pego ele"; ou "Se bobear, já estamos quase no natal", significando que nem nos demos conta de que o ano passou. Não há nenhum bobo específico neste sentido aqui, mas uma inconsciência envolvida no processo.

SE BORRAR
Acovardar-se, levar medo. A expressão completa é, justamente, "se borrar de medo", em alusão óbvia e direta a "cagar-se". Falando nisso se usa dizer, para ênfase, "se cagar" ou "se borrar perna abaixo".

SE BOTAR
Se botar em alguém quer dizer "se atracar" (v.) no sujeito, "partir pra ignorância" (v.), lutar fisicamente com ele ou ela; dá ares de ser uma expressão nascida em analogia com a atitude de cachorros, que de fato se botam nos inimigos. Há um segundo sentido: se botar a fazer algo é passar a ter atenção somente a essa nova coisa, por exemplo se botar a comer algo.

SE CAGAR DE RIR
O mesmo que se finar de rir, mas dito com um gosto pela grosseria como só nossa bravateria pode ter. Menos comum que "se mijar de rir".

SE COÇAR
Tem dois sentidos. Um: quando um grupo está num restaurante e chega a conta, aquele que está fazendo as contas pra ver quanto toca a cada um convoca os outros a tirarem o dinheiro da carteira dizendo "Vamo se coçar". Dois: quando dá uma vontade doida de fazer alguma coisa, comer por exemplo, ou falar mal de alguém, se costuma dizer "Fiquei me coçando pra falar que eu sabia", pressupondo que ficou só no ameaço, mas não chegou a concretizar.

SE COORDENAR
"Bá, a pinta não se coordena" se pode dizer de alguém que não se governa direito, que perdeu a chance de ser dar bem etc.

SE CREMAR
Brincadeira para "se queimar", como sinônimo de ficar puto. "A biba se cremou", por exemplo.

SE CRIAR
Tem dois sentidos, ambos correntes. Primeiro: "Me criei fazendo isso" diz alguém que está afirmando que obviamente sabe fazer o que está em causa, por haver crescido, por "haver se criado" naquele mister. Trata-se portanto de um exagero retórico. No mesmo sentido se usa dizer, mais especificamente, "Me criei em São Borja mas vim pra cá com catorze anos". Segundo: há um uso negativo empregado para comentários de reprovação ou de negação. Alguém te conta que um novo jornal vai abrir na cidade, e tu comenta "Isso não se cria", querendo dizer que, segundo a tua avaliação, não há maneira de aquilo acontecer. Há também um terceiro uso, mas bastante mais restrito: "se criar" pode ser também "se dar bem".

SE DAR
Ter relações minimamente civilizadas. Costuma-se usar negativamente o verbo para descrever duas pessoas que romperam relações ou nunca as tiveram: "Tu cuida quando falar do Fulano com ela, porque ela não se dá com Fulano". Também se usa para designar relações de amizade: "Pode me falar que eu conto pra ela, eu me dou com ela". Ver "nunca se deram e agora tão brigando". Não confundir com "se dar mal" (v.).

SE DAR MAL
Estrepar-se, dar com os burros n'água, "ir pro saco" (v.). Não confundir com "estar de mal" (ver "de mal").

SE DAR POR CONTA
Sei lá por que obscuros motivos, aqui se usa a expressão "dar-se conta" com aquela preposição ali no meio, sem motivo sintático, "se dar por conta". Talvez tenha alguma contaminação com a expressão "dar por si", no sentido de flagrar-se, ou "se dar por achado". "Quando eu me dei por conta já era", por exemplo.

SE DEITAR
Gozar da cara de outro. Ver "se arriar", de mesmo sentido, e "deitado".

SE DEITAR NAS CORDAS
Descrição da falta de ação do "vagal" (v.), do vagabundo, do preguiçoso, do folgado: "Depois o cara se deitou nas cordas, bem belo". Também se diz "se atirar nas cordas", no mesmo sentido.

SE EMBECAR
Se arrumar, compor-se com as melhores roupas, botar a beca. Também dito "se becar".

SE EMBONECAR
Se arrumar bonito, se embecar, mas com mais apuro ou exagero, chegando à frescura: "O cara se embonecou todo pra ir ver a gata".

SE EMBUCHAR
Comer demais, ou comer errado, de tal forma que resta a sensação de estar com o bucho entupido. Bem diferente de "embuchar" (v.).

SE ENCAPOTAR
Não implica vestir capote, propriamente, mas abrigar-se para (contra) o frio. É usado para designar o modo de se vestir para sair à rua no frio, principalmente quando ele tá "de renguear cusco" (v.).

SE ENCARNIÇAR
Como no espanhol (e no português também), "se encarniçar" significa engajar-se totalmente numa questão, qualquer que seja. A origem é o ato de dar carne para tornar os cães ferozes e, ora, encarniçados.

SE ENCHARCAR
Beber até o cu fazer bico, beber demais, e também, mais raramente, drogar-se.

SE ENCOLHER
Mostrar nenhuma disposição para a tarefa que se apresenta, por exemplo ajudar a pagar a conta.

SE ENCORUJAR
Em alusão à coruja mesmo, que fica daquele jeito encolhido, se usa o verbo no inverno para descrever o ir para um local abrigado, ou o abrigar-se com roupas.

SE ENFARPELAR
Se arrumar todo pra ficar bem bonito, botar roupa nova ou bem apanhada. "Farpela" existe no português, dado como corruptela de "farrapela" (farrapo + ela), roupa (ruim).

SE ENFRONHAR
Ficar por dentro de algo, tomar ciência da coisa. Terá vindo da "fronha", pelo jeito. Nada a ver com "morder a fronha" (v.).

SE ENGATAR
Apaixonar-se. "Me engatei na mina." Daí "engatado" como apaixonado, com o beiço caído, seduzido. Se usa dizer, a respeito de dois engatados: "Esses aí estão num engate que dá gosto". Ver "engatado".

SE ENGRAÇAR
Querer se enturmar, querer ganhar vantagem por meio de agrados: "Olha, tu não fica te engraçando que não tem pra ti". Também quer dizer se encantar em alguém, se apaixonar.

SE ENLIAR
Verbo que parece ser usado só por aqui, significa se enrolar, entrar numa confusão ou estar em confusão. Terá vindo de *lío*, termo espanhol para "confusão"?

SE EMPAPUÇAR
Beber demasiadamente, ou, mais raro, comer demasiadamente. O cara que comete essa demasia fica empapuçado.

SE EMPEDRAR
Beber muito, ou drogar-se muito.

SE EMPERIQUITAR
Mulheres se emperiquitam, isto é, se arrumam. Muito mais que os homens. Agora me explica: o que é que o periquito tem a ver com as calças?

SE ENRABICHAR
Significa se envolver amorosamente com alguém, com a sugestiva imagem do rabo envolvida. Como "se enroscar" (v.).

SE ENROSCAR
Diz-se de quem anda namorando ou tendo algum tipo de relação de amor não claramente configurada nas regras de conveniência social que "se enroscou": "Agora deu pra se enroscar com aquela tipa". Diferente de "enroscado" e "enrosco".

SE ENTOCAR
Ficar dentro de casa muito tempo, esconder-se.

SE ENTORTAR
Beber "até dizer chega" (v.), ficar bêbado. Muito usado.

SE ENTREGAR
Desistir da missão, da tarefa; abandonar a tarefa por muita canseira: pai olhando para o filho guri que está dormindo já no carro, de volta

de uma tarde no parque: "Esse aí tá entregue".

SE ENTROUXAR
Aquela atividade que todo habitante do Sul é obrigado a fazer nos frios: virar uma metafórica trouxa de roupas, acumulando panos sobre o pobre e sofrido corpo com frio. "Bá, vou pra casa me entrouxar", por exemplo, se diz quando o frio tá de renguear cusco e tudo o que se necessita é chegar na "baia" (v.) e botar uma lã no corpo.

SE ENTURMAR
Ficar amigo das criaturas do círculo de amizade em questão. Quase o mesmo que "se aquerenciar", só que aqui com os elementos humanos aparecendo como decisivos.

SE ESBAGAÇAR
Muito usado, o verbo significa se estabacar, se esbodegar, se desmanchar, ficar machucado, ficar muito cansado.

SE ESBALDAR
Como registram os dicionários de português, quer dizer fazer alguma coisa despudoradamente, em excesso. Bastante usado por aqui.

SE ESCALAR
Lograr alguém, ludibriá-lo em sua boa-fé, aproveitar-se da situação. Ver "escalação".

SE ESPINHAR
Demonstrar ativamente desagrado, reagir contra a situação pela enunciação física de repulsa por ela ou por coisas associadas a ela. Um sujeito que não gosta de algo que lhe digam a seu próprio respeito fica espinhado.

SE ESQUENTAR
Ficar brabo, "puto da cara" (v.), "puto dentro das calças" (v.), ficar uma onça, emputecer. Parente de "esquentar a cabeça". Ver "esquentado".

SE ESTABACAR
Aquela queda pavorosa em que a gente vai ao chão é chamada de se estabacar. Deve ter alguma coisa a ver com tabacudo, voz popular para o pateta, bronco.

SE ESTOPORAR
Sofrer um acidente, creio que usado apenas para casos em que há dano físico.

SE ESTROPIAR
Se dar mal em alguma situação, se machucar. Ver estropiado.

SE EU PERDER PRA TI...
Quando se quer depreciar o antagonista de maneira total e absoluta, se diz pra ele, ou antes de começar a peleia, ou depois de ganhá-la, "Se eu perder pra ti não empato com mais ninguém".

SE FARDAR
No futebol, o pessoal que tem camiseta especial para usar no jogo se farda antes de entrar em campo. Terá algo a ver com o militarismo antigo desta terra?

SE FAZER

O mesmo que "se fazer de morto", mas em uso solo. Daqui vem uma voz contemporânea, "Ela é uma fazida", que quer dizer que ela se faz: mais que se fazer de morta, ela se faz de grande coisa, se faz passar por algo que não é. "Fazida" é a fingida, mentirosa, presumida. Mães costumam dizer para filhos que estão escondendo algo "Olha, tu não te faz". Comporta variações, especialmente com a ideia de se fazer de louca, isto é, bancar o louco: se fazer de louco pra cagar perto de casa; se fazer de louco pra dar banda de ambulância. Ver "salame".

SE FAZER DE MORTO

Bancar o morto quer dizer fazer-se de sonso, bancar o desentendido, pra não se incomodar ou pra não ser chamado às falas. Em espanhol tem o *tirarse a muerto*, igualzinho. O mesmo que "se fazer de salame" (v.). Quanto ao morto, tem um dito: "Se fazer de morto pra ganhar sapato novo". O mesmo que "se fazer de leitão pra mamar deitado", em outra imagem expressiva.

SE FECHAR

Ficar quieto, parar de fazer o que se estava fazendo. Tem uma frase de repreensão: "Te fecha", sumária condenação a alguém que está se abrindo muito ou inadequadamente.

SE FIAR

Tem um uso específico, e só ele: para advertir alguém de que está correndo risco por levar fé descabida em alguém, em alguma promessa, em alguma esperança que não dá pinta de que vá dar um quilo, se diz ironicamente "Te fia!", que quer significar o contrário, "Não te fia", isto é, "Não confia nessa hipótese".

SE FINAR DE RIR

Literalmente "morrer de rir". Também se usa a expressão, no mesmo sentido, só que sem o final: "A fulana se finava", em contexto alegre, significa que ela ria paca.

SE FODER DE AMARELINHO

O mesmo que "se foder", só que de amarelinho, o que não acrescenta nada ao sentido, mas ao som; sinônimo de se dar mal, perder a parada, ver frustrados os intentos.

SE FRAGAR

Versão daqui para "flagrar-se", isto é, dar-se conta, perceber o que está acontecendo. Ainda se usa, mas teve época que a expressão era usada a três por dois, rotineiramente: "Te fraga!", "Não me fraguei", etc.

SE FRESQUEAR

Meter-se de pato a ganso, querer ir além das chinelas ou das tamancas, querer fazer o que não sabe ou não deve; só muito secundariamente é sinônimo de fazer coisas de fresco, isto é, de gay. Um cara, por exemplo, que não sabe atirar mas pega a arma do outro e fica fazendo de conta está "se fresqueando". Também significa estar bolindo com o perigo: para um guri que esteja brincando com fogo, na lareira, o pai cuidadoso e ameaçador diz "Olha, guri, tu não te fresqueia...".

SE FUZILAR
Forma eufemística, de uso um pouco menos bagaceiro, para se foder, se fuder.

SE GARANTIR
Verbo de largo uso. Tu te propõe a fazer certa coisa, e alguém duvida das tuas qualificações para a empreitada e te pergunta "Mas tu te garante?". Ou então tu está numa roda de gente e o assunto é futebol; o teu time anda mal das pernas, e te perguntam qual é o teu time, ou insinuam que tu só pode ser torcedor daquele time que está mal: "Esse aí só pode ser colorado", diz o cara, com ironia feroz. E tu responde: "Sou e me garanto". No fundo, é um verbo usado meio bravateiramente, coisa típica entre nós, sempre tendo um fundo de estar jogando a honra naquela parada.

SE GRUDAR
Se botar a fazer alguma coisa com afinco, por exemplo estudar. Claro que também quer dizer ficar perto de alguém, aliás muito perto.

SE INDIGUINAR
Ver "indiguino".

SE LANHAR
Se machucar, rasgar a pele. O resultado é o lanho. Mães exageradas, ao verem o filho com a pele arranhada na volta de um passeio ou de um jogo, dizem "Mas meu filho, tu tá todo lanhado!".

SE METER DE PATO A GANSO
Querer se passar por algo superior ao que se é de fato; imaginar-se grande coisa. Também tem outra forma: "Se meter a facão sem cabo". Agora, por que raios o facão sem cabo tem algo a ver com isso, não consigo imaginar.

SE MEXER
Pode significar fazer pela vida, em sentido amplo, e também pode significar simplesmente ir embora do local. É comum ouvir, quando está acabando a festa ou a atividade, ou quando de algum modo está na hora, alguém convidar outro assim, "Vamo se mexer?".

SE MIJAR DE RIR
Rir-se até o limite do inconcebível, ter um frouxo de riso. Na versão mais bagaceira, "se cagar de rir". Também há "se finar" de rir. Outra possibilidade: rir de se mijar perna abaixo. Claro que não é uma descrição real, mas igual é eloquente.

SE MICHAR
Levar medo, acovardar-se. Um bom zagueiro, daqueles que comandam todo um time, pode gritar, em vista de uma situação adversa: "Não vamos se michar pr'esses merda", querendo dizer, em eco perfeito de nossa mitologia regional (tipo "Não podemos se entregá pros home"), que a hora é de assumir responsabilidades, buscar a superação, essas coisas. Parecido com "michar" (v.), mas diferente. Detalhe: a concor-

dância é assim como escrito acima: "não vamo se michar", primeira pessoa do plural, o "nós" que gera o "vamo", com terceira "se".

SE PÁ
Expressão recente, de uso entre adolescentes, nos anos 2000 iniciais, que significa o mesmo que "talvez". A frase pode estar num diálogo mais ou menos assim: "Tu vai lá na festa hoje?". "Se pá." Este "pá", como se vê, pode carregar significações variadas: se o pai deixar, se me der gana, se pintar um clima, se a fulana também for, se rolar. Contribuição do Juarez Fonseca: no francês o *je ne sais pas*, "eu não sei", também se diz, informalmente, *sais pas*, que falado dá mais ou menos "se pá". Alguma relação? Imprecisão exemplar, num contexto de total brevidade e precisão.

SE PARAR
O cara que fica fazendo determinada coisa por muito tempo "se para" a fazer essa coisa. Por exemplo: "O cara se parou a comer melancia".

SE PASSAR
Significa enganar-se: "Desculpa, eu me passei, não me dei conta que devia ter te avisado". Antigamente significava também passar de certos e restritos limites, sobretudo no namoro: "se passar", então, queria dizer por exemplo beijar na boca antes de proclamar publicamente o namoro e obter prévio consentimento dos pais da moça. Transar, então, nem pensar. Isso, naturalmente, naquele velho tempo anterior à Xuxa e à internet.

SE PATEAR
Dois irmãos que estão brigando, fisicamente ou quase isso, estão se pateando. Quaisquer duas pessoas, idem. Quem usa o verbo para descrever a situação está de certa forma ridicularizando a cena, não está levando muito a sério a briga, porque "se patear" não é propriamente partir pra ignorância total, não é meter a mão na cara ou desferir socos, mas apenas ficar trocando pequenos golpes com as metafóricas patas.

SE PAVONEAR
Fazer-se de pavão, querer aparecer; parecido com "se bobear" (v.).

SE PECHAR
Ver "pechada". Equivale a se ver, se encontrar,

SE PERDER NA POEIRA
O mesmo que "se perder", mas não no sentido de se extraviar geograficamente, e sim no de perder o rumo, perder o fio da meada, deixar passar o tempo adequado para certa tarefa. O mesmo que "se passar na jogada".

SE PESTEAR
Ficar doente, em sentido amplo.

SE PICAR
Cair fora: "Quando deu nove da noite o cara se picou". Nesse sentido, nada a ver com "se picar" como se drogar com algo injetável.

SE PISAR
Se machucar. De uso comum, "Bá, eu me pisei todo jogando bola". Legal que parece meio sem sentido, porque pisar, em sentido brasileiro, é botar o pé no chão ou em algum lugar. Ver "pisar".

SE PUTEAR
Quer dizer bater boca uma pessoa com outra, que nesse caso ficam se puteando (o verbo deve ter nascido da ideia de chamar o outro de filho da puta etc.) Secundariamente significa ficar brabo, ficar puto: "O cara se puteou". Nesse sentido, igual a "emputecer". Ver "putear".

SE PUXAR
Voz também recente, final dos 1990 e começo desse milênio novo, o verbo é de uso bem espalhado, significando fazer força, esforçar-se, dar tudo de si: "Bá, o cara se puxou pra fazer isso".

SE QUEIMAR
Se bronzear, em um primeiro sentido, que é sempre evocado no verão; mas também significa ficar brabo, emputecer.

SE RESPEITAR
Ver "vamo se respeitar".

SE SEGURAR NOS PÉS DE TRÁS
Significa conter-se, controlar o impulso. A analogia com animais de quatro patas é evidente. Também se diz, no mesmo sentido, "se segurar nos cascos". Exemplo: "O cara começou a mexer com a minha guria e tive que me segurar nos pés de trás pra não partir pra ignorância". O contrário disso é "se tomar nos cascos" (v.).

SE SOCAR
Verbo muito usado na cidade, para descrever a ação de se enfiar num quarto, numa casa, no apartamento, onde quer que seja, para ali permanecer, de preferência até o final dos tempos. "Com esse frio eu vou me socar em casa e só saio na segunda." Também se usa para aqueles objetos que a gente quer, de que precisa urgentemente, e justo nessa hora eles não aparecem, sabe quais? À beira de um desolamento total, a gente pergunta, metafisicamente, sem esperança de que alguém nos responda: "Mas onde é que se socou aquela minha meia azul?" – pergunta que, no fundo, quer botar a culpa do sumiço na própria meia.

SE TAPEAR
Nada a ver com tapear, fazer tapeação: significa trocar tapas. Também se diz "se estapear".

SE TOCAR
Dar-se conta, "se fragar" (v.). Nada a ver com tocar fisicamente em alguém. Tem também "dar um toque" (v.). Quando se quer que alguém se aperceba da merda que está fazendo, a gente diz "Te toca, meu". Mas tem outro uso, diverso: "Me toquei pro Centro" significa "fui para o Centro", mas com esse verbo conferindo todo um sentido de ênfase, de decisão, de pressa, até de ousadia.

SE TOMAR NOS CASCOS
Significa tomar a peito a situação, encorajar-se, decidir uma ação, enfrentar a adversidade que se apresentou. O contrário de "se segurar nos pés de trás" (v.).

SE TRAQUEAR
Se peidar. Também se usa "traque" para peido, e parece menos agressivo.

SE TRATAR
Sujeito que satisfaz plenamente desejos, por vezes longamente acalentados e de cumprimento lento, está se tratando; um cara muito faminto que está comendo está se tratando; origem equina?

SE TU NÃO FOR VIM, AÍ EU NÃO VOU IR
Bela frase, de profundo porto-alegrês. Em certo número de revista adolescente de circulação nacional, na altura de 1995, apareceu uma reportagem sobre a gurizada de Porto Alegre. E o redator, de que desgraçadamente não retive o nome, selecionou esta frase como representativa do modo porto-alegrense de falar. Era uma menina ao telefone com uma amiga; ao ouvir da outra alguma hipótese de que esta não iria a determinado lugar, a primeira tascou a frase. Aqui se usa "vim" para "vir" e, regularmente, aquele verbo "ir" como auxiliar para o tempo futuro. Ninguém de cara limpa faz futuro canônico na vida real de Porto Alegre, "eu irei" ou coisa que o valha.

SEBO
Sujeito desagradável, feio, sujo, por aí. Tenho a impressão de que só mulheres usam o termo para se referir a homens, mais que a mulheres: "Aquele cara é um sebo". Também se diz "seboso". Ver "metido". Tem também a expressão "sebo nas canelas", que designa a pressa e está em franco desuso. E é claro que é também a loja de livros usados, como em toda parte.

SECADOR
Ver "secar".

SECAR
Tem dois sentidos. Um tem a ver com futebol, principalmente, e quer dizer torcer contra. Daí se espalhou por toda a vida, com o mesmo sentido. O cara que seca é o secador, palavra que é uma das ofensas fortes que se pode fazer a alguém, mas que por outro lado é bem assimilada porque, como se sabe, aqui é comum o sujeito ser colorado e antigremista e vice-versa (eu pessoalmente acho que tem mais do vice-versa do que o outro, quer dizer, tem mais gremista anticolorado do que o contrário). Nesse contexto genérico e não apenas futebolístico, tem um sinônimo, "boi-corneta" (v.). O outro sentido é olhar insistentemente para alguém com finalidades eróticas. "A gata ficou me secando a noite inteira", por exemplo, diz alguém que, digamos, estava com a namorada mas foi batalhado pela mulher esta. Nesse contexto, não há o termo correlato "secador". Ver "seco".

SECO
Quando alguém está muito a fim de algo ele está "seco" por esta coisa.

Por exemplo: "Eu ando seco por um café". Parece ser usado principalmente para bebida mesmo: seco por uma "ceva" (v.), seco por um uísque. Mas também se pode estar seco por qualquer coisa, de comer ou de usufruir, em geral. Cara que esteja "a perigo" (v.) anda seco por uma mulher, qualquer uma.

SEGUNDA
Ver "ponta".

SEGURAR AS PONTAS
Aguentar, em geral solidariamente em relação a outrem. Também significa, mais brandamente, apenas esperar: "Segura as pontas aqui que eu já volto". Por que "as pontas"? De alguma corda? Certamente não tem nada a ver com a ponta no sentido de bagana de cigarro de maconha. Também dito "guentar as pontas".

SEGURAR VELA
Quando alguém fica sem companhia, numa festa por exemplo, e fica perto de alguém que descolou companhia (digamos, um amigo com quem o solitário foi pra festa e que se deu bem), diz-se que ele, o só, ficou segurando vela. Em casos mais específicos, o mesmo triste que ficou sem ninguém ficou de "chá de pera" (v.).

SELAÇO
Aquela bolada que atinge uma parte qualquer do corpo (não, não só a genitália), a perna, as costas etc. A bola sela o pobre do sujeito, como se fosse um selo, claro.

SEM FRESCURA
Elogio corrente para a pessoa de bom trato, que não faz pose, não fica se fazendo: "Ele é sem frescura, pode chegar tranquilo".

SEM GUSPE
Claro que se deveria escrever, pelo cânone da língua, "sem cuspe", mas se diz "sem guspe" mesmo. Trata-se de expressão que descreve ou comenta o modo abrupto e eventualmente mal educado com que determinada ação foi feita, em alusão a uma penetração sexual feita sem as preliminares, sem líquidos que abrandem a coisa.

SEM PAI NEM MÃE
Descrição do desamparo total e absoluto em que alguém ficou.

SEM SARRO
É assim que a gente concorda enfaticamente com e/ou reconfirma totalmente uma opinião. A gente afirma que o fulano é ladrão, o interlocutor insinua uma dúvida, e então a gente usa a expressão: "Sem sarro", que também pode assumir a forma de "fora de sacanagem" (v.) ou, mais branda, "pode crer".

SEM UM PUTO
Frase completa que se ouve quando o camarada quer dizer que está totalmente sem grana.

SEM-VERGONHO
Masculino de "sem-vergonha", forma usada acho que principalmente por pessoas que vêm da fronteira.

SENTAR

Verbo de largo uso, em várias combinações, que designa a execução forte, radical, de alguma tarefa. "Sentar o pé" descreve o acelerar com força o carro. Para relatar um tapa dado com força (ou "de com força", em registro popular iletrado) pode-se dizer "sentar a mão". Se alguém "sentou o pau" em alguém, pode ter certeza que criticou acerbamente, falou mal, destruiu verbalmente (ou mesmo fisicamente). Às vezes se diz, castelhanamente, "sentar-lhe o pau", "a mão" etc.: "O cara chegou e sentou-lhe a mão no outro". Também se usa o verbo "grudar", com as mesmas combinações, especialmente em "grudar a mão", com o sentido de bater; dar tapa. Em uso solo, "sentar" é combinar: uma roupa, por exemplo, senta ou não senta (bem) numa pessoa.

SENTAR O RABO

Quando a gente se põe decididamente a fazer alguma coisa, cessando tudo o mais que pudesse estar dispersando a atenção, se usa dizer que "sentou o rabo" (na cadeira, isto é) para dar conta do recado. Também usado contra crianças, sobretudo as que não querem fazer o tema de casa: "Escuta, quando é que tu vai sentar o rabo pra fazer o tema?".

SENTIMENTO

É o mesmo que a gente sabe, mas tem uma expressão legal aqui que é "ficar num sentimento": quando alguém fica tocado por certo episódio, em geral tocado no sentido de ficar comovido, talvez até triste, alguém comenta que esse alguém "ficou num sentimento" que vou te contar.

SENTIR O CUTUCO

Aperceber-se da gravidade da situação, da ameaça que está no ar. "Quando eu vi o tamanho do pai dela eu senti o cutuco", pode dizer um jovem que estava namorando a filha do fortão esse. Igual a "sentir a truta".

SERÁ O PÉ DO BICHO?

Frase brincalhona para expressar espanto, incredulidade. Bem como "Será o pé do benedito?". Digamos que alguém te garante que certa pessoa não vem, apesar de ter te prometido de pé junto; e tu diz então, em exclamação entre indignada e desolada: "Mas será o pé do bicho?".

SERENO

Para essa também foi a Katia Suman que me chamou a atenção, em 2021: nunca como agora se usou dizer "sereno" como concordância, como mostra de interesse, como forma de aderir ao que o outro disse. O cara pode perguntar "Tudo bem?" ou avisar "Tô saindo agora", e a gente responde do mesmo jeito breve, "Sereno".

SERVIÇO DE BRANCO

É o contrário de "negrice" (v.), que também se chama serviço de negro, com o mesmo preconceito. O "de branco" é, era, um elogio a um serviço bem feito. Nunca mais ouvi, no novo século.

SESTEAR
Fazer a sesta, aquele pequeno descanso depois do almoço. Parece hábito mais hispânico que brasileiro, originalmente. Há quem diga "séstia" para "sesta", e não poucos.

SIMIDÃO
Substantivo criado da expressão "se me dão". Usado sobretudo entre fumantes, e muito especialmente entre fumantes pobres ou em vias de largar o cigarro. Pergunta-se a ele se está ainda fumando, ou se tem cigarros, e ele responde: "Hoje em dia só fumo Simidão".

SIM-SENHOR
Expressão de valor adjetivo, em geral usado com o advérbio "muito", para designar um estado de total controle da situação: "O cara tava muito sim-senhor lá no bar quando chegaram os homens" (v.). Tem um leve sentido despectivo ou irônico contra quem está sim-senhor.

SINALEIRA
O nome do sinal de trânsito, que em São Paulo é "farol" e no Brasil em geral é "sinal" ou, com gravata, no código de trânsito, "semáforo". Também é, aqui em Porto Alegre, o nome daquelas luzes traseiras dos carros, que se acendem junto com os faróis – farol, aqui, é o farol mesmo, aquele que ilumina pra frente (e também o farol de beira-mar, que organizava o caminho dos navios, claro). Não confundir com "finaleira" (v.).

SÓ
É uma frase completa de concordância ou de aplauso. Em certos casos, o "ó" é pronunciado com grande duração. "Tu gostou do filme?" Resposta: "Só". Alguma vez se usava dizer "Só gostei", querendo dizer não "Apenas gostei" mas "Gostei demais", "Só gostei, não aconteceu nada mais na minha sensibilidade que não gostar". Era gíria fortíssima nos 1980, creiam-me.

SÓ DANDO COM UM GATO MORTO NA CABEÇA
Pensei em várias formas de fazer a entrada deste verbete, por "gato morto", por "dar com um gato morto" etc. Mas a forma é essa mesmo, única e usada para designar situações sem recurso: quando o sujeito não tem conserto, é um "vagal" (v.) irremediável, um beberrão sem fim, um malandro do tamanho de um bonde, o comentário é esse, em tom levemente lamentativo: "Esse cara só dando com um gato morto na cabeça". Às vezes se usa outra preposição ali no meio, "Só dando com um gato morto pura cabeça", isto é, "pela" cabeça, preposição "por" mais artigo *a*. E tem uma continuação, de brincadeira: alguém usa a expressão, "Só dando com um gato morto na cabeça", e outro completa, "Até que mie".

SÓ DE SARRO
Também dito "Só de sacanagem", frase que se usa para definir uma intenção leve, não maldosa, embora a proposta prática que a acompanha possa parecer pesada e venenosa.

Alguém te propõe vocês darem um susto em um terceiro (esconder a chave do carro dele, digamos), e tu hesita, mostrando que não concorda muito com a ideia, e o primeiro atenua dizendo "Só de sarro". Também descreve um estado à toa, na boa, os caras ali, sem levar nada muito a sério, "só de sarro".

SÓ TOCO EM MERDA POR DESCUIDO
Fórmula de bravata ou de brincadeira, usada em uma única e específica situação, o aperto de mãos. É assim: alguém te oferece a mão para cumprimento, e tu, querendo desfazer do cara que estendeu a mão, diz a frase. Ver "aperta os ossos".

SÓ VAI
Fórmula de cortesia, com significado de "tudo bem", "comigo tudo ok", por aí. A uma saudação (como "E aí?"), pode-se responder "Só vai".

SOBRAR
Tem o sentido de ficar demais numa certa situação ("Então tá, sobrei eu"), mas tem outro: quando alguém acaba levando mais trabalho do que imaginava, ou quando acaba levando sobre si a responsabilidade que deveria ser atribuída a muitos, se diz "Sobrou pra ti".

SOCADO
Diz-se do sujeito que é baixo (ou pelo menos não alto) e de carnes fartas que é socado, imagino que por causa de semelhar um recipiente cheio, em que se socaram coisas até caberem.

SÓCIO DA CEEE
Enquanto viveu a Companhia Encarregada de Escurecer o Estado (conforme a velha piada com a sigla), ou formalmente Companhia Estadual de Energia Elétrica, as mães ou os pais reclamavam de filhos que deixavam luzes da casa acesas à toa: "Escuta, tu é sócio da CEEE?".

SOLITO
Sozinho, aqui como no espanhol, mas dito com o primeiro *o* aberto. Muitas vezes, ao declarar que veio sozinho e causar espanto por isso, o sujeito pode dizer que veio "solito no más".

SOLTAR AS PATAS
Brigar, "putear" (v.), gritar com alguém, mas sem desforço físico (quando o há, se diz, mas raramente, "se patear"); origem na óbvia analogia com a fúria de um animal, cavalo mais que outros, que ataca outro com as patas. Também se usa dizer, no mesmo sentido, "patear". Usa-se também "sentar as patas" e ainda "largar as patas".

SOLTAR OS CACHORROS
Realizar a briga que já se prenunciava; bater boca.

SOM
A antiga eletrola (termo que parece também sobreviver em bocas mais velhas, como sinônimo de vitrola), depois três-em-um, hoje sei lá, iPod, essas coisas relativas a reproduzir som: "Bá, a pinta comprou um som tri".

SONADO
A gente diz que ficou sonado ou está sonado quando dormiu mal ou pouco e portanto restou um pouco de sono a desempenhar. Também se usa para quando o sujeito foi anestesiado e fica naquela de pouca consciência ou com lapsos de atenção.

SONEIRA
Aquele soninho invencível que se abate sobre nós de vez em quando, em horas impróprias: "Estou com uma soneira braba". Também usado para aquele resto de sono, de sensação de sono, nas manhãs, sobretudo as frias.

SOSSEGAR O FACHO
Acalmar-se, ficar quieto. Dito especialmente como reprimenda contra gente mais jovem: "Tu sossega o facho, guria".

SORTEIO DO BIFE
Alusão brincalhona, antiga e desusada, ao almoço em casa. A brincadeira sugere uma suposta ação de sortear o bife na hora do almoço, significando que havia mais gente do que bifes, o que indicaria situação de aperto, quase de penúria. Se dizia, por exemplo, "Vou logo pra casa pra não perder o sorteio do bife", querendo dizer que não podia se atrasar pro almoço.

SOU E ME GARANTO
Ver "se garantir".

SSS
Esta o Paulo Coimbra Guedes é que me contou. Um coreano viveu uns anos em Porto Alegre, estudando o Português no Instituto de Letras da UFRGS, onde o Paulo e eu trabalhamos. Na festa de formatura, alguém perguntou se ele se sentia tranquilo com a língua, se não tinha mais dúvida no cotidiano. Ele disse que sim, tudo bem, com uma exceção. E qual era? "No ônibus, quando a pessoa quer descer na parada seguinte e precisa se movimentar no corredor, ele diz uma coisa que eu não entendo." E o que é? "Sss". Ele pronunciou como se houvesse na verdade duas sílabas, a primeira tônica, algo como "S-s". O pessoal que ouvia a cena boiou total. Até que alguém bispou: era o "Com licença", pronunciado com aquela discrição imposta pelo ônibus lotado apenas para ser ouvido pelo cara imediatamente ao lado ou na frente.

SUBA
Em círculos rigorosamente populares, iletrados ou quase, se usa "suba" para "subida" dos preços (e não para subidas em geral, nem para a da lomba), como o espanhol popular. O Seu Juca, pai do Paulo Guedes, que se criou no Itaqui, dizia "subilbaca" para gangorra (de *sube y baja*, espanhol).

SUBIR A LOMBA
Antigamente se dizia a expressão em referência a comparecer a cartório para pagar promissória vencida ou para "empinar um papagaio", isto é, fazer uma promissória, especificamente por causa do cartório de protesto de títulos, que fica ou ficava na antiga Rua da Ladeira

(paradoxalmente, a rua não é "da Lomba"), oficialmente General Câmara. Há também o caso apontado pelo Jorge Soirefmann, de "subir a lomba" como sinônimo de morrer; nesse caso em função dos antigos cemitérios da cidade, que ficam na lomba – veja só – do Cemitério mesmo, a rua Oscar Pereira.

SUBMARINO
Nome que se dava, tipo quando se ia beber no Chalé da Praça XV, a um coquetel que combinava uma dose grande de chope com um martelinho de Steinhäger. Eu mesmo vi e tomei essa bomba, com o Steinhäger sendo mergulhado dentro do copinho no copão de chope.

SUJAR
Ficar ruim a situação, haver problema. Ver "sujeira".

SUJEIRA
O mesmo que sacanagem, armação, traição. A expressão inteira é exclamativa: "Que sujeira!". Por derivação, se chama "sujo" o cara que faz sujeira.

SUMANTA
A expressão toda é "sumanta de laço", mas às vezes é usada solo a palavra. Designa a surra, a camaçada de pau. Vem direto do espanhol platino. O mesmo que "tunda de laço", ou simplesmente "laço". Ver "camaçada".

SUMERCADO
Forma real de pronunciar a palavra "supermercado". O mesmo que "súper" (v.).

SUNGAR
Ainda se usa essa voz antiga, especialmente na expressão "sungar as calças", puxá-las para cima.

SÚPER
Em Porto Alegre ninguém vai ao supermercado, mas ao súper; no máximo ao sumercado. "Mercado", por aqui, só o Mercado Público, no centro do Centro. Tão forte é a presença desta palavra para designar isso, tão exclusiva é, que há até algumas inovações: tem ou tinha uma bodega, um armazém na Duque (de Caxias, no Centro), com um nome qualquer; abaixo do qual se especifica: "minissúper", querendo dizer "minimercado".

SURDINA
Aquele mecanismo que diminui o barulho dos motores dos carros, que no Brasil se chama de "silencioso" ou "silenciador".

SURICO
Curto, pequeno. Ouvi falar isso para roupa que ficou curta, que portanto ficou "surica".

SURFAR NA POLENTA
Variação claramente gringa (ver "gringo") para a expressão moderna, anos 1990 finais, "viajar na maionese", com o sentido de delirar; dizer besteira, fazer deduções ou ilações totalmente imprevisíveis.

SUSSA
Diminuição de "sossegado", em referência ao estado de espírito: o cara "tá sussa".

T

TÁ COM O PÉ QUE É UM LEQUE
Diz-se de alguém que está claramente inclinado a fazer algo, especialmente algo que tenha a ver com diversão ou com malandragem: "Esse aí tá com o pé que é um leque", pra ir no baile, por exemplo. E isso porque o cara ansiado pra sair fica balançando o pé, fazendo-o parecer um leque, pelo movimento.

TÁ FEIA A MÃO
Comentário ligeiramente soturno para situações em que a mão tá feia, isto é, em que algo não vai bem, a coisa ficou malparada, na iminência de uma merda grande. Nesses casos é que se usa a frase "A coisa é feia e vem se debruçando", ou "A coisa vem de a galope".

TÁ LIMPO
Fórmula de cortesia, equivalente a "Não tem de quê". Também é um diagnóstico da situação favorável.

TÁ NA MÃO, CAPITÃO
Frase que se usa na hora de dizer que podem contar com a gente, ou quando acabamos de cumprir a tarefa que estava a nosso encargo.

TÁ PELADA A CORUJA
Frase que expressa a conclusão total da vitória sobre o oponente, qualquer que seja. Usa-se no futebol: num Grenal, depois que o Colorado fez o terceiro gol e já são trinta do segundo tempo, pode-se com serenidade afirmar: "Tá pelada a coruja". Deve ter algo a ver com a figura da coruja, o bicho agourento, conforme a velha tradição europeia; talvez em algum momento o gesto de pelar a coruja, tirando-lhe as penas, tenha significado acabar com seu mau agouro. Faz sentido, pelo menos. Câmara Cascudo registra o hábito de matar corujas que andassem rondando casa de doentes, no sertão, como forma de acabar com o prenúncio de azar.

TÁ, ENTÃO?
Uma das fórmulas de cortesia do porto-alegrês. Usa-se no fim da conversa, como para confirmar o que foi combinado ali. Tem uma expressão que é irmã espelhada, "Então tá", que pode ser usada como pergunta ou como afirmação. Ver "No mais, tudo bem".

TABACUDO
Gíria contemporânea para tolo, imbecil, estúpido, "pau-no-cu" (v.).

TÁBUA
Dois sentidos. Um: a mulher sem peito se usava referir como "tábua" (tem aquela piada para mulher sem peito e sem bunda: "Nada de frente, nada de costas"). Da mulher sem peito também se comentava, cifradamente: "Ninguém em casa". Dois: nos anos 1970 ainda se usava

nomear como "tábua" a recusa da moça em dançar com a gente: "Tomei a maior tábua da guria".

TAÇA
Designação para o café que a gente pede no bar: café passado servido em xícara grande. Pode também significar o que, por extenso, se chama de "taça, pão e manteiga", café mais pão e manteiga, tipo de café da manhã simples e singelo que se come; parece que quando se trata de café com leite se pede "média com pão e manteiga". E tem também "meia-taça", que é o mesmo café, sempre fraco, servido pela metade da xícara grande ou servido em xícara menor.

TACAR
Existe em português como sinônimo ou de dar uma tacada (no isnuque), ou de atacar. É algo assim o que acontece aqui: se diz, por exemplo, "tacar o pé na porta", "tacar os dentes na fruta", "tacar a mão na cara". "Tacar" significa então "meter".

TAIPA
Originalmente é o nome da parede que se faz de barro, ou então a parede do açude. Mas aqui se usa chamar um sujeito tapado, burro, uma porta etc., talvez tapado como... uma taipa, exatamente. (No feminino, quase sempre.)

TALAGAÇO
Um gole caprichado na bebida alcoólica que esteja em caso. Também se diz para golpes: um cara que perdeu muita grana "tomou um talagaço" ou uma "talagada".

TALO
O fim, a parte última, o limite final, na expressão "até o talo". Pode ser usada em contexto sexual, aludindo à penetração, mas também em outros contextos, sem relação direta com a imagem do talo de uma planta.

TALUDO
Do guri que está crescendo bem, que já está com corpo grande, prometendo corpo de homem feito, se diz que está "taludinho". Creio que se refere aos recém-adolescentes, em especial, e nunca às meninas.

TAMANCO
Além de ser o nome daquele calçado de sola de madeira, usado pelos colonos de antigamente e pelos hippies também de antigamente, designa a repercussão facial de um estado de ânimo: quando a gente, diante de algo complexo, inusitado, estranho, constrangedor, fica apalermado, apatetado, estupidificado ou simplesmente envergonhado, nossa cara pode ser chamada de "cara de tamanco".

TAMOS AÍ, NA LUTA
Uma das partes do diálogo de cortesia, entre nós. Ver "No mais, tudo bem".

TANSA
O mesmo que "mambira" (v.) ou "mocorongo" (v.); há quem o use no masculino para indivíduos deste sexo, "tanso".

TAPA
Medida de tempo e de facilidade: quando se quer dizer que certo lugar fica perto, e que portanto se demora muito pouco pra chegar lá, se diz "Daqui ali é um tapa".

TAPADO
Expressão exagerada, que designa o alto grau de presença física de algo. Se um campo deu flor; pode um exagerado comentar que ele ficou "tapado de flor"; se apareceram muitas moscas, se diz que "ficou tapado de mosca". Assim também se usa o verbo "tapar": "O cara chegou e tapou de brahma (isto é, cerveja) as mesas". No mesmo sentido, ficar "tapado" de nojo em dada situação. Para consignar: também aqui se usa chamar de tapado o sujeito burro, desajeitado.

TAPEAR
Como no Brasil em geral, usa-se o termo para designar a atitude corpo-mole ao desempenhar certa tarefa. O mesmo que fazer mal um serviço. Usa-se o termo conexo "tapeação" para isso. Nada a ver com "se tapear".

TARARACA
Parece termo em desuso: corresponde a brabo, irado, "de cara" (v.). "Fiquei tararaca com o que ele me falou." Eventualmente foi usado como sinônimo de louco, estúpido, estupidificado, "oligão" (v.). Tem registro no *Aurélio* e no *Houaiss*, como característico do Rio Grande do Sul, sinônimo de desajeitado, trapalhão, sentido este meio desusado.

TARZAN-MINHOCA
Não sei de onde saiu, mas tenho certeza de que é usado familiarmente por muita gente. Usa-se para gozar da cara de guri, em geral mais fraco do que imagina, ou menos forte do que presume: o guri se mete a fazer algo, carregar algo pesado, por exemplo, e não consegue – então é, ou melhor, era chamado de "tarzan-minhoca". Ou então simplesmente o guri mostra o corpo, ao tirar a camiseta, e já um adulto (por certo um "provalecido" – v.) lhe diz isso.

TÁSSI
Parece nome, ou diminutivo de nome da moda (de alguma moda, em algum lugar), como Tassiana, mas é uma brincadeira maldosa para falar mal de determinada figura, homem ou mulher, que esteja se achando, se considerando grande coisa; daí o "tássi", de "tá se achando". Ver "se achar".

TASTAVIAR
Era "testavilhar" ou "tastavilhar"; virou isso: escorregar; perder o pé, falsear o passo, por aí. Se dizia isso de animais no campo, mas se usa aqui também, para gente que escorrega e cai.

TATU
A sujeirinha que criança tira do nariz. E a mãe pergunta, repreendendo: "Tá tirando o pão do forno?". Ver "macuco". Outro sentido: tatu é uma carne de boi, que em outras partes do país se chama de "lagarto" (e é mesmo um músculo alongado e

único, de aspecto semelhante ao dito lagarto). Não tem nada a ver com bicho chamado tatu, cujo rabo era usado como rebenque e, ao menos mitologicamente, era uma ameaça constante de surra nas crianças: "Olha que eu te dou uma tunda de rabo de tatu".

TAURA
Termo gauchesco que ganhou espaço na capital, é um elogio a um homem. A palavra tem a ver com a matriz do que veio a ser o touro, em português.

TAXEIRO
Aquele profissional que no Brasil se chama "taxista", motora do táxi, aqui também recebe este nome. Mais ou menos como no caso da "lancheria", que no Brasil se chama "lanchonete".

TCHÊ
Vocativo geral nesta banda do mundo. Forma próxima: "tchê de Deus" (ou "do céu"). Há uma reclamação, dita por quem não gostou de ser chamado por "tchê": "'Tchê' não, que eu nunca te vendi pastel", significando que quem atende a um chamado de "tchê" é um sujeito qualquer, um serviçal sem nome, como um vendedor de pastel em estádio (antigo), um sujeito portanto subalterno. Também ocorre usar antes do nome do sujeito que a gente está chamando ou com quem se está falando: "Tchê Fulano, me conta como é que foi". Se usa em qualquer parte da fala, a todo momento, meio inutilmente: "Aí, tchê, eu cheguei e falei pra ela" ou "Bá, tchê, foi tri". Nesses contextos, a palavra vira totalmente átona, e é dita como um "tch", sem vogal nenhuma. Claro que é igual ao *che* castelhano.

TCHUCO
O mesmo que bêbado, bebum, "goleado" (v.). É de origem gringa, isto é, dos italianos e descendentes (em italiano, *ciuco* é burro, o animal, e por extensão ignorante; terá a ver?). Se diz "ficar tchuco", e só, sem derivações.

TE ARRANCA QUE TÃO PEGANDO
Frase espirituosa, familiar, que também ocorre como "Te escapa que tão pegando"; para mandar alguém embora, porque "estão pegando" – e às vezes se completa dizendo "os loucos do hospício".

TE DOU
Frase definitiva de negação, dita contra uma pretensão que parece, para quem diz, descabida. Uma mãe diz para o filho criança, que quer ficar acordado para ver um filme proibido: "Te dou" ou "Te dou que tu vai ver" (o filme). Da mesma forma se usa "Vou te dar". Nos dois casos, a frase sempre vem em tom de ameaça velada, branda e brincalhona. O filho diz que vai sair mesmo que o pai tenha proibido, e a mãe, zelosa da autoridade, responde, sinteticamente, "Te dou", o que por extenso seria "Não vá imaginando que eu vá te dar a possibilidade de tu realizares

tal intento". Mas se usa em várias situações, não necessariamente em conflitos. O namoradinho anuncia que quer transar com a namoradinha, e ela diz "Te dou", querendo dizer "Não te dou", por exemplo.

TE FAZ
Fórmula ultrabreve para a advertência quase ameaça "Não te faz de salame", ou de bobo.

TE IMAGINA
A gente usa muitas vezes esses pronomes oblíquos, certamente por causa do espanhol, em situações que a língua portuguesa não usa. Um deles é este: "Tu te imagina o meu desespero". É um uso totalmente expressivo, de reforço, mas sem função gramatical.

TE LARGUEI, MAGRÃO
Frase que entrou em vigência de novo (já existia antes) em 2005 em função de uma propaganda de cerveja, marca local, só vendida no Rio Grande do Sul. Significa "Desisti da tua companhia, cara", "Desisti de te dar chances", algo assim.

TE LIGA, BICO DE LUZ
Voz moderníssima, divulgada por escrito pelo Roger Lerina, que faz a brincadeira com o já antigo "se ligar" como sinônimo de "se fragar", tomar tenência, aperceber-se, unido ao banal bico de luz, que também se liga, noutro sentido.

TE METE
Voz moderna para elogiar o estado excelente de alguém em certo desempenho. Ao ver uma amiga bem arrumada para a festa, pode-se ouvir "Te mete!", ao lado de outras expressões de curso nacional franco, como "Poderosa", "Vitaminada", "Xuxa" etc.

TE PARA
Expressão que significa repreensão: é uma ordem mesmo, para que o sujeito pare de fazer aquilo que está fazendo ou ameaça fazer. O guri insinua que vai dar pedrada na vidraça de um prédio, por exemplo, e alguém mais ajuizado diz "Tu te para". Diferente de "Ah, para" (v.).

TECO
Pedaço, naco, mordida (num sanduíche, num chocolate); também se usa no diminutivo afetuoso, um tequinho.

TELHA
A cabeça. Também se diz "telhado", no mesmo sentido.

TEMA DE CASA
Aquilo que noutras partes do país se chama "lição", "tarefa" ou "dever de casa", os trabalhos que a professora dá para os alunos fazerem fora da sala de aula. Também se diz simplesmente "tema": "Tu já fez teus tema, guri?", pergunta a mãe quando a noite de domingo vai chegando e o pentelho só quer ficar jogando alguma bobagem.

TENTEAR
Como no português em geral, significa sondar; experimentar; averiguar a possibilidade. Pode-se tentear uma

guria numa festa, por exemplo. Uma frase de grande circulação por aqui, que resume toda uma filosofia de vida, diz que "a tenteada é livre", com o mesmo sentido que no Brasil se diz "quem não arrisca não petisca".

TER CABELO NO PEITO
Diz-se de quem tem coragem, demonstrando, claramente, que tem cabelo no peito, numa clara machice (do termo).

TER GANCHO NOS PÉS
A mãe sempre estica bem os tapetinhos, por exemplo aquele que ela bota diante da pia de lavar louça, na cozinha; aí vem o guri e enrola o tapetinho, sem se dar conta. É quando a mãe pergunta: "Escuta, tu tem gancho nos pés?".

TER GENTE EM CASA
A mulher que tem peitos de tamanho razoável, de acordo com quem está avaliando, tem gente em casa. A que não tem, não tem ninguém em casa.

TER MERDA NA CABEÇA
Ver "merda".

TER OUTRO POR DENTRO
Diz-se de alguém que mostra subitamente uma qualidade até então escondida que "tem outro por dentro". Também se usa dizer, mais especificamente, a respeito de gente que insinua ter verve, humor, capacidade irônica ou algo assim, mas que não costuma manifestá-la, e aí quem conhece o enrustido diz a frase, para elogiá-lo.

TERMO
Por influência do espanhol platino, aqui se diz "termo", com *e* fechado, para a garrafa térmica, aquela que guarda a água para o mate.

TETA
Quando a coisa está claramente favorável, quando tudo conspira a favor, a situação está uma teta. O mesmo que tarefa fácil, situação facilmente solúvel. Ver "por uma teta".

TETO
"Ter" ou "dar um teto" é bater no limite, seja no uso de droga, seja (menos usado) em qualquer situação de saúde.

TIANGA
Ver "changa".

TICHO
Chute forte, no futebol, e portanto é o mesmo que "bago" (v.), dentro dumas. Em alguma época do passado, "ticho" ou "ticha" era o nome do pinto, do pênis. Qualquer relação não é mera semelhança.

TIJOLINHO
Outro nome da mariola, aquele tablete de doce de banana.

TILTE
Quando começaram a aparecer as máquinas de jogar eletrônicas (ou ainda eram elétricas?), logo veio junto o termo inglês *tilt*, inclinação, que aparece no visor da máquina quando algum problema havia acontecido (se não me engana a

memória). Daí virou sinônimo, aqui e noutras partes, de problema na máquina: "Deu um tilte" diz, por exemplo, o carinha que está na caixa registradora do súper que acabou de enguiçar. (Ok, eu sei que nem tem mais caixa registradora no súper, porque agora é tudo computador...)

TINHOSA
Qualificativo para mulher feia. Não me parece que haja o uso equivalente para falar de homem. Também se usa, claro, para desqualificar qualquer coisa feia, especialmente a letra, a caligrafia de alguém. Outro uso: para criança endiabrada em geral se usa dizer que é "tinhosa", termo que aliás é um dos sinônimos do Senhor das Trevas.

TIPA
Despectivo usado por mulheres contra mulheres: "Aquela tipa não me engana".

TIPO DA COISA
Expressão usada para concordar com uma lamentação ou reclamação. Chega alguém e nos conta um pequeno horror; por exemplo que foi despedido ou maltratado, e a gente, para concordar com ele e confortá-lo demonstrando solidariedade, diz "É o tipo da coisa", frase quase sempre seguida de uma suspensão rápida da fala e depois alguma platitude, "O mundo anda assim hoje em dia", "Ninguém tem mais sossego", por aí. Variante: "tipo do troço", com o aberto. Outra: "É a tal coisa" (v.).

TIRANO
Diz-se da criança que, por suas atitudes, acaba determinando o modo de agir e de ser dos pais, ou pelo menos influindo decisivamente sobre ele, o modo. Também se diz de criança que judia de outra. E também de mulher em geral, ou melhor, das que são tiranas. Há uma dança folclórica antiga no Rio Grande com esse nome, e a personagem é uma tirana que rouba, metaforicamente, o coração do amante.

TIRÃO
Tarefa grande ou grande distância (esta mais comum). "Daqui até lá é um tirão". O contrário de um dos sentidos de "tirinho" (v.). Ver "tiro curto".

TIRAR ÁGUA DO JOELHO
Fórmula delicada para "mijar".

TIRAR COM A MÃO
Expressão que se usa para descrever o efeito imediato e quase milagroso de um remédio: "Tomei aquele negócio e foi o mesmo que tirar (a dor) com a mão".

TIRAR DO CU COM PAUZINHO
Embora pareça, não tem conotação sexual ou erótica, em nenhum sentido. Usa-se a expressão para sublinhar a total dificuldade ou mesmo a impossibilidade de executar alguma tarefa. Tu está devendo uma alta grana e o prazo está se esgotando. Aí tu conta isso para um amigo e arremata: "Como é que eu vou conseguir essa grana? Só se eu tirar do cu com

pauzinho." Há depoimentos de que originalmente se tratava de uma atividade no trato com as galinhas, que por certo problema digestivo acabavam trancadas, justamente no cu, por causa do excremento, que trancava justo ali, na saída, e só restava ao tratador tirar do cu com pauzinho. Sei eu lá.

TIRAR O DIA
Quando a gente quer se queixar de alguém que está reiteradamente enchendo o saco, pode reclamar assim: "Tchê, mas tu tirou o dia pra me incomodar?".

TIRAR O PAI DA FORCA
Ter muita pressa, demasiada pressa; costuma acontecer sob a forma de pergunta irônica para alguém que demonstra essa pressa: "Que que houve, vai tirar o pai da forca?".

TIRAR O PÉ DO BARRO
Significa se dar bem, em qualquer sentido: arranjar uma mina, arranjar grana, descolar emprego. Em outras partes do Brasil, é comum "tirar o pé da lama", não do barro. Igualzinho ao sentido de "tirar o pé da merda".

TIRAR PARA
Não sei bem como registrar este uso, então vai aqui mesmo: quando a gente está sugerindo, com certa sutileza, que fulano deve executar determinada tarefa que ele não está a fim de realizar, o fulano este pode reclamar dizendo "Tu tá me tirando pra courinho?". A mesma coisa quando alguém se sente ludibriado: "Tu tá me tirando pra palhaço?".

TIRAR UM FRISO
Pouco usada, a expressão significa observar com atenção, sacar: "Só pra tu tirar um friso, imagino que o carro do cara era azul-calcinha", por exemplo, como quem diz "Saca só que singular" etc.

TIRIÇA
Ver "na tiriça".

TIRINHO
Dois sentidos: um, é a distância curta ("Daqui ali é um tirinho"); outro, designa a investida pequena e despretensiosa no território feminino para conquistas. "Eu tava por ali no bar, dando uns tirinhos." Também se usa, num terceiro caso, para a provinha que a gente ganha do churrasqueiro, a chamada lasquinha de carne – ou para o golezinho que se dá na bebida de aperitivo: "Tchê, não quer dar um tirinho nessa caipa?".

TIRO CURTO
Expressão certamente provinda do falar gauchesco, significa jornada de pouca distância ou de pouca duração, tarefa pequena, pequena dose. Tu está tomando chimarrão e a forma como foi preparada a erva na cuia permite pouca quantidade de água; teu comentário pode ser "Bá, mas é um mate de tiro curto". Ver "tirinho" e "tirão".

TÔ CAGADO?
Pergunta retórica, usada para arrostar alguém que está nos olhando com insistência, e aparentemente sem

motivo. O cara fica te olhando, tu na tua, sem estar chamando a atenção, e tu pergunta (ou pelo menos te passa pela cabeça perguntar), se der coragem e o cara for de tamanho encarável numa briga: "Escuta aqui, eu tô cagado, por acaso (pra tu ficar me olhando assim insistentemente)?".

TÔ FEIO MAS TÔ QUENTINHO
Frase de autoconsolo dita contra uma observação sobre a má qualidade ou das roupas ou da combinação delas. Claro que tem que ser na época do frio.

TÔ MÍMI
Declaração delicada, familiar mesmo, usada para anúncio de que o xixi está quase saindo do corpo, de forma que alguma providência será tomada a respeito. Por extenso, é "Tô me mijando".

TÔ NAS MINHA
Claro que a forma correta seria "estou nas minhas", mas é assim que se diz. Meu primeiro registro da expressão vem do universo da bolita, a bolinha de gude: quando, em meio ao jogo, depois de várias rodadas em que houve aposta e portanto perde-e-ganha, a gente constata que está com o mesmo número de bolitas com o qual começou a jogar, diz-se a frase, com certo orgulho, significando "bom, pelo menos não sou eu quem tá perdendo". Daí deriva o sentido para qualquer situação análoga, em que se constata que pelo menos não houve perda em relação às condições iniciais. Nada que ver com "Tô na minha", voz menos frequente aqui que em outras partes do país, significando "Tô quieto no meu canto, não tô incomodando ninguém".

TOCA AQUI
Frase usada para convidar o interlocutor a apertar as mãos, como forma de selar um acerto qualquer. Diz-se a frase já com a mão no ar, em posição para atacar e apertar fortemente a mão do parceiro.

TOCA FICHA
Expressão de apoio ou de incitação à ação. Alguém vem te dizer que está pensando em comprar certo produto, que precisa dele, que tem dinheiro e tal, e tu diz pra ele, concordando, "Então toca ficha". Talvez tenha provindo do jogo de roleta, como apoio à ideia de apostar mais em uma dada possibilidade.

TOCAIO
Xará, sujeito do mesmo nome que o teu, é teu tocaio. Termo espanhol.

TOCAR GAITINHA
Se dizia, não sei se ainda se diz, nos churrascos, quando alguém pegava algum osso (especialmente costela de gado) com as mãos e começava a roer a carne grudada nele, para aproveitar até o fim. Então o próprio cara dizia, "Desculpe, vou tocar gaitinha", e metia bronca. Em geral, havia uma concordância ativa dos demais, que diziam "A melhor carne é essa, a que tá grudada no osso", ou outra mitologia qualquer.

TOCAR O HORROR
Expressão muito usada para designar ou relatar situações de confusão, de medo, de apreensão: "Quando o cara me disse que não ia pagar aí tocou o horror". Parece que sintaticamente "o horror" é muitas vezes o sujeito do verbo, mas também se usa noutra formulação, "Fulano tocou o horror na galera".

TOCAR RETO
Nenhuma relação com a delicada parte da anatomia humana chamada "reto", que fica lá na região terminal do caminho da comida em nosso corpo. Diz-se a frase a propósito de manter o rumo prefixado, sem paradas intermediárias. Muito usada em táxi, por exemplo, quando o passageiro está com pressa e pede que o motorista toque reto pela avenida tal para chegar rápido ao destino.

TODA VIDA
O mesmo que "claro", "sem dúvida alguma". Alguém te pergunta se tu vai mesmo na festa aquela, e tu responde, enfático, "Mas toda vida".

TODAS
Usa-se como complemento intransitivo de verbos, para designar que a ação enunciada no verbo foi cumprida até o limite máximo: "Bebemos todas", "Vamo fumar todas" etc. Uso específico com o verbo "fechar" (v.).

TODO-ERRADO
Diz-se do sujeito mal arrumado, ou feio, ou esquisito, que ele é "todo-errado", assim mesmo, as duas palavras juntas e inseparáveis. Também se aplica a coisas, objetos, mas secundariamente.

TOMA MAIS UM MATE
Fórmula brincalhona de cortesia, usada quando o convidado está por ir embora e se deseja que ele permaneça mais um pouco, ou pelo menos que fique sabendo que sua presença foi muito bem aceita. O visitante diz "Bom, vou nessa" e a gente diz "Que é isso? Toma mais um mate, tchê!". Fique claro que não tem nenhum compromisso com a realidade factual da existência de um mate; a frase é pronunciada em qualquer situação, e de fato parece ser mais usada justamente sem qualquer mate por perto.

TOMAR NAS PREGAS
Se diz sem o *s* final, e se usa no insulto "Vai tomar nas prega", em lugar de "Vai tomar no cu", em referência às pregas do cu propriamente dito. Parece talvez um pouco menos chulo.

TOMAR UM BAILE
No futebol, significa tomar um vareio, um chocolate, um totó de bola, eventualmente significando um grande número de gols; mas também se usa a expressão para designar qualquer situação em que se perdeu por completo o controle das coisas, por exemplo quando um filho pequeno chora a noite toda e os pais dançam, figuradamente.

TOMAR UM PÉ
Redução de "tomar um pé na bunda": ser mandado embora, ser dispensado.

TOMATE CRU
Forma brincalhona, e atenuada para uso social, para "tomar no cu", usada nos anos 1970. O Nei Lisboa tem uma música, parceria com o Boina, *No, no chance*, que usa o termo, em rima para outros termos terminados em *u*, como *how do you do?*, "gol do Peru" e "bauru" (v.).

TOMATE GAÚCHO
Por aqui a gente, num raro assomo de ufanismo, costuma chamar assim aquele tomate grande, que em outras partes se chama de "tomate para salada". Se opõe ao tomate paulista, o menorzinho (não o moderno microtomate, que se adjetiva como "cereja").

TOMBADEIRA
O caminhão-caçamba, assim chamado por motivos óbvios.

TOPZERA
Talvez devesse anotar "topzeira", com esse sufixo -eira do português, mas sabe como é, aqui eu tô marcando a pronúncia acastelhanada corrente no sul, que suprime o ditongo. É uso recente, anos 2000, e significa um elogio, uma espécie de superlativo de "top": "Bá, esse som é topzera". Esse "eira" do final rima, em mais de um sentido, com uma voga desses tempos, como "finalera", quer dizer, "finaleira", também um superlativo de final, reta final.

TOQUE
"Dar um toque" significa alertar, orientar; não tendo nada que ver com tocar fisicamente. Por exemplo: "Bá, gostei do cara, mal eu ia chegando no trampo e ele me deu logo todos os toques", querendo dizer que o cara este alertou-o para os perigos, deu o serviço de quem era quem, relatou as regras sutis de funcionamento do trampo. O mesmo que "dar uma letra" (v.).

TORNEAR
O tal chute que depois do Mário Sérgio passou a se chamar "de três dedos" tem o efeito de tornear a bola; portanto, significa uma das jogadas mais requintadas que um guri pode alcançar; e envolve aprender a bater na bola não mais com o bico mas com os lados do pé.

TORRADA
Aquele sanduíche com pão de fôrma, com queijo e presunto, esquentado em chapa, que no Brasil se chama "misto-quente" ou, mais comumente (e sabe-se lá por que com *x*), "mixto-quente". Há especificações: há certo tempo se diferenciava a torrada americana (o tal misto-quente brasileiro), a torrada simples, sem presunto (dito "queijo quente" no Rio), e o para nós sanduíche de pão de forno, chamado noutras bandas de mixto frio. Também designa a torrada aquela, pão seco que pessoas em regime alimentar usam para disfarçar a fome e que, sinceramente, vamos combinar.

TORRÃO
O resultado de torrar ao sol. Se diz "tomar um torrão" para dizer que a pele ficou muito queimada.

TORRAR
Quando a gente queima alguém, isto é, descompõe o cara, puteia ele, ou simplesmente quando ignora o sujeito, está torrando-o. Tem também o "torrar a paciência" ou "torrar o saco", que quer dizer aborrecer.

TORTO
Bêbado, gambá, bebum, ou excitado por droga, qualquer uma.

TOSAR
Como no português em geral, quer dizer cortar o pelo, o cabelo; mas aqui designa apenas o corte radicalmente curto: "Bá, guri, tu tosou os cabelos!".

TOSCO
Quer dizer rude, como se sabe, mas parece que entrou em nova circulação, nos anos 2000, agora com sentido positivo, como igual a autêntico, desapegado de convenções etc. Parece que é de uso geral, de São Paulo pra baixo.

TOSSE DE CACHORRO
Diz-se da tosse repetida e seca, sem catarro, que ela é assim parecida com a do cachorro.

TOSTÃO
Noutras regiões do país se designa por "paulistinha": trata-se do golpe contra o músculo da coxa do adversário, dado em geral com o joelho, que provoca dor imediata.

TOTAL
Usado em função adjetiva e adverbial, sem alteração formal. "Me orgulho total de ter feito isso." Significa isso mesmo, total, completo, que fecha todas. Outro uso, vindo da fronteira, é como sinônimo para "de todo modo", ou "de qualquer maneira", ou "enfim". Por exemplo: alguém te diz que aquela festa não vai sair; embora tenha sido anunciada, e tu, como comentário, diz "Total eu tava querendo nem ir mesmo, tem um baita jogo na tevê". Nesse sentido, tem um sinônimo corrente que é "igual".

TRAÇAR
Comer, literal ou metaforicamente. Pode-se traçar uma costela gorda como traçar uma mulher (ou um homem, conforme o gosto).

TRAÍRA
O traidor, o que não honra a confiança. Este nefasto sujeito comete o crime de trairagem. A palavra certamente começou a ser usada pela semelhança fonética entre "trair" e "traíra", o peixe. Parece que o termo tem seu uso originado no mundo do crime, mas tem larguíssimo curso em todo o mundo popular, por exemplo no futebol.

TRAGO
Bebida alcoólica, genericamente, mais propriamente cachaça. Pode-se convidar um amigo: "Tchê, vamos tomar um trago hoje de noite lá

em casa?". Também é bebedeira: "Tomei um trago de canha (v.)". É uso de origem fronteiriço, acastelhanado, parece.

TRAIRAGEM
Atitude de traição, de sacanagem, coisa de "traíra" (v.).

TRAMELA
De primeiro era só aquele taco de madeira, preso na porta, usado para fechá-la, uma fechadura primitiva, mas virou sinônimo para "boca", especialmente boca tagarela. Também se usa chamar a boca de "matraca": "Fecha essa tramela" ou "Fecha a matraca".

TRAMPA
Armação, ardil, sacanagem. Tem uso no português antigo e no espanhol moderno, daí que tenha ficado no uso daqui.

TRAMPO
O mesmo que emprego ou trabalho. "Arrumar um trampo" equivale a "batalhar um emprego ou um basquete". O verbo correspondente é "trampar", não "trampear": este último designa a armação, aquilo que faz o "tramposo" (v.). De uso em várias partes do país, de São Paulo pra baixo.

TRAMPOSO
Nada a ver com o "trampa" aí de cima. "Tramposo" é o sujeito ardiloso, cheio de artimanhas, enrolador. Este sentido da palavra vem, certamente, de "trampa", ardil, armadilha, igual ao uso espanhol.

TRANCAÇO
Ver "tranco".

TRANCAR
Aqui o trânsito "tranca", não bloqueia; placas de trânsito pedem que o motorista "Nunca tranque o cruzamento", querendo dizer que não devem engarrafar. Ver "tranqueira".

TRANCHÃ
Tendo perdido o sentido original francês (*tranchant*, cortante, ou decisivo, ou ainda gume), ganhou um outro, associado sabe-se lá como: ótimo, legal, bem alinhado, bem apanhado, bem vestido, de arrasar.

TRANCO
Parecido com "calço" (v.), o "tranco" pode significar impor um obstáculo físico a alguém, mas por vezes significa encostar o sujeito na parede, isto é, chamá-lo às falas, portanto impor um obstáculo, como diria Pascal, sutil; muitas vezes se diz o aumentativo, "trancaço". A expressão completa é "tomar (ou dar, ou levar) um tranco". Também se usa, mais raramente, o termo para designar o ritmo lento de algo ou alguém: se te perguntam como é que tá indo a obra da tua casa, que demora pra ficar pronta, tu diz "Naquele tranco" ou "Naquele tranquito". Nesse caso, o termo vem do uso referente ao passo do cavalo, que quando vai no tranco vai devagar, a passo, muito menos veloz que no trote ou no galope.

TRANQUEIRA

Sinônimo muito nosso para engarrafamento de trânsito. Explicável facilmente: os "autos" (v.) trancam e não saem do lugar. Nas placas modernas que aconselham aos motoristas não atrapalharem o fluxo, em Porto Alegre se lê "Nunca tranque o cruzamento", o que em São Paulo, por exemplo, vira "Nunca feche o cruzamento". Tem também um uso doméstico: quando alguém deixou suas coisas pelo meio do caminho, pode-se reclamar dizendo "Tira tuas tranqueiras daqui".

TRANQUILO

O mesmo que "frouxo" (v.). Também se usa para concordar totalmente com uma combinação que esteja sendo tramada. "Então tu passa lá? Não tem erro?" Responde o outro: "Tranquilo". Também usado como saudação, como fórmula de cortesia: "E aí, tranquilo?". Dito associado: "Tranquilo como água de poço". Há quem diga a palavra sem pronunciar o *u*, à maneira castelhana, *tranquilo*, meio de brincadeira.

TRANSMIMENTO DE PENSAÇÃO

Trocadilho que foi comum, no final do século 20, para "transmissão de pensamento". Usa-se dizer isso quando, por exemplo, a gente se dá conta de que o amigo tinha pensado em fazer justamente o que a gente ia fazer.

TRAVAR

O mesmo que frear (o carro). Por isso uma freada, sobretudo brusca, é uma travada. Modernamente se usa dizer que certa pessoa é "travada" para designar sua travação, quero dizer, seu ensimesmamento, seu recolhimento, sua pouca disposição de abrir-se, de curtir as coisas da vida, que são muitas.

TREMER

Tremer ou "dar uma tremida" significa intimar, chamar no apito, comprar briga explícita, cobrar claramente. Um cara foi mal atendido numa loja, por exemplo, e declara: "Não tem dúvida, vou tremer (com) a gerente dessa merda". Ver "tremer a perninha", que quer dizer o contrário. O Nelson Coelho de Castro ficou famoso, no início da carreira, com uma canção que dizia: "História que ele vai vim, vai tremer com os boneco daqui", que em tradução para o português dá "Mentira que ele vai vir, vai brigar com os caras daqui". Na época, lá por 1977 ou 1978, foi interpretado como alusão à eventual volta do Brizola, na Anistia pela qual lutávamos.

TREMER A PERNINHA

Também dito "tremer a perna"; significa ter (ou levar; no mesmo sentido) medo de algo ou alguém.

TREMER NA BASE

O mesmo que "tremer a perninha" (v.), só que aqui insinuando que a tremedeira de medo começa mais embaixo.

TRÊS DENTRO, TRÊS FORA

Modalidade infantil de futebol, uma espécie de "meia-linha" (v.), jogado por três ou quatro guris (mais que isso já dá dois times completos, menos que isso é gol-a--gol), que consiste em um guri no gol e os demais na linha, tentando fazer gol; o guri que vai pro gol, em geral irresignado, logo lembra que é "três dentro, três fora", isto é, assim que tomar três gols (as três dentro) ou houver três chutes para fora do gol, troca-se o goleiro. Há variações, conforme pude ver nas pesquisas exaustivas de campo: há casos em que, se o goleiro tomar três, de castigo ele fica mais três, pra deixar de ser frangueiro; no caso de três fora, o guri que botou a terceira fora vai pro gol. E há também os casos milagrosos, quando um guri surpreendentemente gosta de ficar no gol, e a alegria é geral.

TRÊS, PRA CASAR

Frase que se usa para justificar ou desculpar os excessivos três beijinhos que se dá quando homens e mulheres se cumprimentam.

TRI

Advérbio de uso universal em porto--alegrês, mas também adjetivo (algo pode ser "muito tri"). Em geral, quer dizer "muito": um sorvete pode ser tri bom, um jogo pode ser tri disputado, uma mulher pode ser tri gostosa, uma comida pode ser tri ruim, um sujeito pode ser tri pentelho etc. Há uma teoria corrente na cidade que atribui a origem do termo à conquista da Copa do México, em 1970, quando o Brasil foi tricampeão, a primeira seleção a alcançar tal feito. O Luiz Dario Ribeiro me garantiu que tem a ver com o velho e bom *Pasquim*, o jornal carioca, que teria começado a usar o tri justamente nessa altura. O Giba Assis Brasil refina a teoria, dizendo que, além desse tricampeonato, houve também um tri estadual do nosso (meu e do Giba) Colorado, que a partir da inauguração do Beira--Rio (1969) iniciou mais uma "senda de vitórias", conforme reza o nosso hino, vindo a completar um ciclo que alcançou o octacampeonato e três campeonatos nacionais, em 1975, 1976 e 1979. Faz todo a sentido. O Giba dá mais uma dimensão de época: quando o Brasil foi tricampeão no México, ocorreu a pura casualidade de um gremista estar no time, Everaldo, o lateral esquerdo. Então os gremistas diziam que tudo bem, todos eram tricampeões, mas eles, gremistas, eram mais do que os colorados, por causa do Everaldo, que morreu em seguida, de acidente de carro. Daí que quando nós fomos tri estaduais, em 1971, e depois tri nacionais, a coisa reverteu. Outra hipótese, com grande sentido, que deve ter colaborado para a consolidação do uso do "tri" entre nós: naquela altura da virada dos 1960 para os 1970, começou-se a usar a gíria "joia", para coisas boas, positivas, legais. E havia quem fizesse a associação com a palavra francesa *joli*, "bonito", "lindo"; daí para a *très joli*, "muito bonito", era um passo. Esse *très*, muito, em francês, é a cara do nosso "tri". Me lembro que de brincadeira, para elogiar algo muito bom, se dizia, misturando línguas e com pronúncia adaptada, "très joli de biutifúl" (de *beautiful*, do inglês, que nessa época passava a ser a língua dominante no mundo em geral e na escola em particular, tomando o lugar precisamente do francês), com esse acento. O Uda, por extenso Leonid Streliaev, fotógrafo, lembra de uma outra forma, "très joli de picumã". Mais uma hipótese: em certo momento, na altura de 1977, houve um caso rumoroso de *doping* futebolístico, não lembro de quem, se gremista ou colorado, que teria tomado um remédio chamado Trimedal, que pelo jeito fazia mais do que curar gripe. Vai ver, a circulação do nome "trimedal" pode ter reforçado o uso do "tri". Vai mais uma bobagem associada ao "tri": Maria de Lurdes Derenji divulgou uma lista de equivalências engraçadas para a designação do Instituto Médico Legal, que segundo ela só no Paraná seria assim mesmo, porque no Rio Grande do Sul seria Instituto Médico Trilegal, na Bahia IM Porreta, em Minas IM Bom Demais da Conta, no Rio de Janeiro IM Maneiro, em Pernambuco IM Pai d'Égua, no Ceará IM da Muléstia, e em Santa Catarina "Ichtituto Méidico doj Difunto". Ver também "troço tri".

TRIBOM
Uso comum como elogio, a partir do nosso "tri" aí de cima.

TRÍDI
Variação de "tri" (v.). É um encurtamento de "tri-de-bom", mas é usado solo, assim mesmo: "Que tal tava o churra?". "Trídi." De pouco uso.

TRIGO VELHO
Aquele destilado que tem o pomposo nome formal de Steinhäger; que a gente da cidade gosta de pedir junto com o chope, para ir balançando uma coisa e outra. (É coisa da tradição dos bares alemães da cidade, quando os havia.) Bebedores experimentados gostavam de fazer o que chamam de "submarino" (v.): mergulhar, literalmente, o copinho de trigo velho dentro do copo do chope semibebido. Parece que a mistura fica tri.

TRI LEGAL
Forma usual de elogio para qualquer coisa positiva ou pessoa considerada legal, correta, agradável etc. Muita gente escreve tudo junto, trilegal, mas eu resisto.

TRIMILICA
Estado de quem ficou tremendo, literalmente tremendo, com medo ou outro motivo. Ocorre de ser usado para mulheres e para homens, embora seja possível fazer a concordância de gênero, "trimilico", mas muito menos.

TRINGUELETA DA PARAFUSETA
Coisa nenhuma de sério, mas existe no universo de oficina mecânica: é aquela enrolação de mecânico que quer arrancar dinheiro de cliente

que não entende nada de matar. Aí o mecânico diz que tem um problema na tringueleta da parafuseta (ou "da parafusalha"). Assim também dá pra ouvir o termo para coisas insignificantes ou coisas cujo nome é desconhecido ou no momento escapa a quem está falando: "Me alcança aquela tringueleta da parafuseta, aquela coisa ali". Alterna com outra forma, mais comum na fala brasileira, "rebimboca da parafuseta".

TRIQUE-TRIQUE-ROLIMÃ

Expressão das mais interessantes, que era moda lá pelos fins dos anos 1970. O Juarez Fonseca afirma que o autor é o Leonid "Uda" Streliaev, fotógrafo. Se usava como sinônimo "in" para *tri legal,* com ênfase: "E aí, tudo tri?". Resposta: "Tudo trique-trique-rolimã". Ver "tri" e "rolimã".

TROCADALHO DO CARILHO

Comentário que se faz, em tom irônico, sobre um trocadilho que alguém fez. É já um trocadilho, neste caso do caralho.

TROCAR AS BOLAS

Digamos que tu está falando com o Nelson, e por um motivo obscuro tu chama ele de Gelson; nesse caso, tu trocou as bolas (ou, segundo o sábio Freud, cometeu um ato falho). Sinônimo de engano, equívoco, confusão.

TROCAR FIGURINHA

O mesmo que confabular, trocar ideias, conversar a respeito de algum tema específico. Quando por exemplo a gente quer negociar algum lance antes de ele vir a público ou antes da decisão final, se diz "Preciso trocar umas figurinhas com o Fulano". Naturalmente alude ao mundo das figurinhas de álbum colecionável, que de fato são trocáveis porque são compradas com muita repetição.

TROCAR O ÓLEO

Ter relações sexuais. A frase faz uma síntese entre o sexo e a outra grande paixão masculina típica, o automóvel.

TROCAR SEIS POR MEIA DÚZIA

O sentido é óbvio: fazer uma alteração sem eficácia, sem repercussão positiva nem negativa.

TROCENTOS

Gíria contemporânea para muitos, incontáveis: "Tinha trocentos carros lá".

TROÇO

Palavra de largo uso, significando coisa, qualquer uma, mas também episódio, sentimento etc. Gente antiga (quer dizer, mais antiga que eu), em contextos informais, chamava cada pedaço do cocô assim, mas dizendo com *o* fechado.

TROÇO TRI

Todo um juízo de valor se esconde sob essa fórmula sintética. É todo um comentário positivo. Tu olha na vitrine um lance ali exposto, fica admirando e diz, "Bá, troço tri".

É um uso do "tri" em seu estado mais depurado, mais, poderia dizer, sublime.

TROLETAÇO
Grande baque, "pechada" (v.) feia, porrada, real ou figurada. Acho que vem do tempo do "trólei", o "tróleibus", o ônibus elétrico, que circulou um tempo.

TROLHA
Qualquer coisa incômoda, ruim, bagulhenta. Também se diz de pessoas desagradáveis, entediantes, chatas. Ver "se atrolhar".

TROMPAÇO
Encontrão, batida forte entre duas coisas ou pessoas, "pechada" (v.), é um "trompaço" entre carros. Também se usa "trompada", no mesmo sentido. Ambos de uso corrente no espanhol platino.

TROUXICE
Qualidade, isto é, defeito, daquele que é considerado trouxa; fazer uma trouxice é agir como um trouxa.

TROVAR
O mesmo que conversar; especialmente conversar fiado. "Bá, e o cara ficou me trovando uma hora", querendo dizer que o tal cara ficou enrolando, jogando conversa fora. Às vezes pode ter significado positivo, quando por exemplo se usa para dizer que um sujeito, interessado em certa moça, fica trovando com ela, neste caso querendo significar que ficou gastando o melhor de seu latim para obter a consecução de seus amorosos fins. Se usa também reprimir o interlocutor mentiroso, dizendo "Não trova, meu".

TRUVISCAR
Sinônimo gentil e relativamente cortês (quase dá pra usar na mesa de refeições, com a família presente) para transar; manter relações sexuais. E tem o dito futebolístico, que encerra grande sabedoria: "Truvisca no fedor que o beque faz contra", isto é, cruza a bola para dentro da área que o zagueiro adversário acaba fazendo gol contra (ou, conforme os portugueses, faz *autogolo*). Ver "centrar".

TU
O singelo pronome pessoal do português é um dos marcos da fala desta parte do país, como se sabe. Não é exclusividade gaúcha, mas aqui a gente parece usar de modos peculiares. Por exemplo: usualmente se usa o "tu" com o verbo flexionado na terceira pessoa, não na segunda: tu foi, tu fez, tu quis. Às vezes a gente tenta ficar mais erudito e faz flexão estranha: tu fosse, tu fizesse, tu quisesse, tudo no mesmo tempo verbal, passado simples. Isto é: errado, segundo o padrão. E tem também casos de hipercorreção, em que se coloca o verbo na segunda do plural querendo acertar a segunda do singular: tu fostes, tu fizestes, tu quisestes. Agora, um bom "tu foste", simples e direto, é raro de acontecer. Essas coisas da vida.

TUDIBOM
Contração de "tudo de bom"; fórmula de cortesia que se usa nas despedidas. "Então tá, tchau, tudibom". Pode ser usado com ironia.

TUDO EM RIBA?
Outra fórmula de cortesia, de cumprimento. Saúda-se um amigo perguntando se tá tudo em riba, isto é, tudo em cima, tudo no lugar; tudo o que deve existir para que tudo esteja bem.

TUDO XUNTO INCLUÍDO
Frase brincalhona para ironizar o jeito alemão de dizer; enfaticamente, isso mesmo, "tudo junto": "Nós vamo tudo xunto incluído". Parece que na língua alemã (que eu não domino, é bom avisar) isso está sempre marcado rebarbativamente, aquela coisa de *alles zusammen*.

TUFO
A expressão completa é "tomar um tufo" e significa se dar mal, perder dinheiro, algo por aí. Pode ter vindo do mesmo lugar que deu origem ao italiano *tuffa*, que é tombo, baque. O escritor De Souza Júnior tem um personagem caricato que se chama Tumistuffi, creio que de brincadeira sobre a mesma expressão. (Ele manjava italiano, tanto que foi tradutor.)

TUNDA
Surra. Ver "sumanta".

TURBINADO
Adjetivo de largo uso nos últimos anos 1990 e primeiros 2000. Indica qualquer coisa (ou pessoa) que esteja no melhor de sua forma, na melhor condição possível, que esteja muito bem, que tenha desempenho superior. Terá nascido a partir do motor turbinado, por certo.

U

UÉ, SAI
Frase proferida para expressar rejeição ao que se apresentou. O filho diz pro pai que já tá indo, que vai levar o carro, e o pai diz "Ué, sai", significando "Quem foi que disse que esse arranjo está bem, quem foi que disse que eu concordo?". Como se vê, não tem nada a ver com sair no sentido de abrir, de partir, de se deslocar.

UM
O cigarro de maconha, em referência cifrada. Também chamado de "unzinho" (v.).

UM PÉ LÁ E OUTRO CÁ
Forma que se usa para advertir da necessidade de que a tarefa seja cumprida rapidamente. Às vezes não é tarefa: a gente pede pra mãe licença pra ir na casa da vizinha pedir um livro imprescindível para um trabalho que tem que entregar amanhã mesmo no colégio, e a mãe desconfia, com boa razão, de que a intenção é bem outra, brincar. Então ela diz "Tu vai, mas é um pé lá e outro cá". Também se usa outra forma para a advertência: "Vai num pé e volta no outro", no mesmo sentido.

UM QUE O TREM NÃO PEGA
Típica expressão que dá dúvidas quanto a onde localizá-la, aqui neste *Dicionário*. Podia ser por "trem", mas não é o caso. Então vai aqui no U, que tem poucos verbetes. Diz-se de alguém "Esse é um que o trem não pega" para designar sua esperteza, sua vivacidade, sua capacidade de se safar de situações embaraçosas. É uma expressão de elogio total.

UMA E MEXA
Expressão do universo do jogo de bolita. Usa-se para designar a seguinte situação: o jogador vai no "gude" (v.), a fim de tirar alguma bolita do conjunto, e consegue tirar ali de dentro uma, mas mexe com outra, e essa mexida o impede de continuar jogando, pela regra. Nesse caso, algum oponente grita: "Uma e mexa", isto é, "Matou uma mas mexeu em outra", definindo a situação. Da mesma forma se diz "duas e mexa" (sempre com o *e* aberto), quando por extrema habilidade ou "gataria" (v.) acontece de ele tirar duas ali de dentro. O legal é "mexa" como derivado de "mexer".

UMA QUE
Suponha que alguém está explicando determinada decisão ou atitude: "Fiz isso pelo seguinte: uma que eu não quis fazer diferente, outra que nem adiantava tentar mudar". Às vezes, nem tem a segunda parte, a "outra que". Mas vamos convir que o uso da expressão dá um ar de seriedade.

UMA VEZ NA VIDA, OUTRA NA MORTE
Dito que enfatiza a raridade do evento: "Aproveita que é uma vez na vida e outra na morte".

UNZINHO
Apelido íntimo do cigarro de maconha, também chamado de "baura" ou, nos casos de exagero de tamanho, de "vela", "poste".

UPA
Sinônimo familiar para abraço, quando se trata de crianças: "Vem cá, me dá um upa".

URUBU
Sujeito que agoura o outro. Daí vem "urubuzear", que é isso mesmo, agourar.

V

VÁ
Parte de uma situação discursiva comum entre nós. Por exemplo: "E nós lá, vá falar mal dela" significa um comentário do tipo "E nós lá falando mal dela reiteradamente", "por muito tempo" ou "com muita intensidade". Tem registro literário pelo menos desde o Simões Lopes Neto: nos *Casos do Romualdo*, lá pelas tantas ele diz "E eu vá espora". Na mesma posição se usa também "dê-le": "E nós dê-le (a) falar mal dela". Outro exemplo: "O ponteiro vá meter bola na área, e o centroavante nada de botar pra dentro". Dá a impressão de guardar ainda, o termo, algo de sua origem como verbo, num uso que tem efeito de sublinhar a duração continuada da atividade descrita no verbo que a segue, como no gerúndio. Ver "dê-le que te dê-le".

VACA AMARELA
Brincadeira infantil e familiar, que começa com essas palavras. Trata-se de um desafio a que uma ou várias crianças aguentem ficar caladas umas em presença das outras. Se diz mais ou menos assim, recitado: "Vaca amarela, cagou na panela, dois a mexer, três a comer; quem falar primeiro come a merda dela". E todos ficam segurando a fala, até que alguém não resiste e explode, e os outros pegam no pé, todo mundo ri etc.

VACA FRIA
Lugar imaginário ao qual se retorna quando se deseja retomar o assunto ou o ponto inicial, do qual houve um afastamento dispersivo. Me agradaria saber uma história para justificar o dito, mas não sei de nada. A expressão em geral é usada por quem deseja encaminhar a resolução do assunto pendente: "Mas voltando à vaca fria...".

VACILÃO
O cara que vacila, hesita.

VAGAL
O mesmo que vago, "deitado" (v.).

VAGO
Redução de "vagabundo". Também "vagal", no mesmo sentido. Creio que parou de ser usado lá nos anos 1970. Mas "vagal" segue firme.

VAI CHUPAR UM PREGO!
Insulto relativamente brando, equivalente moderado para "Vai tomar no teu rabo".

VAI DAR ALI
Frase que profetiza que a quantidade de algo a ser empregado numa dada tarefa vai ser apenas e justamente suficiente. O sujeito está com a mulher em compras, e ela pergunta pra ele se o dinheiro ainda aguenta mais outras coisas; o cara, preocupado,

anuncia: "Olha, o dinheiro vai dar ali pro essencial", com isso cortando as asinhas da patroa.

VAI DIZER

Expressão de descrédito ou de desafio que se usa muito na cidade e na redondeza. É como se fosse suficiente este começo de frase, que poderia estender-se numa forma como "Vais querer me dizer que isso é verdade?". Quase sempre aparece como "Ah, vai dizer...", e só isso já é suficiente.

VAI NUM PÉ E VOLTA NO OUTRO

Ver "Num pé só".

VAI PELA SOMBRA

Frase brincalhona de despedida, sugerindo que aquele que sai vá pelo caminho protegido.

VAI TE DEITAR

Um dos insultos mais frequentes, se não me falha o ouvido. Acho que tem origem na frase que se diz para o cachorro que está incomodando; não tem, portanto, o sentido de mandar o sujeito descansar, absolutamente; por vezes exibe um "regalito" (v.): "Vai te deitar, vinagre!", sabe-se lá por quê. E tem outra variação magnífica: "Vai te deitar (ou encostar) no feijão que tu comeu onteonte". "Onteonte" para "anteontem" o senhor conhecia, não? Uma beleza.

VALEU

Forma de saudação, aliás, de despedida, ao final de uma conversa qualquer, de um encontro. Equivale a uma pergunta do tipo "Então, fica valendo o que combinamos?", só que no uso corrente perdeu o aspecto de pergunta (se é que alguma vez o teve) e passou a ser uma afirmação. Talvez tenha algo a ver (não na origem mas no sentido) com o *vale* dos espanhóis, que o usam a cada frase. Muitas vezes a saudação de despedida completa é "Aí, valeu" (ver "Aí").

VAMO IR

Essa flexão, esse agrupamento verbal é muito comum em Porto Alegre e adjacências. Poderia ser simplesmente "vamos", mas a gente reforça repetindo o verbo, no infinitivo.

VAMO NESSA?

Convite para acompanhamento na ida a algum lugar ou na saída de algum outro.

VAMO SE RESPEITAR

Frase de profunda sabedoria, enunciada em momentos em que a coisa ameaça degringolar – jogo de futebol, por exemplo. O legal dela é a descombinação de pessoa verbal: tem uma primeira do plural, nós, e o pronome na terceira, se. Da mesma matriz moral que originou a frase, vieram outras, como a que li em um táxi: "O respeito é bom e cabe dentro de um táxi". Ou então: "O respeito é bom e conserva os dentes".

VARA

Em linguagem chula, o membro viril; "ficar uma vara", por outro lado, ou talvez pelo mesmo lado, quer dizer "envaretar" (v.), ficar brabo, igual a "ficar uma piça" ou "ficar piçudo".

VARADO DE FOME
Como derivação de "varar" (v.), a expressão designa a situação de quem está atravessado de fome, morto de fome, numa construção por certo exagerada. Creio que só se usa para isso mesmo, para a fome.

VARAR
Cruzar; ultrapassar. Usado em situações como "varar a noite conversando" ou "bebendo". Terá vindo do uso rural, quando se usava mesmo uma vara, propriamente dita, para cruzar um córrego, um arroio?

VAREIO
Alguma vez deve ter significado surra, sumanta, tunda, laço, que é um sentido dicionarizado ("vareio" com vara, claro); mas atualmente parece que só se refere a surra metaforicamente: no futebol, time que leva um vareio de bola perdeu por largo escore, ou perdeu feio, com o adversário jogando muito bem. Também se usa dizer que crianças pequenas, quando incomodam à noite, dão um vareio em seus pais. O *Aurélio* e o *Houaiss* dão a palavra como derivada de "variar" no sentido de delirar, e portanto o "vareio" seria algo com o "desvario". Em dicionários antigos de linguagem peculiar gauchesca, "vareio" é susto, cagaço.

VAREJAR
Ficar como a mosca-varejeira, em volta do objeto desejado. Pode ser uma paquera, ou apenas uma volta em torno de algo que se queira mesmo (ficar varejando uma vitrine, por exemplo).

VARZEANO
Nasceu, o adjetivo, por causa do jogo de várzea. É usado para designar algo ruim, fraco, insuficiente, suburbano, e não só no futebol.

VASELINA
O cara sabonete, puxa-saco, aquele que vem com uma conversinha mole pra ganhar vantagem. O ato dele é chamado de vaselinagem.

VASTA
Usada por vezes em lugar de baita: um vasta janelão, uma vasta casa, um vasta canalha. Em português parece que a forma é sempre "vasto", masculino; aqui é sempre com *a* no fim.

VÉI
Forma falada de "velho" ou "veio", no sentido específico de "amigo", "facha" (v.).

VELHO
Elogio. Por uma circunstância que diz muito sobre o peso da tradição rural e/ou gauchesca entre nós, se aplica o adjetivo a vários substantivos: galo velho, cuiudo velho, sempre dito "veio". Também denota afetividade, e sem qualquer conotação negativa: "Aí nós atolamos e o auto veio não negou fogo". Eu vi uma vez, lá pelo ano 1999 ou 2000, um conjunto chamado Pala Velho no programa do Faustão,

da Globo, e o apresentador, ao fim da cantoria, entusiasmado com os gaudérios, perguntou por que o "pala velho"; e me pareceu que os rapazes não entenderam que o Faustão não estivesse entendendo, ou melhor, não sacaram que o que o Faustão não estava entendendo era o adjetivo "velho", e não o substantivo "pala". Claro, porque para os gaúchos "velho" é sinônimo de bom, correto, admirável, respeitável. O Juarez Fonseca, uma vez, de tanto ver o uso do adjetivo em músicas inscritas em festivais nativistas ("velho pago", "velho umbu", "casa velha", "gaúcho velho" – sempre com sentido afetuoso), brincou que só faltava alguém botar, numa letra, um elogio para o "velho gurizinho", ou para o "guri veio". E não estava errado o Juarez: agora, anos 2020, é relativamente comum pais se referirem ou mesmo chamarem seu filho nenê de "meu veio", por incrível que possa parecer. O Raul Ellwanger tem uma canção famosa que fala, afetuosamente, em "velho Rio Grande, velho Guaíba", sem qualquer sentido de marcar a idade de um ou outro. Também se usa chamar o pai de velho e a mãe de velha (mas não na frente deles). Tenho a sensação de que é igualzinho ao que acontece com os platinos, que usam no mesmo contexto afetuoso *viejo* e *vieja*. Hoje em dia, anos 2000, a palavra virou saudação corrente: "E aí, veio? Como é que é?". Acho que se nacionalizou a partir do uso aqui do sul, como por exemplo pela fala do finado Gordo Miranda, produtor musical e numa época jurado de um concurso famoso de calouros. Ver "Véi".

VELHO DO SACO

Figura mitológica de décadas atrás, quando os miseráveis e/ou loucos que viviam nas ruas eram em número reduzido. Quando a criança não queria comer, a mãe ou a empregada diziam "Olha que eu vou dar pro velho do saco"; quando o guri fazia malcriação, a mesma ameaça: "Olha que eu chamo o velho do saco". Era uma psicologia primitiva e, parece, de certa eficiência. No Prata, pelo menos em Buenos Aires, se falava no *viejo de la bolsa,* que era o mesmo daqui.

VEM TE RINDO

Expressão de tripúdio sobre o vencido. Por exemplo: a gente ganha a partida (num jogo de cartas, digamos) e diz para o vencido que pague a aposta – "Vem te rindo" (com o dinheiro). No mesmo contexto, o vencedor ou algum outro presente pode comentar: "Paga e não geme" ou "Paga e não bufa". A frase "vem te rindo" em geral vem acompanhada por um gesto com a mão: palma para cima, mão à frente do corpo, os dedos maiores sacudindo para a frente e para trás.

VERANEAR

Aqui a gente veraneia, não passa férias. A gente vai pra praia veranear; passar o verão. A temporada de verão se chama regularmente de veraneio.

VERANICO DE MAIO
Aquele calorzinho bacana que antecede o pavor do frio do inverno. De vez em quando o veranico vem em junho e até mesmo em julho, mas isso são heterodoxias do tempo.

VERDE
Quando a gente toma muito mate – também dito "chimarrão" (v.), "chima" (v.), "chimas" (v.) –, proclama isso dizendo estar verde, em geral para renunciar a continuar tomando, quando alguém oferece.

VERDULERO
Uso popular para "verdureiro", o vendedor de verduras, em uso igualzinho ao do espanhol.

VESTIBA
O concurso vestibular, em linguagem de dia de semana.

VIAGEM
Delírio, conjunto de besteiras, *nonsense*. Uso moderno. Alguém fala muito e faz previsões muitas e várias, e o outro comenta "Bá, que viagem", querendo dizer "Bá, que besteira". Usa-se o verbo "viajar" no mesmo sentido. Deve ter-se originado na gíria dos anos 1960 e 1970, de "viagem" como o delírio provocado pela droga.

VIAGEM DO CORVO
Não sei quanto ao corvo, que nunca vi se faz assim mesmo, mas a expressão designa a viagem sem volta, ou muito demorada. Por exemplo: tu está tomando o teu mate tranquilo, e tem gente lá noutra peça da casa, querendo também um mate; essa pessoa vem até ti, pega a cuia e volta pra lá; demora uma tarde pra voltar. Na volta, tu comenta que aquele mate fez a viagem do corvo.

VIAMÃO
Viamão, a palavra sozinha, é só o nome de uma cidade aqui do lado, uma das mais antigas do estado. Mas criou-se uma legenda, em torno dos motoristas da linha de ônibus que faz o trajeto de Viamão até Porto Alegre. Parecem eles ter sido escolhidos, sempre, num concurso de truculência no trânsito: são violentos nas fechadas, andam sempre na pista da esquerda, ignoram regras elementares de convivência pacífica no trânsito. Daí se criaram algumas expressões, talvez dirigidas inicialmente contra motoristas afoitos, apressados e pouco respeitadores – "Não te atravessa, viamão", expressão que passou a ser usada para comentar ironicamente a intromissão de pessoas numa conversa ou numa ação qualquer, sem relação com o trânsito das ruas nem com os motoristas reais de Viamão. Por exemplo: tem dois conversando e um terceiro se mete; ou então: um grupo considera várias hipóteses de ação e um "viamão" precipita as coisas, chegando à conclusão antes de haver consenso. Há outra forma para a comparação: "o cara se atravessou como um viamão lotado" (se um ônibus Viamão vazio já é metido, que dirá um lotado). Há também uma expressão de significado diverso, com a mesmo palavra,

"Como quem vai daqui a Viamão", que refere tarefa simples como ir de Porto Alegre até ali, que é pertinho.

VIANDA
No Brasil em geral se chama marmita aquela vianda, aquele recipiente que se usa pra levar comida pra serviço, ou pra comprar comida em restaurante e comê-la em casa. Há ou havia até a expressão "comer de vianda", o que era muito chique até pouco tempo atrás: o sujeito vivia sozinho, ou por uma circunstância não tinha cozinheira ou a família estava fora, e o cara então encomendava comida num restaurante e levava pra casa, em viandas. Se alguém perguntava pra ele como estava fazendo para se alimentar; já que estava só, ele respondia: "Tô comendo de vianda". A palavra, em português geral, significa qualquer comida, e não o recipiente que aqui nós chamamos por esse nome.

VIDRACEIRO
Ver "espelho sem aço".

VILA
Parece que em Porto Alegre não pegou totalmente a designação de favela para aquelas tristes ajuntações de casas precárias (que se chamavam aqui de malocas, donde os "maloqueiros" – v.): pelo menos o meu ouvido registra que ainda se fala mais "vila": "lá na vila" é muito mais frequente do que "lá na favela", que eu nunca ouvi por aqui.

VILEIRO
Habitante de vila, isto é, de um subúrbio, de uma "biboca" (v.), daquilo que no Rio e no Brasil em geral tende a se chamar favela; mas principalmente um sujeito de maus modos, nesse caso sem relação com o lugar de moradia.

VIRADO NUMA COISA
Expressão de comentário, para designar o estado lamentável em que algo ficou, depois de certo evento. Um carro que "pechou" (v.), se estragou muito, ficou "virado numa coisa". Assim também um namorado que tomou um pé (ver "toar um pé") da namorada, sofreu e ficou "virado numa coisa". Sinônimos: ficou mal das pernas; ficou que nem um chapéu (um boné) velho (amassado). Também se usa o verbo este com outros complementos: o cara dormiu demais ficou "virado numa cama"; a fulana está "virada em botox".

VIRAR O COCHO
Diz-se do ingrato que ele "comeu e virou o cocho", isto é, terminou de comer e entornou o recipiente em que comeu. Comparação com o porco, que, reza a tradição, faz assim.

VISITA DE MÉDICO
Quando a visita é rápida, muito rápida, há a desculpa dita assim, já na chegada, para não criar expectativas: "Não leva a mal, é visita de médico".

VISU
Apócope de "visual", que passou de adjetivo a substantivo: "A guria tem um baita visu", pronunciada como tônica, significando que ela é bonita ou está bem aprumada.

VIVARACHO
Aumentativo de "vivo", no sentido de esperto. Espertalhão. Usado para designar gente que quer nos enganar.

VIZINHO
Como lembrou o Flávio Aguiar, aqui "vizinho" é mais que o cara que mora próximo de nós; porque a gente chama assim a qualquer uma pessoa a quem se quer pedir informação ou alertar: "Vizinho, o senhor pode me dizer que horas são?", pode-se perguntar para qualquer um na rua. Talvez seja mais uma semelhança espiritual entre nós e os platinos, que usam correntemente *vecinos* para os habitantes de um bairro, ainda que não morem próximos. (Bom, mas lá eles também usam, nesse contexto, *parroquianos*.) A tradução mais jovem, hoje, seria "tio": assim como a gurizada de agora chama qualquer um de tio, se chamava antes "vizinho".

VÓ DO BADANHA
Ver "badanha".

VÓ TORTA
Figura mitológica, que nunca existiu, a não ser num dito que se usava para rejeitar enfaticamente algo ou para xingar alguém de volta, tendo já sido xingado: se o cara te chamava de xarope, digamos, tu reagia dizendo "Xarope é a tua vó torta". Entre guris, se alguém era xingado assim, respondia: "Minha vó é morta e pede missa, a tua é viva e pede piça". Que bagaceirice, convenhamos.

VOU ANDANDO
Expressão com que se anuncia a intenção clara de sair do lugar em que se está, imediatamente: "Bom, vou andando". Na mesma situação se diz "Bom, vou abrir", com o verbo, aqui, no infinitivo.

VOU PENSAR NO TEU CASO
Ainda agora se diz essa frase, que eu ouço desde pequeno. O guri quer alguma coisa meio rara, ou cara, ou difícil de obter, e enche o saco do pai e da mãe; estes dizem, dando certa esperança positiva, "Vou pensar no teu caso". O uso adulto é uma paródia desse aí: tu é claro que vai dar o que a namorada ou o namorado pede ou anseia, e mesmo assim tu diz "Vou pensar no teu caso".

VOU-TE
Redução de "vou-te contar", usada como comentário: "O cara veio numa beca que vou-te".

VOVÓ SENTADA
Certa bolachinha, isto é, biscoito, em forma de L, pequena, meio sem graça. O curioso é que "vovó" não se usa correntemente, apenas "vó", mas no nome desse biscoitinho sim.

VOZ DE TAQUARA RACHADA
Aquela voz murrinha, estridente, que em outras partes se chama "voz de cana rachada".

VULCANIZADORA
Aquela oficina que também se chama de "borracharia" (esta mais comum).

W

W
Para nós essa letra se chama "dobre-vê" ou "doblevê", e apenas muito recentemente virou "dábliu". Vai ver, é mais um parentesco com os castelhanos.

X

XAROPE
Diz-se xarope o sujeito chato, desagradável, talvez doce e melecoso como um xarope propriamente dito. Assim também as situações, que podem ser ou se tornar xaropes. Anotação de uma variação nos anos 2010: eu ouvi a palavra usada em sentido quase oposto a esse – o cara é tão bom que é "xarope de bom".

XAROPEAR
Aquilo que faz o xarope: incomodar, aborrecer, encher o saco. Crianças, quando estão amoladas, xaropeiam muito.

XERGÃO
De primeira, era só aquele tecido grosseiro (às vezes um pelego velho) posto sobre o dorso do cavalo e sob a sela. Mas aqui em Porto Alegre se usa para roupa velha, surrada.

XERÓX
Sim, eu sei que não tem o acento, mas é pra marcar a pronúncia local. Nada de "xérox"; aqui é "xeróx" mesmo, invariável em número, um ou mil, e sempre masculino. Uma vez, meu falecido amigo Sérgio Jacaré Metz e eu ouvimos de um "magrão" (v.) surfista, na Praia do Rosa, um uso fantástico para o termo, em outro sentido que não deve ser corrente. Ele estava com o tornozelo visivelmente inchado, devia ter machucado muito. O Jaca perguntou se ele já tinha ido a um médico e tal. O cara respondeu, com sotaque maravilhosamente bonfinesco (do bairro Bom Fim, em Porto Alegre): "Bá, cara, eu fui lá no hospital e o carinha me tirou um xeróx do calcanha, tá tudo legal". O "xeróx", já se vê, era a chapa, a radiografia. Deriva nos verbos "xerocar" e "xeroquear" (este muito mais raro).

XIMBICA
Termo acho que desusado para carro ruim ou velho. Curioso que o *Aurélio* dá como sinônimo de vulva, no Rio, e como nome de certo jogo de cartas em São Paulo. Aqui, só significou o auto ruim mesmo, que eu saiba.

XINGÃO
A unidade mínima da xingação, isto é, a mijada. Toma-se um xingão da mãe, por exemplo. Aqui ninguém leva uma xingada, mas um xingão. Uma conhecida paulistana disse que na sua infância na grande metrópole brasileira se usava "xingo", ou mais formalmente "xingamento".

XIS
O nome do sanduíche originalmente chamado *cheeseburger*, o que insinuava a presença de queijo na composição. Entre nós a expressão se aclimatou à brasileira: ignorando a posição adjetiva de *cheese*, nós a tomamos como substantiva, "xis",

e inclusive a adjetivamos: há por aí xis galinha, xis salada e até mesmo xis queijo, o que é uma maravilha. Nos lugares em que se vende o xis ele vem muitas vezes grafado mais sinteticamente ainda, "X". Uma vez apareceu na *Zero Hora* matéria dando conta de um novo filhote da linhagem, o "x bebum", rango próprio para quem gosta de beber, claro, já que a carne vem regada a vinho.

XÍTI
Interjeição para afastar chatos ou crianças: "Xíti, murrinha" equivale a dizer "Cai fora, chato", "Cai da boca".

XNAPS
Eu sei que não se escreve assim, é *schnaps*, mas enfim. É o nome de qualquer bebida alcoólica, especialmente destilada. Do alemão, mas tem curso razoavelmente livre.

XÓIN
Não sei se as novas gerações ainda usam, mas nos anos 1960 e 1970 se usava o termo para coisas tronchas, meio guenzas, fora de esquadro, e mesmo para gente malvestida ou sem graça. Também ouvi "xóingue". De onde terá vindo?

XONGA
O *Aurélio* não dá o termo, mas o *Houaiss* dá "xongas", que já vi escrito com "ch". Se usa na expressão "Não entendi xonga nenhuma", "não entendi patavina". É também um dos sinônimos para o pênis.

XUCRO
Quer dizer originalmente indomado, o animal, mas daí evoluiu para significar positivamente o sujeito que não se dobra; no contexto gaúcho isso é tudo, coincide com a ideia que fazemos de nós etc.

XUMBREGA
Palavra curiosa, que é dada por dicionários como derivada de certo general alemão Schömberg, Friedrich Hermann Schömberg (o cara era um general de nacionalidade francesa que passou a trabalhar em Portugal, lá por 1660, quando por sua projeção virou uma referência de coisas militares mas também de comportamento e moda), e que no Brasil em geral, desde o século 19 pelo menos, é grafada "chumberga" ou "xumberga" (mas também "choberga"), sendo sinônimo para bebedeira, ou borracheira, como dizemos. (O *Houaiss* tem um extenso verbete sobre o tema.) Só que aqui a palavra designa outra coisa: é um adjetivo para coisas ruins, malfeitas, ou desajeitadas, ou rotas, por aí. Pode ser um carro xumbrega, ou uma roupa, ou um bar. Moraes, o primeiro dicionarista brasileiro, dá "casas à chomberga" como casas pequenas, cochicholos. Palpite: se o termo teve vigência também no Centro e no Nordeste, é capaz de ser esta a origem do "brega" (e não aquela conversa bacana do Caetano Veloso, em seu livro *Verdade tropical*, de que teria vindo de uma placa de rua em homenagem a, creio, Manuel da Nóbrega, com a

sílaba "nó" apagada – mito total, só porque o Caetano acha que a Bahia é a origem de tudo). Num livro de história, *Corrupção e poder no Brasil*, de Adriana Romeiro, li o seguinte: que o português Jerônimo de Mendonça Furtado, governador de Pernambuco no século 17, era apelidado de Xumbergas. Eu sei lá.

Z

ZARRO
O Flávio Aguiar lembra de ouvir de pessoas mais velhas que ele a palavra. Designa o sujeito meio chato, de cara fechada, que não perdoa nada, ou de coisa ruim e que inspira ao mesmo tempo um certo tédio e um pouco de medo.

ZEBRAR
Dar errado. Certamente nasceu por causa da zebra da Loteria Esportiva. Era de largo uso, sobretudo na forma "dar zebra". Parece que a origem está no jogo do bicho, que não tinha o animal zebra em seu repertório; daí, quando o resultado era estranho, dizia-se que era zebra.

ZOEIRAR
Também dito "azoeirar", quer dizer obviamente promover zoeira, confusão, em geral significando que há barulho também. Em São Paulo se diz, em sentido parecido (gozar com a cara do sujeito, pegar-lhe no pé), "zoar".

ZONA
Serve para referir a zona de prostituição, mas também para falar da região em que se mora – menos que o bairro, a zona é a vizinhança, as ruas próximas, às vezes a própria rua (e hoje em dia, com os condomínios fechados, será que ainda se diz?).

ZULIVRE
Antigamente era "deus o livre", mas virou isso aí que se lê, e com sentido diverso do original: agora é expressão de aplauso ou de regozijo. Um amigo teu te conta que acabou de acertar com uma mina, e que ela gostou dele, e ele tava afinzão há horas; e tu, solidariamente, exclama "Zulivre!", com o *l* bem líquido e prolongado.

Dicionários consultados

CABRAL, Tomé. *Novo dicionário de termos e expressões populares*. Fortaleza: Edições UFC, 1982.

CALDAS AULETE, J. F. *Diccionário contemporâneo da língua portugueza*. Rio de Janeiro: Garnier, 1884, 2v.

CAMMAROTA, Federico. *Vocabulario familiar y del lunfardo*. Buenos Aires: A. Peña Lillo, 1970, 2ª ed.

CASCUDO, Luís da Câmara. *Dicionário do folclore brasileiro*. Belo Horizonte/São Paulo: Itatiaia/EDUSP, 1988, 6ª ed.

COLLUCIO, Félix. *Diccionario de voces y expresiones argentinas*. Buenos Aires: Plus Ultra, 1996, 5ª ed.

CONSTANCIO, Francisco Salano. *Novo diccionário crítico e etymologico da língua portugueza*. Paris: Angelo Francisco Carneiro, 1845.

CUNHA, Antônio Geraldo da. *Dicionário etimológico da língua portuguesa*. Rio de Janeiro: Nova Fronteira, 1982.

Diccionario electrónico de la lengua española de la Real Academia Española. Madrid: Espasa Calpe, 2003.

FISCHER, Jacy Waldyr. *Origem dos nomes dos municípios gaúchos*. Porto Alegre: Diadorim, 2020.

FERREIRA, Aurélio Buarque de Holanda. *Dicionário Aurélio eletrônico*. Rio de Janeiro: Nova Fronteira, 1996, 2ª ed.

FREIRE, Laudelino. *Grande e novíssimo dicionário da língua portuguesa*. Rio de Janeiro: José Olympio, 1954, 2ª ed., 5v.

HOUAISS, Antonio. *Dicionário eletrônico Houaiss da língua portuguesa*. Rio de Janeiro: Objetiva, 2001.

Gran Diccionario De La Lengua Española. Madrid: SGEL, 1995, 7ª ed.

LOPEZ, Brenda et alli. *Lenguaje fronteriza*. Montevideo: Nordon, 1993, 2ª ed.

MAGALHÃES JÚNIOR, Raimundo. *Dicionário de curiosidades verbais*. Sem local: Ediouro, s/d, 6ª ed.

Michaelis – *Moderno dicionário da língua portuguesa*. São Paulo: Melhoramentos, 1998.

MORAES SILVA, Antonio de. *Diccionario da língua portugueza*. Lisboa: Typographia de Antonio José da Rocha, 1844, 5ª ed., 2v.

NASCENTES, Antenor. *A gíria brasileira*. Rio de Janeiro: Acadêmica, 1953.

NUNES, Zeno Cardoso e NUNES, Rui Cardoso. *Dicionário de regionalismos do Rio Grande do Sul*. Porto Alegre: Martins Livreiro, 1997, 8ª ed.

PALERMO, Vicente e MANTOVANI, Rafael. *Batiendo la justa – Manual de jergas argentinas*. Buenos Aires: Capital Intelectual, 2008.

_____. *O caminho das pedras – Manual de gíria brasileira*. Buenos Aires: Capital Intelectual, 2008.

RIBEIRO, João. *Curiosidades verbais*. São Paulo: Melhoramentos, 1927.

SOUSA, Luís de. *Dizeres da Ilha da Madeira*. Funchal: sem editora, 1950.

SOUTO MAIOR, Mário. *Dicionário do palavrão e termos afins*. Recife: Guararapes, 1980.

VACCARO, María Roso. *Mataburro lunfa*. Buenos Aires: Torres Aguero, 1981, 3ª ed.

VIOTTI, Manuel. *Novo dicionário da gíria brasileira*. Rio de Janeiro/São Paulo: Livraria Tupã, s/d, 3ª ed.

VICTORIA, Luiz A. P. *Dicionário da origem e vida das palavras*. Rio de Janeiro: Livraria Império, 1958.

Vocabulário Sul-Rio-Grandense. Porto Alegre: Globo, 1964. (Reunião dos dicionários de Romaguera Correa, Antônio Álvares Pereira Coruja, Luiz Carlos de Moraes e Roque Callage, com vocábulos recolhidos também em Aurélio Buarque de Hollanda, Pe. Carlos Teschauer, Beaurepaire-Rohan, Darcy Azambuja e Vieira Pires.)

lepmeditores
www.lpm.com.br
o site que conta tudo

IMPRESSÃO:

PALLOTTI
GRÁFICA

Santa Maria - RS | Fone: (55) 3220.4500
www.graficapallotti.com.br